좋은 정책 좋은 학교

이론과 적용

좋은 정책 좋은 학교

이론과 적용

Bruce S. Cooper, Lance D. Fusarelli, E. Vance Randall 공저
가신현, 김병모, 박종필, 양성관, 엄준용, 이준희 공역

BETTER POLICIES, BETTER SCHOOLS: Theories and Applications

PEARSON 아카데미프레스

Better Policies, Better Schools: Theories and Applications
by Bruce S. Cooper, Lance D. Fusarelli, E. Vance Randall

Pearson
is an imprint of

PEARSON

역자 서문

이 책은 Bruce S. Cooper, Lance D. Fusarelli와 E. Vance Randall이 저술한 『Better Policies, Better Schools: Theories and Applications』을 번역한 책이다. 출판된 지 10여 년이 지난 책이기 때문에, 이 책을 번역한 역자들은 교육행정 및 정책 전공자들로서 각자 이 책을 오래전부터 알고 있었고, 대학원 강의와 논문 지도 등에 제한적이나마 적절하게 사용해 왔었다. 이 책에 제시된 정책 분석틀(규범적, 구조적, 구성적 및 기술적) 등은 교육 정책을 분석하는 데 있어서 상당히 유용한 도구가 되었기 때문이다.

그러나 이 책의 분량이나 방대한 내용 등으로 인해 개인이 혼자 번역하는 것과 같은 생각은 전혀 할 수가 없었다. 그러다 우연한 기회에 역자 6명이 모여서 교육 정책에 관한 강의에 대해 이야기를 나누게 되었다. 이러한 과정에서 역자들 모두는 교육 정책에 대한 체계적인 접근이 필요하지만 교육 정책 관련 강의에 사용할 책이 거의 없다는 점과 제대로 된 교육 정책에 관한 책을 만들 필요가 있다는 생각을 공통적으로 가지고 있음을 확인하였다.

이러한 문제 의식에서 출발하여 역자들은 여러 가지 방안들을 논의하였고, 가장 현실적인 방안으로 이 책의 번역을 결정하였다. 사실, 지금까지 교육 정책에 관한 여러 권의 책들이 번역되어 출판되었다. 그러나 이들 책들은 실제 사례에만 초점을 두는 경우가 많아서 처음으로 교육 정책에 입문하는 학생이나 실무자들에게는 상당히 이해하기 어렵고 직접적인 도움이 되지 않는 경우가 많았다. 하지만 이 책은 교육 정책 분석을 위한 다양한 시각 및 분석틀을 제공하고 있으며, 이를 통해 교육 정책 분석에 대한 이해에 크게 기여할 것으로 생각하였다. 물론 다른 번역서들과 마찬가지로 이 책에 제시된 사례들은 당연히 모두 미국의 사례들이지만, 이 책의 저자들이 말하고 있는 것처럼, 이 책에 제시된 다양한 시각 및 교육 정책 분석의 틀을 이해하고 실제 정책 분석에 적용된 예를 참고한다면, 우리나라의 교육 정책 사례에도 손쉽게 이를 적용하고 분석할 수 있을 것이라는 생각이 들었다. 따라서 교육 정책에 관한 마땅한 입문서가 없는 현실을 고려해볼 때, 이 책은 교육 정책을 체계적으로 이해하고 분석하는 데 상당한 도움이 될 것이며, 교육 정책 분야의 입문서로 그 역할을 톡톡히 할 것이라 생각한다.

그러나 역자들의 부족한 능력으로 인해 이 책의 원저자들이 의도하는 바를 정확하게 표현했는지 걱정이 앞선다. 그렇지만 몇 번의 읽기와 교정을 통해 적당히 부끄러운 선에서 타협한 결과로서 이 번역서를 내놓는다. 번역상의 오류와 문제가 있다면 이는 순전히 저자들의 의도를 충실하게 읽어내지 못한 역자들의 한계에서 비롯된 것이다.

끝으로, 이 책의 출판을 허락해 주시고 많은 수고를 아끼지 않으신 아카데미프레스의 홍진기 사장님, 꼼꼼하게 원고를 교정해 주신 김묘선 님과 관계 직원분들의 노고에 감사드린다.

2014년 7월
역자 일동

추천사

Bruce S. Cooper. lance D. Fusarelli와 E. Vance Randall이 저술한 『좋은 정책 좋은 학교: 이론과 적용』은 교육 정책 결정에 관한 문헌들 중 환영받을 만한 책이다. 교육 정책 분석 영역은 상대적으로 새롭고, 상당수의 이론과 사례 분석들은 최근에 들어서야 축적되기 시작했기 때문이다. 결과적으로, 이 분야는 여러 가지 이론과 개념적 접근법들이 존재하고 있으며, 상대적으로 이들 상이한 접근법들을 비교하거나 조화를 이루는 것에는 거의 관심을 두지 않고 있다. 또한 이 분야에 관심을 가진 대부분의 사람들은 특정 교육 쟁점과 문제에 관심을 가지고 있기 때문에, 이 분야를 처음 방문한 사람들은 서로 관련이 없고, 심지어 서로 모순되는 다양한, 분화된 연구들을 접하게 된다.

교육 정책 분석은 절충주의에 있어 독특한 것은 아니다. 새로운 지적 탐구 영역은 모두 이와 비슷한 성격을 공유할 것이다. 이 분야를 처음 방문하는 사람들을 위한 지도를 만들기 위해 지도 제작자가 필요하다. 사실, 이 분야의 어느 한 부분이라도 알고 있는 사람들의 상당수도 자신들의 관심사가 보다 큰 사회정치적 분석틀과 어떻게 연결되는지에 관한 "큰 그림"을 제공해줄 수 있기 때문에 이와 같은 지도를 통해 도움을 받을 수 있다. 여기에는 학생들뿐만 아니라 학자, 정책 결정가와 실무자들도 포함된다.

분절화와 고립의 문제를 제기하면서, 이 책은 우리를 구하러 왔다. 이 책의 저자들은 가장 최신의 방법으로 교육 정책 결정에 관한 우리의 생각을 분석하고 이러한 개념을 구체적인 정책 및 정책 쟁점에 적용한다. 이러한 과업을 위해, 이 책의 저자들은 이 분야에서 이루어진 기존의 연구물들을 폭넓고 깊이 있게 분석하고 있다.

『좋은 정책 좋은 학교: 이론과 적용』의 1장과 2장에서, Cooper, Fusarelli와 Randall 박사는 이 분야, 이 분야의 역사와 새롭게 등장하고 있는 연구 방향을 소개한다. 그리고 이들은 교육 정책 결정에 관한 이론들을 재검토하고, 다양한 이론적 접근들이 가지고 있는 장점과 약점을 통찰력 있게 분석하고 있다. 그 후 이 책은 교육 정책 결정을 이해하기 위한 개념적 분석틀로 이동한다. 이 책의 저자들이 제시하고 있는 4가지 틀은 규범적, 구조적, 구성적 및 기술적 틀이다. 이와 같은 4차원의 분석틀의 핵심에는 윤리와 사회 정의에 대한 관심이 있으며, 저자들은 윤리와 사회 정의는 전통적인 정책 연구

문헌들에서는 충분한 관심을 받지 못했었다고 주장한다.

이 책의 3장부터 5장에서, 저자들은 이러한 4차원 분석틀을 정책 결정 과정에 적용한다. 이 부분은 교육을 개선하기 위한 문제 정의, 의제 설정, 정책 형성, 정책 집행과 평가의 역할과 같은 중요한 주제들을 다룬다. 이 책의 저자들이 제시한 네 가지 분석틀은 아주 효과적이기 때문에, 저자들은 교육 정책에 관한 다른 책들에서는 적절하게 다루지 못했던 주제와 쟁점들을 함께 제시하고 있다. 정책 사례는 독자들에게 문제, 갈등과 딜레마뿐만 아니라 정책 개선을 위한 기회를 설명하는 구체적인 실례를 제공한다.

중요한 연구 및 참고문헌은 특정 주제를 보다 깊이 있게 탐구하길 원하는 독자들에게 도움이 될 것이다. 각 장의 끝 부분에 제시된 과제 부분은 강의 담당자들에게 환영을 받을 것이며 학생들에게도 상당한 도움이 될 것이다. 사실, 이론적 통찰력, 역사적 공헌, 법적 선례들과 실제 쟁점들을 능숙하게 결합시킨 것은 이 책을 교육 정책 결정에 관한 문헌들에 상당히 기여하는 것으로 돋보이게 만든다.

이러한 내용을 토대로, 이 책의 6장부터 11장에서, 저자들은 추가적인 적용 예 및 사례들을 제시한다. 저자들은 학교 거버넌스 개선; 교육과정, 기준과 평가; 책무성과 학교 개혁; 교사 인사 정책 개선; 학교 재정과 Charter School에 관한 정책들을 다룬다. 대부분의 경우, 이러한 주제에 대한 접근은 독자들에게 이들 중요한 정책 영역에 관한 전통적인 논의에서는 찾아보기 어려운 사항들을 제시한다. 예를 들어, 거버넌스에 관한 논의(6장)는 거버넌스에 관한 논쟁의 핵심이 되는 상당수의 철학적 질문들을 제기하고 있다. Amy Gutmann의 연구들을 토대로 하여, 저자들은 좋은 교육의 구성 요소를 결정하는 데 있어 누가 궁극적인 권한을 가져야 하는가 질문한다. 또한 저자들이 제시한 4차원의 분석틀은 다양한 정책적 시각을 통해 교육 거버넌스를 고찰하도록 도와준다.

Bruce S. Cooper, Lance D. Fusarelli와 E. Vance Randall이 저술한 『좋은 정책 좋은 학교: 이론과 적용』은 교육 정책 결정에 관한 연구에 있어 아주 흥분되는 저서이다. 개념적 포괄성 및 교육 정책 영역의 상당수 복잡한 쟁점들을 다룬 이 책은 역작이다. 따라서 이 책은 학자, 학생, 교사, 학교 행정가, 정책 결정가와 그 외 실무자 등 다양한 이해관계자들에 의해 매우 가치롭게 평가를 받을 것이다.

James G. Cibulka
Dean, University of Kentucky-Lexington

저자 서문

『좋은 정책 좋은 학교: 이론과 적용』은 교육 정책학 분야에서 이루어진 최근의 이론적 발달과 실제 학교 정책에 관한 구체적인 사례 연구들을 결합시키며 새롭게 등장하고 있는 영역인 교육 정책 분석을 종합적으로 개관한다. 이 책은 교육 정책 결정을 둘러싼 정치적 현상들을 분석하고, 이러한 정책들을 둘러싼 교육 정책과 정치학을 분석하기 위한 이론적 토대를 제공한다. 교육 정책이 어떻게 만들어지고 정치 환경이 정책 과정에 어떤 영향을 미치는지를 이해하는 데 관심을 가진 학자들과 실무자들 모두에게 도움을 주고자 한다.

이 책의 제목이 나타내는 바와 같이, 이 책의 목적은 학교를 개선하기 위해 이론들을 사용하고자 하는 노력에서 정책 결정에 관한 다양한 이론 또는 시각을 중요한 교육 정책상의 일련의 쟁점들에 적용하는 것이다. (결정에 도달하는 과정과 집행 및 행동에 영향을 미치는 기준으로서) 교육에 영향을 미치는 정책의 중요성에도 불구하고, 우리 사회에서 중요한 대중의 관심사 중의 하나인 시민들의 교육에 관한 정책에 정책 결정 모델을 체계적으로 그리고 비판적으로 적용한 책은 거의 찾아보기 어렵다. 우리는 이론적이면서도 실제적인 면을 추구한다. 이론을 실제에 적용함으로써, 학자들과 실무자들이 교육 정책에 영향을 미치는 다양한 행위자들, 세력과 요인들을 보다 잘 반영할 수 있도록 도와줌으로써 우리는 교육을 개선하고 변화시키길 기대한다.

우리는 현재 이루어지고 있는 정책에 관한 논쟁에 교육자, 학부모, 학교와 지역사회의 지도자 및 입법가들이 참여할 수 있도록 권한을 부여하는 방안을 모색한다. 건강한 민주주의는 정책 논쟁에 대한 적극적인 참여와 관여에 달려있다. 정보가 권력이기 때문에, 이 책의 목적은 우리나라의 학교에 영향을 미치는 중요한 정책들을 이해하고 개선하는 데 필요한 생각과 도구로 교사, 행정가, 교육위원회 위원들, 학부모, 입법가, 정책 분석가와 주 정부 교육청 직원들을 무장시키는 것이다. 또한 이 책은 교육 정책과 행정, 정책학, 공공 행정 및 정치학 분야의 대학원 교재로도 유용하다. 정치학과 정책학 분야의 대학원 수준 교재들의 대부분은 교육 관련 쟁점들을 거의 다루고 있지 않다. 반대로 교육학 분야의 문헌들은 (정책 관련 문헌들조차) 정치학과 정책학 분야에서 이루어진 최근의 이론적 발전에는 거의 관심을 두고 있지 않다("법안이 어떻게 법률이 되는가"와 같은 지나치게 단순한 분석 이상을 넘어서지 못하고 있다).

이 책에서는 이러한 문제점들을 바로잡고자 한다. 우리는 여러 가지 핵심적인 정책 이론들을 분석하고(우리는 이를 "시각"라고 부른다), 이들을 일관된 개념적 분석틀로 통합하며, 이 분석틀을 6가지 중요한 정책 쟁점(학교 재정, 책무성, Charter School, 노사 관계와 교사 인사 정책, 교육과정과 거버넌스)에 적용한다. 이러한 접근법은 교육 정책의 과정, 결과와 적용이 과거에 생각했던 것보다 더 복잡하고 단순하다는 것을 증명한다. 시각의 변화는 일련의 상이한 질문, 이론과 분석을 만들어 내기 때문에 교육 정책 형성과 개혁은 더 복잡하다. 또한 일련의 변화하는 교육 정책 영역에 동일한 분석 방법을 적용하는 등, 이러한 시각이나 분석틀은 다양한 쟁점들에 계속적으로 적용할 수 있기 때문에 단순하다.

일관된 개념적 분석틀을 사용함으로써 때로는 지적 혼란 상태에 있고 또 때로는 반이론적 편견 상태에 있는 교육 정책 연구 영역을 구체화시킬 수 있을 것이다. 사실, 학교 정책에 관한 주요 저작들을 조사해 보면 이론적 접근이 부족하다는 것을 알 수 있다(정책 영역을 탐구하는 데 하나 이상의 시각을 사용한 저작들은 거의 없다). 이 책은 보다 넓은 정치적, 정책 결정 환경 내에서 특정한 정책들에 대해 생각해 보도록 함으로써, 독자들은 거시 수준(연방과 주 수준)에서 미시 수준(학교구와 학교)으로 정책을 분석할 수 있다. 이 책은 세 부분으로 나누어진다.

이 책의 1부(1~2장)는 독자들에게 교육 정책학 영역을 소개한다. 교육 정책 결정을 개념화하기 위해 여러 가지 다양한 이론적 접근을 사용한다. 정치학 및 사회학의 최근 경향을 특히 강조한다. 여기에 사용된 이론은 체제 이론, 신다원주의 옹호 및 이익집단 이론, 제도 이론, 비판 이론, 여권주의, 후현대주의와 다양한 이데올로기적 접근 등이다. 통합된 4차원 분석틀을 제시하는데, 이는 이론들을 통합하고 이들을 3부에서 논의하는 중요한 교육 정책에 적용할 수 있게 하는 개념적 도구를 제공해 준다.

2부(3~5장)에서는 교육 정책 결정 과정을 고찰하며, 각 장은 문제 정의, 의제 설정과 정책 형성, 집행과 평가 등 정책 과정의 상이한 측면(일반적으로, 그리고 정확하지는 않지만 단계라고 불림)에 초점을 둔다. 3부(6~11장)는 4차원적 분석틀을 6가지 중요한 정책 쟁점(거버넌스, 교육과정, 책무성, 교사 인사 정책, 학교 재정과 Charter School)에 적용한다.

이 책의 특징

실무자, 학자와 대학원생들에게 가능한 한 도움이 되는 책이 되도록 하기 위한 노력에서, 우리는 다음과 같은 내용들을 이 책에 포함시켰다.

- 정책 사례: 대부분의 장들에는 해당 장에서 사용하는 핵심 개념과 아이디어들을 설명하는 정책 사례가 제시되어 있다. 각 사례는 이론의 상이한 측면들을 강조할 것이며, 이는 독자들에게 이론과 실제를 연결시킬 수 있는 기회를 제공한다.
- Matrix 구조: 이 책을 개념화하는 가장 손쉬운 방법은 규범적, 구조적, 구성적 및 기술적 등 4가지 차원의 matrix이다. 상이한 이론적 분석틀 또는 시각을 6가지 정책 영역에 적용하는 것은 각 차원 내의 상이한 행위자들의 중요성을 강조한다(이들 행위자들은 정책의 결과에 상당한 영향을 미친다). 학생들이 이 matrix를 6가지 주제에 적용하는 능력을 익힌다면, 다른 주제(교사 퇴직 정책이나 시설 및 건축 정책)에 쉽게 연결할 수 있을 것이다. 교수들도 역시 이 분석틀을 새롭게 등장하고 있는 주제(다른 상황에서는 뚜렷하게 나타나고 있는)에 적용할 수 있을 것이다.
- 토론 문제 및 과제와 활동: 각 장은 각 장에서 논의된 핵심 개념에 대한 토론 및 논의의 틀을 잡는 데 사용할 수 있는 핵심적인 토론 문제 또는 과제와 활동으로 끝을 맺는다.
- 중요한 연구들: 각 장의 끝부분에는 독자들에게 각 장에서 다루어진 중요한 연구물들의 개요를 제공하기 위해 중요한 연구들의 목록이 간략하게 제시되어 있다.
- 참고문헌: 독자들이 본문에 사용된 문헌들의 출처를 편리하게 찾아볼 수 있도록 하기 위해 각 장의 끝부분에는 모든 참고문헌이 제시되어 있다. 대부분의 독자들은 참고문헌을 모두 모아서 알파벳 순서로 또는 장별로 모아서 책의 뒷부분에 제시하는 것을 상당히 번거롭게 생각한다. 참고문헌을 각 장의 끝부분에 배치함으로써, 이 책은 독자들이 보다 편리하게 각 장을 자족적으로 사용할 수 있도록 하며, 학자, 학생과 정책 결정가들에게 최대한의 교육적 융통성을 제공한다.

감사의 글

이 원고를 끝마칠 수 있도록 상당한 도움과 부드러운 재촉, 그리고 상당한 인내를 보여준 Allyn and Bacon의 편집자인 Arnis Burvikovs에게 감사를 표하고 싶다. 또한 흔쾌히 이 책의 추천사를 써주신 University of Kentucky, Graduate School of Education의 학장인 James Cibulka 교수님께도 감사를 전한다. 또한 바쁜 와중에도 철저한 비판과 원고의 개선을 위해 시간을 내어 정성 어린 제언을 해주신 University of Alabama의 Patricia A. Bauch, University of West Georgia의 Gus Douvanis, Florida State University의 Carolyn Herrington, University of Maryland의 Betty Malen, Tarleton State University의 Dennis McNaughten, Virginia Tech의 Davis J. Parks, University of Houston-Victoria의 Barba Patton과 Vanderbilt University의 Kenneth Wong 등 여러 검토자분들께도 감사드린다.

차 례

역자 서문 • 5
추천사 • 7
저자 서문 • 9

제1장 **서문** 19

정책의 정의 • 20
분야의 형성: 정책학 • 22
하위 분야 형성: 교육에서의 정책 연구 • 23
연구의 새로운 방향 • 25
교육 정책 결정 이론: 개관 • 28
이론적 다원주의의 요청 • 30
이 책의 구조 • 31
토론 문제 • 32
중요한 연구들 • 33
참고문헌 • 34

제2장 **교육 정책 결정 이론** 37

실증주의 교육 정책 결정 이론 • 38
교육 정책 결정에 관한 해석학적 이론 • 57
교육 정책 결정을 이해하기 위한 개념적 분석틀 • 63
윤리 및 사회 정의: 4차원 분석틀의 핵심 • 65
토론 문제 • 72

중요한 연구들 • 72
참고문헌 • 74

제3장 정책의 시작: 문제 정의, 의제 설정과 정책 공식화 81

문제 정의 • 83
의제 설정 • 84
문제 정의와 의제 설정에서 언어의 영향력 • 88
의제 설정에서 정치 문화의 역할: 규범적 범주 • 93
의제 설정에 대한 제도적 영향: 구조적 및 기술적 범주 • 94
이익집단과 정책 형성: 구성적 범주 • 95
토론 문제 • 97
중요한 연구들 • 97
참고문헌 • 98

제4장 교육 정책 집행 103

교육 정책 집행에 관한 연구의 단계 • 106
이완 조직에서 정책 집행 • 107
성공적인 정책 집행 • 112
파급 효과 • 115
결론 • 116
토론 문제 • 116
중요한 연구들 • 116
참고문헌 • 117

제5장 교육 개선을 위한 평가 활용 121

보다 좋은 정책 평가를 향한 경향 • 122
정책 평가 과정 • 123
정책 평가 정의하기 • 123

정책 분석 및 평가의 역사 • 125
정책 평가의 네 차원 • 128
좋은 정책 평가를 위한 방해 요소 극복하기 • 147
교육 정책 평가 개선하기 • 149
개선된 교육 정책 평가의 효과 • 151
과제와 활동 • 152
중요한 연구들 • 154
참고문헌 • 154

제6장 **더 좋은 거버넌스, 더 좋은 학교: 학교 거너번스와 정책** ····· 159

거버넌스의 일반적인 개념 • 160
거버넌스의 역사적 기초 • 161
거버넌스의 이론적 기초 • 169
거버넌스 범주의 기반 • 174
연방주의 • 175
상이한 정책 시각에서 교육 거버넌스 바라보기 • 177
결론 • 182
과제와 활동 • 183
중요한 연구들 • 184
참고문헌 • 184

제7장 **개선된 교육과정, 기준 및 시험을 위한 더 좋은 정책** ·········· 187

규범적 차원 • 189
구조적 차원 • 197
구성적 차원 • 201
기술적 차원 • 205
더 좋은 교육과정 정책 만들기 • 212
과제와 활동 • 213
중요한 연구들 • 214
참고문헌 • 214

제8장 책무성과 학교 개선 219

교육에서의 책무성: 간략한 역사 • 220
연방 정부의 역할 • 222
주의 책무성 체제 • 223
책무성의 최근 경향 • 227
상이한 정책 관점에서 책무성 바라보기 • 229
과제와 활동 • 233
중요한 연구들 • 234
참고문헌 • 235

제9장 교원 인사 정책 개선: 더 좋은 교사, 더 좋은 학교 239

규범적 차원 • 240
구조적 차원 • 242
구성적 차원 • 245
기술적 차원: 교사 교육 정책의 경향 • 253
교원 노조 정책 • 255
법과 정책 • 259
교사 참여 정책 • 262
교원 정책 재검토 • 266
과제와 활동 • 267
중요한 연구들 • 267
참고문헌 • 268

제10장 교육 재정과 형평성: 더 좋은 정책, 더 좋은 재원의 활용 271

규범적 차원 • 272
구조적 차원 • 281
주 정부의 개입 • 284
구성적 차원 • 291
기술적 차원: 돈이 중요한가? • 299

실제적 쟁점: 학교의 생산성 향상 • 306
교육 재원 정책의 미래 • 309
과제와 활동 • 312
중요한 연구들 • 313
참고문헌 • 313

제11장 Charter School 정책 317

규범적 차원 • 318
구조적 차원: 주의 Charter School 법에 나타난 정책 차이 분석 • 319
정책 이행의 형평성 • 321
감독과 책무성 • 326
구성적 차원 • 327
기술적 차원: Charter School 성과 평가 • 328
확대를 저해하는 장애물 • 332
상이한 정책적 관점으로 책무성 바라보기 • 333
결론 • 335
과제와 활동 • 336
중요한 연구들 • 336
참고문헌 • 337

제12장 미래의 정책, 더 좋은 학교 341

규범적 차원 • 346
구조적 차원과 구성적 차원 • 347
기술적 차원 • 348
결론 • 349
참고문헌 • 352

찾아보기 • 355

제1장

서문

교육감과 교육위원, 교육청의 행정가, 심지어 교장에 이르는 교육계 지도자들은 교육 정책을 잘 알아야 할 뿐만 아니라 교육 정책을 결정하고 집행하는 정치적 행위에 대해서도 제대로 이해해야만 하는 시대에 살고 있다. 그러나 전통적으로 이들은 학교나 학교구 수준에서 이루어지는 일상적 활동에 초점을 두면서, 교육 정책 형성에 영향을 주는 거시적 요인 및 행위자들에는 거의 관심을 두지 않았다. 하지만 주 정부나 연방 정부 수준에서 이루어지는 교육 관련 문제를 자신들이 직면한 중요한 문제로 인식하는 교육계 지도자들(특히, 대도시 지역의 교육감들)이 점점 증가하고 있다(Kowalski, 1995).

이와 같은 인식은 미국의 교육이 "그물과 같이 서로 얽힌" 공공정책을 통해 통제되기도 하고 변화되어 왔다는 시각을 반영하고 있다(Wart & Kirst, 1997 참조). 이런 정책들 중에 가장 오래된 것은 "단일한 최상의 체제(One best system)"(Tayack, 1974)이며, 최근의 것으로는 3학년에서 8학년 학생들을 대상으로 학업 성취도 평가를 실시해야 한다는 연방 정부 법안을 들 수 있다. 교육 정책이 얼마나 오래되고 어떤 수준에서 이루어지든지 간에 좋은 교육 정책은 모든 학생들을 위한 교육 개선의 열쇠를 쥐고 있다. 이런 정책들은 교육에 대한 새로운 비전과 사명의 변화를 추구하며, 교사들의 교수법과 교육 내용을 강화하고, 학교에 인적, 물적 및 재정적 자원을 보다 많이 투입하며, 높은 성취 기준과 교육적 성과를 보장한다. 만약 학교를 개선하고자 한다면, 이들 모든 정책 영역(목적, 수업, 예산, 기준과 평가)들은 조화를 이룰 필요가 있다. Porter(1998)는 다음과 같이 주장한다.

> 가장 중요한 것은 모든 정책 수단들이 동일한 표현이 아닐지라도 지향하는 바가 동일해야 한다는 점이다. 어떤 정책이 효과를 얻기 위해서는 일관되어야 한다. 만약 정책에 일관성이 없다면 문제가 나타난다. 예를 들어, Florida 주는 기초학력검사를 실시함과 동시에 수학 수업 시간을 늘렸다. 그 결과 학생들은 대입 준비용 수학 강좌가 아닌 보충용 수학 강좌를 더 이수하였다. 반면, 과학과 관련해서는 그와 같은 학업 성취도 평가를 실시하지 않았는데 그 결과 학생들은 보다 어려운 과학 수업을 이수하였다(p. 170).

Porter의 주장은 종종 발생하는 교육 정책의 의도하지 않은 결과와 그 결과가 학생들에게 미치는 영향을 강조하고 있다. 이런 현상은 그리 놀랄 만한 일은 아니다. 왜냐하면 연방 정부와 법원, 50개의 주 의회와 주 교육부, 그리고 14,200여 개의 교육청(시장과 교육위원회 포함)이 교육 정책 결정에 관여하는 매우 다양하고 복잡한 영역 내에서 교육 활동이 이루어지기 때문이다. 교육 정책 분야는 연원과 역사가 깊다. 그 기원은 세금을 기반으로 한 보편적 성격의 공교육 제도까지 거슬러 올라간다. 정책은 온전하거나 조직화된 상태가 아니라 느리게, 때때로 중단되면서, 균형이 안 잡힌 상태에서, 그리고 점진적으로 만들어지고 집행되었으며, 이러한 정책들이 Tyack(1974)이 말한 "단일한 최상의 체제"를 이끌어 냈다. 그러나 가장 이상적인 교육제도는 "단일한" 교육제도가 아니라 전국에 걸쳐 상호작용하는 다양한 체제를 말한다. 모든 학생들이 대상이 되고, 모든 학생들에게 적절하고 평등하며, 우수한 교육을 제공하려고 노력함에 따라 학교 교육 제도는 처음에는 지역에서, 소규모로, 그리고 자발적으로 출발하여, 점차 보편적, 강제적 그리고 대규모로 변하였다.

이러한 환경에서 학교개선을 위한 정책을 수립하고자 한다면, 모든 종류(입법가, 학자와 실무자들)와 모든 수준(연방, 주 및 지역)의 정책 결정가들이 교육 정책 결정 기술을 개발하고 개선해야 할 필요가 있다는 것은 분명하다. 25년 전 Kerr(1976)가 주장한 바와 같이, "행동(action)의 질은 이해의 질을 뛰어넘을 수 없다."(p. iii). 이 책 전반에 걸쳐, 우리는 현재까지 진행된 교육 정책 이론들을 살펴보고, 그 개념을 구체적인 정책 및 쟁점에 적용할 것이다. 이론을 실제에 적용하면서, 우리는 다양한 접근법들의 장 · 단점을 강조하고, 개선 방법 및 방안을 제시한다.

정책의 정의

교육 변화 및 개선을 위해 정책 과정(policy process)을 활용하는 것의 중요성이 점점 증가하고 있음에도 불구하고, 정책 분석 및 정책 결정 영역은 생소하고 분명하지가 않다. 사실, 일반적인 "정책", 특히 "교육 정책"의 뜻을 규정하기란 꽤 복잡하고 혼란스럽다. 정책은 법인가? 규정인가? 아니면 교육 과정을 지배하는 규칙인가? 아무런 행동을 취하지 않는 것도 정책인가? 아니면 정책은 더 폭넓고 더 맥락적이고, 더 나아가 문화적인 것인가? 학교가 지금과 같이 운영되게 만드는 전체 환경에서 어느 정도를 차지하고 있는가? 사실, 다양한 정의 및 용어가 제시되고 있다는 것은 이 분야가 중요하고, 계속해서 변화하고 있으며 새롭다는 것을 나타낸다. 또한 이는 American Education Research Association의 Division L(교육 정치학 및 정책)이 후원한 최근의 학회 및 논문들에서 살펴볼 수 있는 것과 같이, 하나의 학문 영역으로서 "정책 연구"와 "교육 정책 연구"는 새로운 요구 및 변화를 충족시킬 정도로 기술되거나 발전하고 있지는 않다는 것을 의미한다.

정책의 정의들을 살펴보면 이 분야가 얼마나 이질적인지를 알 수 있다. 이는 정책학과 정책 결정은 정치학, 공공 행정학, 사회학, 역사, 교육학, 인류학을 포함한 다양한 학문들로부터 파생되었음을 나타낸다. 결과적으로, 여러 학문 분야 간의(또는 학문 내의) 정책에 관한 논의는 "참여자들이 서로에게 이야기하는 것이 아니라 종잡을 수 없게 이야기하는 언어의 혼란"을 가져온다(Bobrow & Dryzek, 1987: 4). 정책을 정의하는 것은 외설(obscenity)을 정의하는 것과 비슷하다. 즉, 보면 알 수 있지만, 이는 장소에 따라 다양하다. Harman(1984)은 정책을 "의도하거나 희망하는 목표를 성취하기 위한 일련의 의도적 활동 과정"으로 규정한다(p. 13). Dye(1992)는 정부가 아무런 행동을 취하지 않는 것도 정책이라고 주장하며, (공공) 정책을 "정부가 하거나 하지 않겠다고 선택한 모든 것"이라고 정의한다(p. 2). Dye의 주장에 동의하면서, Cibulka(1995)는 "정부의 공식적인 입법뿐 아니라 '관행'과 같은 비공식적인 것도 포함되어야 한다. 또한 정부가 아무런 행동을 취하지 않는 것도 정책으로 볼 수 있다"라고 주장한다(p. 106).

이보다 먼저, Easton(1965)은 정책은 사회를 위한 "가치의 권위적인 분배"(그리고 이러한 가치들이 분배되는 기제)라고 주장하며 정책의 규범적 차원을 제시하였다. 정책에 대한 정의들을 분석한 후, Fowler(2002)는 자신의 정의를 제시하기 전에, 일곱 개의 명확한 정의들을 열거했다. "공공정책은 정치 체제가 공공문제를 해결하는 역동적이고 가치 내재적인 과정이다. 정부가 표명한 의도와 공식적인 법안 제정뿐만 아니라 정부의 일관된 행동 및 무행동(inaction) 형태도 정책에 포함된다."(p. 9). 공공정책은 "인지된 사회문제를" 해결하기 위해 정부가 취하는 행동 또는 결정이다(Dror, 1971: 49). 따라서 정책은 여러 행동과 사건들을 가져오는 일련의 목표 및 선택들로 구성된다(Lasswell, 1951, 1971).

우리는 요구, 목표, 의도들이 일련의 법, 정책 및 프로그램으로 전환되고, 이들은 다시 자원 분배, 행동과 결과에 영향을 미치고, 평가, 개혁과 새로운 정책의 토대가 되는 정치적 과정으로 정책을 정의하는 것이 도움이 된다고 생각한다. 정치적 과정은 원하는 바가 무엇이고, 어떻게 문제를 정의하고, 어떤 목표 및 프로그램을 고려하고 채택하며, 결과에 대한 평가, 그리고 (필요하다면) 어떤 새로운 개혁과 정책이 필요한지를 결정하는 것 등 우리가 제시한 정책 정의의 모든 측면에 영향을 미친다. Taylor, Rizvi, Lingard와 Henry(1997)와 같이, 우리는 정책을 "경쟁하는 이해관계에 의해 모든 단계마다 힘들게 도달하는 타협안"이라고 생각한다(p. 24). 정책은 곧 경쟁의 산물인 것이다.

분야의 형성: 정책학

초기 문헌들을 살펴보면, 인간은 공적인 삶에 의미를 부여하기 위해 오랫동안 노력해왔음을 알 수 있다. 고대인들이 모세의 율법(Mosaic Code)을 통해 종교적, 도덕적 삶과 시민의로서의 삶을 어떻게 조직화하였는지를 이해하는 공공정책적 관점에서 구약 성서를 읽을 수도 있다. Robert Dahl(1998)이 『On Democracy』에서 주장한 것과 같이, 인간의 존엄성 및 책임에 관한 민주 정책의 이상(理想)은 "가장 근본적인 윤리적 믿음과 원칙이다. 우리가 평등한 신의 자손이라는 것이 유대교, 크리스트교, 이슬람의 교리이다. 불교 또한 이와 비슷한 관점을 가지고 있다."고 주장할 수도 있다(p. 66).

비록 공공정책은 문명 그 자체만큼이나 오래되었지만, 정치학 및 사회학 같은 사회과학 분야의 다른 전통적 영역과 비교하면 체계적인 정책 분석은 상대적으로 새로운 시도라고 할 수 있다. 운영 연구(operation research) 및 경제학과 사회 심리학의 발달과 함께, 세계 2차 대전의 발발은 "정책 결정에 대한 더 체계적이고 경험적인 연구로의 방향을 제시하는 데 도움을 주었다"(McCool, 1995: 1). 1951년, Harold Lasswell은 "정치학"을 떠오르는 연구 분야로 개념화했다. 이러한 초기 노력에도 불구하고, "공공정책에 관한 연구가 꽃을 피우고 신뢰를 받기 시작한 것은 Johnson 행정부의 Great Society 프로그램[1]이 시작된 1960년대 후반이었다."(McCool, 1995: 3). Robertson과 Judd가 밝힌 바와 같이, "정책 과정과 결과에 관한 구체적인 연구들은 1960년대와 1970년대 정부 프로그램의 확산 때문에 발달하였다."(1989: vii).

1960년대 후반에서 1970년대 초, 정책 연구를 위한 연방 정부의 상당한 예산 지원을 통해 일련의 중요한 정책 연구들이 실행되었다. 이 기간에 이루어진 가장 중요

1) 역주: 교육, 의료증진과 빈곤 퇴치를 내세운 Lyndon B. Johnson 행정부의 정책

한 연구는 James S. Coleman 등(1966)의 『Equality of Educational Opportunity』와 Christopher Jencks 등(1972)의 『Inequality』이다. 대규모 데이터를 사용하여, 이 두 연구는 학생의 교육성취에 대한 인구 통계학 및 학교 교육의 효과를 분석하였다. Coleman 연구는 "논란의 여지가 있지만, 미국 학교의 행정에 관한 가장 중요하고 영향력 있는 연구"이다(Haller & Kleine, 2001: 21). 이 연구의 여러 결과들 중의 하나로 Coleman과 그의 동료들은 특히 북부의 도시 지역 학교 내의 인종 분리 정도를 제시하였다. 또한 이 연구는 인종 집단 간의 광범위한 성취도 격차를 보고하였다. Coleman과 그의 동료들은 가정 배경 요인, 학교 시설과 교육과정, 교사의 질, 학생의 신체적 특성은 학생 성취 차이의 16%밖에 설명하지 못한다고 밝혔다. 『Inequality』에서, Jencks와 동료들(1972)은 학생들의 교육에 주는 중요한 시사점과 함께, 교육 기회, 인지 기술, 학력, 직업적 지위, 수입과 직업 만족도는 불평등하게 분배되어 있다는 것을 발견하였다. 그러나 Jencks는 "동등한 교육기회 제공은 성인을 더 평등하게 만드는 데 거의 영향을 미치지 못한다."고 결론을 내리며, 사회 전면에서 더 동등하게 수입 분배가 이루어질 수 있도록 정부가 적극적으로 개입해야 한다고 제안하였다(p. 255).

이러한 초기 연구에 나타나 있는 것과 같이, 정책 연구는 "자신의 정체성을 명확하게 알기 위해 노력하는 자라나고 있는 아이"와 같으며(Cibulka, 1995: 106), 이는 상대적으로 새로운 분야이고 다학문적인 성격을 가지고 있음을 반영하고 있다.

정책 연구는 교육, 정치학, 경영, 사회학, 공공행정, 역사와 심리학 등 여러 학문 분야의 학자들과 정책 결정자들의 관심의 대상이 되고 있다. Cibulka(1995)가 주장한 것과 같이, 이러한 지적 절충주의(intellectual eclecticism)는 장점과 단점을 가지고 있다. 역동적이며, 중요하고, 다양한 분야의 학자들의 관심의 대상이 된다는 것은 강점이다. 방법 또는 접근법에 관한 합의를 찾아볼 수 없다는 것이 지적 절충주의의 단점이다. 이들 다양한 영역의 학자들이 모이는 협의회조차도 한 번 없었다.

하위 분야 형성: 교육에서의 정책 연구

지난 30년 동안, 정책 연구는 교육을 포함한 거의 모든 공적인 생활 영역에서 증가하였다(Cibulka, 1995; Dye, 2002; Mawhinney, 1993). 초기 연구자들은 관련된 정치 행위자들 및 정책 결정과 변화의 기계적인 과정을 기술하고 분석하는 경향을 보였다. 그러나 왜 정책이 변화하고 그 목적이 무엇인지(누가 이익을 보고, 누가 손해를 보는가?)에 대한 질문은 이해하지 못한 상태에 있었다. 따라서 연구들은 누구에게, 왜, 언제, 무엇이 발생했는가 하는 것을 기술하는 데 초점을 두었고, 교육 정책을 만드는 보다 나은 방법을 만들어 낼 수 없었다(Bennett & Howlett, 1992).

교육 정책 연구는 연방 정부와 주 정부가 세계 2차 대전에 참전했던 1200만명의 군인들을 어떻게 교육시킬 것인가(G. I. Bill), 우주 경쟁 및 악화되는 냉전 체제에서 어떻게 승리할 것인가(National Science Foundation과 National Defense Education Act), 그리고 인종 및 사회적 불평등을 어떻게 극복할 것인가(Brown 판결과 1965년에 제정된 Elementary and Secondary Education Act의 Title Ⅰ) 등과 같은 교육계의 중요한 문제에 대처하기 위해 더 많은 자원을 확보하고 새로운 정책을 개발하였던 1950년대와 1960년대 미국에서 핵심적인 학문 분야로 명성을 얻게 되었다. 연방 정부의 막대한 연구비 지원과 함께, 이러한 필요성은 정치학과 여러 관련된 학문들 내에서 교육 정책 연구의 등장을 이끌어 냈다.

초기에 이루어진 미국 교육 정책 분석은 K-12 공교육에 대한 최초의 중대한 연방 교육법인 ESEA의 통과와 실행(Bailey & Mosher, 1968)과 같이 하나의 쟁점이나 정책에 초점을 두었다. 또한 학자들은 그 법을 어떤 집단이 지지하고 어떤 집단이 반대하는지, 그리고 그들 간의 상호작용과 타협이 어떻게 최종 정책에 영향을 미치고, 어떻게 집행되는지에 관한 질문에 초점을 두는 "이익집단 정치학"과 같이 하나의 이론만을 적용하는 경향을 보였다.

상이한 관점 또는 다양한 관점을 적용한다면 다른 중요한 질문과 상이한 결론을 이끌어 내게 될까? 예를 들어, 비판 이론가들은 1965년 제정된 ESEA를 위한 지원과 그 후에 나타난 인권 운동과 저소득층 및 유색인종 어린이를 위한 평등한 교육기회 확대를 위한 연방 정부의 노력에 의문을 제기하였다. 비판 이론가 또는 후현대주의자들은 부유한 교외지역의 학교구가 12명의 가난하고 성적이 낮은 학생들이 있으면 ESEA Title Ⅰ 교사(그리고 학습도움실)를 확보할 수 있다는 것을 인식하게 되면, 저소득층 학생들은 유용한 자원이 되고 연방 정부의 재정 지원을 받을 수 있다는 것을 지적하면서 ESEA를 상징적인 것으로 간주하였다. 부유하든 가난하든지에 관계없이 전국의 대다수(95%)의 학교구들이 Title Ⅰ 지원을 받았다. 거의 보편적인 연방 정부의 예산 지원은 강력한 빈곤지역, 중간지역과 부유한 지역 학교구들의 연합을 이끌어 냈다. 이러한 새로운 권력연합은 ESEA 정책이 정치적으로 대중적이며 공화당 의원들도 민주당 대통령이 권고한 것 이상으로 지원을 증대시키려고 하는 등 사실상 신성불가침적이라는 것을 의미한다(Traub, 2000).

일부 정책 학자들은 Nixon 대통령이 이 법을 계속해서 폐지하려고 노력하고, Reagan 대통령이 사립 및 교구 학교의 학생을 위한 Chapter Ⅰ Voucher를 통해 4차례나 민영화하려고 압력을 가했을 때 일어날 일들을 예로 들면서, 이러한 ESEA 연합은 예산 지원을 위해서뿐만 아니라 가난한 학생들의 필요에 의해서도 형성되었다고 주장한다. 두 대통령 모두 Title Ⅰ(Chapter Ⅰ) 프로그램을 없애거나 근본적으로 바꾸지 못했으며, 이와 관련된 전개과정은 ESEA를 지지하는 연합체를 설명하는 이익집단 이론과 저소득층을 위한 프로그램을 자본화하는 중산층의 능력을 설명하는 비판 이론/후현대주의적 관점을 모두 사용할 때 가장 잘 이해할 수 있다. 미국 텔레비전 방영 유아 프로그램인 Sesame Street의 효과에 대한 분석은 종종 뒤처지는 저소득층과는 달리 연방 정부의 교육 프로그램과 같은 새로운 사회적 기회를 이용하는 중산층과 상위계층의 능력을 보여주는 또 다른 예이다.

연구의 새로운 방향

교육 정책 연구와 역사

전통적인 정책 연구는 때때로 "현재주의(정책 연구에 있어서 과거 정책의 영향과 이들의 계획적, 제도적, 문화적 및 조직적 역사를 무시하는 경향)의 오류"에 빠지곤 하였다. "조사 연구는 과거나 미래의 경향보다는 오로지 현재에 중점을 두는 경향이 있다"(MaJchrzak, 1984: 20). 그러나 6개 주(州)를 대상으로 한 집행과 개혁에 대한 분석에서 Fuhrman(1989)이 주장한 것과 같이, 맥락도 상당히 중요하다. 모든 사회현상은 "그것의 역사적 맥락 안에서 이해되어야 한다."(Tuchman, 1994: 306). 맥락은 역사 그 이상이다. 또한 맥락은 매우 개인적이고, 일시적이며, 이념적이다. Neustadt와 May(1986)는 "의사 결정가는 의식적이든 아니든 간에 항상 과거 경험을 토대로 결정을 내린다."고 주장한다(p. xxi). 시간 또한 이전 결정과 연관된 여러 사건의 흐름으로 인식할 수 있다(Neustadt & May, 1986).

역사와 맥락의 역할 및 영향을 적절히 고려하지 못하면 정책 과정에 대한 잘못된 개념화 및 (1) 동일한 교육문제와 프로그램이 상이한 이름과 명칭으로 다시 나타나는 것처럼 역사는 그 자체로 반복된다, (2) 우리는 모두 과거 경험에 매여 있기 때문에, 역사는 현재 의사 결정에 영향을 미친다, (3) 역사는 교육 변화 및 개혁이 일어나는 조건을 형성한다 등에 대한 이해 부족을 낳게 된다. 노예제도, 흑백 차별 정책, 재건시대[2], 인권 및 흑인 가정의 문화에 대한 역사를 모르는 상태에서 어떻게 도심 흑인 학생들을 위

2) 역주: 미국에서 남북 전쟁이 종결된 1865년 무렵부터 1877년까지 전쟁으로 초토화된 남부를 어떻게 "재건"할 것인가의 문제, 또한 해방된 과거 노예들의 자립과 공민권과 관련한 문제와 더불어 연방으로부터 탈퇴했던 남부 연합 각 주들을 어떤 방식으로 다시 연방에 재가입시킬 것인가의 문제 등을 둘러싼 논쟁과 각종 실험이 이루어진 시기

한 학교 개혁을 생각할 수 있겠는가? 그러나 계속해서 교육 문제의 역사와 맥락을 무시한 정책 "해결책"들이 제시되고 있다.

종단적 분석은 정책 변화의 범위와 성격을 형성하고 결정하는 "사회적 규칙성의 망"이라는 근본적인 요인들을 드러냄으로써, 현재주의의 오류를 상쇄시키는 데 도움이 될 수 있다(Scheurich, 1994: 313). 연구자들은 역사와 맥락의 필요성을 오래전부터 인식해오고 있지만, 이들은 문제를 분석할 때 사회 및 교육 문제들의 구조적 특성과 연계성을 무시하거나 묵살하고 있다. Warren(1978)에 의하면, "특정 정책 쟁점에 대한 선형적 연구는 어느 정도 (본질적인) 흥미도 있지만, 보다 중요한 것은 광범위한 사회 및 문화적 맥락 내에서 이러한 전개 과정을 분석한다는 것이다."(p. 16). 우리는 정책은 맥락적으로 이해되고 개발되어야 한다고 믿기 때문에, 2장에 제시된 이론들은 정책 결정과 개혁이 종종 간과한 측면에 특히 초점을 둔다.

다양한 관점에서 정책 분석

상당수의 전통적 정책 분석은 매우 협소하고 고정되어 있어서 복잡한 사회-정치적 현상을 개념화하기에 부적절하기 때문에 교육 정책은 다양한 이론 또는 관점을 통해 분석될 필요가 있다(Hall, 1993; Mazzoni, 1995; Sroufe, 1995). 전통적인 교육 정책 연구들을 비판하면서, Young(1999)은 전통적인 정책 연구들은 "연구하는 정치 문제들에 대한 종합적인 이해를 제공하지 못하며, 따라서, 교육 정책 결정을 위한 유일한 근거로 사용해서는 안 된다."고 주장하였다(p. 677). David Easton의 "체제(system)" 모형과 같은 전통적, 합리적 관점을 사용한 정책 분석 이론이나 모델들은 정책 투입이 정책 산출로 변환될 때 "암흑 상자(black box)" 안에서 어떤 일이 일어나는지 적절하게 설명하지 못한다. 예를 들어, Mawhinney(1994)는 "현재의 정책 모형은 정책 변화의 정치학을 이해하는 데 도움이 되지 못한다는 것이 일반적 견해이다."라고 주장한다(pp. 1-2). 정치 사건들을 연대기적으로 기록하고자 하는 우리들 노력의 상당수는 만족스럽지 못한 결과를 가져오는데, 이는 기본적인 정치적 구조와 과정에 관심을 두지 않고 따라서 불완전하고 종종 잘못된 이해를 제공하기 때문이다(Dresang, 1983: ix).

Sabatier과 Jenkins-Smith(1993)의 옹호 연합 모델(advocacy coalition model)과 같은 정책 연구에 대한 최근의 접근은 (1) 누가 정책 과정에 참여하는지, (2) 정책 결정 과정의 역동성 및 (3) 제도가 서로서로, 그리고 다양한 이익집단, 언론매체와 정치 공동체들과 상호작용하는 방법에 대한 이해를 증진시켜 주기 때문에 전통적인 접근에서 한 걸음 발전된 모습을 보인다. Lasswell(1951)은 좋은 정책을 만들어 내는 데 사용할 수 있는 정책 연구에 대한 엄격하면서 과학적 접근을 주장하였다.

그러나 Doron(1992) 등과 같은 비판론자들은 1950년대와 비교해서 현재의 상황은 큰 차이가 없다고 주장한다. McCool(1995)은 후현대주의 시대에 "우리가 만들어 낸 모든 교육 관련 생각들은 잘못된 것으로 밝혀지거나 폐기되어 왔다."고 통탄하였다(p. 380).

일반적으로는 공공정책, 구체적으로 교육 정책에 관한 연구는 모형 및 이론이 복잡하고 혼란스럽다는 문제를 가지고 있다. 이는 이론이 너무 적어서가 아니라 너무 많기 때문이다. 이 분야는 분석가에게 혼란스러운 일련의 관점들을 제공하고, 따라서 질서, 방향과 과학적 정확성이 부족하다. 이는 정책 연구에 관한 이론의 부재가 아니라 "과잉"으로 정책 분석은 "비이론적이고 제한적이다."는 기존의 지배적인 관점과 모순이 된다(Blair & Maser, 1977: 282). McCool(1995)이 지적한 것과 같이, "정책 이론의 발전은 부인할 수 없을 만큼 진보가 이루어졌다. 정치학에 풍부한 이론적 전통이 없다고 결론짓는 것은 커다란 잘못이다."(p. 291). 필요한 것은 "이러한 개념, 이론, 접근들이 어떻게 서로 연결되어 있는지 이해하는 것"이다(McCool, 1995: 393). "정책 연구의 앞으로의 성공과 방향은 상당 부분 정책 이론가들이 분열된 정책 이론을 조사하고 이를 해결하는 정도에 달려있다."(McCool, 1995: 393).

이 책에서 해결하려고 하는 것이 이러한 교육 정책 결정 이론들의 분열 현상이다. 우리는 정책 이론은 실용적이어야 한다고 생각한다. 정책이론은 "적용된 정책 문제와 직접적으로 관련되어야 한다."(McCool, 1995: 396). "만약 우리가 실제와 관련하여 이론의 적절한 역할을 결정할 수 있다면, 다양한 관점을 적절하게 사용하는 방법을 결정할 수 있을 것이다."(Bobrow & Dryzek, 1987: 16). Young(1999)은 오랫동안 "조작화와 설명이라는 기능주의적, 합리적 및 과학적 모델에 의존하면서, 정책 연구는 매우 협소하고 덜 이론화된 분야로 남아 있다."고 주장한다(p. 678). McCool(1995)에 따르면, "전통적 실증주의를 포함한 실증주의의 대안들은 이론과 적용을 연결시키는 우리의 능력을 향상시키는 인식론적 다양성을 제공한다."(p. 400).

이 대안들에는 정책 결정에 대한 비판 이론, 제도 이론, 여권주의 이론, 후현대주의/후기구조주의 이론들이 있다. 이 책은 학교 개선을 위한 이론의 유용성을 강조하면서, 이러한 인식론적 다양성을 6개의 중요한 교육 정책 쟁점들에 적용한다. 또한 이 이론들은 정책 과정(문제 정의, 의제 설정, 정책 형성, 집행과 평가) 그 자체에도 적용된다. 분석 과정을 단순화하기 위해서, 이론들은 4 범주의 관점(규범적, 구조적, 구성적 및 기술적 관점)으로 분류한다. 이러한 분류는 우리가 가장 핵심적이라고 생각하는, 즉, 모든 교육 정책 개발의 중핵 가치가 되어야 하는 윤리와 사회 정의를 중심으로 이루어진다.

교육 정책 결정 이론: 개관

이 책에서는 7개의 주요한 교육 정책 결정 이론을 제시한다. Young(1999)과 같이, 우리는 여러 관점과 틀을 사용하여 교육 정책(과정과 산출결과 모두 포함)을 분석하는 것은 "우리가 연구하는 정책 문제, 정책 담론, 기획, 집행과 실제들 간의 상호작용, 정책 맥락의 역동성, 그리고 정책과 실제가 개인들에게 미치는 영향 등을 보다 쉽게 이해하는 데 도움이 될 수 있다."고 생각한다(p. 679). Young과 같이, 우리는 이러한 이론 및 관점은 모순되는 것이 아니라 상호 보완적이라고 생각한다. 결국, 이론, 관점과 분석틀의 목적은 복잡한 정책문제를 더 잘 이해할 수 있도록 돕는 것이다. H. L. Mencken이 주장한 바와 같이, "모든 복잡한 문제에 대한 간단한 해법이 존재한다. 그러나 그것은 항상 잘못된 것이다." 마찬가지로, 교육문제와 이러한 문제를 해결하는 정책을 만드는 것이 본질적으로 매우 복잡하고 다면적인 성격을 가지고 있다는 것을 고려할 때, 정책 연구자들이 교육 정책에 대한 중요한 질문을 다룰 때 불필요하게 자신들을 한정시키는 것은 현명하지 않다고 생각한다.

1. 체제 이론은 수요, 요구, 자원과 같은 "정책 투입", 정책을 집행하는 핵심적인 행위자들과 관련된 "전환", 그리고 교육받은 또는 시민의식을 가진 학생 또는 향상된 경제 생산성과 같은 "정책 산출"을 분석하기 위한 수단을 제공한다(Easton, 1965, 1965; Senge, 1990; Wirt & Kirst, 1997 참조). 체제 이론은 오랜 역사, 커다란 적용가능성, 그리고 거의 모든 정책 문제를 다룰 수 있는 유용한 분석틀 등 분명한 장점들을 가지고 있다.

2. 신다원주의 옹호 연합(Neopluralist advocacy coalition) 및 이익집단 이론은 핵심적 연합이 정부로부터 자신들이 필요하다고 생각하는 자원과 지원을 받으려고 할 때, "누가, 무엇을, 언제 그리고 어떻게 얻는가?"에 대한 답을 찾는 정치학적 관점에 근거하고 있다(Sabatier & Jenkins-Smith, 1993 참조). 이러한 핵심적 행위자(의원, 주지사, 시장, 교육감, 교육위원회 등)들은 연방제 체제(연방, 주, 카운티, 시, 학교구와 개별 학교)하의 각 수준에서 다양한 영역에 대한 이익집단의 관심사를 위해 활동한다. 이익집단과 이들의 활동 영역은 어떻게 법률이 통과되고, 형성되고, 집행되고, 평가되는지를 이해하는 유용한 수단을 제공한다.

3. 신제도 이론(Neoinstitutional theory)은 사회 및 정치 조직의 구조가 정책에 독자적인 영향을 미친다고 가정한다(Crowson, Boyd, & Mawhinney, 1996; Peters, 1999; Scott, 1995). 사실, 법과 규정을 제정하고 시행하는 정치 기관과 정책이 집행되는

학교와 교실을 이해하지 못한 상태에서 학교 정책을 분석한다는 것은 상당히 어렵다. 교육 정책을 통과시키고 집행하는 조직의 구조, 문화, 리더십, 요구는 교육 정책 결정을 정확하게 이해하기 위해 필수적이다.

4. 비판 이론은 기존 학교 교육의 경제적, 정치적, 그리고 사회적 목적에 의문을 제기하고, 지배와 종속의 상황으로부터 권리가 박탈된 집단을 해방시키려는 규범적 성향과 함께 억압받는 집단의 시각에서 정책을 분석한다(Freire, 1970; Habermas, 1971, 1975, 1983, 1988; Held, 1980 참조). 주로 평등과 사회 정의에 관한 쟁점에 관심을 가지며, 비판 이론 관점의 정책 분석은 정책을 실제로 변환시키는 숨겨진(그리고 종종 평등하지 않은) 권력 행사에 초점을 둔다. 이러한 접근을 사용하여, 비판 이론가들은 다양한 집단에 대한 정책의 효과와 정책이 사회적 불평등을 재생산하는(그리고 강화하는) 방법에 초점을 두고 있다.

5. 여권주의 이론(Feminist theory)은 성 불평등을 강화 또는 조장하는 제도적 과정을 통해 정책이 어떻게 해석되는지를 포함하여, 교육 정책이 성별(gender) 및 성(sex) 차이와 관련된 쟁점에 미치는 불평등한 영향에 관심을 갖고 있다(Gilligan, 1982; Marshall, 1993, 1997; Marshall & Anderson, 1995). 여권주의 이론적 관점에서의 정책 분석 쟁점들에는 교육 체제 내에서 여성들의 접근과 선택에 영향을 미치는 정책, 여성의 "이해 방식"과 정책을 통한 권력 관계의 (재)구조화 등이 있다.

여권주의 이론가들은 지배와 종속의 형태를 형성하는 "권력과 통제의 세부사항"들을 이해하려고 하면서, 관료제와 같은 중립적인 것처럼 보이는 정책과 제도에 의문을 제기하고 문제화한다(Ferguson, 1984: 5). 예를 들어, 관료제의 성격에 관한 고전적인 여권주의적 분석에서, Ferguson(1984)은 "단순히 현대적인 삶의 사실 또는 조직화 활동의 중립적인 방법이 아닌 쟁점으로 관료제에 접근한다면, 관료제에 대한 의문은 근본적으로 상이한 부분을 드러낸다. 관료제에 대한 비판적 분석은 제도적 형태와 도구적 합리성의 언어가 만연해 있는 관료화된 사회의 역사와 구조에 대한 분석을 수반한다."(p. 6)고 주장한다.

6. 후현대주의는 전통적인 정책 연구와 비교해 볼 때 교육 정책과 결과를 아주 상이한 관점에서 고찰한다. 후현대주의는 "과학적인", 정책 결정에 대한 실증주의적인 관점을 거부하고, 정책은 권위를 가진 사람들에 의해 맥락적으로 정의되어야 하고, 그 상황(setting)과 분리될 때는 타당성이 떨어진다고 주장한다(Scheurich, 1994 참조). 이들 비판론자들은 중립적, 과학적 정책 분석은 대부분의 정책이 가지고 있는

인종 차별적, 성차별적 및 계층차별적 성격만을 가려낸다고 주장한다. 후현대주의자들에 따르면, 학교를 쉽게 개선하지 못하는 이유는 사회에서 특권을 가진 엘리트들이 저소득층, 여성과 유색인종을 희생하면서 상류층, 백인, 남성 리더십에 권위를 부여하는 현상(status quo)을 유지하려고 하기 때문이다.

7. 정책 결정의 이데올로기 이론(Ideological theory)은 주요 정책을 둘러싼 경제-정치적 맥락에 대한 통찰력을 얻기 위해, 정책을 당파적, 정치적으로 가치 내재적 구조에서 평가한다(Cibulka, 1999). 가장 단순한 형태로, 특정 정책이 진보 좌파의 관점, 평등 강조, 참여 또는 다문화 및 다언어적 가치와 관련되어 있는가? 또는 정책이 경쟁, 선택, 정부의 최소 관여와 자유 시장 및 민영화 접근을 강조하는 우익, 신보수주의 연합의 후원 및 지지를 받고 있는가? 정책에 대한 좌익-우익의 관점과 함께, 이러한 이데올로기적 관점은 급진 종교적 우파 또는 중도 경제적 우파와 급진 좌익, 사회주의자, 마르크스주의자, 중도 또는 신진보주의 관점 간의 차이 등 우익과 좌익이 가지고 있는 미묘한 가치 차이도 보다 자세하게 살펴볼 수 있다. 유럽의 학자들은 이러한 용어와 분석에 보다 익숙한 상태에 있지만, 미국의 분석가들은 국제 교육 정책 연구에서 일반적으로 찾아볼 수 있는 학문의 이데올로기적-정치적 측면을 희생하면서 이러한 분류를 회피한다(Fowler, 1995).

이론적 다원주의의 요청

『Essence of Decision』에서 Graham Allison(1971)은 쿠바 미사일 위기와 관련된 의사결정 과정을 설명하기 위해 3가지 상이한 모델(합리적 행위자, 조직 과정과 정부의 과정)을 사용하였다. Allison은 각각의 모델은 “같은 질문에 대한 상이한 답을 제공한다. 그러나 이들 모델을 직접 관찰했을 때, 아주 놀라운 점은 답을 찾는 과정에서 분석가들이 문제를 인지하고, 의문점을 형상화하고, 요약된 질문을 분석하고, 세상을 이해하기 위한 단서를 찾는 방식상에 차이가 있다는 것이다.”라고 주장한다(p. 249). 『Reframing Organizations』에서 Lee Bolman과 Terrence Deal(1991)은 현대 조직의 복잡한 측면을 이해하기 위해 4가지 분석틀(구조적, 인간 자원적, 정치적, 상징적)을 사용하였다. Bolman과 Deal은 다원적인 관점에서 조직의 문제를 바라보는 것이 지도자로 하여금 현재 직면한 문제를 보다 잘 이해하고 이러한 문제를 다루기 위한 보다 폭넓은 정책 대안을 고려할 수 있게 만든다고 생각한다.

비슷한 맥락에서, 『Images of Organization』에서 Gareth Morgan(1997)은 조직 과

정에 대한 독자들의 이해를 돕기 위해 기계, 유기체, 뇌, 문화, 정치 체계, 정신 병원, 그리고 지배 도구로서의 조직과 유동적이고 변화하는 조직 등 다양한 은유를 사용한다. Morgan은 "단일 이론은 우리에게 완벽하거나 모든 곳에 적용할 수 있는 관점을 제공하지 못한다." 그러나 "우리가 조직하고 경영하고자 하는 상황을 보고, 이해하고 형성하는 새로운 방법을 제공할 수는 있다"고 주장한다(pp. 5-6). Morgan은 여러 은유적인 관점을 통해 조직을 바라보는 것은 독자들이 각각의 이론의 강점과 약점을 보다 잘 이해할 수 있게 하며, 조직 관련 쟁점들을 해결하기 위한 보다 반성적 접근을 채택할 수 있게 한다고 주장한다. 따라서 정책을 분석할 때, 복잡한 정책 쟁점과 문제들을 제대로 이해하고자 한다면, 다양한 시각 및 상이한 관점을 통해 이를 분석해야만 한다.

이 책에서 다루는 각각의 관점은 교육 정책에 새로운 통찰력을 제공한다. 이들은 큰 차이가 있는 것처럼 보이지만, 사실 이들 중 일부는 함께 적용할 수도 있고, 때로는 서로 서로를 강화시키고, 때로는 결론에 의문을 제기하기도 한다. 상이한 제도 내에서 다양한 이익집단들은 또 다른 정책 "투입"으로 포함될 수 있기 때문에, 체제 이론, 옹호 연합과 제도 관점은 다소 호환이 가능하다. 이들 이론들은 정책이 어떻게 만들어지는가(그 구조와 과정)에 초점을 둔다. 특히 교육 정책 결정 과정과 구조에 대한 비판적, 회의적 및 반성적 관점 등 정책 결정에 관한 해석적, 이데올로기적 이론들은 비슷한 관심, 가정, 주안점을 가지고 있다. 이들 이론은 누구를 위해 정책이 만들어졌는가에 대한 비판적인 의문을 제기한다. 누가 이익을 보는가? 누가 손해를 보는가? 어떻게 하면 권리가 박탈된 집단에게 이익이 되는 더 윤리적이고 공평한 교육 정책을 만들 수 있을까?

이러한 관점들을 교육 정책에 적용함에 따라, 2장에 제시된 각 이론들의 한계와 유용성은 더욱 분명하게 드러날 것이다. 각각의 사례들을 통해 학교 정책을 정확히 포착하고 설명하고, 정책의 가장 중요한 측면이 무엇이지 확인하고, 각 이론과 정치적 실재가 일치하는 부분을 나타내며, 앞으로의 연구 및 탐구를 위한 방안을 제안하면서 다양한 이론들의 유용성을 강조할 것이다. 학교 체제에 대한 주 정부의 압력이 증가함에 따라, 학교를 개선하기 위한 보다 나은 교육 정책을 만드는 것이 절실하게 필요하다. 보다 좋은 정책을 통해서만이 보다 좋은 학교를 만들어 낼 수 있다.

이 책의 구조

앞에서 본 저자들은 교육 개혁에 대한 정책적 관점을 가장 잘 조직하고 제시하는 것에 대해 자세하게 제시하였다. 우리는 쟁점을 중심으로, 또는 이론적으로 아니면 이 두 관점을 혼합해서 책을 만들어야 할까? 최고의 효과를 위해서 이론과 예, 개념과 실제를 어떻게 결합시켜야 할까? 교육 정책 결정 과정, 정책 그 자체와 집행 또는 정책의 효과에 어느 정도 초점을 두어야 할까? 평등, 선택, 기준, 노사관계, 재정, 교육과정, 시험과 지배구조와 같은 교육 쟁점들의 발전 과정을 설명하는 데 필요한 역사적 맥락을 어느 정도 다루어야 할까? 예를 제시하지 않으면 이론들은 어느 정도 의미를 전달할 수 있을까? 어떤 이론과 쟁점들을 포함시켜야 하는가?

우리는 교육 정책 연구와 관련된 주요 학설로부터 교육 정책 분석에 관한 몇몇 주요 이론 또는 관점을 분석하기로 결정하였다. 이 책은 전통적인 정책 접근법과 새롭고 대안적인 정책 분석 이론을 포함한 교육 정책 분석 분야의 다양한 접근법을 반영한다. 이러한 다양성에도 불구하고 다루지 못한 이론들도 있음을 인정한다. 교육 관련 학자들과 정책 결정가들이 사용하는 다양한 이론들과 접근법들을 모두 자세하게 다루는 것은 불가능하다. 이 분야는 너무 폭넓고 불분명하다. Kerr(1976)의 말을 빌어, 본 저자들은 "교육 정책 결정 및 집행의 질(質)은 교육 정책의 개념적 및 규범적 영역에 대한 개별 사상의 질에 달려있다"고 주장한다(p. iii). 이론들을 실제적, 개념적 내용으로 분류함으로써, 우리는 두 가지 목표를 달성하기를 희망한다. (1) 교육 정책 결정과 분석 분야에 대한 개념적 명료화, (2) 유용한 지식을 만들 수 있도록 정책 입안자들을 도와주는 분석틀 제공.

이 책에서 다루는 이론들은 체제 이론, 옹호 연합 이론, 제도 이론, 비판 이론, 여권주의 이론, 후현대주의 이론과 이데올로기적 관점이다. 이 이론들은 정책을 다원적 관점에서 볼 수 있도록 하기 위해 일관된, 개념적인 4 범주의 분석틀로 통합된다. 그 후 우리는 이들 이론적 분석틀을 6가지 교육 정책에 적용한다. 중요한 여러 영역들로부터 또다시 선택을 해야만 했다. 분석한 정책들에는 학교 조직과 지배 구조, 노사관계, 교육 과정, 재정, Charter School과 학생 인사에 영향을 미치는 정책들이 포함된다. 그러나 저자들이 이들 영역에 대한 정책 실제를 설명하는 데 이론을 적용하는 것을 보여준다면, 새로운 쟁점에 이들 관점을 적용하는 것이 가능할 것이다.

토론 문제

1. 정책에 관한 다양한 정의는 교육 정책 연구에 대한 우리의 이해에 차이를 가져오는가?

2. 교육 분야에서, 이론적 다원주의는 미덕으로 간주된다. 이러한 다원주의는 정책을

이해하는 데 어떠한 영향을 주는가? 정책 평가에는? 이러한 다원주의는 부정적 측면이 있는가?

중요한 연구들

비록 대부분이 전통적인 과정 단계 모델을 사용하고 있지만, 정책 과정에 대한 전반적인 사항들을 적절하게 다루고 있는 연구들도 있다. 가장 유명한 책들 중의 하나는 이제 10판이 출판된 Thomas Dye(2002)의 『Understanding Public Policy』이다. Dye는 그룹 이론(group theory), 엘리트 이론, 합리주의, 점증주의, 게임 이론, 공공 선택 이론과 체제 이론 등 정치와 정책 결정에 관한 여러 가지 모델들을 고찰하였다. Dye는 교육을 포함한 여러 가지 정책 영역을 한 장(chapter)에 할애하였고, 의제 설정과 정책 평가를 다루고 있다.

일반적으로 여러 논문을 편집하여 발간한 책은 중요한 연구로 간주하지 않는다. 그러나 대부분의 대학원생들이 정치학과 공공 정책에 관한 튼튼한 학문적 배경 지식을 가지고 있지 못하기 때문에, 정책 연구 분야의 대표적인 학자들의 논문을 싣고 있는 2권의 편저 서적은 포함시켜야 한다고 생각한다. Daniel McCool(1995)은 정치학 분야의 고전 및 최근의 공공 정책 이론에 관한 논문들로 구성된 『Public Policy Theories, Models, and Concepts: An Anthology』를 편저하였으며, 이 책에는 David Truman, David Easton, Charles Lindblom, Theodore Lowi, Hugh Heclo와 Paul Sabatier의 논문이 실려 있다. 이 책은 정치학자들이 공공 정책 연구를 어떻게 보고, 어떻게 개념화하는지에 대해 명확하게 제시하고 있다. 공공 정책 분야에서 또 다른 훌륭한 서적은 Stella Theodoulou와 Matthew Cahn(1995)이 편저한 『Public Policy: The Essential Readings』이며, 이 책에는 Robert Dahl, Murray Edelman, C. Wright Mills, John Kingdon, Eugene Bardach, Aaron Wildavsky 그리고 Stuart Nagel의 논문이 실려 있다.

정책문제에 다양한 모형 또는 관점을 적용하는 데 관심이 있는 학생들을 위해 다음과 같은 3가지 연구를 제시한다. 먼저 1971년, Graham Allison은 출판 즉시 고전의 반열에 오른 『Essence of Decision』을 출간하였다. 이 책에서 그는 쿠바 미사일 위기를 설명하기 위해 합리적 행위자, 조직 과정과 정부 정치학 모델을 사용하였다. 20여 년 전, 『Reframing Organizations』에서, Lee Bolman과 Terrence Deal(1991)은 현대 조직의 복잡한 측면을 이해하기 위해 4가지 분석틀(구조적, 인간 자원적, 정치적, 상징적 모형)을 사용하였다. 이 책은 출판 즉시 전국적으로 행정가 양성 프로그램의 핵심 교재가 되었다. 다양한 모델 또는 관점을 조직에 적용한 고전적인 연구는 Gareth

Morgan(1997)의 『Images of Organization』이다. 이 책의 첫 번째 판 또한 전국에 걸쳐 대학원 수준의 행정가 양성 과정에서 광범위하게 사용되었다. Morgan은 독자들이 조직의 과정을 이해하는 것을 돕기 위해 기계, 유기체, 뇌, 문화, 정치 시스템, 정신 병원, 지배 구조로서의 조직과 유동적이고 변화하는 조직 등 다양한 은유를 사용하고 있다.

참고문헌

Allison, G. T. (1971). *Essence of decision: Explaining the Cuban missile crisis.* Boston: Little, Brown and Company.

Bailey, S. K., & Mosher, E. K. (1968). *ESEA: The Office of Education administers a law.* Syracuse, NY: Syracuse University Press.

Bennett, C. J., & Howlett, M. (1992). The lessons of learning: Reconciling theories of policy learning and policy change. *Policy Sciences, 25*, 275-294.

Blair, J., & Maser, S. (1977). Axiomatic versus empirical models in policy studies. *Policy Studies Journal, 5*, 282-289.

Bobrow, D., & Dryzek, J. (1987). *Policy analysis by design.* Pittsburgh, PA: University of Pittsburgh Press.

Bolman, L. G., & Deal, T. E. (1991). *Refraining organizations.* San Francisco: Jossey-Bass.

Cibulka, J. G. (1995). Policy analysis and the study of the politics of education. In J. D. Scribner & D. H. Layton (Eds.), *The study of educational politics* (pp. 105-125). Washington, DC: Falmer Press.

Cibulka, J. G. (1999). Ideological lenses for interpreting political and economic changes affecting schooling. In J. Murphy & K. Seashore Louis (Eds.), *Handbook of research on educational administration* (2nd ed., pp. 163-182). San Francisco: Jossey-Bass.

Coleman, J. S., Campbell, E. Q., Hobson, C. J., McPartland, J., Mood, A. M., Weinfeld, F. D., & York, R. L. (1966). *Equality of educational opportunity.* Washington, DC: U.S. Government Printing Office.

Crowson, R. L., Boyd, W. L., & Mawhinney, H. B. (Eds.). (1996). *The politics of ed-ucation and the new institutionalism: Reinventing the American school.* London: Falmer Press.

Dahl, R. (1998). *On democracy.* New Haven, CT: Yale University Press.

Doron, G. (1992). Policy sciences: The state of the discipline. *Policy Studies Review 11*, 303-309.

Dresang, D. (1983). Foreword. In D. Paris & J. Reynolds. *The logic of policy inquiry* (pp. i-xiv). New York: Longman.

Dror, Y. (1971). *Design for policy sciences.* New York: American Elsevier.

Dye, T. (1992). *Understanding public policy* (7th ed.). Englewood Cliffs, NJ: Prentice Hall.

Dye, T. (2002). *Understanding public policy* (10th ed.). Englewood Cliffs, NJ: Prentice Hall.

Faston, D. (1965). *A framework for political analysis.* Chicago: University of Chicago Press.

Ferguson, K. E. (1984). *The feminist case against bureaucracy.* Philadelphia: Temple University

Press.
Fowler, F. C. (1995). The international arena: The global village. In J. D. Scribner & D. H. Layton (Fds.), *The study of educational politics* (pp. 89-102). Washington, DC: Falmer Press.
Fowler, F. C. (2000). *Policy studies for educational leaders: An introduction.* Upper Saddle River, NJ: Merrill.
Freire, P. (1970). *Pedagogy of the oppressed.* (M. Bergman Ramos, Trans.). New York: Seabury Press.
Fuhrman, S. H. (1989). State politics and education reform. In J. Hannaway & R. Crowson (Eds.), *The politics of reforming school administration* (pp. 61-75). New York: Falmer Press.
Gilligan, C. (1982). *In a different voice.* Cambridge, MA: Harvard University Press.
Habermas, J. (1971). *Knowledge and human interests.* Boston: Beacon Press.
Habermas, J. (1975). *Legitimation crisis.* Boston: Beacon Press.
Habermas, J. (1983). *The theory of communicative action*, Vol. 1. Boston: Beacon Press.
Habermas, J. (1988). *The theory of communicative action*, Vol. 2. Boston: Beacon Press.
Hall, P. A. (1993). Policy paradigms, social learning, and the state: The case of economic policymaking in Britain. *Comparative Politics, 25*(3), 275-296.
Haller, E. J., & Kleine, P. F. (2001). *Using educational research: A school administratort's, guide.* New York: Longman.
Harman, G. (1984). Conceptual and theoretical issues. In J. R. Hough (Ed.), *Educational policy: An international survey* (pp. 13-29). London: Croom Helm.
Held, D. (1980). *Introduction to critical theory: Horkheimer to Habermas.* Berkeley: University of California Press.
Jencks, C., Smith, M., Acland, H., Bane, M. J., Cohen, D., Gintis, H., Heyns, B., & Michelson, S. (1972). *Inequality.* New York: Basic Books.
Kerr, D. H. (1976). *Educational policy: Analysis, structure, and justification.* New York: David McKay.
Kowalski, T. J. (1995). *Keepers of the flame: Contemporary urban superintendents.* Thousand Oaks, CA: Corwin Press.
Lasswell, H. (1951). The policy orientation. In D. Lerner & H. Lasswell (Eds.), *The policy sciences* (pp. 3-15). Stanford, CA: Stanford University Press.
Lassweil, H. (1971). *A pre-view of policy sciences.* New York: American Eisevier.
Majchrzak, A. (1984). *Methods for policy research.* Newbury Park, CA: Sage.
Marshall, C. (Ed.). (1993). *The new politics of race and gender.* Washington, DC: Falmer Press.
Marshall, C. (Ed.). (1997). *Feminist critical policy analysis* (Vols. 1-2). London: Falmer Press.
Marshall, C., & Anderson, G. L. (1995). Rethinking the public and private spheres: Feminist and cultural studies perspectives on the politics of education. In J. D. Scribner & D. H. Layton (Eds.), *The study of educational politics* (pp. 169-182). Washington, DC: Falmer Press.
Mawhinney, H. B. (1993). *An interpretive framework for understanding the politics of policy change.* Unpublished doctoral dissertation, University of Ottawa, Ottawa, Canada.
Mawhinney, H. B. (1994). *An interpretive framework for understanding the politics of policy change.* Paper presented at the Annual Meeting of the Canadian Association for Studies in

Educational Administration. Calgary, Alberta, Canada.

Mazzoni, T. L. (1995). State policymaking and school reform: Influences and influentials. In J. D. Scribner & D. H. Layton (Eds.), *The study of educational politics* (pp. 53-73). Washington, DC: Falmer Press.

McCool, D. C. (Ed.). (1995). *Public policy theories, models, and concepts: An anthology.* Englewood Cliffs, NJ: Prentice Hall.

Morgan, G. (1997). *Images of organization* (2nd ed.). Thousand Oaks, CA: Sage.

Neustadt, R. E., & May, E. R. (1986). *Thinking in time: The uses of history for decision-makers.* New York: The Free Press.

Peters, B. G. (1999). *Institutional theory in political science.* London: Pinter.

Porter, A. (1998). The effects of upgrading policies on high school mathematics and science. In D. Ravitch (Ed.), *Brookings papers on education policy, 1998* (pp. 123-172). Washington, DC: The Brookings Institution Press.

Robertson, D., & Judd, D. (1989). *The development of American public policy.* Glen-view, IL: Scott-Foresman.

Sabatier, P. A., & Jenkins-Smith, H. C. (Eds.). (1993). *Policy change and learning:An advocacy coalition approach.* Boulder, CO: Westview Press.

Scheurich, J. J. (1994). Policy archaeology: A new policy studies methodology. *Journal of Education Policy, 9*(4), 297-3 16.

Scott, W. R. (1995). *Institutions and organizations.* Thousand Oaks, CA: Sage.

Senge, P. (1990). *The fifth discipline: The art and practice of the learning organization.* New York: Doubleday.

Sroufe, G. E. (1995). Politics of education at the federal level. In J. D. Scribner & D. H. Layton (Eds.), *The study of educational politics* (pp. 75-88). Washington, DC: Falmer Press.

Taylor, S., Rizvi, F., Lingard, B., & Henry, M. (1997). *Educational policy and the pol-itics of change.* London: Routledge.

Theocoulou, S. Z., & Cahn, M. A. (Eds.). (1994). *Public policy: The essential readings.* New York: Prentice Hall.

Traub, J. (January 16, 2000). What no school can do. *The New York Times Magazine,* pp. 52-57, 68, 81, 90-9 1.

Tuchman, G. (1994). Historical social science. In N. K. Denzin & Y. S. Lincoln (Eds.), *Handbook of qualitative research* (pp. 306-323). Thousand Oaks, CA: Sage.

Tyack, D. B. (1974). *The one best system: A history of American urban education.* Cambridge, MA: Harvard University Press.

Warren, D. R. (1978). A past for the present. In D. R. Warren (Ed.), *History, education, and public policy* (pp. 1-20). Berkeley, CA: McCutchan.

Wirt, F. M., & Kirst, M. W. (1997). *The political dynamics of American education*. Berkeley, CA: McCutchan.

Young, M. D. (1999). Multifocal educational policy research: Toward a method for enhancing traditional educational policy studies. *American Educational Research Journal, 36*(4), 677-7 14.

제2장

교육 정책 결정 이론

정책사례

대통령이 첫 번째 주요한 연방 정부의 재정 지원에 서명하다

1965년 9월 12일, 대통령 Lyndon B. Johnson은 자신이 교사로 근무했었던 Texas 주, Stonewall에 있는 작은 학교의 현관에서 미국 역사상 공교육에 관한 가장 대규모이자 가장 중요한 연방 법률인 Elementary and Secondary Education Act(ESEA)에 서명하였다. Title I (나중에 Chapter I 으로 명칭이 변경됨)에 제시된 이 법의 주요 목적은 읽기, 쓰기, 수학과 같은 기초 과목에 대한 추가적인 지도를 통해 가장 가난하고, 불이익을 받는 학생들을 도와주는 것이었다. 1965년 이후, 가장 가난한 학생들을 위해 매년 $200,000,000,000 이상이 여러 주(州)와 학교구로 지원되었다.

ESEA는 지금까지 8번 재인가를 받았고, 변경되면서 확대되었고, 몇 차례 주요한 소송의 대상이 되었지만, 놀랍게도 위헌 소송, 보수적인 공화당 행정부 및 다양한 이익집단들의 공격에도 불구하고, 초기의 형태와 목적을 그대로 유지하고 있다. 정책 분석가들이 ESEA와 관련된 법, 정책과 프로그램들을 계속 검증해 왔기 때문에, ESEA는 교육 정책 결정 이론들을 소개하는 유용한 사례로 이용되고 있다. 사실, ESEA와 그 후속적인 여러 법률들은 교육 정책 분야 발전의 분수령이 되었다고 할 수 있다. ESEA의 통과, 시행, 평가와 재인가는 여러 개념적 접근법들을 통해 광범위하게 분석되었으며, 이 장에 제시된 일련의 "시각" 또는 이론적 관점을 실제 적용할 수 있게 해준다.

실증주의 교육 정책 결정 이론

체제 이론

체제 이론은 정책 과정과 그 결과를 설명하는 가장 오래되고, 가장 일반적인 접근 방법이다. 체제 이론은 당시 국방장관이었던 Robert F. McNamara와 같은 지도자들이 때로는 재앙을 초래하기도 했던 무기 개발에 대한 "체제 접근"을 강조한 베트남 전쟁 때 유행하였다. 예를 들어, 국방장관은 해군 항공모함에서 이륙하여 공군 기지에 착륙할 수 있도록 하기 위해 모양이 다른 두 기종의 비행기를 선택하지 않고 여러 가지 목적을 가진 단일 기종의 비행기인 F-15 전투기를 선택하였다. 그러나 F-15 전투기는 공군에게는 다소 작고 기능이 제한적이었으며, 해군에게는 다소 크고 무거운 것으로 밝혀졌다. 이로 인해 실제로는 기존과 같이 두 기종의 전투기를 활용할 때보다 더 많은 경비가 소요되었다.

앞에 제시된 정책 사례에서와 같이, 체제 이론은 핵심적인 집단, 자원 및 투표를 통한 요구와 함께 가난한 아이들을 돕기 위한 정치적 요구를 핵심적인 정책 "투입(input)"으로 본다. 이러한 정책 투입은 법률로 만들어지고 정책 전환(through-put) 과정의 한 부분으로 집행된다. 정치학 분야에 체제 분석을 도입한 초기 학자 중의 한 명인 David Easton(1965)에 따르면, 정책과 프로그램은 핵심적인 정책 산출(output)이다. Wirt와 Kirst(2001)가 수정해서 제시한 [그림 2.1]에 나타나 있는 것과 같이, 체제 이론은 정치 분석가들에 의해 광범위하게 적용되어 왔고, 체제 이론에서 정치는 압력과 과정을 구체화하고 정책은 하나의 산출이 된다.

생물학적, 물리적 또는 사회적 체제에 관계없이 체제 모델은 교육 정책에 적용할 수 있는 핵심적인 요소들을 가지고 있다. "체제"는 다음과 같은 기능을 수행하는 "하위 체제"들이 어떤 목적을 가지고 배열된 것이다.

- 자원의 **투입**(생명체의 경우 산소와 칼로리, 내연 기관의 경우 휘발유와 산소, 학교, 병원 또는 사회 체제의 경우 사람, 노하우 및 자원 등)
- 이러한 자원의 **전환**(생명체의 경우 이들을 에너지로 전환, 물리 체제의 경우 생산력, 학교의 경우 수업 및 학습)
- 최종 생산물인 **산출**(유기체의 경우 이동, 번식 및 호흡, 공장의 경우 새로 만든 자동차, 사회 체제의 경우 고등학교 졸업생)

여러 가지 이유에서 교육 정책 결정을 이해하는 데 도움이 되는 체제 분석의 개념은 각 과정의 상호 의존성을 유지하면서도 정책 노력을 여러 가지 부분으로 분리한다. 예

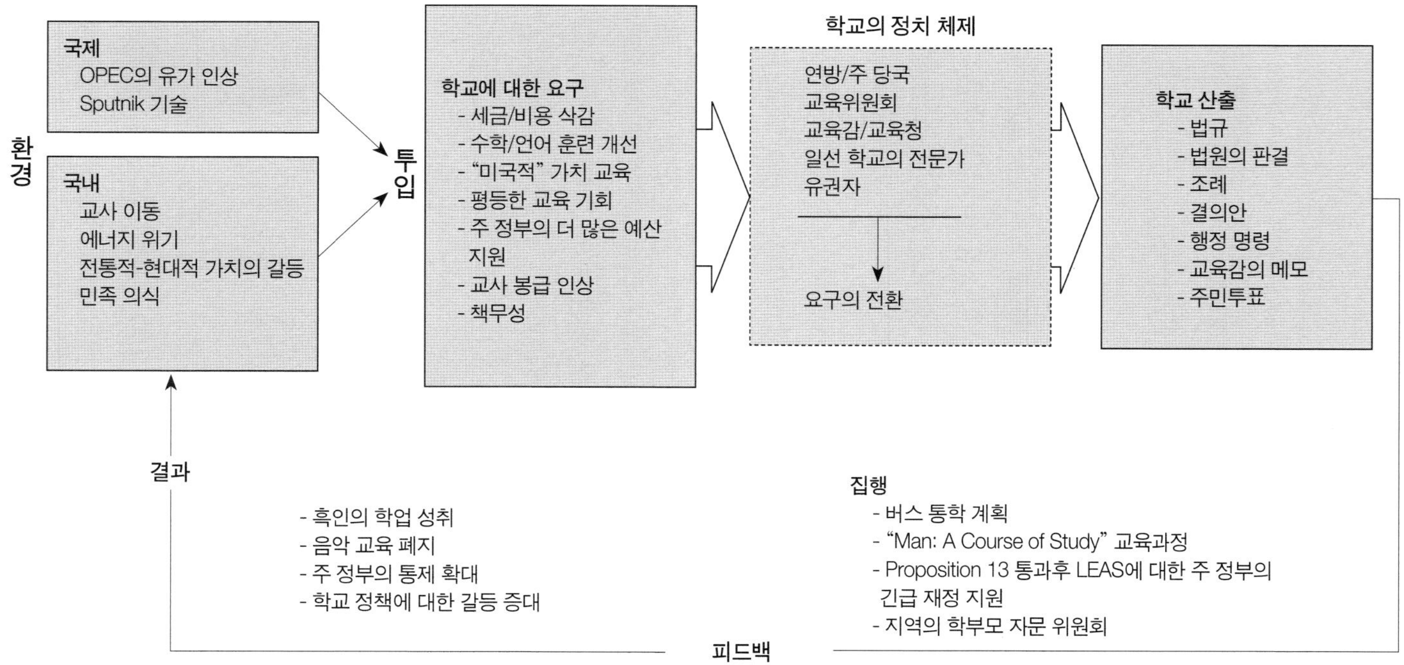

[그림 2.1] 학교의 정치 체제 내에서 영향력과 정책 결과의 흐름

출처: Frederick M. Wirt and Michael W. Kirst, *The Political Dynamics of American Education*, 2nd ed., 2001. Richmond, CA: McCutchan.

를 들어, Senge(1990)는 "체제적 사고는 지난 50여 년 동안 발전해 온 개념적 틀, 지식 체계이자 도구이다."라고 주장한다(p. 7). 교육 분야에 적용할 때, 체제 이론은 다양한 정치 행위자들과 이익집단들이 제도를 통해 정책 결과에 영향을 미치는 일련의 단계로 교육 정책을 간주한다.

체제 접근은 다양한 요구들이 결정으로 전환될 때 개인, 집단 및 연합체 등 핵심적인 행위자들 간의 영향력 관계를 강조하는 종합적인 관점이다(Mazzoni, 1993: 359). 체제 이론의 장점은 모든 것을 아우르고, 정책에 영향을 미치는 다양한 요인, 행위자 및 제도들을 설명할 수 있다는 것이다. Senge(1990)는 "우리는 체제의 전체가 아니라 분리된 한 부분에 대한 설명에 초점을 두는 경향이 있다."고 주장한다(p. 7). 그러나 "각각의 부분이 아니라 전체적인 측면에서 고려할 때 체제를 이해할 수 있다."(p. 7). 따라서 체제 이론은 각각의 개별 부분을 일관되고, 상호관련된 이론적 틀로 통합하는 장점을 가지고 있다. 행정가 양성 프로그램에서 Senge의 『The Fifth Discipline』이 인기 있고 폭넓게 사용되고 있다는 사실은 교육 분야의 각종 쟁점들에 대한 체제 이론의 유용성을 증명하는 것이라고 볼 수 있다.

체제 이론은 정책 결정과 집행이 개방 체제 환경 내에서 이루어진다는 개념에 근거하고 있다. 생명 및 물리 체제를 다시 예로 들어보면, 전적으로 독자적으로 생존할 수 있는 유기체는 없다는 것을 알 수 있다. 유기체는 (아메바와 물을 구분해 주는 반투과성 세포막 또는 학교와 지역사회를 구분해 주는) 경계를 유지하면서도 동시에 인근 환경으로부터 자원을 확보해야만 한다. 비록 일부 사회 체제는(예를 들어, 교도소 또는 군사 훈련 시설 등) 다른 체제들에 비해 보다 폐쇄적이긴 하지만, 모든 사회 체제는 그 환경에 대해 개방성을 유지해야만 한다.

예를 들어, 정책 결정이 이루어지는 동안, 의회, 백악관, 미연방 교육부, 주 의회 등과 같은 정치체(political body)는 다양한 이익집단, 요구 및 제한 사항들에 영향을 받는다. Bailey와 Mosher(1968)에 따르면, 이러한 요인들에는 경쟁하는 이익집단, 의회의 선도자, 학술적 논쟁, 관료적 혁신, 개인적인 정치적 및 행정적 법안 발의 등이 있으며, 이들은 종종 정책을 형성하기도 하고 방해하기도 한다(p. 206). 또 다른 투입에는 "유권자들의 관점과 바람, 추천서, 동료들 간의 의견 교환, 상사, 직원들의 의견, 기존의 정책과 사전에 형성된 태도" 등이 있다(Majchrzak, 1984: 55). 이러한 접근을 통해 Abrams(1993)는 다음과 같이 주장한다.

> 공식적 권위 및 역할에 대한 헌법 및 법령 조항에서 일반 구성원들이 핵심적인 역할을 맡는 비공식적 조직 권력의 형태, 사적인 선호 또는 혐오, 신뢰 또는 불

> 신, 헌신, 충성심과 같은 개인적인 고려사항에 이르기까지 교육 정책 지도자들과 관련된 상황 요인과 조직 및 정치적 제약 요인의 범위는 매우 넓다(pp. 169-170).

[그림 2.1]에 제시되어 있는 것과 같이, Abrams가 제시한 상황 요인과 제약 요인은 체제 이론에 배치할 수 있다.

체제 이론의 관점을 통해 교육 정책을 분석하는 것의 또 다른 장점은 체제 이론이 정책 형성 과정(법안이 개발되고 통과되는 형성 단계뿐만 아니라 교육 정책의 집행 및 평가 단계)에 있어서 인접 환경의 중요성을 강조한다는 것이다(Nakamura & Smallwood, 1980 참조). 체제 접근은 정책 결정의 복잡한 과정과 법이나 정책이 학교 체제에 적용될 때 무슨 일이 일어나는지를 이해하게 해준다. 일부 학자들은 정책 결정과 정책 입법에 영향을 미치는 중요한 사회적 요인들을 강조한다(Heclo, 1974). 연방 정부 수준의 정책 형성에 관한 분석에서, Redman(1973)은 가장 좋은 정책일지라도 외부 압력에 의해 무산될 수 있다고 주장한다. 예를 들어, 세계적 또는 국가 간 경제 경쟁은 "정책 과정뿐 아니라 그 결과의 영역과 과정"에 영향을 미친다(Mazzoni, 1993: 367).

Nakamura와 Smallwood(1980)는 정책 과정은 하나가 아닌 뚜렷이 구분되는 세 개의 환경 안에서 이루어진다고 주장한다. 그 하나는 이익집단, 로비스트, 의원과 다른 정치 단체가 참여하는 가운데 정책을 형성한다. 정책 집행은 규제 기관과 관료들이 말단의 수혜자들을 위해 법과 정책의 의도를 해석하는 두 번째 정책 환경에서 일어난다. 정부가 정책이 의도된 대로 집행되고 작용하고 있는지를 결정하길 원할 때, 세 번째 환경(평가)이 만들어진다. 이들 각각의 환경(형성, 집행과 평가) 속에서, 정치는 핵심적인 행위자로서의 역할을 수행하며, 제도와 기관들은 자신들의 이익을 위해 과정을 통제하려고 시도한다.

그러나 우리는 Nakanuma와 Samllwood가 제시한 세 단계에서 이익집단, 로비스트, 정치가, 관료 및 행정 기관들의 전략과 전술은 상이하지만, 각 단계마다 완전히 새로운 정책 행위자들이 존재하는 것은 아니라고 주장한다. 정책 형성 단계에서의 패자(loser)들은 정책의 결과와 영향을 통제하려고 시도하면서(이는 피드백을 통해 미래의 투입에 영향을 미친다) 집행과 평가 단계에서도 갈등 관계를 이어간다.

체제 이론의 단점. 교육 정책 이해를 위한 체제 이론의 장점 중 하나는 각 단계마다 정책에 영향을 주는 모든 요인들을 포함하려고 시도하는 것이다. 그러나 모든 것을 설명할 수 있는 "거대 이론(grand theory)"을 만들기 위한 노력에서, 체제 이론은 결국엔 거의 아무 것도 설명하지 못할 수도 있다. Sabatier(1991a)는 체제 모형들이 두 가지 이유에서 적절치 않다고 주장한다. 첫째, 그들은 엄밀한 의미에서 우연한 것이 아니라 포괄적이며 예측하려고 시도한다. 아무리 사회과학자들이 정책 과정 안의 모든 변수들을 설명하려고 노력한다 하더라도 정책 결정과 입법은 모든 비상 상황과 만약의 상황을 예측할 수 없기 때문에, 이들을 매력적이면서 동시에 취약하게 만드는 것이 이들의 "합리성"이다.

체제 분석의 두 번째 단점은 "어떤 요인이 한 단계에서 다음 단계로 과정을 이끌어 가는지에 관한 논리 정연한 가정 및 잘못된 가설이 거의 없다."는 것이다(Sabatier, 1991a: 145). Sabatier는 "단계가 진행되면서, 결론의 이론적 일관성이 떨어진다."고 주장한다(p. 145). 더욱이, 교육 정책의 변화가 직선적이거나 예측할 수 있다는 것이 가능한가? Wise(1991)는 "법률 제정은 (정책 집행은 말할 필요도 없이) 한정된 구조 내에서 일어나는 기계적 과정이라기보다는 특정 정부(그리고 문화적) 맥락(더 넓은 정치적 및 사회적 환경의 변화에 따라 그 스스로도 변화하는) 내에서 이루어지는 정치적 및 사회적으로 역동적인 과정이다."라고 설명한다(pp. xii-xiii). Wise의 주장을 공식화하며, Weiss(1991)는 다음과 같이 주장한다.

> 다양한 국(局), 부(部), 입법 관련 위원회에 걸치는 권위의 분절화와 여러 행위가 의사 결정으로 합쳐지는 일관성이 없는 단계들을 고려할 때, 전통적인 의사 결정 모델은 현실을 매우 양식화하고 있다. 정부 의사 결정의 복잡성은 종종 깔끔하게 구획화하는 것을 어렵게 만든다(p. 26).

Wise와 Weiss 모두 미국 50개 주와 15,000여 개의 학교 체제가 88,000여 개의 학교에서 이러한 법을 집행하려고 시도할 때 일어나는 혼란을 고려하지 못하고 있다. 따라서 교육 정책 분석은 "분리된 단계의 개념에서 정책 역동성에 초점을 두는 방향으로 변해야 한다."는 Mawhinney의 주장을 받아들여, 체제 모델은 정책 결정의 역동성을 설명하는 데 실패했다는 Mawhinney(1994)의 주장에 동의하려고 할 수도 있을 것이다(p. 8).

지나치게 합리적이고, 단계 지향적이며, 직선적이라는 것과 함께, 체제 이론은 사실상 문화적 맥락, 지방색과 방식이 결여되어 있으며, 따라서 그 풍부함을 잃고 있다. 각 주도에서 이루어지는 정책 결정은 Hawaii 주의 Honolulu와 New York 주의 Albany, South Carolina 주의 Columbia와 California 주의 Sacramento 간에 상당한 차이가 있다. 상이한 시기에 상이한 의회 내에서의 정당 통제(공화당 대 민주당)상의 명확한 차이와 함께, 체제 이론은 많은 교육 쟁점들을 둘러싼 "학습 곡선(learning curve)[1)]"을 인식하지 못하는 것처럼 보인다. 주와 지역 정부는 어떤 법과 정책이 통과되고, 이들을 어떻게 기술할 것이며, 이들 새로운 정책을 실행하는 가장 효과적인 방법에 관한 경험과 지혜를 가지고 있다.

Bailey와 Mosher가 기술한 것과 같이, 연방 정부가 ESEA를 시행한 1965년과 1968년 사이에 어떤 일들이 일어났는지 살펴보자. 예를 들어, 1990년대의 평가와 책무성 운동은 어느 주(예를 들어, New York과 New Jersey 주)에서 모든 4학년 학생들을 대상으로 시험을 실시하려고 시도하면서 겪은 여러 가지 고난으로부터 많이 "학습"을 하였다. 실수도 있었다. 예를 들어, New York 주는 시험 안내집에 제시된 연습 문제 4 문항을 실제 시험 문제로 출제하였고, 이는 전체 평가 사업의 신뢰도를 심각하게 위협하였다. New Jersey 주에서는 주 전체에서 실시하는 ESPA 시험에서 전체 학생의 18%만이 통과 점수를 받았고, 이는 주에서 실시하는 규준지향 평가에서 항상 우수한 성적을 받았던 상류층 밀집 지역사회의 엄청난 저항을 불러일으켰다.

정책 결정의 현실은 보다 복잡하고 흥미로운 데 반해, 체제 이론은 종종 정책 결정의 투입, 전환과 산출 과정에 영향을 미치는 복잡한 세부사항을 간과하는 것처럼 보인다. 그래도 체제 모델은 각 학교 및 교실에서 실제 일어나는 것들을 "암흑 상자"로 처리하면서(전환), 개념화에서 정책 산출까지 여러 단계와 발전 과정을 거쳐 법과 정책을 추적하는 분석틀을 제공한다는 유용성을 가지고 있다. 또한 체제 이론은 법률이 발의되지 못하거나, 위원회에서 폐기되거나 투표로 부결되고, 지지 부족으로 의원 총회에서 사장되는지 등 일어나지 않은 것에 대한 설명에 문제를 가지고 있다.

예를 들어, 1914년 제정된 Smith-Lever와 Smith-Lanham 법까지 거슬러 올라가는 가장 오래된 연방 정부 프로그램인 직업 교육은 학교구가 적성별 학급 편성 방법을 폐지하고, 직업 교육 프로그램에 "대학에 진학하지 않는" 학생들만이 참여하는 것을 알게 되자 대부분의 지역사회에서 사라졌다. 한편, 독일의 경우 직업 훈련은 기술 또는 일(용접, 자동차 설계와 정비, 컴퓨터 공학, 선반 작업)을 배우길 원하는 유능한 학생들에게 제공된다. 정책과 프로그램의 "점진적 쇠퇴"는 눈에 띄지 않게 이루어지고 분석되지 않기 때문에, 체제 이론의 여러 단계 및 합리성과는 맞지 않는다. 기계적이고, 단계적이며, 직선적이고, 단일 방향성의 이론이 제안하는 것보다 현실은 보다 복잡하고 흥미롭다. 기계 및 생물학적 체제로 대변되는 체제 은유가 인간의 사회적, 문화적, 정치적 활동이 갖는 미묘함과 복잡성을 포착하는 도구로는 지나치게 무딘 것처럼 보인다.

---

1) 역주: 학습의 결과로 일어나는 행동의 변화 현상을 도식화한 것

지금까지 체제 이론은 도움이 되었지만, 앞으로는 어려울 것 같다. 이면의 가치와 이데올로기, 문화적 및 사회적 맥락, 그리고 정책이 결정되고 제정되는 정치적 및 당파적 영역에 초점을 두는 또 다른 정책 관점 및 모델이 필요하다.

신다원주의 옹호 연합과 이익집단 이론

학교 정책 결정에 이익집단 관점을 적용하고자 하는 사람들에게 있어서 정치 연합 및 정치적 의사 결정이 이루어지는 장소에 대한 분석은 상당히 중요하다. 이러한 접근은 1950년대 초, David Truman이 수행한 이익집단 정치에 관한 중요한 연구에서 시작되어, 1990년대 상당한 수정 및 보완이 이루어졌다(이것이 신다원주의 접근이라고 부르는 이유이다). Truman(1951)은 대부분의 인간 상호작용은 제휴의 필요성을 통해 정부 정책에 영향력을 행사하는 집단들을 중심으로 이루어진다고 설명한다. 사실, Truman(1951)은 다음과 같이 설명한다.

> 정부 기관은 이익집단 영향력의 중심에 있다. 정부 기관과 이익집단과의 연계는 암묵적일 수도 있고 명시적일 수도 있으며, 일상화되고 폭넓게 수용된 정치적 성격의 활동에서부터 불안정하고 매우 논쟁적인 활동까지 다양하다. 자신들의 주장을 관철시키기 위해 정치적 이익집단은 이러한 기관의 핵심적인 의사 결정 요소에 접근하려고 한다. 이러한 요소는 공식적으로 설립된 정부 산하 기관뿐만 아니라 다양한 형태의 정치 단체, 그리고 정부 부서와 다른 이익집단들 간의 관계를 포함하여 조직 전체에 분산되어 있다(p. 506).

신다원주의적 전통에 입각하여 정치학을 연구하는 학자들은 Truman의 분석에서 한 걸음 더 나아가 정책은 특정 정치 영역 안에서 활동하는 경쟁하는 옹호 또는 이익집단 간의 상호작용의 산물이라고 주장한다. Sabatier(1991b)는 다음과 같이 주장한다.

> 정책 관련 문헌들에 나타난 결론들 중 하나는 정책 과정을 이해하기 위해서는 연구의 기본적인 단위로서 실제 정책 영역의 관료, 의회 의원, 이익집단의 지도자, 연구자, 전문(신문) 리포터 등으로 구성된 정부 내부의 정책 공동체 또는 하위 체제(sub-system)를 분석해야 한다는 것이다.

체제 이론이 옹호 연합 이론에 영향을 미쳤다는 것을 보여주는 "하위 체계"라는 용어를 사용하고 있다는 점에 주목할 필요가 있다.

정책 결정에서 시간 요인에 큰 관심을 두지 않는 체제 이론과 달리, 옹호 연합 이론가들은 정책이나 프로그램을 지지 혹은 거부하는 이익집단 내의 복잡한 정책 형성과 변화 과정을 연구한다. Jenkins-Smith와 Sabatier(1994)에 따르면, "정책 변화(그리고 그 안에서 학습의 역할)를 이해하는 것은 10년 또는 그 이상의 시간적 관점을 필요로 한다(p. 178).

예를 들어, 주 정부와 지역사회가 인종 차별에 대한 미국 연방 대법원의 판결(1954과 1955의 Brown 판결)에 적응하기까지 인종 차별 폐지 정책의 변화는 수십 년에 걸쳐 이루어졌는데, 1960년대 중반에 이루어진 "가난과의 전쟁"과 New Frontier 정책[2]에서부터 1970년대와 1980년대의 Magnet School과 공립학교 선택에까지 이어진다. 이들은 인종 차별과 가난의 영향에 대응하려는 시도였다. 인종 차별과 가난에 대처하는 정책을 형성하기 위한 투쟁 과정에 다양한 이익집단이 함께 참여하기 때문에, 연합 이론가들은 수십 년에 걸친 정책 형성 과정과 어린이들의 학습과 성취도에 미친 이들의 영향을 분석하였다.

이익집단 및 옹호 연합 모델의 두 번째 전제는 다른 분야 및 기관의 핵심 행위자들은 상호작용하고, 연합과 파당을 형성하며, 의회와 해당 영역이 모두 "이길 수" 있는 타협안을 만들려 내려고 노력한다는 것이다. 정책을 이끌어 가는 것은 상호 이익을 위한 노력 및 쌍방 양보(give-and-take)이다. 어떤 행위자가 무엇을 원하는가? 어떤 분야 또는 기관 소속인가? 그리고 법과 정책이 통과될 충분한 합의점에 도달하기 위해 이들은 무엇을 포기하는가? Jekins-Smith와 Sabatier(1994)는 "이러한 기간에 걸쳐 이루어지는 정책 변화를 생각하는 가장 유용한 방법은 특정 정책 영역의 정부 결정을 따르고 영향을 행사하려고 하는 상이한 기관 소속 행위자들 간의 상호 작용 등 정책 하위 체계에 집중하는 것이다."라고 주장한다(p. 178).

경영진(교육감과 교육위원회), 고용인(교사 노조), 학부모(PTA와 PTO 조직), 기업과 지역사회(상공회의소) 등 어느 집단을 대표하든, 공교육 관련 로비스트들은 동의하지 않겠지만, 로비스트들은 교육 분야에 더 많은 공적 자원을 배정하고, 새롭고 보다 나은 학교 프로그램을 개발하며(예를 들어, 모든 학생들을 대상으로 하는 조기 교육 및 유치원 교육), 교육을 민영화하려는(Voucher, 외주 프로그램 또는 공적인 통제를 약화시키려고 하는 그 외 프로그램 등) 의원들과 다른 이익집단의 시도에 저항하기 등 몇 가지 핵심적인 정책 쟁점을 중심으로 활동한다. 그 다음, 분열을 초래하는 쟁점은(공교육 협의체 내에서 경영진과 노동자들을 분리시키는 성과급 등) 피하는 것이 현명한 전략이다.

세 번째, 이익집단 다원주의는 정책 그 자체의 성격뿐만 아니라 추구하는 의미와 수

---

2) 역주: John F. Kennedy의 신개척자 정신의 정책

단에 관한 일련의 공유된 가정과 우선순위에 기초한다. 그러므로 집단들은 목적에는 동의하지만 수단에 대해서는 논쟁할 수 있으며, 그 반대일 수도 있다. 모든 사람은 모든 어린이들이 영어를 읽고 쓸 줄 알아야 한다는 것에는 동의하지만, 영어 몰입 또는 이중 언어 교육 정책을 채택할 것인가에 관해서는 집단마다 의견 차이가 존재한다. 유사하게, 이익집단들은 모든 학생들이 4년 동안 고등학교를 다녀야 한다고 생각하지만 직업 준비, 대학입시 준비, 또는 이 두 가지의 혼합형태 등 중등학교 교육과정이 어떠해야 하는지에 대해서는 의견 차이를 보인다. 따라서 "공공 정책 또는 프로그램은 일련의 우선 가치 및 이를 실현하는 일반적 가정 등 신념체계와 동일한 방식으로 개념화될 수 있다(Jenkins-Smith & Savatier, 1994: 178).

가치, 신념, 그리고 우선순위상에 큰 차이가 존재하기 때문에, 어떤 정책이, 어떻게 통과되고 시행될지에 관한 계속적인 갈등을 예측할 수 있다. 정책 시장(영역)에서의 경쟁은 정책 결과를 형성하고 영향을 미친다(과정은 "최상의" 또는 최적의 정책을 만들어 낸다는 전통적인 체제 이론과 상이한 관점). Jenkins-Smith와 Sabatier(1993)는 정책 하위 체제 내에서, 세 개의 과정이 정책변화에 영향을 미친다고 주장한다([그림 2.2]).

> 첫 번째 과정은 정책 하위 체제 내 경쟁하는 옹호 연합 간의 상호작용과 관련되어 있다. 하나의 옹호 연합은 일련의 기본적인 가치를 공유하고(정책 목적 및 일상에 관한 인식 등) 이러한 목적을 달성하기 위해 정부 기관의 규칙, 예산과 인사에 영향을 미치려고 노력하는 다양한 공공 또는 민간 기관 소속의 행위자들로 구성되어 있다. 두 번째 과정은 사회경제적 여건, 체제 전반을 지배하는 연합과 경쟁하는 연합에 기회 및 장애를 제공하는 다른 하위 체제 등 하위 체제 외부의 변화와 관련되어 있다. 세 번째는 다양한 하위 체제 행위자들을 제약하거나 자원을 제공하는 (사회적 구조 또는 헌법 규정과 같은) 안정적인 체제 매개변수와 관련되어 있다(p. 5).

옹호 연합 모델에 따르면, 행위자들의 네트워크는 정책 목표를 달성하기 위해 정치 게임을 수행하는 방법을 학습한다. 학습은 전문가들이 모든 것을 알고 있고 단순히 자신들의 의지를 과정에 반영한다는 체제 이론의 가정과는 상당히 차이를 보이는 핵심적인 요인이다.

(a) 하나 이상의 "체제" 또는 하위 체제가 관련된 것으로 생각하는 기관 내부의 관계, (b) 정책 결정 기제에 접근하고 통제하기 위한 핵심적인 이익집단들 간의 경쟁, (c) 핵심적인 집단이나 연합을 분리하고 재결합시키는 상이한 신념과 가치, 그리고 (d) 사회구조, 규칙, 헌법과 정책 결정 과정에 영향을 미치는 다른 제약 요인들의 역할

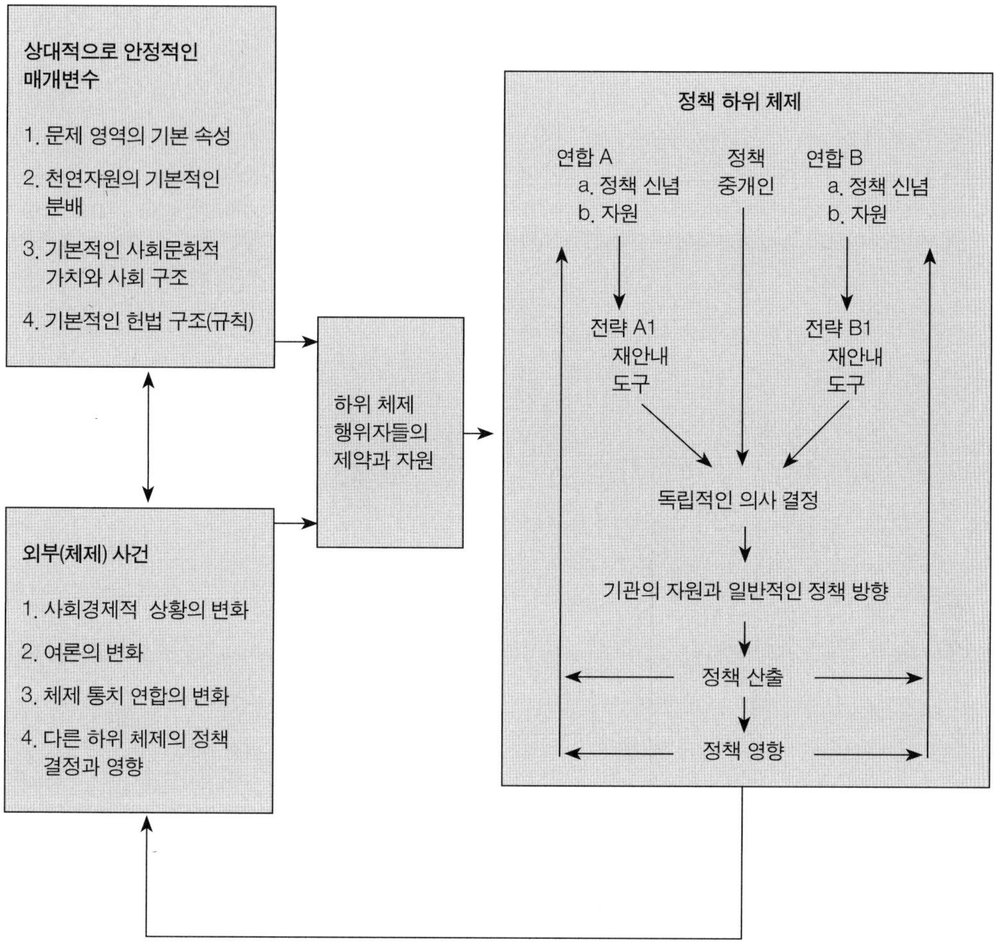

[그림 2.2] 옹호 연합 모델

출처: Paul A. Sabater and Hank C. Jenkins-Smith, *Policy Change and Learning: An Advocacy Coalition Approach*, 1993. Boulder, CO: Westivew Press.

등의 범주와 함께, 신다원주의, 옹호 연합 분석이라는 용어를 사용하고 있다는 것을 주목한다.

이러한 접근은 체제 이론이 가지고 있는 합리적 행위자 접근(rational-actor approach)에 비해 몇 가지 장점을 가지고 있다. Stewart(1991)는 다음과 같이 주장한다.

> 특히 장기간에 걸쳐 공공 정책의 변화를 살펴보면, 옹호 연합 접근은 합리적 행위자 접근보다 몇 가지 중요한 요인들을 분석에 적용한다. 특히, 새로운 정보, 아이디어, 또는 가정의 역할은 조직 내의 합리적 행위로서가 아닌 다른 방식으

로 생각될 수 있다(p. 171).

교육 정책 결정 과정에 관한 일련의 연구들은 이익집단, 옹호 연합, 그리고 이들의 상호작용에 관한 이론들을 지지한다. 예를 들어, Burlingame과 Geske(1979)는 "주 정부 수준에서의 교육 정치는 여전히 이익집단의 정치이다"라고 결론을 내렸다(p. 71). 이와 비슷하게, Canada에서 이루어진 연구에서, "Ontario 교육 정책 공동체는 명확한 가정 및 규범들로 단단하게 결속되어 있다."(Mawhinney, 1993: 412). 이러한 결과는 정책 공동체(또 다른 용어로는 이익집단들의 체제)는 교육 정책 변화의 성격, 방향, 그리고 범위에 큰 영향을 미친다는 것을 의미한다. 20년 이상에 걸친 Minnesota 주의 교육 정책 결정상의 변화를 분석한 Mazzoni(1993)는 옹호 연합이 학교 개혁 운동의 견인차 역할을 하였다는 것을 발견하였으며, Minnesota 주의 교육 정책 체제는 광범위한 개혁 옹호자들의 연합으로 특징지어진다고 주장한다. Mazzoni(1993)는 다음과 같이 주장한다.

> 정부, 기업, 교육, 재단, 부모 및 시민 활동가(선출직 공무원들에 의해 이끌어지는)를 함께 연결시킨 연합은 의제의 재구성 및 공립학교 선택을 의제의 핵심 요소로 채택하도록 정책 체제에 강력한 영향력을 행사하는 강력한 요인이 되고 있다(p. 375).

Mazzoni에 따르면, Minnesota 주의 옹호 연합은 "혼란스러운 외부 환경 속에서 다양한 변화의 영향에 관한 근본적인 의견 차이로 인해 갈등을 겪는 가운데, 지난 십 년 동안 계속해서 학교 개혁에 관한 쟁점들에 적극적으로 참여해 왔다."(p. 377).

Pennsylvania 주의 교육 관련 이익집단 정치도 이와 비슷한 경향을 보이는데, Feir(1995)는 기업가들, 언론매체, 두 명의 주지사, 그리고 주 교육청 관료들과 학교장들로 구성된 연합이 학교 개혁에 적극적으로 참여했으나, 전통적인 교육 관련 이익집단들은 1980년대 중반 주(州) 교육 정책 결정의 변화에 별다른 역할을 수행하지 못했다는 것을 발견하였다. Feir는 "교육 관련 이익집단들의 실질적인 영향력 감소와 함께, 기업체, 정치계 및 언론 매체의 지도자들이 참여하는 교육 개혁에 관한 갈등의 확대는 새로운 행위자들에게 의제 설정 과정의 참여 기회를 제공하고 있다."고 주장한다(1995: 29). 또한 Weaver와 Geske(1996)도 옹호 연합으로의 이동 및 정책 통과 과정에서 이들의 핵심적인 역할을 강조하였다. 이들에 따르면, 여러 기관의 지도자 및 이익집단들은 "주요한 교육 관련 쟁점을 중심으로 연합할 수 있었다."(p. 1). 이러한 과정을 통해 만들어진 옹호 연합은 자신들이 선호하는 정책 해결책을 통과시키기 위해 의회에 상당한 압력을 가할 수 있었다.

교육 정책 연구에 있어 옹호 연합 접근의 주요 장점은 옹호 연합 모델은 다른 이론들이 갖고 있는 정적이고, 현상 유지적 요소로부터 벗어나, 변화 요소를 포함하고 있다는 것이다. 체제 이론이 규칙성과 단계적 과정을 강조하는 반면, 옹호 연합 이론은 부족한 자원 확보를 위한 압력, 변화, 갈등(경쟁)을 예상한다. 체제 이론은 "기계적"이라는 단어로 가장 잘 표현할 수 있지만, 옹호 연합 이론은 더 상호작용적이고, 역동적이며, 변화하고 융통성을 갖는다. 체제 이론가들은 갈등 및 경쟁을 과정 중 발생하는 "소음"으로 생각하지만, 이익집단의 상호작용을 연구하는 학자들은 권력과 통제를 위한 갈등상태에 있는 집단들 간의 경쟁을 연구하고, 이러한 갈등과 타협을 중심으로 자신들의 예측을 형성한다.

전통적인 체제 이론은 변화(피드백 고리를 통해)를 분석틀 안에 포함시킨다(〈표 2.1〉 참조). 이러한 측면에서, 옹호 연합 모델도 체제적 사고의 요인들을 일부 공유하고 있다. 사실, 이익집단 분석에 관한 지식적 기반 중 상당부분이 체제 이론에 근거하고 있다는 것은 분명하다. 그러나 체제 이론은 정책의 변화를 증명하거나 입증할 수 있는 이론이라기보다는 정책 개발과 변화에 영향을 미치는 여러 요인들을 열거해 놓은 것과 같다. 체제 이론은 바람직한 이론이 갖추어야 할 필수 요소인 단순성(parsimony)이 부족하다.

옹호 연합 및 이익집단 모델의 단점. 이러한 장점에도 불구하고, 정책 결정에 관한 옹호 연합 및 이익집단 모델은 세 가지 단점을 가지고 있으며, 이들 중 일부는 체제 이론의 단점과 유사하다. 첫째, 옹호 연합 이론은 외부의 압력에 보다 민감하지만, 이 이론 역시 문화적, 미시-정치적 맥락에 대한 인식이 부족하다. 옹호 연합 이론은 학교, 학교구 그리고 주(州) 사이의 차이뿐 아니라 정책 변화가 집행되는 기관 내 구조를 무시하는 경향이 있다. 수년간의 연구를 통해, 우리는 로비 활동이 끝나면, 일선 행정 관료들에 의해 정책이 변경될 수도 있다는 것을 알고 있다. 따라서 경쟁하는 이익집단들의 감시 아래 정책이 제정되었을 때 정책 결정이 종결되는 것은 아니다. 사실, 일선 학교 체제도 정책을 형성하고 변화시키기 때문에 그 다음 단계(변화 과정을 연구하는 학자들은 이 단계를 "상호 조정"이라고 부른다)도 중요하다.

둘째, 여러 가지 점에서 신다원주의적 이익집단 분석은 정책 결정 및 집행에 관한 반쪽짜리 이론에 불과하다. 신다원주의적 이익집단 이론은 새로운 법과 정책이 통과되는 데 영향을 미치는 요인들을 기술하고 분석하는 데는 큰 도움이 된다. 정책 투입을 프로그램 산출과 연결시키는 체제 이론과는 달리, 옹호 연합 및 이익집단 이론은 논리적인 목적에 이르기까지 정책을 추적하는 도구가 부족하다. 사실, 옹호 집단은 특정 정책이 어떻게, 어디서, 언제, 누구에게 이익이 되게 집행되는지, 누가, 어떻게 정책의 결과를 평가할 것인지, 특정 정책이 소기의 목적과 목표에 도달했는지 도달하지 못했는지 하는 것에 영향을 미칠 수 있다. 그러나 옹호 연합 이론은 정책 과정에서 무슨 일이 있어났는가 하는 것보다는 로비 과정에 더 관심을 기울이는 것처럼 보인다.

끝으로, 옹호 연합 이론은 목표와 결과를 비교하는 수단 및 방법이 부족한 것처럼 보인다. 반면, 투입-산출 이론은 피드백 고리를 가정하고, 정치 과정으로 들어온 것과 산출된 것을 비교할 수 있다. 따라서 옹호 연합 이론은 정책의 효과성을 평가하기 위한 도구로서는 유용성이 떨어진다. 영향에 대한 분석은 각 행위자 또는 집단이 정치적 갈등의 결과로부터 무엇을 배우는가 하는 것에 한정된다.

신제도주의 이론

정치학 및 조직 이론의 분야에서 등장한 대안적인 모델은 변화 담당자로서 행위자들과 이익집단이 아니라 정책 형성과 조정을 돕는 제도의 영향에 초점을 둔다. "신제도주의" 또는 "역사적 제도주의"라고 불리기도 하는 이 이론은 합리적 선택이론에서부터 규범적 제도주의에 이르기까지 다양한 관점을 포함한다. 이 접근의 핵심은 국가의 제도가 정책에 독립적인 영향을 미치며, 그 영향은 상당하다는 것이다.

첫째, 제도는 개인, 집단, 관계적(연합적) 및 사회적 정체성을 정의하는 데 중요한 역할을 하며, 그 역할은 사회적 요인들을 단순히 반사하거나 반영하는 것 이상이다(March & Olsen, 1989). 둘째, 제도는 법안 통과 과정이나 정책이나 자원의 분배 과정에서 능숙하게 자원을 확보하고 집중을 이끌어 낸다. 셋째, 교육 정책의 핵심인 학교는 그 자체로 제도이기 때문에, 우리는 정책, 정책의 과정 및 그 결과와 제도적 변인들과의 관련성의 중요함을 관찰할 수 있다. 한 가지 예를 들어보자: 학교의 교육과정을 바꾸는 법은 수업 일수, 교사 배치, 그리고 직원과 학생의 활동에 큰 영향을 미치게 된다. 신제도주의 이론은 조직적 맥락에서 정책을 분석하고 미래의 행동에 대한 이들 변화의 영향을 관찰하는 것을 도와준다.

이러한 관점은 제도를 "보다 근본적인 요인들로 인해 단순히 정치적 행위가 일어나는 영역으로 묘사"하는 체제 이론 및 옹호 연합 이론에 포함되어 있는 행동주의적 관점과는 매우 대조적이다(March & Olsen, 1989: 1). 제도적 변인들에 대한 새로운 관심은 "행동을 형성하는 사회경제적 및 정치적 구조를 이해하기 힘들게 만드는 행동주의 강조에 대한 비판에서 나타났다."(Thelen & Steinmo, 1992: 1). Thelen과 Steinmo(1992)는 다음과 같이 주장한다.

> 압력 집단의 성격과 선호에 초점을 두는 이익집단 이론은 비슷한 조직적 특성(이익집단의 영향력 측정도 포함)과 선호를 가진 이익집단이 동일한 방법으로 또는 상이한 국가적 맥락 내에서 동일한 정도로 정책에 영향을 미치지 못하는 이유를 설명할 수 없다(p. 5).

신제도주의 이론은 "사회적, 문화적, 정치적 질서를 마련하는 이념적이고, 구조적인 장치로서 현대의 삶속에서 제도의 중요성을 재강조하는 시도로써 이해할 수 있다"(Cibulka, 1997: 318). 예를 들어, Senge(1990)는 "우리는 개인의 행동을 형성하고, 여러 사건들을 그럴듯하게 보이게 상황을 만드는 이면의 구조들을 살펴볼 수 있어야 한다."고 주장한다(p. 43). 구조적 맥락은 "정치가 행동으로 전환되거나 그렇지 않게 만드는 수단이다"(Peterson, 1993: 395). 이는 "헌법, 법령, 규정된 판결, 선례, 관습적인 의사 결정 및 그 외 법적인 요구 사항 등을 포함하는 다양한 절차적 규칙뿐만 아니라 대중들의 분위기(여론) 및 다양한 정치인과 이익집단 구성원들의 선호 등을 포함하고 있다(Kingdon, 1984: 217). 또한 옹호 집단 구성원 등 행위자들에게 기회 및 접근을 제공하는 정부의 특정 조직 구조도 추가된다. 예를 들어, 연방 정부 체제는 제도의 분화를 촉진하며(Robertson & Judd, 1989), 따라서 이익집단에게 정책 결정과 집행에 영향을 행사할 수 있는 여러 번의 기회를 제공한다. 상이한 제도적 구조는 상이한 정책 결과를 낳게 된다.

따라서 제도는 이 정책 분석 방법의 대상이 된다. Skocpol(1992)은 "정치가 또는 사회 집단에 의해 수행되든, 정치 활동은 정부 및 정당 체제의 제도적 형태에 좌우된다."고 주장한다(p. 41) . 제도적 맥락은 주요 정책의 통과에 영향을 미칠 뿐만 아니라 정책도 법과 정책이 시행되는 교육적 상황(미국 연방 교육부, 주 교육부, 지역 교육위원회, 개별 학교 또는 학급) 내에서 집행되고 영향을 받는다. 그러므로 정치적 결과는 경쟁이 일어나는 제도적 상황에 영향을 받는다(Ikenberry, 1988).

제도적 접근은 정치적 선호를 제도적 과정과 연결시킨다. 이전의 연구들은 "계층, 지리, 이념, 그리고 종교 모두 정치에 영향을 미치지만, 정치에 유의미하게 영향을 받지는 않는다."고 가정하였다(March & Olsen, 1989: 4). Krasner(1984)에 따르면, 공무원들의 선호도는 행정 기구, 법령과 지속되는 신념에 의해 제한을 받는다. 그러나 March와 Olsen(1984)은 "만약 정치적 선호도가 정치적 경험 또는 정치적 제도에 의해 형성된다면, 선호도가 정치적 과정 외부에서 기인한다고 가정하는 이론은 문제가 있다."(p. 739). 이는 제도적 과정의 결과로서의 공공 정책은 사적(이익집단) 선호도에 영향을 미칠 수 있다는 것을 의미한다(Katzenstein, 1978a). March와 Olsen(1989)은 다음과 같이 주장한다.

> 정책 결과에 대한 제도적 변인들의 영향 분석은 이해관계와 선호도가 제도적 행위의 맥락 내에서 전개되는 방식, 정치적 산출의 결과로서 평판과 기대가 나타나는 방식, 유목적적인 조직을 통제하는 과정이 기대하지 못한 결과를 낳고 제도 내에서 나타나는 상징적 체제와 연결되는 방식에 관한 이론적 모델의 개발을 요청한다(p. 17).

그러므로 제도적 구조는 개인의 정치적 행동에 영향을 미치고 정책을 형성한다(Pal, 1992). "정책 수행을 위한 정치 지도자의 영향력은 특정 정치 체제 내에 존재하는 권위적인 제도적 자원과 배치에 의해 결정된다."(Krasner, 1984: 228). 더 나아가 Cibulka(1997)는 다음과 같이 주장한다.

> 제도는 행위자들이 행하는 선택에 영향을 미치고 제약을 가한다. 이는 제도에 관한 상징 및 합법적인 신화를 만들고, 환경을 구성함으로써, 그리고 목표를 전달하고 갈등을 중재하는 구조와 과정을 만드는 등 여러 가지 방법으로 이루어진다(pp. 318-319).

따라서 정치 행위자들이 추구하는 목표 및 전략은 "특정 사회 집단의 요구나 선호도로 축소되는 것이 아니라 자율적인 행위의 장"으로 기능하는 제도들과 함께(Skocpol, 1992: 42), "제도적 맥락에 영향을 받는다."(Thelen & Steinmo, 1992: 8).

신제도주의 이론은 주 정부 또는 학교 체제와 같은 제도를 이해 관계의 갈등 상황에서 단순히 중립적이고 사심 없는 결정권자가 아니라 편견을 가질 수 있는 자율적인 행위자로서 본다. 이러한 접근 방법은 정책 변화는 주어진 영역 내에서 경쟁하는 옹호 연합들 간의 산물이라는 것을 강조하는 신다원주의 이론과는 차이를 보인다. 예를 들어, Hall(1993)은 "정부는 그 스스로 공공 정책의 특성에 상당한 영향을 미치며, 정책을 이끌어 낸다고 할 수 있는 조직화된 사회적 이해관계와 선거 관련 집단들로부터 상당히 독립적이다."라고 주장한다. 예를 들어, 내적 제도적 과정은 자원과 권력의 분배에 영향을 미친다(March & Olsen, 1989). 정책 결정은 "직위 및 정책을 결정하는 사람들의 상대적 권력에 크게 영향을 받는다."(Roberts & King, 1996: 17). 정부는 "공익으로서 교육에 영향을 미치는 다양한 상호작용을 하는 변화 요인들을 중재하며", 중립적인 방법으로 행동하지는 않는다(James, 1991: 177).

Schattschneider는 오래전에 "제도는 갈등을 일정 방향으로 전달하는 기능을 한다. 제도는 모든 형태의 갈등을 공정하게 다루지는 않는다."라고 주장하였다(p. 70). 더 나아가 Schattschneider는 "조직은 편향성의 동원이기 때문에, 모든 형태의 정치 조직은 특정 형태의 갈등을 이용하길 선호하고 그 외의 갈등은 억압하는 편견을 가지고 있다. 일부 쟁점은 정치로 조직화되며, 반면에 다른 것들은 배제된다."고 주장하였다(p. 69). 따라서 "관료 기관, 입법위원회와 항소 법원들은 여러 사회적 세력들의 경쟁의 장"이 되며, 또한 이들은 "가치, 규범, 이해관계, 정체성과 신념을 정의하고 방어하는 표준 운영 절차 및 구조들의 집합체이다."(March & Olsen, 1989: 17).

신제도주의 이론은 제도적 과정에 대한 정책 변화에서 이익집단과 연합이 갖는 중요한 역할을 부정하지는 않지만, 국가를 분석의 핵심에 두고 있다. 예를 들어, 역사적 제도주의에 근거한 초기 연구들 중의 하나에서, Katzenstein(1978a)은 "선진 산업 국가에서 사회적 세력들로 이루어진 지배적인 연합은 공적인 영역과 사적인 영역을 연결하는 독특한 정책 네트워크 내에서 자신들의 제도적 표현(institutional expression)을 발견한다."고 주장한다(p. 19). 이러한 연합과 네트워크는 자신들의 정책 목표를 달성하기 위해 제도적 구조를 활용하는 정책 변화의 핵심적인 에이전트이다. 결과적으로 이러한 목표는 "지배 연합의 이념적 관점과 물질적 관심사에 의해 형성된다. 이러한 연합은 지배적인 사회 계층의 요소들과 정당 체제에서 자신들의 제도적 표현을 찾는 정치적 유력인사들을 결합시킨다."(Katzenstein, 1978b: 306).

몇몇 연구들은 제도가 교육 정책 형성에 미치는 영향을 입증하고 있다. 혁신주의 시대(Prograssive Era)[3]에 이루어진 개혁에 관한 연구에서, Plank(1988)는 아래와 같은 질문을 제기하였다.

> 만약 혁신주의 시대에 도시 공립학교 체제에서 일어난 변화가 일원화된 개혁안의 요소가 아니라면, 그리고 만약 특정 개혁의 성공이나 실패가 도시에 따라 상당히 다양한 다원적인 정치 체제의 예측 불가능한 변화에 의해 결정이 된다면, 어떻게 전국에 걸쳐 각 도시들에서 일련의 비슷한 개혁들이 시행되었을까? 그리고 어떻게 도시 학교체제는 서로 서로 아주 비슷하게 닮게 되었을까?(p. 35)

Plank 등은 도시 인구의 급격한 증가, 학교 교육에 대한 대중의 수요 증가와 "도시 학교 체제의 규모 및 복잡성 증가"(Plank, 1988: 35, 39)와 같은 "변화하는 도시 환경에 적응해야 할 필요성" 등의 "근본적인 조직적 필수 사항"에서 그 유사성이 기인한다고 주장한다(Peterson, 1985: 205). 신제도주의 이론의 관점에서 Charter School의 자율성

---

3) 역주: 19세기, 자본주의의 병폐와 정치적인 부패가 기승을 부리자 이를 해결하기 위해 1890년부터 시작하여 제1차 세계대전 발발 때까지 계속된 정치 개혁 운동

및 혁신을 분석한 Crawford와 Fusarelli(2001)는 "비공식적 규범뿐 아니라 공식적 정책 및 절차의 측면에서, 교육의 제도적 구조는 전통적인 교육 모델과 일치하도록 Charter School에 엄청난 압력을 행사하고 있다."는 것을 발견하였다(p. 8).

신제도주의 이론은 교육 정책 형성에 있어 주(州)의 중요성을 강조한다. James (1991)는 주 정부의 역할 확대(Mazzoni, 1993; Rosenthal, 1977) 및 "법률을 일선 학교를 관리하는 수단으로 활용"함으로써(James, 1991: 187) "교육 정책 형성에 있어 주 정부의 영향력이 증가하고 있다는 것"을 확인하였다(p. 190). 이와 같이 주 정부의 역할 강화는 교육을 넘어 모든 정책 영역으로 확대되었고, 이는 주 수준의 정책 행동주의 증가에서 분명하게 알 수 있다(Beyle, 1989).

Robertson(1993)에 따르면, 주의 정책 결정 역할은 세 가지 측면에서 측정할 수 있다.

> 첫째, 정당한 정부의 개입에 대한 공식적 경계(즉, 정부가 할 수 있게 허용된 것은 무엇인가). 둘째, 정부의 재정적 능력(세입을 늘리고 정책안을 위한 예산 확보 능력). 셋째, 의원 및 행정가들의 전문성과 전문 기술(p. 24).

주 정부의 역할 확대와 관련된 요인들에는 연차 회의의 채택, 소선거구제로의 전환, 의회 회기 제한 폐지, 회기전 조직, 복장 규정, 전문 직원의 확대와 전자 투표, 의안 발의 마감일과 "법률안의 진행과정을 추적하고, 그 내용을 확인할 수 있는 전자 자료 처리 장치" 등과 같은 의회 경영 개선 등이 있다(Reeves, 1990: 88; Rosenthal, 1977, 1989). Robertson과 Judd(1989)는 "시간이 지나면서, 연방 의회와 주 의회, 대통령과 주지사 그리고 정부의 모든 수준에서의 관료들은 그 수가 더 확대되고 전문성이 보다 신장되었다."고 주장한다(p. 10).

이러한 확대는 주 정부 내의 행위자들을 교육 정책에 영향을 미치고 정책 변화를 주도하는 데 더욱 적극적이게 만들고 있다. Doyle, Cooper와 Trachtman(1992)은 "우리는 주 정부가 지난 10년 동안 학교에 중요한 변화를 실행하는 데 책임을 맡고 있다는 증거를 엄청나게 많이 가지고 있다."고 주장한다(p. 1). Murphy(1990)는 "교육 관련 쟁점에 관여하는 주 정부의 역할이 엄청나게 증가해 왔다."고 주장한다(p. 21). 주 의회와 그 직원들은 보다 전문화되고 있으며, 사법적 중재와 주지사 발의안이 증가하고 있다(Kirst & Somers, 1981). 이는 주 정부가 미국 역사상 전례 없을 정도로 지역 수준의 학교 교육에 영향을 미치기 위해 여러 수단을 사용할 수 있게 하고 있다는 것을 의미한다(Firestone, 1990: 146).

따라서 신제도주의 이론은 많은 정책학자들이 미국 교육의 변화를 설명하는 데 사용해 온 조직 변화를 고려한 내재된 범주(built-in dimension)를 포함하고 있다. Rowan

과 Miskel(1999)이 주장한 것처럼, "지난 30년 동안, 교육계, 정부 기관과 민간 부문 조직이 함께 참여한 제도 형성은 학교 교육을 위한 보다 정교한 기술적 환경(아주 정교화된 교육적 산출 관련 이론뿐 아니라 학교의 수업 결과를 조사할 기술적 능력을 가지고 있는 환경)을 만들어 내기 시작하였다. 결과적으로, "학교는 제도적 순응에 대한 요구의 감소를 경험하지 않은 상태에서, 과거보다 더 강한 기술적 성과를 요구받고 있는 것처럼 보인다."(p. 365). 이러한 정책이 제도적 순응을 유도하는 경향이 있다는 결론을 내리는 책무성에 관한 연구들도 이와 비슷한 주장을 제시하고 있다(Crawford, 2001).

교육은 주(그리고 지역) 정부가 주된 책임을 지는 연방 정부 체제의 제도적 분절화와 함께, 주 정부의 제도적 구조는 교육위원회와 하위 재정 분과 위원회 의장 및 위원장 등과 같은 참여자들에게 의제 설정 과정을 구조화하는 권한을 부여한다(Mazzoni, 1993; Weaver & Geske, 1996). 위원회의 구조는 정책 결과에 대한 상당한 제도적 영향력을 행사한다(Weaver & Geske, 1996). Mazzoni(1993)는 "다른 모든 예비 발의자들은 (참여자들에게 논쟁의 방식과 한계를 설정하게 하고 궁극적으로 정책 변화의 결과를 결정하는 데 결정적인 역할을 수행하는) 이러한 핵심적인 입법가들의 선호, 권력과 성격을 다루어야 한다."(p. 365)고 주장한다.

교육 정책 개선에 적용할 때, 신제도주의 이론의 가장 큰 장점은 이 이론이 (체제 이론과 마찬가지로) "일단 제정되면, 정책은 후속되는 정치적 과정을 재구조화한다."는 것을 상기시켜 준다(Skocpol, 1992: 58). 신제도주의 이론의 지지자인 Robertson(1993)은 "과거의 결정들은 현재를 포함한 후속 시기의 제도적 제약 요인과 기회에 영향을 미친다."고 주장한다."(p. 19). 이러한 생각은 "학교 교육은 체제적 성격을 가지고 있다. 그럼에도 불구하고 조직 생활의 현실은 그 인접 환경을 훨씬 넘어선다."는 Crowson과 Boyd(1996)의 주장과 일치한다(p. 207). 따라서 정치가 정책을 만들어 내듯, 정책이 정치를 다시 만든다고 말할 수 있다(Skocpol, 1992). 이러한 정책들은 "정치와 갈등을 빚거나 지지하는 사회적 정체성, 목적과 집단의 능력에 영향을 미친다."(Skocpol, 1992: 58).

신제도주의 이론은 연구자들에게 기존의 정치적 연합을 뛰어넘고 분석 과정에 역사적 범주를 포함시키도록 권장한다(Skocpol, 1992). "의식적으로든 그렇지 않든, 의사 결정가들은 항상 과거의 경험에 의존"하기 때문에 이 단계가 필요하다(Neustadt & May, 1986: xxi). 예를 들어, "지난 수십 년 동안 이루어진 정책 행동주의는 불가피한 정치적 행위를 제약하거나 하게 만드는 상황을 만들어 낸다."(Mawhinney, 1994: 20). 정치적 공동체 내에서, "정책 변화에 영향을 미칠 수 있는 각 행위자들의 능력은 과거의 정책 논쟁과 변화의 산물이다."(Mawhinney, 1994: 20). Skorpol(1992)은 "한 국가의 사회 정책(특히 교육 정책)의 발달에 관한 타당한 설명이 반드시 역사적이고 장기간에 걸쳐 이루어진 과정에 민감해야 하는 이유 중의 하나는 정책 피드백의 중요성이다."라고 주장한다(p. 59). 이러한 역사적 관점은 "변화하는 다양한 조건 및 변인들을 포함하는 일련의 제도적 시간을 제공한다."(Swift & Brady, 1991: 61).

Weir(1992)는 연구자들은 시간의 흐름에 따른 정책들 간의 연관성을 찾고, 정책의 연속성상에서 정책 혁신을 바라보아야 한다고 주장한다. 이러한 논리를 Charter School과 Voucher 정책에 적용하면, 학교 선택 운동은 신보수주의 및 시장 중심적 교육 개혁을 향한 일반적인 정치적 흐름의 한 부분으로 볼 수 있다. 이러한 주장은 학교 선택을 보다 넓은 정치적 맥락 및 역사적 요인들 내에서 고려하게 만들고 역사적, 맥락적 관점에서 정책 변화를 바라보게 한다.

역사 및 맥락의 영향을 적절하게 고려하지 못하는 것은 사회적 현상에 대한 부적절한 개념화를 초래한다(Neustadt & May, 1986). 따라서 신제도주의 이론의 가장 큰 장점들 중의 하나는 연구자들이 "정치사의 일반적인 패턴 이해와 정치적 및 경제적 발전의 성격, 그리고 이러한 발전에 영향을 미치는 정치 기관, 갈등과 선택의 역할에 대한 설명을 통합할 수 있게 만드는" 중범위 이론의 개발을 추구한다는 것이다(Thelen & Steinmo, 1992: 11-12). Thelen과 Steinmo는 다음과 같이 주장한다.

> 신제도주의 이론은 상이한 변인들이 어떻게 서로 관련되어 있는지를 확인하는 관점을 제공함으로써 정치적 현상들에 대한 설명을 구조화한다. 따라서 구조화 요인들을 분석의 핵심에 두면서, 제도적 접근은 이론가들이 이론의 명료성을 유지하면서, 실제 정치적 상황의 복잡성을 이해할 수 있게 만든다.

신제도주의 이론은 정책 사례에 제시되어 있는 ESEA 통과에 따른 여파를 밝히는 데 도움이 된다. 의회에서 ESEA가 통과되자, 이 법은 몇몇 주요 기관들(특히, 별다른 기능을 못하던 50개의 주 교육부)과 연방 교육부(거의 혼수상태에 있던 또 다른 기관)를 활동적이고, 성장하며, 영향력 있는 기관으로 변화시켰다. Bailey와 Mosher(1968)는 연방 정부의 재정 지원, 프로그램과 지시가 Washington에서 주도(州都) 및 주 교육부를 통해 학교구, 학교 및 아동들에게까지 흘러 들어가는 ESEA의 제도적 변화 효과(transforming effects)를 분석하였다.

『ESEA: The Office of Education Administers a Law』에서, Bailey와 Mosher(1968)는 이 법의 변화 효과와 교육 및 정부 기관들이 연방 법안의 영향하에서 어떻게 변하고 거듭나게 되었는지를 자세하게 제시한다. 후반부에서는 학교 체제와 같은 지역 기관들이 ESEA의 목적과 집행을 변화시키는 데 성공하는 등 역효과도 다루었다. 연방 정부의 예산 지원만큼 지역 예산을 삭감하여 예산 지원의 효과를 둔화시키는 일부 학교구들의 초기 경향이 그 한 예이다. 연방의 예산으로 지역의 노력을 대체하려고 하는 이러한 노력들이 나중에 문제시되었고("연방 정부가 돈을 내게 하라"는 지역의 제도적 인센티브 효과), 연방 정부의 지원은 기존의 프로그램이 아닌 가난한 아동을 위한 프로그램 자원을 보완하는 형태로 사용해야 한다는 규정이 만들어졌다.

신제도주의 이론의 단점. 교육 정책을 이해하는 방법으로 그 인기가 증가함에도 불구하고(Crowson, Boyd & Mawhinney, 1996 참고), 신제도주의 이론은 내용 및 초점의 부족 등 두 가지 큰 약점을 가지고 있다. 첫째, 신제도주의 관점을 지지하는 학자들은 연구자들과 실무자들에게 도움이 되는 이론적 명제를 제시하지 못하고 있다. "제도는 중요하다."는 눈부신 통찰력 외에, 정책학자들은 제도가 어떻게 행동에 영향을 미치는지 분명하게 설명하지 못하고 있다. 비슷한 제도가 어떻게 사람들에게 상이하게 행동하도록 만드는가? 이유가 무엇인가? 반대로, 상이한 제도가 일부 사람들에게 비슷한 형태로 행동하게 만드는 이유는 무엇인가?

두 번째 약점은 하나의 이론에 상당한 차이를 가지고 있는 엄청나게 많은 분파들이 있다는 것이다. 예를 들어, Peters(1999)는 규범적 제도주의, 합리적 선택 이론, 역사적 제도주의, 경험적 제도주의, 사회적 제도주의, 이익집단 제도주의 및 국제 제도주의 등 개념적으로 상이한 7가지 제도 이론을 확인하였다. 정치학 및 경제학에서 오랜 전통을 가지고 있는 합리적 선택 이론과 경험적 제도주의는 실증주의적 전통에 뿌리를 두고 있다. 반면에, 규범적 제도주의는 이들 이론이 기반을 두고 있는 "가치 중립적", 예측 추정을 부정한다. 역사적 및 사회적 제도주의는 마르크스주의의 사고에서 기원하며, 이익집단 제도주의는 체계화된 이론적 체제가 부족한 신다원주의 옹호 연합 이론과 유사하다.

교육 정책 결정에 관한 해석학적 이론

일반적으로는 정책 결정, 구체적으로는 교육 정책 과정의 성격에 관한 최근의 이론들은 전통적인 정책 이론의 핵심을 공격하고 있다. 이러한 해석적 관점은 이론의 형성, 사회가 시민들을 교육시키는 목적 및 과정, 그리고 정책 변화의 결과는 사회 내의 권력 분배와 밀접하게 관련되어 있다고 주장한다. Marshall과 Anderson(1995)에 따르면, 사회 이론들은 다음과 같은 역할을 한다.

> 사회 현상에 대한 특정 관점을 제공하는 시각 또는 창(windows)은 다른 창/이론에서는 볼 수 없는 경치를 보여준다. 이러한 방식으로, 새로운 이론적 관점은

> 이전의 이론적 틀에서는 볼 수 없었던 전통적인 교육 현장의 여러 측면들을 볼 수 있게 만든다. 또한 새로운 이론은 비판적 분석을 위한 새로운 영역의 문을 여는 등 이전에는 무시되었던 현상을 설명할 수 있다(p. 169).

해석적 접근은 실증주의적 및 합리적 전제에 의문을 제기하며 전통적 정책 분석의 가치 중립적 가정에 이의를 제기한다. 비판 이론, 여권주의 비판적 정책 분석, 문화 연구, 후현대주의, 정책 고고학과 후구조주의 등과 같이 정책을 권력, 권위, 통제, 참여, 대표, 성, 인종과 민족, 사회 계층과 성적 차이와 같은 쟁점들의 산물로 바라보는 이러한 새로운 접근들은 정책을 고찰하는 대안적인 시각을 제공한다.

Katz(1971), Bowles와 Gintis(1976) 등과 같은 마르크스주의적 관점에 입각한 초기 연구들을 제외하고, 전통적인 정책학자들은 이러한 쟁점들을 무시한다. 이와는 달리 교육 정책에 있어서, 해석적 접근은 이전에는 문제시되지 않고 정치적이지 않은 것으로 간주되었던 교육 영역들을 문제시하고 정치화한다(Marshall & Anderson, 1995: 170). 교육 정책 연구에 관한 이들 대안적 접근의 특징을 이해할 수 있도록 하기 위해, 네 개의 주요 해석적 관점들을 제시한다. 여기에는 비판 이론, 여권주의 이론, 후현대주의, 이데올로기적 관점이 포함된다.

비판 이론

비판 이론은 "정치적 삶과 사회적 삶을 명확하게 구분하는 것을 거부하며, 사회화와 언어 사용 등과 같은 수단을 통한 권력의 감춰진 활용에 초점을 둔다."(Cibulka, 1995: 116). 비판 이론의 핵심적인 분석 요인들에는 권력, "모순, 변증법, 착취, 지배와 합법화"에 관한 개념이 포함된다(Torres, 1999: 92). 비판 이론가들은 다른 행위자들을 배제하고 소외시키면서 일부 행위자들에게 특권을 부여하기 위해 학교 체제가 권력을 어떻게 사용하고 활용하는가를 연구한다(Popkewitz, 1999). 비판 이론은 연구자들이 "대화 및 텍스트의 상황적, 수행적 특성을 연구하고, 권력, 계층, 문화, 인종, 통제에 관한 제도적 및 구조적 질문이 얼마나 광범위하게 일상 대화, 작문과 몸짓에 명확하게 나타나는지를 인식할 수 있게 만든다(Forester, 1993: 2). 이러한 요인들의 부정적인 영향을 드러냄으로써, 비판 이론은 개인을 지배당하는 대상에서 자기 결정권을 가진 능동적인 주체로 전환시키고자 한다(Comstock, 1982; Foster, 1986; Held, 1980).

이와 같이, 비판 이론은 해방적 목적을 가지고 있다. 비판 이론은 개인의 자기 이해, 자기 실현, 인식과 자유를 강조한다. 마르크스주의와 프랑크푸르트 학파에 이념적 토대를 두고 있는 비판 이론은 개인이 억압적 사회 구조를 초월하도록 도와준다(Held,

1980). 비판 이론은 교육 정책 연구를 위해 만들어졌고 점점 더 많이 사용되고 있다. 연구는 사회적 불평등과 전통적인 권력 분배를 재생산하는 행정적 관례의 역할(Foster, 1986; Scheurich & Imber, 1991), 학교가 어떻게 체제적인 배제 형태를 사용하는지(Fine, 1993), 그리고 이러한 행위를 지지하는 이념적 정당화(Reyes & Capper, 1991) 등과 같은 쟁점에 초점을 두고 있다.

이러한 접근의 한 가지 약점은 권력 분배에만 초점을 두는 나머지 정책 형성에 있어서 정책 과정의 역할을 간과하고 있다는 것이다(Cibulka, 1995). 또 다른 약점은 "효율성, 생산성, 시장 선택 등과 같은 평등 이외의 다른 중요한 사회적 가치의 중요성을 최소화하는" 대다수 비판 이론가들의 경향이다. "또한 이들의 분석은 어떻게 사회 체제가 변화하고 발전했는지보다는 사회 체제가 어떻게 현상을 유지하는지를 보다 잘 설명할 수 있다."(Cibulka, 1995: 116).

여권주의 이론

여권주의 이론(그리고 여권주의 비판적 정책 분석)은 "성 불평등은 특정 소집단의 이념과 목적을 위한 의도적인(혹은 무의식적으로) 선택에서 기인한다는 가정에서 출발"하고 "남성에게 이익이 되는 정치 의제들이 어떻게 학교 구조와 실제에 단단히 자리 잡게 되었는지를 밝히는 것"에 관심을 두고 있다(Marshall & Anderson, 1995: 172). 여권주의 비판은 사회가 남성을 선호하며 여성을 차별한다는 신념에 근거하고 있다. 즉 성차별적 제도적 환경에서 발전한 정책들은 여성들에게 불리하게 제정되고 시행되며, 더 나아가 학교의 성차별적 성격을 강화하는 결과를 초래한다.

반여권주의적 교육 정책에는 초등학교 교장(대부분의 여성 행정가들이 일을 하는)에 대한 낮은 보수, 여성에 대한 낮은 직업 기회 및 낮은 승진 기회 등이 있다. 불행하게도 교육 분야가 대표적인 사례이다. 전체 교사의 83%가 여성이지만, 전국 교육감의 12%만이 여성이며, 이것도 1990년의 7%에서 증가된 것이다(Fusarelli, Cooper & Carella, 근간). 이는 여성은 수동적인 노동자이고 남성은 지배적인 경영자라는 것을 보여주는 확실한 사례이다. 교육 분야에서, 여권주의 학자들은 여성들의 접근과 선택을 제한하는(Marshall과 Anderson은 이를 자유주의적 여권주의라고 지칭함) 상이한 사회화 및 기회의 장벽(Ferguson, 1984; Marshall, 1993), 여성의 인지 방식(Gilligan, 1982), 윤리(Noddings, 1984)와 의사 결정("Difference Feminism")을 분석한다.

후현대주의

Foucault의 후기구조주의에서 도출된 후현대주의는 문제와 현실의 사회적 구조에 초점을 맞추고 있다. 또한 사회 문제는 자연적으로 발생한다는 것을 부정하며 실증주의와 합리주의 정책 연구에 내재된 가치중립적인 가정을 거부하면서, 후현대주의 또는 정책 고고학은 특정 문제의 출현을 엄중하고 회의적으로 조사한다(Scheurich, 1994: 300). 후현대주의를 정책 연구에 적용하는 방법을 개발한 Scheurich는 "어떤 과정에 의해 특정 문제가 출현하는가, 또는 다르게 표현하면 어떤 특정 문제가 어떻게 '문제'로 보이게 되는가? 특정 문제의 출현을 가능하게 한 것은 무엇인가? 왜 어떤 '문제'는 사회적 문제로 대두되고 다른 문제는 그러한 수준에 도달하지 못하는가?"에 대해 질문을 제기한다(1994: 300). Rochefort와 Cobb(1994)은 특히 문제들이 어떻게 합법적이고 개선이 필요한 것으로 정의되는가와 같은 정책의 선행 조건에 초점을 맞출 필요가 있다고 주장한다. "정치와 정책 개발이 결합되는 지점에서는 문제들이 어디서 나타났는지에 대한 갈등이 지속적으로 나타나며, 이 질문의 대답에 근거하여 어떤 해결책을 시도할 것인가가 결정된다."(Rochefort & Cobb, 1994: 3).

Hogwood와 Gunn(1984)에 따르면, "우리는 각각 우리 자신의 '현실'을 만들어 내며, 이는 문제 또는 쟁점을 확인하고, 이들을 보다 큰 상황에 대한 우리의 인식과 관련시키고 해석하는 방식에서 더욱 분명하게 나타난다(p. 109). 현실을 어떻게 인식하는가 하는 것은 정책 분석에 상당한 영향을 미친다. 예를 들어, 1980년대 후반, "위기" 수준에 도달하면서 10대 임신 문제는 상당한 관심의 대상이 되었다. 이상하게도, 이러한 위기는 10대의 임신이 사실상 줄어드는 시기에 나타났다(NCHS, 1992, Pillow, 1997에서 재인용). Pillow(1997)는 그 문제가 10대의 임신인지 미혼의 10대의 임신인지 의문을 제기하며, 인종 및 계층의 문제가 누가 임신을 해야 하는가 또는 누가 해서는 안 되는가에 관한 우리들의 생각에 어떻게 영향을 미치는가에 대해 질문을 제기하였다(p. 146).

많은 학자들은 후현대주의의 관점을 통해 교육 정책에 대한 연구를 시작해 왔다. 예를 들어, Opfer는 Charter School의 책무성에 대한 후현대주의적 정책 분석을 실시하였고, 주 정부의 과중한 책무성에 대한 강조가 Charter School 운동이 약속하는 자유와 융통성을 심하게 제한했음을 발견하였다. 그녀는 "책무성과 연결된 Charter School 모델은 주 정부가 교육과정에 관한 자신들의 통제권을 일선 학교 수준으로 이양하는 것을 촉진하지 못했다. 이러한 연결하에서, Charter School의 개념은 피상적인 수준을 넘어 무의미해지며, 단순히 관료제로부터의 민주주의 및 자유라는 상징적인 허울을 제공할 뿐이다."라고 주장한다(p. 209).

후현대주의와 비판 이론의 가장 큰 차이점(사실, 비판 이론과 이 절에서 논의하는 해석적 접근 간의 차이)은 비판 이론은 비록 해방을 위해 고안되었지만 그 근본적인 전제로서 이성에 의존하고 있다는 것이다. 이러한 의미에서, 비판 이론은 특별한 형태의 후기실증주의 관점의 하나로 간주할 수도 있다. Habermas(1971, 1975, 1983, 1988)는 진리(true knowledge)의 존재를 믿으며, 진리는 정당화하는 이데올로기와 구분이 가능하다고 주장하였다. 후현대주의를 신봉하는 학자들은 모든 지식은 정당화 또는 합리화된 이데올로기의 형태를 취한다고 주장하며 이러한 보편적 지식 또는 진리를 거부한다. 후현대주의는 "정책은 객관적 또는 이념적으로 중립적이거나 그럴 수 있다."는 정책 결정에 있어서 중립적 합리성의 개념을 반박한다(Rosenau, 1993: 3).

이데올로기적 관점: 좌파에서 우파까지

정치 체제 내에서 정책은 종종 특정한 정치적 입장을 가지고 있는 "전문가"에 의해 만들어지고 후원되고 공표된다. 따라서 Lyndon Johnson 행정부에서, 우리는 보상 교육, 평등 및 가난한 "위기" 상태에 있는 학생에 대한 지원을 포함한 다수의 "자유" 교육 정책을 예상하고 관찰하였다. Ronald Reagan이 대통령이 되었을 때, 선택, 시장과 높은 기준 및 교구 학교에 재학하는 가난한 학생들을 위한 Title I Voucher 등을 입법화하려는 시도 및 가장 유명한 'A Nation at Risk' (National Commission on Excellence in Education, 1983)를 포함한 우익, 신보수주의 정책 및 프로그램들을 살펴볼 수 있었다.

좌파, 우파, 신보수주의, 신자유주의자, 사회주의자 또는 자유의지론자이든, 정책은 특정 정치적 집단 또는 정당의 정강과 같이 정치-이데올로기적 용어로 이해할 수 있다. 당파적 행위를 범주화하고 분석하는 한 가지 방법은 자신들의 가치와 신념을 드러내는 것이기 때문에, 이데올로기적 관점은 "이익집단" 정치와 몇 가지 특징을 공유한다. 상당수의 보수주의 공화당원들은 교육의 민영화, 시장화 및 상품화를 원하지만, 진보 민주당원들은 급진적 평등, 사회주의적 통제, 선택보다는 평등을 강조하는 독점적 교육 체제를 선호한다. 후현대주의(그리고 흥미롭게도 신다원주의 옹호 연합 이론)와 유사하게, 이데올로기적 관점은 정책 투입에 영향을 미치는 확고한 가치와 신념의 중요성을 인정한다.

그러나 이데올로기적 관점은 가치의 근원에 관해서는 크게 고려하지 않는데, 이는 이러한 가치가 해당 정당의 지지자들에게는 분명하게 이해되고 있기 때문이다. 예를 들어, 학교에서 기도를 하는 것은 일부 종교 집단에게는 기본적인 활동이고 보수적 관점과 연결되어 있는 반면, 학교에서의 차별철폐 정책(affirmative action)[4)]은 진보 좌파

---

4) 미국, 캐나다 등에서는 affirmative action으로, 영국 등에서는 positive action이나 positive discrimination 등으로 사용되고, 우리나라에서는 차별철폐조치, 적극적 평등실현조치, 차별수정조치, 적극적 우대정책, 소수집단 우대정책, 약자보호정책 등으로 번역된다(염철현, 2009).

에 의해 오랫동안 지지받아 온 정책이다. 정치적 이데올로기 접근의 장점은 투표 행위와 이러한 정당 또는 관점을 가진 행위자의 다른 행동 등 행동의 준거를 가지고 있다는 것이다. 우리는 투표한 표를 세고, 논쟁을 청취하며, 정강을 읽을 수 있다. Stone(1988)은 이를 "정책 논쟁"이라고 지칭한다.

앞의 정책 사례에 제시된 ESEA는 이데올로기적 관점을 교육 정책 연구에 적용한 흥미로운 예이다. 1960년대 초, 공화당의 핵심적인 원칙은 교육은 근본적으로 지역 및 주의 문제이며, 정책 결정에 있어서 연방 정부의 역할은 자료 수집 및 새로운 아이디어를 적용하는 것이며, 학생들을 위한 프로그램에 직접 예산을 지원하는 것은 확실히 아니었다. 1964년 대통령 선거에서 Arizona 출신의 공화당원인 Barry Goldwater의 패배는 진보, 민주당 출신의 Lyndon Johnson의 승리를 위한 길을 열어 주었고, Franklin D. Roosevelt가 대통령으로 당선된 이후 가장 젊고, 가장 다양하며, 이데올로기적으로 가장 진보적인 집단이 의회에 입성하게 만들었다. 20세기 그 어느 때보다 더 많은 민주당원과 더 적은 공화당원이 상원과 하원 의원으로 당선되었을 뿐만 아니라, 그것도 진보적 민주당원이었다. 이는 교육 정책 형성과 관련된 연방 정부의 역할 및 정책상의 근본적인 변화를 가져왔다. 엘리트 집단의 변화는 교육 관련 연방 정부 정책의 엄청난 이데올로기적 변화(이는 거의 20여 년 동안 지속되었다)를 가져왔다.

해석학적 정책 결정 이론의 약점

해석학적 정책 결정 이론의 한 가지 약점은 권력 분배에 지나치게 초점을 둔 나머지 정책 형성에 있어서 정책 과정의 역할을 중요하게 생각하지 않는다는 것이다(Cibulka, 1995). 또 다른 약점은 "효율성, 생산성, 시장 선택 등과 같은 평등 이외의 다른 중요한 사회적 가치의 중요성을 최소화하는 대다수 비판 이론가들의 경향이다. 또한 이들의 분석은 어떻게 사회 체제가 변화하고 발전했는지보다는 사회 체제가 어떻게 현상을 유지하는지를 보다 잘 설명할 수 있다."(Cibulka, 1995: 116).

지난 20년 동안 교육 분야에서의 해석학적 이론의 인기는 교육 정책 분석에 큰 영향을 미쳤다. 이러한 분석은 전통적 교육 정책의 실증주의적, 과학적 가정에 의문을 제기하고, 소외된 집단에 대한 교육 정책의 영향에 초점을 두었으며, 정책 조작을 통해 성취할 수 있는 것의 한계를 인식하게 도와주었다. 그러나 해석학적 교육 정책 결정 이론도 여러 가지 비판을 받고 있으며, 이러한 비판의 대부분은 특히 후현대주의와 같이 지식은 "사회적으로 구성된다."는 이들 이론이 가지고 있는 개념에 초점이 맞추어지고 있다. 비록 이 문구는 여러 교육학파의 진언(mantra)이 되고 있지만, 비판론자들은 이 문구가 시사하고 있는 것을 우리가 진정으로 의미하고 있는가 하는 것에 의문을 제기한다. 즉, 다른 것들보다 더 좋은 지식이나 정책은 없으며, 지식과 정책은 현재의 상황, 이데올로기, 관점 또는 편견의 산물이다. 대부분의 실무자들에게 있어 이러한 주장은 우스꽝스럽게 들린다.

사실, 이 책의 제목인『Better Policies, Better Schools』는 보다 좋은 정책으로 교육을 개선할 수 있다는 것을 시사한다. 전반적인 학교 개혁 운동은 이 전제에 근거하고 있다. 따라서 해석학적 이론이 가지고 있는 비판적, 질의적 및 대화적 측면은 중요하고, 교육 정책 연구에서 오랫동안 놓치고 있던 요소이기는 하지만, 모든 것이 상대적이며 더 좋은 정책을 통해 학교를 개선하는 것은 관계가 없거나 불가능하다는 극단적인 주장으로 치닫지 않도록 상당히 주의를 기울일 필요가 있다. Kerr(1976)가 주장한 것처럼, "정책 선택은 매우 중요하다. 만약 그렇지 않다면, 정책 결정에 있어서 주안점이 없을 수도 있다."(p. 177). 정책 개선과 학교 개선상에 진보가 이루어질 수 있다. 그렇지 않으면, 전체적인 학교 교육 체제는 불필요하고 실패하게 될 것이다.

교육 정책 결정을 이해하기 위한 개념적 분석틀

학계에서 사용되고 있는 다양한 이론적 관점, 모델과 개념들을 이해하기 위해, 필자들은 종합적이면서도 단순한 4가지 범주의 개념적 틀을 개발하였다. [그림 2.3]에 제시되어 있는 것과 같이, 교육 정책 결정에 관한 다양한 이론과 모델들은 4가지 범주로 분류할 수 있다.

- **규범적 차원**: 규범적 차원은 사회가 개선 및 변화를 추구하도록 이끄는 신념, 가치와 이데올로기와 관련되어 있다. 모든 정책은 사회의 목적을 표현하는 것이라고 볼 때, 정책은 매우 규범적인 것이 된다. 소위 말하는 "과학적" 정책 노력도 인간 행동의 합리성 및 사회적 행위의 "과학적" 본질에 관한 일련의 가정과 신념을 나타낸다. 후현대주의와 이데올로기적 관점이 규범적 차원에 해당된다.
- **구조적 차원**: 구조적 차원은 교육 정책을 공포하고 지원하는 정부의 형태, 기관의 구조, 시스템 및 과정과 관련되어 있다. 연방, 주 및 지방의 제도적 구조의 역할 및 영향에 대한 분석은 제도가 교육 정책을 형성하는 방식을 적절하게 이해하는 데 필수적이다. 신제도주의 이론이 구조적 차원에 해당된다.
- **구성적 차원**: 구성적 차원은 정책 결정과정에 영향을 미치고, 참여하고, 혜택을 보는 연합, 엘리트, 대중, 이익집단, 인종/성 집단, 공급자와 최종 사용자 및 수혜자에 관한 이론과 관련되어 있다. 이 범주에서 언급할 필요가 있는 사항들에는

[그림 2.3] 정책 이론의 4차원적 관점

누가 권력에 접근하는가, 이익집단은 자신들의 요구를 어떻게 표현하는가, 경쟁하는 이익집단들이 타협안 또는 자신들의 요구를 충족하는 정도 등이 있다. 이 범주에서 정책은 정책을 찬성하거나 반대하는 구성원 집단에 의해(공식적으로는 정부 구조를 통해, 비공식적으로는 다른 집단에 영향을 미치는 능력을 통해) 형성되고 영향을 받는다. 비판 및 여권주의 이론 및 신다원주의 옹호 연합 및 이익집단 모델이 이 범주 내의 행위자들에게 초점을 두고 있다.

• 기술적 차원: 기술적 차원은 정책 결정의 핵심인 기획, 실제, 집행 및 평가와 관련되어 있다. 정책의 기술적 및 도구적 영향에 대한 기술을 통해 체제 이론은 기술적 차원의 발달을 이해하는 데 도움이 된다. "악마는 세부사항 속에 있기 때문에" 정책의 영향과 결과를 살펴보지 않고서는 정책 분석을 완료할 수 없다.

[그림 2.3]에 제시된 4가지 차원은 모든 교육 정책에 적용된다. 따라서 교육 정책을

이해하기 위해서 정책 결정자는 이들 4가지 차원을 토대로 제안된 정책의 영향과 효과를 살펴보아야 한다. 예를 들어, ESEA는 규범적, 구조적, 구성적 및 기술적 차원에서 살펴볼 때 가장 잘 이해할 수 있다. 정책이 근거한 가치와 신념은 무엇인가? 정책은 누구의 이념을 반영하고 있는가? 어떤 집단이 정책으로부터 이익을 보는가? 누가 손해를 보는가? 다양한 이익집단들은 정책의 내용 및 집행에 어떤 영향을 주는가? 제도적 구조는 정책의 형성과 집행에 어떤 영향을 주는가? 정책은 어떻게 집행되고 평가되는가? 학교를 개선하기 위한 정책에 관해 우리가 더 알아야 하는 것은 무엇인가?

이들 질문은 위에 제시한 정책의 4가지 범주 내에서 분석되어야 한다. 그렇게 하지 못하면 교육 정책에 대한 부적절한 개념화를 가져오며, 이는 나아가 나쁜 정책을 낳게 된다. 전체적인, 4가지 차원의 정책틀을 통해, 정책 입안자들은 자신들의 실제(학교 개선의 실제)를 향상시킬 수 있을 것이다.

윤리 및 사회 정의: 4차원 분석틀의 핵심

우리의 개념적 틀은 윤리와 사회 정의에 대한 깊은 관심에 뿌리를 두고 있다. 정책 형성, 정책 집행 및 정책 평가에 참여하는 사람들은 자신들의 일에서 제기되는 윤리적 쟁점을 의도적으로 분석 및 심사숙고하지 않는다. 사실, 전통적으로 윤리는 전적으로 무시되었기 때문에, 정책학에서 윤리의 역할을 적절하게 다루도록 정책 분석가들을 준비시키는 문헌들은 거의 없었다. "논리실증주의에 기반을 두고 있기 때문에, 윤리의 전체 영역은 가볍고 주관적이며 따라서 의심의 대상이 된다는 생각들이 지속되어 왔다."(Warwick & Pettigrew, 1983: 338) 예를 들어, 정책 과정에 대한 도입 부분에서, Birkland(2001)는 윤리 또는 사회 정의를 전혀 언급하지 않고 있다.

Amy Gutmann(1980, 1987)과 Kenneth Strike(1982) 등과 같은 소수의 정치학자들은 정책 입안자는 평등과 사회 정의에 대한 교육 정책의 의미에 큰 관심을 기울일 필요가 있다고 주장한다. 『Liberal Equality』에서 Gutmann은 기회의 평등과 결과의 평등 간의 갈등을 분석하였고, 보다 효과적으로 개인들을 사회적 및 정치적 삶과 통합시키기 위한 분명한 목적에서 평등과 자유를 연결한 진보적 평등주의의 형태로 이러한 접근을 결합시켰다. 『Democratic Education』에서 Gutmann은 성교육, 창조론, 학교 재정, 버스 통학, 교구 학교를 위한 재정 지원, 교과서 검정제 등과 같은 일련의 교육 정책을 분석하였다. 또한 그녀는 윤리적이고 평등한 교육 정책을 만드는 데 있어서 지방(시민)의 통제와 비차별 및 비억압 간의 기본적인 갈등을 분석하였다.

Strike(1982)는 "진보주의자들에게 있어, 명확하게 불평등하게 자원을 분배하게 이끌며, 교육에 있어 국가의 역할 확대를 가져오고, 다른 진보적 관점을 위협할 수 있기 때문에 학교 교육의 보상적 역할은 문제가 된다."고 주장하며, 진보적 정치 사상 내의 갈등에 대해 언급하였다(p. 189). Strike에 따르면, "만약 학교 교육 기회가 평등하다면, 학교 교육의 결과는 능력과 학습 의지와 같은 특성에 의해 영향을 받아야 한다. 그러나 만약 가난이 학생의 능력과 학습 의지에 영향을 미친다면, 평등한 학교 교육 기회는 불평등한 성취를 가져오게 될 것이다. 기회로부터 혜택을 보는 가능성이 낮기 때문에 가난한 학생은 부유한 학생들에 비해 낮은 성취를 보이게 될 것이다. 학교에 뒤처진 상태로 들어간 사람은 뒤처진 상태로 학교를 떠나게 되는 것이 평등한 기회의 결과이다."(p. 209). Strike의 주장처럼, 평등한 교육 정책은 적어도 대략적으로나마 "개인들이 아닌 사회 집단 간에" 평등한 결과를 달성할 수 있어야 한다(pp. 209-210).

진보적 평등 이론과 동일한 맥락에서, Strike는 현대의 교육 정책은 "더 작고 보다 친근하며 권위와 활동의 조직이 보다 민주적이고 덜 관료적인 사회적 조직(학교 포함)"을 만들기 위한 방향으로 노력해야 한다고 주장"하였으며(p. 205), 이는 다른 학자들에게도 영향을 미쳤다(Fine, 1993; Fusarelli, 1999b; Meier, 1995; NASSP, 1996; Sergiovanni, 1995, 1996 참고). 더 나아가 "교육은 숫자로 보여지는 것 그 이상"이라고 주장하고, 우리의 민주적 유산을 전달하고 보존하는 것이 학교의 핵심적인 역할이라고 인식한 비평가들이 지적한 것과 같이(Fusarelli, 1999a: 97; Barber, 1984; Strike, 1989, 1993; Wood, 1992), Strike는 교육 정책에서 가장 필요한 것은 "학교의 명백한 대중적 과업으로서의 역할로 시민의식을 회복하고 학교가 경제적 효율성의 가치에 기여하는 부분을 완화하는 것"이라고 주장하였다(p. 255).

정책 연구가 어떻게든 체계적인 방법으로 윤리와 사회 정의를 다루지 못한 것은 교육을 포함한 학문의 다양한 주제 영역 또는 하위 영역으로까지 영향을 미친다. 교육 분야에서 윤리에 관한 관심이 다시 살아나고 있음에도 불구하고(Kallio, 1999), 이러한 관심은 교육 정치와 정책보다는 행정가 양성과 의사 결정에 초점을 두고 있다. 최근 발간된 교육 정치학 연구에 초점을 둔 『Politics of Education Yearbook』이 나타내듯(Cooper & Randall, 1999), 정책 연구 및 분석의 정치화에 대한 관심이 증가하고 있다(비록 교육 영역에서 연구의 정치적 측면을 고찰한 Yearbook이 출간되기까지 30여 년이 걸리긴 했지만). 그러나 1999년 Yearbook에서 Catherine Emihovich가 저술한 단 한 장(chapter)만이 윤리를 다루고 있다.

Amy(1987)의 주장을 따라, 우리는 보다 일반적인 측면에서 윤리와 사회 정의를 분석하고, 교육 정책 결정에 관여하는 사람들에게 자신들이 수행하는 활동의 도덕적 전제를 재고찰하고 분석해 보길 요청한다. Amy(1987)가 주장한 것과 같이 "공공 정책의 윤리적 의미에 관해 관심을 갖는 것은 실세계에서 사람들에게 무슨 일이 일어나는지에 대해 더 민감하게 만들기 때문에" 정책 결정의 중요한 측면이다(p. 51). 미국의 교육을 이해하기 위해서는 아동에게 영향을 미치는 정책의 윤리적 차원을 분석하는 것에서 시작해야 한다. 만약 정책이 사회적 가치의 권위적인 분배를 의미한다면, "정책 분석에 관한 가장 중요한 질문은 '할 수 있는 것'에 관한 질문만큼 '해야 하는 것'에 관한 질문과 관련되어 있다. 즉, 가장 중요한 정책 결정은 정부가 무엇을 할 수 있는가에 관한 실현성 질문만큼 정부가 무엇을 해야만 하는가에 관한 평가와 관련되어 있다."(Peters, 1986: 311).

성취도 평가, Coleman 보고서, 인종 차별 폐지, Head start, 이중 언어 교육, 학교 선택과 다른 일련의 개혁에 관한 갈등이 나타내듯, 공교육에 관한 정책 연구는 강한 논쟁을 불러일으킨다. 모든 정책들이 윤리적 차원을 갖고 있다. 예를 들어, 1960년대와 1970년대, 연방 교육 정책의 주된 목표는 "특히 경제적으로 어려운 학생들을 강조하면서, 모든 학생에게 평등한 기회를 제공하는 것"이었다(Larson, 1980: 66). 윤리적 관심사는 "좋은 사회"에 대한 서로 상충하는 해석에 뿌리를 두고 있다(Bellah, Madsen, Sullivan, Swidler, & Tipton, 1991).

교육은 "사회, 정치 및 경제적 목표로부터 분리할 수 없기 때문에" 더 나은 교육 정책을 만드는 것은 상충하는 가치에 당면하게 된다(Pratte, 1978: 161). 수많은 가치들이 있지만(Stout, Tallerico, & Scribner, 1995), 최소한 이러한 가치에는 선택, 효율성, 평등과 질(수월성) 등이 있다. Johnson(1999)에 따르면, "다양한 의제를 추진하는 많은 행위자들은 정책 산출을 낳기 위해 수많은 방법으로 상호작용한다."(p. 20). 자원이 한정된 환경 속에서, 어떤 가치가 더 우선시되어야 하는가에 관한 경쟁하는 가치들 간의 전쟁이 일어난다. 이 책의 전반에 걸쳐 다루어지겠지만, 교육 정책 과정의 어떠한 측면도 가치 중립적이지는 않다. 따라서 규범적 질문도 무시할 수 없다. Randall, Cooper와 Hite(1999)가 주장한 바와 같이, "연구 및 교육에 있어서 중립성에 대한 핑계는 연구자들이 자신들의 연구가 갖는 정치적 성격을 인정하기 시작하면서 폐기되고 있다."(pp. 1-2).

교육 정책에서 윤리적 고려의 장벽

Warwick과 Pettigrew(1983)에 따르면, "정책 연구에 수반되는 특정한 윤리적 문제가 있다"(p. 339). 첫째, 정책 분석의 기술관료적(technocratic) 특성은 정책에 대한 윤리적 고려를 최소화한다(Amy, 1987). 예를 들어, 비용-편익 분석은 무형의, 질적 변인은 배제하고 수량화가 가능한 가치를 선호한다. 교육에 있어서, 학생의 성취도를 포트폴리오로 제시하는 것보다는 시험 점수로 학생들의 학습을 수량화하는 것이 훨씬 더 쉽다. 이와 유사하게, 가령 민주 시민으로서의 준비 같은 목표는 그 성취의 달성여부를 판가름하기가 매우 어려운 데 반해, 점수향상 같은 목표는 측정할 수 있고 수량화가 가능하기 때문에 학생의 성취도를 교육의 주된 목적 또는 목표로 강조하는 것이 훨씬 더 쉽다(Fusarelli, 1999a). 둘째, "사회 과학은 널리 받아들여지는 이론적 모델이 거의 없기 때문에 서로 상충하는 개념화가 존재할 정도로 허용 범위가 폭넓으며, 광범위한 연구 설계 및 방법을 허용한다."(Warwick & Pettigrew, 1983: 341).

셋째, 정책 연구가 갖는 고객중심적 성격(정책 분석가들은 정부 내·외부의 고객 또는 예산을 지원하는 사람들을 위해 활동한다)은 고객의 선호에 분석의 결과를 맞추도록 압력을 가할 수 있다. 분석가들은 고객들과 좋은 관계를 유지해야 하는 직업적 및 개인적 동기(incentive)를 가지고 있기 때문에, 정책의 윤리적 차원은 거의 분석되지 않는다(Amy, 1987). "모든 집단이 정책의 도덕적 차원을 강조하는 것에 관심을 가지고 있는 것은 아니다"(Amy, 1987: 65). 심지어 윤리적 차원이 분석에 포함되어 있을지라도, 아무리 주의 깊게 연구를 설계했다 할지라도, 그 결과는 다른 사람들에 의해 편향적으로 해석되기도 한다.

정책 분석의 과학적 치장(veneer)은 당파적 이익을 증진시키는 데 사용되기도 하는데, 이를 통해 가상의 선을 넘어 정책을 옹호하게 만든다(Cibulka, 1995). Cibulka (1995)가 주장한 것과 같이, 정책 연구와 정책 논쟁(미리 결정된 입장에 맞게 연구를 사용하는 것) 사이의 경계는 구분하기가 힘들며, 정부 기관 또는 재단이 예산을 지원하는 연구의 경우는 더욱 문제가 된다. 정책 분석가들은 프로그램 평가나 집행 평가를 계약할 때, 자신들의 고용주 또는 후원자들에 대한 책임을 져야 한다(Browne & Wildavsky, 1984).

더 큰 맥락에서 보면, 정책 연구와 옹호 간에는 경계가 존재하지 않는다. "세계관이 전승되고 문화를 재생산하며, 삶의 방식이 계승되고, 사람을 만드는 수단이자 메시지이기 때문에, 교육은 근본적으로 매우 정치적 사업이다."(Randall, Cooper & Hite, 1999: 2). 교육 정책에서 연구 정보의 사용에 관한 분석에서 Johnson(1999)이 지적한 바와 같이, "많은 행위자 및 정치적 요구를 고려해 볼 때, 반대편의 주장을 반박하기 위해 경쟁하는 이익집단이 동일한 정보를 사용한다는 것은 놀라운 것이 아니다."(p. 21).

정책 결정가가 윤리적 차원을 적용하기 어렵게 만드는 네 번째 장벽은 윤리 분석에 따르는 심리적 위험성이다(Amy, 1987). 오래된 가정과 도덕적 합의점에 의문을 제기하는 것은 불안이나 동요를 가져올 수 있다. Amy(1987)가 주장한 바와 같이, "윤리적 분석은 분석가를 혼란스럽게 만들 수 있는 질문들을 포함하고 있다."(p. 59). 다양한 해석학적 이론가들이 지적하고 있는 것과 같이, 현재의 정책은 백인 중산층 및 상위 계층 가정의 아동들에게 혜택이 돌아간다. 정책 개발 및 분석에 윤리적 고려를 포함시키는 것은 분석가로 하여금 현존하는 사회적 불평등을 직면하도록 만들고, 또한 분석가들에게 기존의 민족-경제적 질서를 위협할 수 있는 정책(정책 결정가들이 하기 꺼려하는 것)을 만들도록 요구한다.

교육 정책 연구에 윤리 및 사회 정의 포함하기

만약 우리가 진실로 더 좋은 학교를 만들기 위해 더 좋은 정책을 만들고자 한다면, 우리는 평등과 사회 정의에 관한 관심을 교육 정책의 중심에 두어야 한다. 우리의 분석틀이 시사하는 바와 같이, 이들 가치는 교육 정책의 핵심이 되어야 한다. 서로 양립할 수 없는 가치이기 때문에 기준과 책무성과 같이 효율성 및 수월성을 추구하는 정책들은 평등과 사회 정의에 대한 관심을 배제한다고 주장하는 사람들도 있다. 우리는 이와 같은, 가능한 유일한 결과인 것처럼 간주하는(정책을 Zero-sum 게임으로 생각하는 오래된 존재론적 정책관에 뿌리를 두고 있는) 지나치게 단순화하고 편협한 입장에 반대한다(Scribner, Reyes, & Fusarelli, 1995). 사실, 모든 학생들을 대상으로 하는 수월성이 정책 결정의 실현된 목적이라고 보는 Positive-sum 게임으로 정책 결정을 바라보는 것은 어렵지 않으며, 우리는 그렇게 되어야 한다고 믿고 있다.

Haller와 Strike(1986)가 주장한 바와 같이, 누가 무엇을 얻는지에 영향을 미치는 "교육 제도는 분배적 기능을 수행한다."(p. 11). 결국, 이들에 따르면, "교육 제도에서 일어나는 일들은 개인의 삶의 기회에 영향을 미친다."(p. 11). Haller와 Strike는 평등한 교육 정책을 만들기 위해서는 (1) 정책은 반드시 인간의 존엄성을 보장하고 보존해야 한다, (2) 정책은 편파적이지 않아야 한다, 그리고 (3) Habermas가 이야기하는 이상적 대화 공동체의 개념에 나타나 있는 것과 같이, 정책 과정은 "이해관계를 동등하게 고려해야 한다." 등 적어도 세 가지 조건이 충족되어야 한다고 주장한다(p. 12).

이러한 조건을 반박하는 것이 어렵기는 하지만, 미국 내에 존재하는 심각한 사회적 불평등 때문에, 우리는 보다 좋은 학교를 만들기 위한 보다 좋은 정책을 만들기 위해서는 위기에 처한 아동들에게 호의적인 정책(즉, 편파적이고, 편향되며, 불평등한 정책)을 만들 필요가 있다고 주장한다. 미국은 "전 세계에서" 어떤 선진 산업국가보다 빈곤한 가정 및 아동의 비율이 높다. 그리고 여러 증거들은 부유층과 빈곤층 간의 격차가 더 벌어지고 있음을 보여주고 있다. 그 격차는 1940년대보다 지금이 더 크다(Reyes, Wagstaff, & Fusarelli, 1999). 이러한 불평등한 경기장에서, 분배적 정책만이 교육 기회 균등을 위한 가능성을 제공하고 있다. 예를 들어, 정책 결정가들이 Voucher가 경기장을 동등하게 만든다고 생각한다면, (부유층 또는 중산층이 아닌) 가난하고 권리가 박탈된 사람들을 대상으로 한 Voucher 계획만을 공포해야 한다(즉, 『Choosing Equality』에 제시된 Viteritti의 주장).

다소 역설적이긴 하지만, 우리는 평등한 교육 정책을 만들기 위해서는 위기 상태에 있는 아들들에 대한 차별적인 고려 및 대우가 필요하다고 주장한다. 이러한 입장은 중요한 연구들 중의 하나인 Strike(1982)의 『Educational Policy and the Just Society』에도 반영되어 있으며, 이 책에서 그는 "자유민주적인 사회는 한 세대 내에서 능력을 반영한 보상을 허용해야 하며, 동시에 다음 세대의 능력을 반영하지 못하는 보상으로 인한 불평등은 예방해야 한다."고 주장한다(p. 175). 따라서 차이가 있는 사람들은 "다르게 대우받아야 한다."라고 Strike는 주장한다(p. 178).

기준, 책무성과 학교 선택 등과 상당수의 학교 개혁들은 효율성, 수월성과 선택뿐 아니라 평등까지 고려하고 있다. 수십 년 동안, 흑인 및 남미계 학생들은 자신들의 요구가 반영되지 않은 교육 체제 내에서 지나치게 단순화된 교육과정을 이수해왔다. Kohn(2000)과 같은 일부 진보적 엘리트 비판가들의 주장과는 반대로, 많은 증거들은 기준, 시험과 책무성과 같은 개혁들이 백인, 남미계 및 흑인 학생들 간의 성취도 격차를 좁히는 데 기여하고 있음을 나타내고 있다(Scheurich, Skrla, & Johnson, 2000). 사실, 지난 20여 년간 이루어진 "보수적인" 학교 개혁의 상당수는 소수계의 이익을 대변하는 집단(이들 중 상당수는 소수계 아동들을 위한 좋은 학교라는 수십 년 된 약속에 짜증난 상태에 있다)들로부터 강한 지지를 받아 왔다. 따라서 우리는 독자들과 교육 역사가들에게 "보수" 시대에는 평등은 관심사가 아니라는 결론을 내리지 말라고 당부한다. 이러한 관점은 학교 개혁 운동의 규모, 범위 및 다양성을 지나치게 단순화하고 있다.

비록 우리는 정책을 연구하는 연구자와 정책을 만드는 정책 결정가들이 이념적으로 절대 중립적일 수 없다는 후현대주의 관점의 경고는 인정하지만, 정책 분석의 질적인 측면의 차이를 구분할 수 없다는 주장에는 동의하지 않는다. 후현대주의 비판론자들이 주장하는 것과 같이, 만약 모든 정책 연구가 편향되어 있다 해도, 모든 정책 연구가 "동일하게" 편향되어 있는 것은 아니다. 정책 연구에 윤리를 반영함으로써, 일부 연구는 다른 연구보다 더 편향되었을 수 있다. 윤리적 차원에서 정책 연구를 하도록 노력함으로써, 우리는 정책 결정과 분석에 반영될 수밖에 없는 편견을 제한할 수 있다.

우리는 연구자와 정책 결정가들은 "이성과 열정 간의 인지된 모순은 잘못된 분류이며, 긴급한 사회 문제에 대한 합리적인 해결책은 공공의 이익과 어려움에 처한 사람들을 배려하는 분석틀 내에서 찾을 수 있다고 인식하는" "공공의 지식인"이 되어 "윤리와 공동체에 대한 우리의 책무를 구체화한 규범적 분석틀"을 표명해야 한다고 주장한

Emihovich(1999)의 의견에 동의한다(p. 34).

궁극적으로, 보다 윤리적인 교육 정책을 만들려는 노력은 사회경제적 계층, 민족 및 성별을 고려하면서 학교 내의 교육 기회 및 결과에 대한 현실적 평가에서부터 시작해야 한다. 학교에 "실패한 많은 소수계 학생 및 가난한 학생들이 있다는 것"은 비밀이 아니다(Hudson, 1999: 139). 가난한 학생과 유색인 학생들은 "전통적으로 공교육 체제 내에서 부당한 대접을 받아 왔고" 거의 모든 지표에 걸쳐 평균 이하의 점수에 머물러 있다(Peebles, 2000: 192). 소수계, 특히 남미계 학생들은 백인 또는 동양계 학생들에 비해 상급반 또는 영재 교육과정에 배치될 가능성이 유의미하게 낮다는 점을 고려할 때, 이러한 결과는 놀라운 것이 아니다(Howe, 1994). 윤리적 고려에 근거한 교육 정책은 소수계 학생들이 하위 능력 학급에 지나치게 많이 배치되는 현상을 줄이거나 제거하는 데 기여할 수 있을 것이다(Lucas, Henze, & Donato, 1990; Romo & Falbo, 1996).

오늘날 학교(그리고 학생들의 성취도)는 인종 및 계층에 따라 나눠진다. 비록 각종 연구 문헌들에는 학생 하위 집단들 간의 성취도 격차를 성공적으로 좁혔다는 학교들의 예가 많이 제시되어 있지만(Edmonds, 1979; Reyes, Scribner, & Scribner, 1999), 이러한 예는 여전히 일반적인 것이 아니라 예외적인 경우로 여겨진다. 만약 우리가 "학교는 소수집단 학생들에게 좋은 교육을 제공해야 하는 도덕적 의무를 가지고 있다."라는 전제를 수용한다면(Hudson, 1999: 139), 모든 학생들에게 양질의 교육을 제공하는 데 있어서 교육 지도자들의 무능력(또는 의지 부족) 및 이들이 공포한 정책은 미국 교육 역사에 있어 윤리적 정책 결정의 가장 큰 실패로 여겨질 것이다.

불행하게도, 평등 및 사회 정의에 대한 관심에 기초한 윤리적 고려는 교육 정책 공포 과정에서 자주 무시되었다. 인종 집단 간 성취도 격차 완화를 약속하거나 가난한 아동들에게 더 교육을 제공하는 정책들은 "너무 비용이 많이 들거나 비현실적"(보다 부유한 교외 지역에서는 쉽게 극복할 수 있는 문제들)이라는 이유에서 우선순위에서 밀려났다. 예를 들어, 3,000명이 넘는 학생들이 재학하는 대규모, 도시 학교(학생들의 상당수는 유색인종, 저소득층 및 위험 상태에 있음)는 대도시에서는 일반적으로 찾아볼 수 있다. 대규모 학교를 분교시키는 것(행정가, 교사, 학생 및 그 가족들이 서로를 잘 알고, 양질의 보육 환경을 조성할 수 있는 더 작은 학교를 만드는 것)이 교육, 특히 대도시 교육을 개선하는 핵심적인 요소라는 것은 오래전부터 알려져 왔다(Fusarelli, 2000).

지난 수십 년 동안, 다양한 전문 교육자 단체들은 이를 요구해 왔다(Gregory & Smith, 1987 참고). 일부 학자들은 잘 알려진 문제점들에도 불구하고, Charter School은 적어도 위기 상태에 있는 아동들에게 소규모 학교 상황에서 학습하는 기회를 제공할 수 있다는 점을 지적한다(Charter School은 전통적인 학교의 1/3 규모이다)(Fusarelli, 1999b). 불행하게도 정치가들은 보다 비용 효과적인(예를 들어, 더 저렴한) 대안을 더 추구하기 때문에 "건물 공사는 개혁 게임에서 우선 고려대상이 되지 못한다."(Fusarelli, 2000: 234).

정치적 의지 부족과 경쟁하는 이해관계에 의해 지배되는 매우 정치화된 환경 내에서 교육 정책 형성 제약 요인들은 일부분 Ennis가 제기한 "이상으로서 교육 기회의 균등에는 상당히 동의하지만, 그 적용에 대해서는 상당한 의견 차이가 있는 이유가 무엇일까?"라는 질문에 답을 제시해 준다(1978: 169). 교육은 각 주의 예산에서 가장 큰 지출 항목이지만, 빠듯한 재정 환경하에서 수많은 다른 정책들과 경쟁을 한다.

위기 상태에 있는 학생들에 대한 40여 년간의 연구에도 불구하고, 도시 교육의 상황은 실질적으로 개선되지 못했고 오히려 더 악화되고 있다(Emihovich, 1999). 평등 및 사회 정의에 대한 윤리적 관심을 교육 정책 연구에 포함시키기 위해, 연구자들은 학교가 아동들에게 자신의 능력을 개발하고 잠재력을 실현할 수 있는 충분한 기회를 제공하고 양육하는 장소가 되는 미래를 개념화하는 도덕적 상상력을 활용해야 한다. Emihovich(1999)가 주장한 바와 같이, 정책 결정가들은 사회적 상황을 개선하기 위한 안을 만들어 낼 때 지나치게 적은 상상력을 발휘하고 있다. 교육은 근본적으로 도덕적인 활동이기 때문에, 평등과 사회정의에 대한 윤리적 관심이 교육 정책 연구(그 모든 과정과 단계)에 반영되어야 한다. 그래야만 모든 아동들을 위한 교육 개선이라는 실질적인 발전이 이루어질 것이다.

토론 문제

1. 정책에 관한 여러 이론들은 우리가 교육 정책 연구를 이해하는 데 어떤 영향을 미치는가?
2. 이 장에 제시된 4차원적 정책 분석틀을 평가한다. 이 분석틀에서 어떤 부분을 수정하고 싶은가?
3. 이 장에 제시된 정책 결정 이론들을 비교 및 대조한다. 이 이론들은 서로서로, 그리고 4차원의 분석틀과 어떻게 관련되어 있는가?

중요한 연구들

이 장에서는 다양한 이론과 접근을 살펴보았다. 이에 맞춰 각 영역의 대표적인 연구물로 인정되는 몇몇 연구들을 강조한다. 첫째, David Easton(1965)의 『A Framework for Political Analysis』는 체제 이론의 고전적인 형태를 나타낸다. 지난 반 세기 동안 정치학에서 가장 많이 인용된 연구들 중의 하나로, Easton의 분석틀은 정책 분석의 입문서로 정책 관련 강좌에서 폭넓게 사용되고 있다. 『The Political Dynamics of American Education』에서 Frederick Wirt와 Michael Kirst(2001)는 정치적 격변이 지역, 주 및 연방 수준의 교육 정책 결정에 미친 영향에 특히 주목하면서, 체제 이론을 교육 제도 연구에 적용하였다.

Paul Sabatier와 Hank Jenkins-Smith(1993)가 편집한 『Policy Change and Learning: An Advocacy Coalition Approach』는 이익집단 이론의 최신 경향을 반영하고 있다. 이 책은 정책 변화를 이해하기 위해 옹호 연합 분석틀을 사용한 연구들에 적용된 핵심 요소와 방법론을 고찰하였다. 몇몇 장에서는 양적 및 질적 방법을 사용한 이론들을 분석하였다.

Richard Scott(1995)의 『Institutions and Organizations』는 초기뿐만 아니라 현재의 제도 이론에 이르기까지 아주 뛰어나게 개관하고 있다. Scott는 제도가 사회 체제, 조직 영역, 인구, 구조, 조직 성과에 미치는 영향에 특히 관심을 두었다. Guy Peters(1999)의 『Institutional Theory in Political Science』는 규범적, 역사적, 경험적, 사회적, 국제적 제도주의뿐만 아니라 합리적 선택이론과 이익 대표를 포함한 신제도주의 이론의 다양한 분파들의 차이를 자세하게 다루고 있다. 이 책은 제도 연구에 있어 다양한 접근들 간의 중요한 차이점에 관심을 가진 학자와 학생을 위한 완벽한 입문서이다. 제도 이론의 교육 분야 적용에 관심이 있는 학생들은 Robert Crowson, William Boyd와 Hanne Mawhinney(1996)가 편집한 『The Politics of Education and the New Institutionalism』을 읽어 봐야 한다. 이 책은 학교 개혁과 재구조화, 환경적 적응과 선발, 선택과 통제, 교육의 사회적 구조 및 재창조된 학교 교육 등과 같은 주제들을 다루고 있다.

교육계 내에서는 William Foster(1986)의 『Paradigms and Promises』가 교육 쟁점 연구에 대한 다양한 해석학적 접근법을 충실하게 다루고 있다. 2권으로 구성된 Catherine Marshall(1997)이 편집한 『Feminist Critical Policy Analysis』는 종합적이면서도 예리하게 비판 및 여권주의 이론을 교육 정책에 적용하고 있다. 비슷한 맥락에서, 정책 고고학에서 James Scheurich(1994)의 연구는 후현대주의를 교육 정책 분석에 적용한 흥미로운 예를 제시하고 있다.

참고문헌

Abrams, D. M. (1993). *Conflict, competition, or cooperation? Dilemmas of state education policymaking.* Albany: State University of New York Press.

Amy, D. J. (1987). Can policy analysis be ethical? In F. Fischer & J. Forester (Eds.), *Confronting values in policy analysis* (pp. 45-67). Newbury Park, CA: Sage.

Bailey, S. K., & Mosher, E. K. (1968). *ESEA: The Office of Education administers a law.* Syracuse, NY: Syracuse University Press.

Barber, B. R. (1984). *Strong democracy: Participatory politics for a new age.* Los Angeles: University of California Press.

Bellah, R. N., Madsen, R., Sullivan, W. M., Swidler, A., & Tipton, S. M. (1991). *The good society.* New York: Vintage Books.

Beyle, T. L. (Ed.). (1989). *State government: CQ's guide to current issues and activities, 1987-88.* Washington, DC: Congressional Quarterly Inc.

Birkland, T. A. (2001). *An introduction to the policy process.* Armonk, NY: M. E. Sharpe.

Bosso, C. J. (1994). The contextual bases of problem definition. In D. A. Rochefort & R. W. Cobb (Fds.), *The politics of problem definition: Shaping the policy agenda* (pp. 182-203). Lawrence: University Press of Kansas.

Bowles, S., & Gintis, H. (1976). *Schooling in capitalist America: Educational reform and the contradictions of economic life.* New York: Basic Books.

Browne, A., & Wildavsky, A. (1984). Implementation as mutual adaptation. In J. L. Pressman & A. Wildavsky (Fds.), *Implementation* (3rd ed., pp. 206-231). Berkeley: University of California Press.

Burlingame, M., & Geske, T. G. (1979). State politics and education: An examination of selected multiple-state case studies. *Educational Administration Quarterly, 15*(2), 50-75.

Cibulka, J. G. (1995). Policy analysis and the study of the politics of education. In J. D. Scribner & D. H. Layton (Eds.), *The study of educational politics* (pp. 105-125). Washington, DC: Falmer Press.

Cibulka, J. G. (1997). Two eras of schooling: The decline of the old order and the emergence of new organizational forms. *Education and Urban Society, 29*(3), 3 17-341.

Comstock, D. E. (1982). A method for critical research. In F. Bredo & W. Feinberg (Eds.), *Knowledge and values in social and educational research* (pp. 370-390). Philadelphia: Temple University Press.

Cooper, B. S., & Randall, E. V. (1999). *Accuracy or advocacy: The politics of research in education.* Thousand Oaks, CA: Corwin Press.

Crawford, J. R. (2001). Teacher autonomy and accountability in charter schools. *Education and Urban Society, 33*(2), 186-200.

Crawford, J. R., & Fusarelli, L. D. (2001). *Autonomy and innovation in charter schools: Less than meets the eye.* Paper presented at the Annual Meeting of the American Educational Research Association, April 12, 2002, Seattle, WA.

Crowson, R. L., & Boyd, W. L. (1996). The politics of education, the new institu-tionalism, and reinvented schooling: Some concluding observations. In R. L. Crowson, W. L. Boyd, & H. B. Mawhinney (Eds.), *The politics of education and the new institutionalism: Reinventing the American school* (pp. 203-214). London: Falmer Press.

Crowson, R. L., Boyd, W. L., & Mawhinney, H. B. (Eds.). (1996). *The politics of ed-ucation and the new institutionalism: Reinventing the American school.* London: Falmer Press.

Doyle, D. P. , Cooper, B. S., & Trachtman, R. (1991). *Taking charge: State action on school reform in the 1980s.* Indianapolis, IN: Hudson Institute.

Easton, D. (1965). *A framework for political analysis.* Chicago: University of Chicago Press.

Edmonds, R. (1979). Some schools work and more can. *Social Policy, 9*(2), 28-32.

Emihovich, C. (1999). Compromised positions: The ethics and politics of designing research in the postmodern age. In B. S. Cooper & F. V. Randall (Eds.), *Accuracy or advocacy: The politics of research in education* (pp. 31-41). Thousand Oaks, CA: Corwin Press.

Ennis, R. H. (1978). Equality of educational opportunity. In K. A. Strike & K. Egan (Eds.), *Ethics and educational policy* (pp. 168-190). London: Routledge 6' Kegan Paul.

Feir, R. E. (1995). *Political and social roots of education reform:A look at the states in the mid-1980s.* Paper presented at the Annual Meeting of the American Educational Research Association. San Francisco.

Ferguson, K. E. (1984). *The feminist case against bureaucracy.* Philadelphia: Temple University Press.

Fine, M. (1993). [Ap]parent involvement: Reflections on parents, power, and urban public schools. *Teachers College Record, 94*, 682-710.

Firestone, W. A. (1990). Continuity and incrementalism after all: State responses to the excellence movement. In J. Murphy (Ed.), *The educational reform movement of the 1980s: Perspectives and cases* (pp. 143-166). Berkeley, CA: McCutchan.

Forester, J. (1993). *Critical theory, public policy, and planning practice: Toward a critical pragmatism.* Albany: State University of New York Press.

Foster, W. (1986). *Paradigms and promises: New approaches to educational administration.* Buffalo, NY: Prometheus.

Freire, P. (1970). *Pedagogy of the oppressed.* M. B. Ramos (Trans.). New York: Seabury Press.

Fusarelli, L. D. (1 999a). Education is more than numbers: Communitarian leadership of schools for the new millennium. In L. T. Fenwick (Ed.), *School leadership: Expanding horizons of the mind and spirit* (pp. 97-107). Lancaster, PA: Technomic.

Fusarelli, L. D. (1 999b). Reinventing urban education in Texas: Charter schools, smaller schools, and the new institutionalism. *Education and Urban Society, 31*(2), 2 14-224.

Fusarelli, L. D. (2000). Leadership in Latino schools: Challenges for the new millennium. In P. M. Jenlink (Ed.), *Marching into a new millennium: Challenges to educational leadership* (pp. 228-238). Lanham, MD: Scarecrow Press.

Fusarelli, L. D., Cooper, B. S., & Carella, V. (in press). Who will serve? An analysis of superintendent mobility, satisfaction, and perceptions of crisis. *Journal of School Leadership.*

Gilligan, C. (1982). *In a different voice: Psychological theory and women's development.* Cambridge, MA: Harvard University Press.

Gregory, T. B., & Smith, G. R. (1987). *High schools as communities: The small school reconsidered.*

Bloomington, IN: Phi Delta Kappa Educational Foundation.

Gutmann, A. (1980). *Liberal equality.* Cambridge, MA: Cambridge University Press.

Gutmann, A. (1987). *Democratic education.* Princeton, NJ: Princeton University Press.

Habermas, J. (1971). *Knowledge and human interests.* Boston: Beacon Press.

Habermas, J. (1975). *Legitimation crisis.* Boston: Beacon Press.

Habermas, J. (1983). *The theory of communicative action*, Vol. 1. Boston: Beacon Press.

Habermas, J. (1988). *The theory of communicative action*, Vol. 2. Boston: Beacon Press.

Hall, P. A. (1993). Policy paradigms, social learning, and the state: The case of economic policymaking in Britain. *Comparative Politics, 25*(3), 275-296.

Haller, E. J., & Strike, K. A. (1986). *An introduction to educational administration: Social, legal, and ethical perspectives.* New York: Longman.

Heclo, H. (1974). *Modern social politics in Britain and Sweden: From relief to income maintenance.* New Haven, CT: Yale University Press.

Held, D. (1980). *An introduction to critical theory.* London: Hutchinson.

Hogwood, B. W., & Gunn, L. A. (1984). *Policy analysis for the real world.* Oxford, UK: Oxford University Press.

Howe, C. K. (1994). Improving the achievement of Hispanic students. *Educational Leadership, 51*(8), 42-44.

Hudson, J. (1999). Leadership for culturally responsive schools. In L. T. Fenwick (Ed.), *School leadership: Expanding horizons of the mind and spirit* (pp. 139-144). Lancaster, PA: Technomic.

Ikenberry, G. J. (1988). Conclusion: An institutional approach to American foreign economic policy. In C. J. Ikenberry, D. A. Lake, & M. Mastanduno (Fds.), *The state and American foreign economic policy* (pp. 219-243). Ithaca, NY: Cornell University Press.

James, T. (1991). State authority and the politics of educational change. *Review of Research in Education, 17*: 169-224.

Jenkins-Smith, H. C., & Sabatier, P. A. (1993). The study of public policy processes. In P. A. Sabatier & H. C. Jenkins-Smith (Fds.), *Policy change and learning: An advocacy coalition approach* (pp. 1-9). Boulder, CO: Westview Press.

Jenkins-Smith, H. C., & Sabatier, P. A. (1994). Evaluating the advocacy coalition framework. *Journal of Public Policy, 14*(2), 175-203.

Johnson, B. L., Jr. (1999). The politics of research-information use in the education policy arena. In B. S. Cooper & F. V. Randall (Eds.), *Accuracy or advocacy: The politics of research in education* (pp. 17-30). Thousand Oaks, CA: Corwin Press.

Kallio, B. R. (1999). Ethics education in school administrator preparation programs. In L. T. Fenwick (Ed.), *School leadership: Expanding horizons of the mind and spirit* (pp. 222-230). Lancaster, PA: Technomic.

Katz, M. B. (1971). *Class, bureaucracy, and schools: The illusion of educational change in America.* New York: Praeger.

Katzenstein, P. J. (1978a). Introduction: Domestic and international forces and strategies of foreign economic policy. In P. J. Katzenstein (Ed.), *Between power and plenty: Foreign economic policies of advanced industrial states* (pp. 3-22). Madison: University of Wisconsin Press.

Katzenstein, P. J. (1 978b). Conclusion: Domestic structures and strategies of foreign economic policy. In P. J. Katzenstein (Ed.), *Between power and plenty: Foreign economic policies of advanced industrial states* (pp. 295-336). Madison: University of Wisconsin Press.

Kerr, D. H. (1976). *Educational policy: Analysis, structure, and justification.* New York: David McKay Co., Inc.

Kingdon, J. W. (1984). *Agendas, alternatives, and public policies.* Boston: Little, Brown, and Co.

Kirst, M. W., & Somers, S. A. (1981). California educational interest groups: Collective action as a logical response to proposition 13. *Education and Urban Society, 13*(2), 235-256.

Kohn, A. (2000). *The case against standardized testing.* Greenwich, CT: Heinemann. Krasner, S. D. (1984). Approaches to the state: Alternative conceptions and historical dynamics. *Comparative Politics, 16*(2), 223-246.

Larson, J. P. (1980). *Why government programs fail.* New York: Praeger.

Lucas, T., Henze, R., & Donato, R. (1990). Promoting the success of Latino language-minority students: An exploratory study of six high schools. *Harvard Educational Review, 60*(3), 315-340.

Majchrzak, A. (1984). *Methods for policy research.* Newbury Park, CA: Sage.

March, J. G., & Olsen, J. P. (1984). The new institutionalism: Organizational factors of political life. *American Political Science Review 78*, 734-749.

March, J. G., & Olsen, J. P. (1989). *Rediscovering institutions: The organizational basis of politics.* New York: The Free Press.

Marshall, C. (1993). The new politics of race and gender. In C. Marshall (Ed.), *The new politics of race and gender* (pp. 1-8). London: Falmer Press.

Marshall, C. (1997). *Feminist critical policy analysis* (Vols. 1-2). London: Falmer Press.

Marshall, C., & Anderson, G. L. (1995). Rethinking the public and private spheres: Feminist and cultural studies perspectives on the politics of education. In J. D. Scribner & D. H. Layton (Eds.), *The study of educational politics* (pp. 169-182). Washington. DC: Falmer Press.

Mawhinney, H. B. (1993). *An interpretive framework for understanding the politics of policy change.* Unpublished doctoral dissertation, University of Ottawa, Ottawa, Ontario, Canada.

Mawhinney, H. B. (1994). *An interpretive framework for understanding the politics of policy change.* Paper presented at the Annual Meeting of the Canadian Association for Studies in Educational Administration. Calgary, Alberta, Canada.

Mazzoni, T. L. (1993). The changing politics of state education policymaking: A 20-year Minnesota perspective. *Educational Evaluation and Policy Analysis, 15*(4), 357-379.

Meier, D. (1995). *The power of their ideas.* Boston: Beacon Press.

Murphy, J. (1990). The educational reform movement of the 1980s: A comprehensive analysis. In J. Murphy (Ed.), *The educational reform movement of the 1980s: Perspectives and cases* (pp. 3-5 5). Berkeley, CA: McCutchan.

Nakamura, R. T., & Smallwood, F. (1980). *The politics of policy implementation.* New York: St. Martin's Press.

National Association of Secondary School Principals. (1996). *Breaking ranks: Changing an American institution.* Reston, VA: Author.

National Commission on Excellence in Education. (1983). *A nation at risk: The imperative for educational reform.* (Stock No. 065-000-00177-2). Washington, DC: U.S. Government Printing Office.

Neustadt, R. E., & May, E. R. (1986). *Thinking in time: The uses of history for decisionmakers.* New York: The Free Press.

Noddings, N. (1984). *Caring, a feminine approach to ethics and moral education.* Berkeley: University of California Press.

Opfer, V. D. (2001). Charter schools and the panoptic effect of accountability. *Education and Urban Society, 33*(2), 201-215.

Pal, L. A. (1992). *Public policy analysis:An introduction* (2nd ed.). Scarborough, ON: Nelson Canada.

Peebles, L. D. (2000). Millennial challenges for educational leadership: Revisiting issues of diversity. In P. M. Jenlink (Ed.), *Marching into a new millennium: Challenges to educational leadership* (pp. 190-211). Lanham, MD: Scarecrow Press.

Peters, B. G. (1986). *American public policy: Promise and performance* (2nd ed.), London: MacMillan.

Peters, B. G. (1999). *institutional theory in political science.* London: Pinter.

Peterson, M. A. (1993). Political influence in the 1990s: From iron triangles to policy networks. *Journal of Health Politics, Policy and Law 18*(2), 395-438.

Peterson, P. E. (1985). *The politics of school reform*, 1870-1940. Chicago: University of Chicago Press.

Pillow, W. S. (1997). Decentering silences/troubling irony: Teen pregnancy's challenge to policy analysis. In C. Marshall (Ed.), *Feminist critical policy analysis. A perspective from primary and secondary schooling* (pp. 134-152). London: Falmer Press.

Plank, D. N. (1988). Educational reform and organizational change: Atlanta in the Progressive era. *Journal of Urban History, 15*(1), 22-41.

Popkewitz, T. S. (1999). Introduction: Critical traditions, modernisms, and the posts." In T. S. Popkewitz & L. Fendler (Eds.), *Changing terrains of knowledge and politics* (pp. 1-13). New York: Routledge.

Pratte, R. (1978). Cultural diversity and education. In K. A. Strike & K. Egan (Eds.), *Ethics and educational policy* (pp. 147-167). London: Routledge & Kegan Paul.

Randall, E. V., Cooper, B. S., & Hite, S. J. (1999). Understanding the politics of research in education. In B. S. Cooper & B. V. Randall (Eds.), *Accuracy or advocacy: The politics of research in education* (pp. 1-16). Thousand Oaks, CA: Corwin Press.

Redman, E. (1973). *The dance of legislation.* New York: Simon & Schuster.

Reeves, M. M. (1990). The states as polities: Reformed, reinvigorated, resourceful. *Annals of the American Academy of Political and Social Science, 509*, 83-93.

Reyes, P. , & Capper, C. A. (1991). Urban principals: A critical perspective on the context of minority student dropouts. *Educational Administration Quarterly, 27*(4), 530-557.

Reyes, P. , Scribner, J. D., & Scribner, A. P. (Eds.). (1999). *Lessons from highperforming Hispanic schools.* New York: Teachers College Press.

Reyes, P. , Wagstaff, L. H., & Fusarelli, L. D. (1999). Delta forces: The changing fabric of A.rnerican society and education. In J. Murphy & K. Seashore Louis(Eds.), *Handbook of research on educational administration* (2nd ed., pp. 183- 201). San Francisco: Jossey-Bass.

Roberts, N. C., & King, P. J. (1996). *Transforming public policy: Dynamics of policy entrepreneurship and innovation.* San Francisco: Jossey-Bass.

Robertson, D. B. (1993). The return to history and the new institutionalism in American political science. *Social Science History, 17*(1), 1-36.

Robertson, D., & Judd, D. (1989). *The development of American public policy.* Glen-view, IL: Scott-Foresman.

Rochefort, D. A., & Cobb, R. W. (Eds.). (1994). *The politics of problem definition.* Lawrence: University Press of Kansas.

Romo, H. D., & Falbo, T. (1996). *Latino high school graduation: Defying the odds.* Austin: University of Texas Press.

Rosenau, P. V. (1993). Anticipating a post-modern policy current? *Policy Currents, 3,* 1-4.

Rosenthal, A. (1977). The emerging legislative role in education. *Compact, 11*(4), 2-4.

Rosenthal, A. (1989). The new legislature: Better or worse and for whom? In T. L. Beyle (Ed.), *State government: CQ's guide to current issues and activities, 1987-88* (pp. 69-70). Washington, DC: Congressional Quarterly Inc.

Rowan, B., & Miskel, C. G. (1999). Institutional theory and the study of educational organizations. In J. Murphy & K. Seashore Louis (Eds.), *Handbook of research on educational administration* (2nd ed., pp. 359-383). San Francisco: Jossey-Bass.

Sabatier, P. A. (1991a). Political science and public policy. *PS: Political Science & Politics, 24*(2), 144-147.

Sabatier, P. A. (1991b). Toward better theories of the policy process. *PS: Political Science & Politics, 24*(2), 147-156.

Sabatier, P. A., & Jenkins-Smith, H. C. (Eds.). (1993). *Policy change and learning: An advocacy coalition approach.* Boulder, CO: Westview Press.

Schattschneider, E. E. (1960). T*he semi-sovereign people: A realistic view of democracy in America.* Hinsdale, IL: Dryden Press.

Scheurich, J. J. (1994). Policy archaeology: A new policy studies methodology. *Journal of Education Policy, 9*(4), 297-316.

Scheurich, J. J., & Imber, M. (1991). Educational reforms can reproduce societal inequities: A case study. *Educational Administration Quarterly, 27*(3), 297-320.

Scheurich, J. J., Skrla, L., & Johnson, J. F. (2000). Thinking carefully about equity and accountability. *Phi Delta Kappan, 82*(4), 293-299.

Scott, W. R. (1995). *Institutions and organizations.* Thousand Oaks, CA: Sage.

Scribner, J. D., Reyes, P. , & Fusarelli, L. D. (1995). Educational politics and policy: And the game goes on. In J. D. Scribner & D. H. Layton (Fds.), *The study of educational politics* (pp. 201-212). London: Falmer Press.

Senge, P. (1990). The fifth discipline: *The art and practice of the learning organization.* New York: Doubleday.

Sergiovanni, T. J. (1995). Small schools, great expectations. *Educational Leadership, 53*(3), 48-53.

Sergiovanni, T. J. (1996). *Leaders hip for the schoolhouse.* San Francisco: Jossey-Bass.

Skocpol, T. (1992). *Protecting soldiers and mothers: The political origins of social policy in the United States.* Cambridge, MA: Harvard University Press.

Stewart, J., Jr. (1991). Policy models and equal educational opportunity. *PS: Political Science & Politics, 24*(2), 167-173.

Stone, D. A. (1988). *Policy paradox and political reason.* New York: HarperCollins.

Stout, R. T., Tallerico, M., & Scribner, K. P. (1995). Values: The 'what?' of the politics of education. In J. D. Scribner & D. H. Layton (Eds.), *The study of educational politics* (pp. 5-20). Washington, DC: Falmer Press.

Strike, K. A. (1982). *Educational policy and the just society.* Urbana: University of Illi-nois Press.

Strike, K. A. (1989). *Liberal justice and the Marxist critique of education.* New York: Routledge.

Strike, K. A. (1993). Professionalism, democracy, and discursive communities: Normative reflections on restructuring. *American Educational Research Journal, 30*(2), 255-275.

Swift, E. K., & Brady, D. W. (1991). Out of the past: Theoretical and methodological contributions of congressional history. *PS: Political Science & Politics, 24*(1), 61-64.

Thelen, K., & Steinmo, S. (1992). Historical institutionalism in comparative politics. In S. Steinmo, K. Thelen, & F. Longstreth (Eds.), *Structuring politics: Historical institutionalism in comparative analysis* (pp. 1-32). Cambridge, MA: Cambridge University Press.

Torres, C. A. (1999). Critical theory and political sociology of education: Arguments. In T. S. Popkewitz & L. Fendler (Eds.), *Changing terrains of knowledge and politics* (pp. 87-115). New York: Routledge.

Truman, D. B. (1951). *The governmental process: Political interests and public opinion.* New York: Knopf.

Viteritti, J. P. (1999). *Choosing equality: School choice, the constitution, and civil society.* Washington, DC: Brookings Institution Press.

Warwick, D. P. , & Pettigrew, T. F. (1983). Toward ethical guidelines for social science research in public policy. In D. Callahan & B. Jennings (Eds.), *Ethics, the social sciences, and policy analysis* (pp. 335-368). New York: Plenum Press.

Weaver, S. W., & Geske, T. G. (1996). *Educational policy-making in the state legislature: Legislator as policy expert.* Paper presented at the Annual Meeting of the American Educational Research Association. New York.

Weir, M. (1992). Ideas and the politics of bounded innovation. In S. Steinmo, K. Thelen, & F. Longstreth (Eds.), *Structuring politics: Historical institutionalism in comparative analysis* (pp. 188-216). Cambridge, MA: Cambridge University Press.

Weiss, G. H. (1991). Policy research in the context of diffuse decision-making. *Journal of Higher Education, 53*, 619-640.

Wirt, F. M., & Kirst, M. W. (2001). *The political dynamics of American education* (2nd ed.). Berkeley, CA: McCutchan.

Wise, C. R. (1991). *The dynamics of legislation: Leadership and policy change in the congressional process.* San Francisco: Jossey-Bass.

Wood, G. H. (1992). *Schools that work: America's most innovative public education programs.* New York: Dutton.

Young, M. D. (1999). Multifocal educational policy research: Toward a method for enhancing traditional educational policy studies. *American Educational Research Journal, 36*(4), 677-7 14.

제3장

정책의 시작

문제 정의, 의제 설정과 정책 공식화

유명한 공공 정책 관련 저서에서, Thomas Dye(2001)는 정책 쟁점은 그냥 단순히 "나타나는" 것이 아니라고 주장한다. 교육에 영향을 미치는 정책들은 Kingdon(1995: 116)이 "정책의 원시 스프(primeval soup)[1)]"라고 언급한 하나의(또는 여러 가지의) 시작점(origin)을 가지고 있다. 이 장은 문제 정의, 의제 설정 및 정책 공식화(formulation) 등 정책 형성의 세 가지, 상호 관련된 측면들에 초점을 둔다. 결국 정책은 질문에 대한 일련의 대답, 문제에 대한 일련의 해결책인가? 정책이 어떻게 공식화되는가 하는 것은 대부분 정책 영역 내에서 문제가 어떻게 정의되는가 및 정책 결정 환경의 맥락 내에서 의제가 어떻게 설정되는가 하는 것에 달려있다. 대부분의 경우, 문제 정의는 정책 과정에서 가장 중요한 부분이다. 문제 정의는 정책 의제 내에서 문제가 차지하는 비중에 영향을 미치고, 어떤 대안이 고려되고 채택되는가를 예언하며, 정책의 집행과 평가 방법을 결정하기 때문이다(Dye, 1992). 다음의 사례는 정책 과정에서 문제 정의의 중요성을 설명하고 있다.

1) 역주: 여러 화학물질이 가득한 원시바다로 최초 생명체의 기원지

정책사례

인종 분리 폐지의 정의와 관련된 문제점

겉으로 보기에 학교에서의 인종 분리는 정책을 통해 손쉽게 다룰 수 있는 상대적으로 단순한 문제인 것처럼 보인다. 인종 분리와 인종 분리 폐지는 이해하기 어려운 개념도 아니다. 그러나 인종 분리는 미국 교육계에서 끊임없이 지속되는 쟁점으로 남아 있다. 일련의 연구자들은 1954년의 Brown 판결 이전과 마찬가지로 오늘날 공립학교는 인종 분리 상태에 있다고 주장한다(Orfield, Eaton & Jones, 1997). 그러나 이는 문제로 여겨지고 있는가? 이 질문에 대한 답은 지배적인 정책 엘리트 집단은 인종 분리를 문제라고 생각하는가, 만약 그렇다면 정치계 내에서 이는 어떻게 정의되고 있는가 등 몇 가지 요인들에 의해 좌우된다. 만약 인종 분리가 주로 개인적인, 거주지 선택으로 인한 것이라면, 인종 분리가 문제가 될까? "다수의 이익"이라는 명목으로 국가가 개인의 선택을 제한할 수 있는가? 그러나 만약 인종 분리가 인종주의나 차별 때문이고, 인종 분리가 불평등을 영속화한다면, 이는 어떤 행동을 요구하는 정책 문제가 된다.

완전한 의미에서 인종 분리가 없는 학교 또는 학교 체제는 어떤 모습일까? 각 학교는 지역사회의 인종 구성 비율을 그대로 반영해야 하는가 또는 지역사회를 도시 통계 지역(Metropolitan statistical area: MSA)[2]으로 정의해야 하는가? 각 학교의 인종 통합 목표율은? 이를 어떻게 달성할 것인가? 이를 위해 어떤 정책 기제가 요구되는가? 그리고 만약 인종 분리가 부분적으로 개인적 선택을 반영하고 있다면, 평등과 선택이라는 경쟁하는 가치 간의 균형을 어떻게 유지할 것인가? 더욱이 학생들의 인종 구성이 공평하게 이루어져 있다 하더라도 인종 분리가 나타날 수 있다는 주장도 제기된다. 교육과정 계열에 관한 연구에서 Oakes(1986)는 통합되어 있는 것처럼 보이는 상당수의 학교들도 교육과정 계열에 따라 살펴보면 믿기지 않을 정도로 분리되어 있다는 것을 발견하였다. 상당수의 백인 학생들과 아시아계 학생들은 AP반과 우등생반 등 상급 계열을 이수하고 있는 것에 반해, 대부분의 남미계 및 흑인 학생들은 직업 교육 또는 일반 교육과정 계열을 이수하고 있다. 따라서 인종 분리 폐지를 어떻게 정의할 것인가 하는 것은 정책 목표를 달성하기 위해 어떤 정책 기제를 사용할 것인가를 결정하는 데 핵심이 된다.

2) 역주: 미국에서 상권을 파악하는 방법의 하나로, 인구 5만 명 이상의 중심이 되는 도시와 그 주위를 둘러싼 작은 마을을 함께 합쳐 하나의 지역단위로 계산하는 방법

문제 정의

정치와 정책 개발의 연결선상에는 문제가 어디서부터 나오고, 이 질문에 대한 답에 근거하여, 어떤 해결책을 시도해야 하는가에 관한 갈등이 지속적으로 존재하고 있다(Rocherfort & Cobb, 1994: 3). Dye(2001)는 의제 설정과 문제 정의는 전체 정책 결정 과정에서 가장 중요한 단계라고 주장한다. 예를 들어, 법학의 경우, 학자들은(특히 법률 활용 분석가들은) 문제에 대해 이야기를 할 때 법률을 사용하는 방식이 해결책을 결정한다고 주장한다(Grossberg, 1993: 112). 문제 정의는 어떤 쟁점이 문제의 수준으로 승격되었는지(따라서 행동을 취하도록 요구된다)뿐 아니라 Dye가 무의사 결정(non-decisionmaking)이라고 명명한 사회의 특정 상황이 정책 쟁점이 되지 못하게 하는 것도 포함한다(1992: 336).

정책 과정의 핵심적인 단계인 문제 정의는 우리가 공공 쟁점으로 선택한 것 및 이에 대해 우리가 생각하고 이야기하는 것과 관련되어 있다(Rochefort & Cobb, 1994: vii). 사회 문제에 대한 기술은 정부 단계로 올라가거나 올라가지 못하는 데 영향을 미칠 수 있다(Rochefort & Cobb, 1994: vii). 문제 정의와 재정의는 반대편이 유리한 입장에 서도록 하는 도구로 사용될 수 있다. Fowler(2000)가 주장한 것과 같이, 만약 정책 쟁점이 적절하게 정의되지 않으면, 중요하지 않은 것으로 인식될 것이고, 정책 의제에 도달하고 정책이 되기 위해 필요한 관심을 충분히 이끌어 내는 것이 어려울 것이다(p. 167).

어떻게 문제를 정의하고 의제를 설정할 것인가를 결정하는 데 영향을 미치는 정책 행위자들은 정책 결정 과정에 상당한 영향력을 행사한다. 쟁점의 정의 또는 재정의는 (1) 쟁점 정의와 관련해 이루어지는 정치 활동의 유형, (2) 특정 정치 기관의 의제에 도달할 기회, 그리고 (3) 정책 결과가 쟁점을 옹호하는 사람들에게 유리하게 나타날 가능성 등에 영향을 미친다(Petracca, 1992: 1). 40여 년 전 "대안을 정의하는 것은 권력의 최고 도구이다."라고 언급한 Schattschneider(1960)의 주장은 여전히 사실로 받아들여지고 있다(p. 68).

상황과 문제

왜 어떤 쟁점들은 빠르게 정책 의제가 되고, 어떤 것들은 몇 달 또는 여러 해 동안 언급되지 않고 머물러 있는가를 이해하기 위해서는 상황과 문제를 구분하는 것이 중요하다. 문제는 정책을 통해 전달할 수 있는 상황이다. 다르게 표현하면, 문제는 해결책을 가지고 있는 상황이다. 이러한 개념화는 상황과 문제에 대한 Kingdon(1995)의 개념 정의와는 차이가 있다. Kingdon은 이들 간의 차이는 의도성(intentionality)에 있다고 주장한다. 즉, “그 상황에 대해 우리가 뭔가를 해야 한다는 생각을 가지게 될 때 상황은 문제가 된다.”(p. 109). 그러나 정책 입안자들이 가난과 같은 문제를 다루길 원한다 하더라도 제안된 해결책 또는 행동 계획이 없다면, 문제로 다루어지지 않고 상황으로 남아있게 될 것이다.

때로는 해결책들이 문제 정의에 영향을 미친다. Wildavsky(1979)는 일련의 행동 계획이 해당 문제에 첨부되지 않는다면, 공무원들은 문제를 심각하게 생각하지 않을 것이라고 주장한다. 그는 “문제는 그에 관해 뭔가를 할 수 있을 때 존재한다.”고 주장한다(p. 42). 상황과 문제 간의 차이를 보여주는 적절한 예는 “만약 한 손에 손가락이 4개만 있다면, 이는 문제가 아니라 상황이다.”라고 말하는 로비스트를 인용한 Kingdon의 예이다(p. 109). 좋은 의도만으로는 이러한 상황을 문제로 바꿀 수 없다. 능력 또는 해결책이 곁들여진 의도만이 상황을 문제로 전환시킨다. 따라서 우리는 상황과 문제 간의 차이를 다음과 같이 개념화할 수 있다: “상황은 정책 입안자들이 그 상황을 다룰 기술적 능력과 정치적 의도를 가지고 있을 때 문제로 정의된다.”

의제 설정

정책은 공평한 합리성의 산물로 정책이 만들어지는 과정으로 보기보다는 문제 정의와 의제 설정에 관한 정치적 투쟁으로 볼 필요가 있다. “정책 선택을 하기 전, 사회 내의 문제는 정책 결정 체제의 의제들 중의 한 부분으로 받아들여져야 한다. 즉, 공개적인 행동 및 정책 입안자들의 관심 대상이 되는 문제의 한 부분이 되어야 한다.”(Peters, 1986: 39). “문화적 가치, 이익집단의 옹호, 과학적 정보 및 전문적 조언 등은 문제의 정의 내용을 형성하는 데 도움을 준다.”(Rochefort & CObb, 1994: 4). 후현대주의가 정책학에 가장 크게 기여한 것들 중의 하나는 정책이 객관적 또는 이념적으로 중립적이거나 그럴 수 있다는 주장을 부정하는 것이다(Rosenau, 1993: 3). 수십 년 동안 이루어진 정책 연구는 문제 정의 및 의제 설정이 순수한 기술적 활동이 아니라 궁극적인 정책 선택에 대해 실질적인 통제력을 행사하는 정치적 활동이라는 것을 증명하고 있다(Peters, 1986: 42; Cooper & Randall, 1999 참조; Dery, 1984; Hogwood & Gunn, 1984; Wildavsky, 1979).

문제의 심각성, 집중 정도, 범위 및 가시성 등과 같은 여러 가지 요인들이 의제 설정 과정에 영향을 미친다(Peters, 1986: 46). 더 많은 사람들이 문제에 영향을 받을수록, 특히 그 영향이 한 곳에 집중되고 심각하거나 극단적인 경우, 의회의 의제들 중 우선 사항이 될 가능성이 더 커질 것이다. 학교 총기 사건과 같은 매우 가시적인 사건들은 비록 그러한 사건의 발생빈도가 매우 적다는 사실에도 불구하고 즉각적인 정책 반응을 만들어 낸다. Peters(1986)는 누출 효과(spillover effect)[3]와 유사 의제 설정 등 두 가지 의제 설정 유형을 제시하고 있다. 누출 효과는 다른 정책 및 프로그램의 필요성을 만들어 내는 등 정책이 의도하지 않은 결과를 가져올 때 나타난다. 예를 들어, 주 간(州間) 고속도로망 개발 및 이와 연관된 연방 정부의 교통 정책은 미국의 교외화를 가져온 주요한 요인들이었다. 그러나 또한 이러한 정책들은 도시, 특히 소수계 거주 지역에 장벽을 둘러서 독자 생존이 가능했던 많은 저소득층 지역사회를 파괴하고 도심으로부터 백인 계층의 이주를 촉진했고, 이에 따라 학교내 인종 분리를 증대시켰다(Reyes, Wagstaff & Fusarelli, 1999; Wilson, 1997). 이러한 누출 효과는 일부분 전국 교통 정책에 의해 만들어진 인종 분리, 가난 및 경제적 고립 등의 부정적 효과를 완화하기 위한 목적의 초중등교육법과 같은 또 다른 교육 정책의 개발을 이끌어 내었다.

유사 의제 설정은 새로운 쟁점이 이전의 정책 관계의 맥락 내에서 형성될 때 나타난다. "새로운 쟁점이 이전의 쟁점과 비슷하게 보일수록, 의제의 위치에 놓일 가능성은 더 커진다."(Peters, 1986: 47). 예를 들어, Voucher가 아닌 Charter School을 통한 도시 교육 개선은 더 많은 학교 선택을 가능하게 하지만, 공립학교들로만 선택을 제한하고 있다. 만약 Charter School이 공립학교가 아니고, 다른 공립학교 선택 대안이 존재하지 않는다면, Charter School은 급진적 정책 제안인 것처럼 보일 것이며, 상당한 반대에 직면하게 될 것이다. 그러나 상당수의 주에서 실시하고 있는 학교구 내 및 학교구 간 학교 선택 정책, Magnet School과 대안 학교(New York 시의 대안 고등학교 체제 등과 같은) 등은 Charter School 안이 급진적인 것이 아니라 공립학교 선택을 확대한 것처럼 보이게 만든다. 사실, Charter School을 겨냥한 비판들 중의 하나는 Charter School이 공립학교 체제에 묶여 있고, 그 외부에서 운영할 수가 없기 때문에, 선택과 경쟁이 가져올 것이라 예상했던 이익은 달성할 수 없다는 것이다. 따라서 Charter School 개혁은 그 주창자들이 제시하는 급진적 개혁이 아니라 보수적인 정책 반응으로 해석될 수 있다.

대중 매체의 역할

1950년대 TV, 그리고 오늘날 케이블 TV, CNN과 인터넷의 출현과 함께, 대중 매체는

---

3) 역주: 일반적으로 하나의 사상이 주변에 의도하지 않은 영향을 미치는 현상. 경제학에서는 한 경제 주체의 생산·소비 또는 분배 행위가 시장교환 과정에 참여하지 않고 있는 다른 소비자 또는 생산자에게 유리 또는 불리한 영향을 미치는 것을 의미하는 외부 효과를 누출 효과라고도 부른다.

어디에서나 찾아볼 수 있고, 의제 설정 과정에도 중요한 역할을 한다. 상당수의 미국인들은 자신이 사는 주의 상원의원보다는 저녁 뉴스의 사회자의 이름을 더 많이 알고 있다. 이러한 영향력을 인지하여, 다양한 전공(언론학, 역사, 정치학, 사회학과 교육학 등)을 가진 일련의 학자들은 정책 의제 형성에서 대중 매체의 영향을 연구해 오고 있다. Garber(1984)는 정치적 신념, 태도 및 활동에 대한 대중 매체의 영향을 분석하였다. 그녀는 정치적 엘리트들이 쟁점에 대해 의견이 일치하지 않을 때 대중 매체는 이러한 불일치를 자세하게 진술하는 권한을 가지고 있고, 이를 통해 쟁점은 공개적인 논란의 대상으로 전환된다고 결론을 내렸다. 이러한 과정에 대한 책 한 권 분량의 예는 IQ 논쟁에서 대중 매체의 역할을 분석한 Snyderman과 Rothman(1988)의 연구에서 찾아볼 수 있다. (1) IQ 논쟁에 대한 대중 매체의 보도는 부정확하였다, (2) 기술적 사항에 대한 잘못된 보도, (3) 기자들은 계속해서 학자들의 관점과 연구 결과를 잘못 전하였다는 것이 이들의 주된 연구 결과였고, 이를 통해 실제보다 더 큰 논쟁 및 의견 차이가 존재한다는 느낌을 주었다는 것이다.

대중 매체는 정책 의제를 만들어 내고 설정하는 권한은 없을지라도, 이들은 의제 항목들이 정치적 의제로 얼마나 빨리 대두되는가 하는 측면에서는 중요한 역할을 한다. 그러나 Spitzer(1993)와 같은 학자들은 더 나아가 "60분(60 Minutes)" 및 이와 유사한 TV 뉴스 프로그램은 정부의 정책 결정에 영향력을 행사하려고 한다고 주장한다. Schattschneider의 연구를 통해, Spitzer는 "정치의 범위는 정치계의 어떤 단일 요인보다 더 현대의 대중 의사소통 조직에 의해 규제되기 때문에 대중 매체는 정치의 범위를 통제한다."고 주장한다. Snyderman과 Rothman(1988)은 대중 매체를 "새로운 전략적 엘리트"라고 특징 짓고 있다(p. 255). 대중 매체가 정확하게 정책에 어떻게 영향을 미치는지에 대한 학자들 간의 의견차는 존재하지만, 이러한 영향력이 정책 과정의 모든 단계로 확대되고 있다는 것에는 의견 차이가 거의 존재하지 않는다. 이러한 현상에 대해, Paletz(1998)는 "정책의 과정과 내용에 대한 대중 매체의 영향은 쟁점의 유형, 과정의 단계, 시간, 그리고 정치 및 대중 매체의 체제에 따라 다양하게 나타난다. 어떤 상황에서는 대중 매체가 핵심적인 행위자가 될 수도 있다. 무엇을 다루고, 얼마나 자주, 그리고 어떻게 표현되는가에 달려있다."고 주장한다(p. 234).

쟁점을 표현하는 대중 매체의 능력과 관련되어 있는 초점 사건(focusing event)과 촉발 사건(triggering event)은 각종 문제점들이 정책 결정가의 최우선 의제가 될 수 있게 만든다(Baumgartner & Jones, 1993). 초점 사건은 그 중요성 또는 그 사건이 가져오는 피해로 인해 대중 매체와 일반 대중의 주의를 불러일으키는 갑작스러운, 상대적으로 드문 사건들이다(Birkland, 2001: 116). 초점 사건의 가장 대표적인 예는 1999년,

Columbine 고등학교[4]에서 일어난 총기 난사 사건이다. 초점 사건은 휴면 상태에 있는 문제를 가장 우선적인 정책 의제로 승격시키지만, 문제를 실제보다 더 크게 보이게 함으로써 정책 결정가들을 오도할 수 있다. 예를 들어, 학교 총기 난사 사건의 경우, F.B.I.의 자료에 따르면, 대부분의 학교들은 아주 안전하다. 즉, 청소년들에 의한 폭력 범죄 건수는 줄어들고 있고 학교 총기 난사 사건은 아주 드물다. 그러나 정책 결정가들과 일반 대중은 이와는 다르게 생각을 하게 되었고 대책을 요구하였다. 이에 따라 더 급박한 문제에 사용될 자원을 전용하는 사태가 벌어질 수도 있다.

또 다른 한편, 촉발 사건은 그렇지 않으면 무시하였을 쟁점을 다루도록 정책 결정가들을 압박한다. Fowler(2000)는 학교 건설 및 재건축을 예로 들고 있다. 대규모 도시 학교구 내의 상당수 학교 건물들은 노후 상태에 있다. 일부 건물들은 안전하지 않은 상태에 있다. 그러나 그 비용이 엄청나기 때문에(특히 New York, Chicago, Los Angeles 등과 같은 대도시의 경우), 정책 결정가들은 학교 건물 신축이나 재건축을 위한 예산 배정을 상당히 꺼리는 경향이 있다. 신축이나 재건축에 필요한 충분한 예산을 배정하기 위해서는 세금 인상이 필요하며, 이는 정치가들이 지지하길 꺼리는 현상이다. 그러

정책사례

의제 설정, Sputnik과 교육 정책

냉전이 절정에 이르렀던 1957년, 소비에트 연방은 인공위성 Sputnik을 발사하였다. 인공위성 발사는 즉각 미국 교육의 위기를 가져왔다. 이는 미국이 우주 기술 개발 경쟁에 뒤처지며, 미국이 냉전에서 지는 위기에 처했다는 것을 나타내었다. 예상대로 교육 체제는 비판의 대상이 되었다. 비판가들은 과학, 수학과 기술 관련 수업의 질이 낮으며(또는 전혀 다루어지지 않거나) 즉각적인 개선이 필요하다고 주장하였다. 학교는 과학, 수학, 기술 및 외국어 능력을 갖춘 학생들을 충분히 양성하지 못하고 있었다. 이에 대응하여, 연방 의회는 National Defense Education Act를 제정하였다. 교육과정이 개정되고 주요 교과들의 경우 더 많은 상급 과정이 개설되었다. Sputnik 발사는 미국 교육에 커다란 영향을 미친 촉발 사건이었다. 연방 의회의 행동은 새로운 기술 구매를 위한 자원 제공뿐만 아니라 과학, 수학과 언어 프로그램에 대한 자원의 재분배를 가져왔다.

---

4) 역주: Colorado주 Denver 인근에 위치한 학교로, 1999년 4월 20일 두 명의 학생이 총기를 난사하여 12명의 학생과 교사가 사망하고 23명이 부상을 입었다.

나 Fowler(2000)에 따르면, 만약 어느 학교의 지붕이 내려앉아서 50명의 학생들이 부상을 입는다면, 이러한 사건은 "대중 매체의 관심 및 여론의 비판의 대상이 되고 주 의회에 이를 해결하기 위한 행동을 취하도록 압박을 가하는" 촉발 사건으로 작용할 수 있다(p. 183).

그 정의상 예측이 불가능하기 때문에, 촉발 사건은 교육 기획 및 예측을 어렵게 만든다. 그 한 예는 2001년 10월 11일, New York의 World Trade Center에서 일어난 테러 사건이다. 테러가 일어나기 이전 시장 예비 선거의 주된 쟁점은 교사들의 임금 인상률이었고, 계약이 종결된 상태로 몇 개월이 지났다(교원 노조는 자신들에게 적대감을 가지고 있었던 당시 New York 시의 Rudolph Giuliani 시장과 협상할 의사도 없었다). 테러 사건 이후, 임금 인상에 관한 사항은 자취를 감추고 말았다. 테러는 경기 하락을 가속화시켜 경기 침체를 가져왔다. 수십억 달러로 추산되는 엄청난 재건축 비용으로 인해 교사 임금 인상 등을 포함한 다른 영역에 지출할 예산은 거의 없었다.

전례가 없었던 비극이 가져온 엄청난 고통과 아픔 속에서, 노조는 상당한 보수 인상을 주장하기가 어렵게 되었다. 노조에 속한 교사들의 표현을 빌면, 믿기지 않을 정도로 운이 없는 상황이었다. 노조는 교사들의 열악한 상황을 극대화하는 홍보 캠페인을 준비하였지만, 그 구성은 완전히 바뀌었고 노조에게는 아주 힘든 상황이었다. 결국, 주위의 사람들이 엄청난 고통 속에 있는 상황에서, 탐욕스럽게 보이지 않으면서 어떻게 교사들의 임금 인상을 주장할 수 있겠는가? 전체 캠페인은 (엄청난 재건축 비용은 말할 것도 없이, 부모님들, 아들과 딸들의) 비극 속에서 사라졌다. World Trade Center에 근무했던 수많은 사람들과 함께, 경찰, 응급진료 및 항만관리위원회 직원들도 사라졌다. 촉발 사건으로서 9.11 테러 사건은 교사들의 관심사를 보류하게 만드는 등 New York 시의 정치 의제를 완전하게 바꾸어 놓았다.

문제 정의와 의제 설정에서 언어의 영향력

그 본질상, 문제 정의는 단어를 통한 정책 문제의 표현 또는 상징적 묘사를 필요로 한다. 어떻게 단어들이 사용되고, 어떻게 논쟁이 구조화되는가 하는 것은 "문제 정의의 핵심"이다(Stone, 1988: 108). 모든 문제들은 사회적 구성물로, 우리가 문제가 어떤 것인가에 관해 이야기하고 구성하는 방법을 반영한다(Birkland, 2001: 122). 언어는 권력 관계의 표현이다. 언어의 구조화는 우리의 인식에 영향을 주고 회의적인 생각을 유보하게 하는 능력을 가지고 있다(Stone, 1988). 『The Symbolic Uses of Politics』에서 Edelman(1964)이 주장한 것처럼, "상황과 적절한 신호가 함께 제시될 때, 언어는 추론 및 분석의 도구가 아니라 조건반사적인 신호가 된다."(p. 16). "일상적인 대화와 사고에 사용되는 사실상 모든 단어와 구절은 상당한 함축적인 내용을 가지고 있으며, 이는 사회적으로 인정받는 결론에 이르도록 이끌고 문화적으로 용납될 수 없는 상황들이 인정받지 못하게 한다."(Edelman, 1964: 119-120).

Stone(1988)은 (1) 서술적 이야기(narrative story, 단어들이 어떻게 작용하는가에 관한 설명), (2) 제유(提喩, 한 부분을 통해 전체를 나타내는 것), (3) 은유(교육 관련 대화에서 가장 일반적인 것), 그리고 (4) 모호함(다양한 의미를 가지는 능력—유용한 정치적 도구) 등 문제 정의에 중요한 상징적 표현의 네 가지 측면을 제시하고 있다. 언어, 특히 은유와 비유는 "정책 대안들에 대한 사람들의 평가를 조정하기 위해" 사용된다(Stone, 1988: 200). 특정 결과를 선호하고 대안의 고려 또는 채택에 부정적인 영향을 미칠 때, 언어는 의사 결정을 구조화한다(Riker, 1986). 선호하는 결과를 어떻게 달성할까? "갈등과 관련된 모든 변화는 어떤 편견에 근거하고 있으며, 본질적으로 편파적이기 때문에" 언어는 갈등의 범위를 확대하거나 축소하기 위해 사용된다(Schattchneider, 1960: 4). 예를 들어, 참여를 제한하기 위해, 그리고 이를 통해 갈등의 범위를 축소하고 지배적인 정책 결정가들이 정책 결정 과정을 통제할 수 있도록 하기 위해, 쟁점은 절차적 또는 기술적 언어를 사용하여 정의된다(Nelkin, 1975; Schattschneider, 1960). 반대로 "참여를 확대하기 위해, 쟁점은 정의, 민주주의와 자유와 같은 포괄적인 사회적 주제와 연관될 수도 있다."(Rochefort & Cobb, 1994: 5).

"정치적 담론으로서, 문제 정의는 설명, 기술, 추천, 그리고 무엇보다도 설득의 기능을 한다."(Rochefort & Cobb, 1994: 15). 예를 들어, 위기라는 단어는 경쟁 관계에 있는 쟁점들이 가득한 환경에 직면해 있을 때, 자신들의 관심사를 부각시키기 위해 이슈제기자(claim-maker)들에 의해 사용된다(Rochefort & Cobb, 1994: 21). 또 다른 예로, 「A Nation at Risk」 보고서는 공교육의 위기를 주장하기 위해 무미건조한 군사적 색채의 용어를 사용하였고, 위기를 해결하기 위해 즉각 적용할 수 있는 일련의 개혁 방안들을 제시하였다. 비록 학자들 사이에서는 진짜 위기 상황인지, 문제지만 위기는 아닌 상황인지, 아니면 전혀 문제 상황도 아니지만 대중 매체, 교육감 협의회, 그리고 학자들에 의한 사회적 구성물인지에 대한 논쟁이 계속 이루어지고 있지만, 학교 행정가, 보다 최근에는 특히 교육감의 부족이 위기 상황으로 대두되고 있다(Fusarelli, Cooper & Carella, 근간; Glass, Bjork & Brunner, 2000).

미국 정치와 정책에 있어 언어와 관련된 것은 상징의 권력이다. Peters(1986)에 따르면, "특정 문제가 어떤 중요한 국가적 상징과 연관되면 될수록, 의제의 위치에 도달할 가능성은 더욱 커진다."(p. 48). 이 장의 앞부분에 제시된 정책 사례에서, 과학, 수학, 기술 및 외국어 영역에서의 교육력 약화는 과거보다 더 넓은 범위에 걸친 정부의 개입을 필요로 하였다. 그 결과 이러한 문제를 다루기 위해 만들어진 프로그램과 정책들은 국가 방위(National Defense Education Act: NDEA)라는 어구를 사용하였다. 이와 비슷하게, 연방 정부의 핵심적인 복지 프로그램의 초기 명칭은 Aid to Families with Dependent Children(AFDC)이었다(Peters, 1986: 48).

일반 대중에게 호소할 수 있는 용어로 표현될 때, 정책은 커다란 대중적인(그리고 정치적인) 지지를 받게 된다. NDEA의 경우, 다른 나라의 공격 앞에서 자국의 방어력을 강화시키는 교육 정책들을 반대하기란 상당히 어렵다. 이와 비슷하게, AFDC의 경우, 도움이 필요한 어린이들에게 지원을 제공하는 것은 일반적인 정치적 상황이지만(Grossberg, 1993), 가난한, 독신의, 실직 상태에 있는 엄마들에게 혜택을 제공하는 복지 정책은 높은 지지를 받지 못할 것이다. 이 프로그램의 새로운 명칭인 Temporary Assistance for Needy Families(TANF)는 정부의 지원이 일시적이라는 것을 강조한다. 또한 Temporary Assistance to Needy Children이라고 명명하면 복지 정책 개혁론자들로부터 정치적 반발을 불러올 수 있기 때문에(사실, 이는 비열하게 보인다), 어린이(children)라는 단어가 프로그램의 명칭에서 삭제되었다는 것을 주목하기 바란다.

위에 논의한 것과 같은 언어적 표현은 현실을 구성한다(Fennimore, 2000). 언어는 바람직한 결과를 만들어 내고 공유된 사회적 의미를 통해 관계에 영향을 미치는 능력을 통해 의도성(intentionality)을 전달한다(Putnam, 1994). Edelman(1988)은 다음과 같이 주장한다.

> 유리한 위치를 차지하기 위한 정략(政略)에서 핵심적인 요소는 의미 창출이다. 이는 현재 존재하는 불평등을 합리화하거나 이에 도전하는 사건, 정책, 지도자, 문제 및 위기에 관한 생각이다. 전략적으로 필요한 것은 반대를 막고 지지를 확보하는 것이다. 강제 및 위협은 모든 정치 체제 내에서 저항을 억누르는 데 도움이 되기는 하지만, 핵심적인 전술은 항상 선호하는 행동 방침을 합법화시키는 해석을 환기시키고, 이를 지지하거나 침묵하도록 사람들을 위협하거나 재차 확인을 받는 것이 되어야 한다(pp. 103-104).

사용할 단어의 선택 및 이러한 단어가 정책 논쟁으로 확대되도록 하는 것은 일부 행위자 및 집단에게는 기회의 창을 열어주게 되고, 반대로 다른 집단들을 정책 담론에서 제외하는 역할을 한다. 정책 토론에서, "언어가 현실에 의미를 제공하는 것이지 현실이 언어에 의미를 제공하는 것은 아니기 때문에" 언어의 구조는 합법성을 제공한다(Prawat & Peterson, 1999: 214).

의미는 언어 게임에서의 그 활용법에 의해 도출된다. 즉, 의미는 쟁점이 정치적 담론으로 표현되는 방식에 달려있다(Brand, 1979; Wittgenstein, 1974). 대통령 선거 운동에 관한 연구에서, Riker(1996)는 "선거 운동은 수사적(修辭的) 활동이다. 즉, 후보자가 원하는 형태로 쟁점들을 인식하도록 유권자들을 설득하려는 시도이다."라고 주장하였다(p. 4). 학교 교육 개혁 보고서에 대한 수사적 분석에서, Garman과 Holland(1995)는 "수사법은 중요하다"고 주장한다(p. 106). 청중들의 사고와 행동에 영향을 주는 한 수사법은 실제에 영향을 미친다. 논쟁은 이성이 아닌 감성에 호소하고, "신성하게 여겨지는 것"은 "도전이나 의문을 제기할 수 없는" 상태로 있게 된다(p. 106). 정치적 담론에서 아이디어가 공리가 되면, 이를 반박하는 것은 거의 불가능하게 된다. Norton(1993)이 주장한 것과 같이, "정치적 사고의 영향력은 무의식적으로 고수하는 일련의 원리, 상식처럼 보일 정도로 깊이 내면화된 일련의 관습이 되어 사고를 초월하는 그 능력에 있다."(p. 1).

정치적 담론과 이러한 담론이 이루어지는 맥락을 문제화함으로써, 우리는 언어 게임이 교육 정책 결정에 어떤 영향을 주는지 보다 잘 이해할 수 있다. 예를 들어, Tyack(1974), Hansot과 Tyack(1982)은 20세기 초, 정치적 진보주의자들이 교육 관련 의사 결정에서 대중의 영향력을 줄이면서 "전문가"의 손에 의사 결정권을 이양하는 데 성공한 과정을 제시하였다. 활동과 정책 범위가 정치계를 넘어서는 것으로 또는 비당파적인 것으로 정의함으로써, 전문가들은 대중의 압력으로부터 핵심적인 교육 의사 결정 영역을 보호할 수 있었다(Katznelson & Weir, 1985). 이와 비슷하게, 일반인들이 참여할 수 있는 범위를 축소함으로써, 교육 전문가들은 대부분 아무런 반대 없이 자신들의 정책 방안을 집행할 수 있었다(Katznelson & Weir, 1985). 당파심을 이상 행동의 한 형태로 정의함으로써, 당파심은 정치적 담론에서 사라졌고, 비당파성 또는 전문가에 의한 통제가 선호하는 해결 방안으로 제기되었다. 이러한 형태로 언어를 활용함으로써, 학교 전문가들은 정책 담론에서 대중의 목소리를 배제할 수 있었다. 따라서 중립적인 아이디어 전달자가 아니라, 언어는 어느 한쪽에는 특혜를 주고 다른 한쪽은 배제하면서 정책 토론을 구조화하는 역할을 한다.

정치적 수사와 정책 담론이 지배적인 문화적 가치와 연결될 때, 정치적 언어 조작은 의제 설정에서 중요한 역할을 한다. 예를 들어, Bastian(1995)은 학교 선택을 반대하는 것은 "해외 참전 예비역 군인 모임에서 미국 국기를 태우도록 요구하는 것과 거의 비슷하다. 당신은 그럴 수 있는 권리가 있지만, 그렇게 하길 원하는가? 결국, 선택은 미국적 가치의 기반이 되는 가치이다."라고 주장한다(p. 205). Bartolome과 Macedo(1997)는 "선택이라는 환상은 학교 선택을 반대하는 것을 비민주적인 것으로 만들어 버리는 함정을 가지고 있다. 따라서 학교 선택을 반대하는 것은 민주주의를 부정하는 것이기 때문에, 학교 선택은 이견 또는 논쟁을 용납하지 않는 담론의 한 부분이 된다."고 주장한다(p. 233). 즉, 선택은 개인주의, 자유와 민주주의라는 문화적 관계(cultural referent) 내의 것으로 여겨진다. 선택을 반대하는 경우, 반대론자들은 정책 엘리트와 일반 대중들이 폭넓게 수용하고 있는 문화적 가치를 반대하는 위치에 놓이게 된다. 정치 문화 내에서 강하게 수용되고 있는 대중적 가치와 갈등을 일으킬 때, 정책 변화는 쉽지 않다(Bosso, 1994). 반대로, 대중적인 가치를 반영한 정책 변화는 쉽게 이루어진다.

모든 정책 담론은 독특한 관점 및 쟁점을 표현하는 방식을 가지고 있는 문화적 맥락 내에서 이루어진다(Rein & Schon, 1993: 156). 단어는 세심하게 선택되고, 적당한 은유 및 비유가 사용되며, 이들은 문화 표시(cultural marker) 또는 지시체(referent)들의 관심을 끌게 된다. 이렇게 명료해 보이는 언어 사용이 아무런 문제가 없는 것은 아니라고

정책사례

병리 현상 정의하기: 누가 위험한 상황에 있는가?

미국에서는 위험한 상황에 있는 어린이들을 결정하고 분류하기 위해 다양한 지표들이 사용된다. 만약 "결석률이 높거나, 상급 학년으로 진급을 못하거나, 학급에서 활동 수행이 형편없거나, 폭력적인 성향을 보이는 경우", 정서 장애(ED) 또는 학습 불능(LD), 임신을 하였거나, 가난하거나, 한부모 가정 출신이거나 영어가 모국어가 아닌(ESL) 학생인 경우 위험한 상황에 있는 것으로 분류될 수 있다(Fine, 1993: 104). Fine(1993)은 "위험한 상황이라는 담론을 통해 정의된 집단의 문화적 구성은 상당히 편파적인 인상을 주며, 의심할 여지 없이 계속 '위험한 상황'에 남아 있을 사람들과 관계를 단절하고 연결을 거부하고, 그러면서 이들을 '구원'하겠다고 약속하는 기관과 집단을 더 강력하게 만든다"(p. 91)고 주장한다. 이러한 이데올로기 및 물리적 구성으로부터 이익을 보는 사람들은 누구인가?"라고 Fine은 의문을 제기한다(p. 104).

사실, 위험한 상황에 있는 어린이를 정의하기 위해 사용되는 다양한 지표들은 대부분의 백인, 중산층 및 상류층 학생들을 배제하고 있다. 이들은 지표들에 해당할 가능성이 적기 때문이다. 사회적 약자 또는 보다 정확하게 "사회적 병리 현상"에 대한 중 · 상류계층의 규범을 반영한 이러한 범주들은 대부분의 지배 집단의 아동들이 그 정의에 해당하지 않는 형태로 구성된다. 결과적으로, "다른 사람들의 아동들이" 가지고 있는 결점들로 문제를 정의한다(Delpit, 1995).

Lather는 주장한다. "우리가 말하고 쓰는 방식은 우리 사회 내의 권력 구조를 반영한다."(Lather, 1991: 11-12). Lather(1996)에 따르면, "말(speech)은 논변(論辯) 체제, 중요한 영향을 미치는 권력 네트워크의 한 부분이다."(p. 528). Cherryholmes(1988)의 주장에 따르면, 언어는 "어떤 것이 사실이고, 중요하며, 또는 적절한가를 결정한다."(p. 35). 학교 선택의 경우, 선택을 반대하는 것은 반미국적이다. 결과적으로, 학교 선택을 반대하는 정책 결정가들은 거의 없다. 사실, Magnet School, Charter School, 다양한 개방형 등록제(학교 구간 및 학교구 내 선택안) 또는 Voucher 등 학교 선택의 유형상에서는 차이를 보이지만 대부분의 사람들은 학교 선택권 확대를 요구하고 있다. 언어 게임은 교육 정책 결정의 맥락 내에서 학교 선택을 가장 잘 표현해 주고 있다.

의제 설정에서 정치 문화의 역할: 규범적 범주

문제 정의 및 의제 설정에 관해 가장 주목할 만한 사실은 소수의 대안들만이 실제로 검토된다는 것이다. 특정 영역 또는 지방의 정치 문화는 진지하게 검토 대상이 되는 대안들의 범위를 결정하는 데 중요한 역할을 한다. 문화는 잘 정의된 매개변수 내에서 우리의 사고를 한정하는 경계를 부과한다(Bosso, 1994). 미국의 경우, "강력하고 지속적인 정치 문화는 (보다 다양한 대중 문화와는 차이가 있는) 문제 정의에 관한 일말의 갈등이 일어나기 전에 아주 소수로 '합법적인' 대안들의 범위를 줄여 주는 데 일조한다."(Bosso, 1994: 184).

이러한 "일반적으로 받아들여진" 문화(Goodwyn, 1978)는 어떤 대안들이 적법하고 수용가능한지에 대한 사람들의 현실 인식에 상당한 영향을 미친다. 일반적으로 이러한 인식은 개인의 자유(liberty), 사유 재산, 자본주의, 프로테스탄트 직업 윤리, 능력주의, 시민으로서의 의무, 민주주의 및 자유(freedom) 등 일련의 핵심적인 신념으로 모아진다(Bellah, Madsen, Sullivan, Swidler & Tipton, 1985, 1991; Bosso, 1994). 자유 시장 자본주의 및 정부의 최소 개입주의와 같은 국가적 이데올로기는 강력하게 자리 잡고 있기 때문에 이들에 대한 대안을 제시하는 사람들은 즉각 급진주의자 또는 몽상가로 간주되고, 궁극적으로는 주류 담론에서 배제된다(Bosso, 1994: 185).

개혁주의 또는 진보적 전통의 정치 문화를 가지고 있는 주들은 정치 혁신의 리더가 된다(Mazzoni, 1993). 예를 들어, Minnesota 주는 진보적인 교육 개혁의 오랜 전통을 가지고 있다. 1958년, 주 의회는 위험 상태에 있는 학생들이 소속된 학교구 외부의 다른 공립 또는 사립 학교에서 교정 수업을 받을 수 있도록 허용하는 법안을 시범 실시하였다(Viteritti, 1999: 62-63). 또한 그 해, 의회는 지금 현재 미국 전역에서 사용되고 있는 “고등학교 2학년 및 3학년 학생들이 대학에서 수업을 이수할 수 있도록 허용하는” 안을 채택하였다(Viteritti, 1999: 63). 1991년, Minnesota 주 의회는 미국에서 최초로 Charter School 법안을 통과시켰다. 지원적인 정치 문화가 없었다면 이렇게 오랜 기간에 걸친 광범위하고 진보적인 정책 활동들은 불가능했을 것이다. 문제 정의와 의제 설정은 상당히 규범적인 활동이기 때문에, 정책 형성의 규범적 차원은 문제 정의와 의제 설정 단계를 이해하기 위해 상당히 중요하다.

의제 설정에 대한 제도적 영향: 구조적 및 기술적 범주

문제 정의와 의제 설정 과정은 문화, 가치 및 지배적인 규범의 영향을 받을 뿐만 아니라 이러한 과정이 이루어지는 정부 기관의 공식적 구조에도 영향을 받는다. David Truman(1964)에 따르면, 제도의 형태는 갈등이 소통되는 경로를 결정한다. 의회, 법원 또는 교육위원회를 포함한 제도는 주어진 문화적 범주 내에서 문제 정의와 의제 설정이 이루어지도록 하기 때문에 정책 대안을 이해하고 평가하는 방식에 영향을 미친다(Skocpol, 1992). 교육 분야에서, 주 의회 및 법원과 같은 제도의 영향력은 지난 25년 동안 급격하게 확대되고 있다. 주 의회의 직원들도 증가하고 보다 전문화되고 있다. 주 교육부는 감독하고 필요한 경우 문제가 있는 학교구의 운영에 직접적으로 개입하는 등 과거와 비교할 수 없는 더 큰 권한을 행사하고 있다.

권력과 의사 결정이 연방 정부 체제 전반에 분산되어 있기 때문에, 한 수준 또는 정부 차원에서 성공을 거두지 못한 이익집단은 다른 기관들을 통해 정책 목적을 달성하려고 한다. 예를 들어, 연방 의회와 주 의회가 흑인들의 동등한 교육 기회를 인정하지 않자, 이들은 자신들의 관심사를 다루기 위해 법원으로 방향을 선회하였다. Baumgartner와 Jones(1993)는 이를 장소 쇼핑(venue shopping)이라고 명명한다. 문제 정의와 의제 설정에 대한 또 다른 중요한 제도적 제약 요인은 ‘합헌성’이다(Fowler, 2000: 179). 헌법과 이를 해석한 판례법은 교육 관련 쟁점을 정의하는 일반적인 매개변인들을 설정한다. 예를 들어, 중요한 헌법상 제한 요인은 학교에서의 종교 활동을 금하고 있다(Fowler, 2000). 이러한 제약 요인들은 어떻게 학교 정책이 작성되고 쟁점이 정의되는지에 관한 외부에서의 점검 기능을 한다.

구조적 맥락은 정치가 행동으로 나타나거나 나타나지 못하게 하는 수단이 된다(Peterson, 1993: 395). 여기에는 헌법, 법률, 사법권, 판례, 관례적인 의사 결정 방법 및 다른 법적 요건뿐만 아니라 대중의 분위기와 다양한 정치인 및 이익집단 구성원들의 선호도와 같은 다양한 규칙과 절차들이 포함된다(Kingdon, 1995). 특정 형태의 정부 조직 구조가 특히 이익집단 구성원과 같은 행위자들에게 기회 및 접근을 제공한다는 것을 추가할 수도 있다. 예를 들어, 연방 정부 체제는 제도적 분절화를 촉진하며(Robertson & Judd, 1989), 따라서 정책 형성에 영향력을 행사할 수 있는 여러 번의 기회를 이익집단에게 제공한다.

의제 설정 과정에서 제도의 역할에 관심이 있는 사람들은 행정부와 입법부 간의 역동적인 관계를 다룬 우수한 정치학 문헌들을 살펴보아야 한다. 이러한 문헌들 중에서 가장 눈에 띄는 것은 Paul Light(1982, 1999)의 연구이다. 지난 20여 년 동안, Light는 Kennedy 대통령에서 Clinton 대통령에 이르기까지 대통령의 정책 결정에 대해 분석하였다. 그의 연구는 대통령의 국내 정책 의제는 정책 의제의 통제에 대한 의회와의 경쟁 확대 및 연방 수준에서의 정책 결정의 복잡성 증가로 인해 제약을 받고 있는 현 시대 행정부 리더십의 복잡성을 보여주고 있다. Light는 국내 정책 의제에 대한 대통령의 영향력은 줄어들고 있지만, 그 효과성(학습된 전문성)은 증가하고 있음을 지적하며 대통령은 권력의 역설에 직면해 있다는 결론을 내리고 있다. 결과적으로 대통령은 가장 아는 것이 적을 때 가장 영향력이 크다.

Light의 연구는 주 및 지역 수준의 리더십에 흥미로운 점을 시사하고 있다. 예를 들어, 이는 주지사, 시장, 교육감 및 학교장들에게도 적용될 수 있으며 학교 변화 및 개혁에 상당한 시사점을 제공하고 있다. 신규 교육감이 지역의 상황, 규범 및 가치에 관해 가장 잘 알지 못하는 시기인 임기 초에 교육 개혁을 시작할 가능성이 가장 크다는 것이 이 예에 해당한다. 이러한 상황은 신규 교육감이 외부에서 영입된 경우 특히 더 그러하다. 주 및 지역 수준에서 이루어진 이러한 리더십 연구들은 학교 변화 및 개혁에 대한 이해를 증진시켜 줄 것이며, 교육계 외부에서 이루어진 연구들이 교육 리더십, 정치 및 정책으로 확대되고 적용될 수 있다고 믿는다.

이익집단과 정책 형성: 구성적 범주

공공 정책의 다른 영역들과 마찬가지로, 교육 분야에도 각자의 의제를 가지고 있는 엄청난 수의 이익집단들이 존재한다. 그 수가 거의 무한대에 가깝기 때문에, 교육 정책 형성에 관여하는 모든 이익집단들을 열거하는 것은 무의미하다. 그러나 1990년대 후반 및 2000년대 초반, 교육 정책 형성에 두드러지게 영향을 미친 이익집단들은 중요하다. 수많은 연방 및 주 Blue Ribbon 위원회 및 보고서에 자극을 받아(Ginsberg & Plank, 1995), 연방, 주 및 지역 등 모든 수준에 걸쳐 수많은 이익집단들의 활동이 이루어졌다. Fowler(2000)는 기업체, 부유한 엘리트, 연방 교육부, 재단(Carnegie,

Danforth, Ford 등), 씽크 탱크(Brookings, Manhattan Institute, RAND 등), 대학 및 교육협회 등으로 구성된 교육 정책 기획 및 연구 단체(EPPRC)라고 명명한 느슨하게 연결되어 있는 일련의 기관들을 발견하였다. 이러한 이익집단들의 활동에서 중요한 것이자 이전의 활동과 차이를 보이는 것은 교육자 출신이 아닌 사람들이 개혁을 이끌어 가고 있는 것이 두드러진다는 것이다.

교육 분야에서 이루어진 여러 주를 대상으로 한 사례 연구를 재분석한 연구에서, Burlingame과 Geske(1979)는 "주 수준에서의 교육 정치는 여전히 이익집단의 정치이다."라고 주장한다(p. 71). Mawhinney(1993)는 "Ontario의 교육 정책 공동체는 명확한 일련의 가정과 규범으로 긴밀하게 결합되어 있다."는 것을 발견하였고(p. 412), 이는 정책 공동체가 정책 변화의 성격과 방향에 상당한 영향을 준다는 것을 의미한다. 20년 이상에 걸쳐 Minnesota 주의 교육 정책 결정에서의 변화를 분석한 연구에서, Mazzoni(1993)는 교육 개혁 운동 이면에서 옹호 연합이 그 원동력이 되었다는 것을 발견하였다. Minnesota 주의 학교 정책 체제는 혁신적 개혁론자들로 구성된 옹호 연합으로 특징지을 수 있다고 Mazzoni는 주장한다. 이 연합은 선출직 공무원들의 인솔하에 정부, 기업체, 교육, 재단, 학부모 및 시민 단체들과 연계하여, 재구조화 방안을 시행하고 정책 체제에 영향력을 행사하는 강력한 요인이라고 주장하였다(p. 375). Mazzoni에 따르면, Minnesota 주의 옹호 연합은 핵심적인 신념에 대한 기본적인 생각의 차이, 제도적 환경에서의 안정적인 구조적 특징, 그리고 복잡한 외부 환경에서 일어나는 다양한 변화의 영향에 의해 야기되는 것처럼 보이는 투쟁과 함께 "지난 10여 년 동안 계속해서 학교 개혁에 관한 쟁점들에 공격적인 자세를 취해 왔다."(p. 377).

Mazzoni의 연구 결과는 Pennsylvania 주의 교육 정책을 분석한 Feir(1995)의 결과와 일치한다. Feir는 1980년대의 교육 개혁에 기업체의 리더, 대중 매체, 주지사와 주 교육감들의 연합은 적극적으로 관여하고 있는 것에 반해, 전통적인 교육 관련 이익집단들은 큰 역할을 하지 못했다는 것을 발견하였다. Feir(1995)는 교육 관련 이익집단들의 실질적인 영향력 감소와 함께 기업체, 정치 및 대중 매체의 지도자들을 교육 개혁에 참여시킬 것인가에 관한 갈등의 확대는 의제 설정에 새로운 행위자들이 참여할 기회를 제공한다고 주장한다(p. 29). 또한 Weaver와 Geske(1996)도 옹호 연합과 정책 변화에 있어서 이들의 역할 변화가 일어나고 있음을 주장하고 있다. 이들에 따르면, 상이한 기관 및 집단들의 지도자들은 "중요한 교육 관련 쟁점에 대해 의견을 함께 할 수 있다."(p. 1). 이러한 과정을 통해 형성되는 옹호 연합은 자신들이 선호하는 정책 방안에 대해 의회에 실질적인 압력을 행사할 수 있다.

토론 문제

1. 학생들 간에는 차이가 있는가? 만약 있다면 교육자들은 학생들의 요구를 충족시키기 위한 자원을 제공하기 위해 정책과 프로그램을 만들어야 하는가?
2. 위의 질문에 '그렇다'고 응답하였다면, 대상 학생들을 확인하기 위해 어떻게 정책을 만들 것인가?

중요한 연구들

의제 설정 및 정책 형성에 관심을 가진 학생들은 E. E. Schattschneider(1960)가 저술한 『The Semi-Sovereign People』을 주의 깊게 읽어 보아야 한다. 의제 설정과 문제 정의의 맥락 형성 및 갈등의 결과에 영향을 주는 제도의 역할을 특히 강조하며, 정치적 갈등의 범위와 성격에 대해 깊이 있고 중요한 통찰력을 제공해 주는 연구는 흔하지 않다.

John Kingdon(1995)의 『Agendas, Alternatives, and Public Policies』는 의제 설정에 관한 최고의 연구일 것이다. 1994년 Aaron Wildavsky 상을 수상한 Kingdon은 연방 정부 차원에서 보건 및 교통 분야의 공공 정책 발달에 대해 분석하였다. 정부 내부 및 외부의 정책 행위자들에 대한 인터뷰를 통해 Kingdon은 "어떤 아이디어의 때는 어떻게 오는가?"라는 질문에 대한 답을 찾고자 하였다. 이 질문에 대한 답을 통해, Kingdon은 구분되지만 서로 관련되어 있는 세 가지(문제, 정책과 정치) 과정인 "흐름(stream)"을 분석하였다. 이러한 흐름은 특정 시점에서 합쳐져서 정책 변화를 만들어 낸다.

공장 폐쇄, 항공 교통 정책, 성희롱, 약물 금지 정책, 농업, 교통 지체 및 AIDS 관련 정책 등 다양한 영역에서의 문제 정의를 다룬 David Rochefort와 Roger Cobb(1994)가 편집한 책인 『The Politics of Problem Definition』은 문제 정의를 가장 잘 분석하고 있다. 『The Symbolic Uses of Politics(1964)』와 『Constructing the Political Spectacle』(1988) 등을 포함한 Murray Edelman의 연구는 사회심리학적으로 정치적 목적에서의 언어 사용을 분석하고 있다. 이와 비슷한 맥락에서, Deborah Stone(1988)의 『Policy Paradox and Political Reason』은 당야한 정치적 논쟁 및 입장을 지지하기 위해 다양한 유형의 언어가 어떻게 사용되는지를 분석하고 있다.

정치적 흐름에 영향을 미치는 대중 매체의 모든 측면을 다룬 Doris Graber(1984)의 『Mass Media and American Politics』(2nd ed.)는 의제 설정에 대한 대중 매체의 영향을 분석한 고전적인 연구이다. 이 책은 뉴스 생산 과정, 개인의 태도와 행동에 대한 대중 매체의 영향, TV가 선거에 미치는 영향, 대중 매체, 백악관, 상·하원 의회 및 법원들 간의 관계, 정책 결정자로서의 대중 매체, 그리고 위기 및 외교 문제에 대한 대중 매체의 보도 등을 분석하고 있다.

10여 년간 국내 정책 의제 설정과 제어에 관한 대통령의 역할을 다룬 Paul Light의 연구는 대통령의 영향, 의사 결정 및 리더십에 관한 연구에 큰 영향을 주었다. 1982년, Light는 『The President's Agenda: Domestic Policy Choice from Kennedy to Carter』를 발간하였고, 17년 뒤에 발간된 이 책의 3판에서는 Ronald Reagan, George H. W. Bush와 Bill Clinton 대통령도 다루었다. 이들 연구들은 국내 정책 의제 설정에 관한 대통령의 역할—특히 George W. Bush 대통령이 주도한 "No Child Left Behind Act"의 통과와 같은 교육 분야에서의 중요한 기능—을 이해하고자 하는 학생들에게 도움이 된다.

참고문헌

Bartolome, L. I., & Macedo, D. P. (1997). Dancing with bigotry: The poisoning of racial and ethnic identities. *Harvard Educational Review, 67*(2), 222-246.

Bastian, A. (1995). Is public school "choice" a viable alternative? In D. Levine, R. Lowe, B. Peterson, & R. Tenorio (Eds.), *Rethinking schools: An agenda for change* (pp. 205-208). New York: The Free Press.

Baumgartner, F. R., & Jones, B. D. (1993). *Agendas and instability in American politics.* Chicago: University of Chicago Press.

Bellah, R. N., Madsen, R., Sullivan, W. M., Swidler, A., & Tipton, S. M. (1985). *Habits of the heart.* New York: Harper & Row.

Bellah, R. N., Madsen, R., Sullivan, W. M., Swidler, A., & Tipton, S. M. (1991). *The good society.* New York: Vintage Books.

Birkland, T. A. (2001). *An introduction to the policy process.* Armonk, NY: M. E. Sharpe.

Bosso, C. J. (1994). The contextual bases of problem definition. In D. A. Rochefort & R. W. Cobb (Eds.), *The politics of problem definition* (pp. 182-203). Lawrence: University Press of Kansas.

Brand, G. (1979). *The essential Wittgenstein* (R. E. Innis, Trans.). New York: Basic Books.

Burlingame, M., & Geske, T. G. (1979). State politics and education: An examination of selected multiple-state case studies. *Educational Administration Quarterly, 15*(2), 50-75.

Cherryholmes, C. H. (1988). *Power and criticism: Poststructural investigations in education.* New York: Teachers College Press.

Cooper, B. S., & Randall, E. V. (1999). *Accuracy or advocacy: The politics of research in education.* Thousand Oaks, CA: Corwin Press.

Delpit, L. (1995). *Other people's children: Cultural conflict in the classroom.* New York: The New Press.

Dery, D. (1984). *Problem definition in policy analysis.* Lawrence: University Press of Kansas.

Dye, T. R. (1992). *Understanding public policy* (7th ed.). Englewood Cliffs, NJ: Prentice Hall.

Dye, T. R. (2001). *Understanding public policy* (10th ed.). Englewood Cliffs, NJ: Prentice Hall.

Fdelman, M. (1964). *The symbolic uses of politics. Urbana: University of Illinois Press.*

Edelman, M. (1988). *Constructing the political spectacle.* Chicago: University of Chicago Press.

Feir, R. E. (1995). *Political and social roots of education reform: A look at the states in the mid-1980s.* Paper presented at the Annual Meeting of the American Educational Research Association. San Francisco, CA.

Fennimore, B. S. (2000). *Talk matters: Refocusing the language of public schooling.* New York: Teachers College Press.

Fine, M. (1993). Making controversy: Who's "at risk?" In R. Wollons (Ed.), *Children at risk in America* (pp. 91-110). Albany: State University of New York Press.

Fowler, F. C. (2000). *Policy studies for educational leaders.* Upper Saddle River, NJ: Prentice Hall.

Fusarelli, L. D., Cooper, B. S., & Carella, V. (in press). Who will serve? An analysis of superintendent mobility, satisfaction, and perceptions of crisis. *Journal of School Leadership.*

Garman, N. B., & Holland, P. C. (1995). The rhetoric of school reform reports: Sacred, skeptical, and cynical interpretations. In R. Ginsberg & D. N. Plank (Eds.), *Commissions, reports, reforms, and educational policy* (pp. 101-117). Westport, CT: Praeger.

Ginsberg, R., & Plank, D. N. (Eds.). (1995). *Commissions, reports, reforms, and educational policy.* Westport, CT: Praeger.

Glass, T., Bjork, L., & Brunner, C. C. (2000). *2000 study of the American school superintendency.* Arlington, VA: American Association of School Administrators.

Goodwyn, L. (1978). *The populist movement: A short history of the agrarian revolt in America.* Oxford, UK: Oxford University Press.

Graber, D. A. (1984). *Mass media and American politics* (2nd ed.). Washington, DC: Congressional Quarterly Press.

Grossberg, M. (1993). Children's legal rights? A historical look at a legal paradox. In R. Wollons (Ed.), *Children at risk in America* (pp. 111-140). Albany: State University of New York Press.

Hansot, E., & Tyack, D. B. (1982). A usable past: Using history in educational policy. In A. Lieberinan & M. W. McLaughlin (Eds.), *Policy making in education* (pp. 5-10). Chicago: University of Chicago Press.

Hogwood, B. W., & Gunn, L. G. (1984). *Policy analysis for the real world.* London: Oxford University Press.

Katznelson, I., & Weir, M. (1985). *Schooling for all: Class, race, and the decline of the democratic ideal.* New York: Basic Books.

Kingdon, J. W. (1995). *Agendas, alternatives, and public policies* (2nd ed.). New York: Longman.

Lather, P. (1991). *Getting smart: Feminist research and pedagogy with/in the postmodem.* New York: Routledge.

Lather, P. (1996). Troubling clarity: The politics of accessible language. *Harvard Educational Review, 66*(3), 525-545.

Light, P. C. (1982). *The president's agenda: Domestic policy choice from Kennedy to Carter.* Baltimore: Johns Hopkins University Press.

Light, P. C. (1999). *The president's agenda: Domestic policy choice from Kennedy to Clinton* (3rd Ed.). Baltimore: Johns Hopkins University Press.

Mawhinney, H. B. (1993). *An interpretive framework for understanding the politics of policy change.* Unpublished doctoral dissertation. University of Ottawa, Ottawa, Ontario, Canada.

Mazzoni, T. L. (1993). The changing politics of state education policymaking: A 20-year Minnesota perspective. *Educational Evaluation and Policy Analysis, 15*(4), 357-379.

Nathan, J. (1996). *Charter schools: Creating hope and opportunity for American education.* San Francisco: Jossey-Bass.

Nelkin, D. (1975). The political impact of technical expertise. *Social Studies of Science 5*, 35-54.

Norton, A. (1993). *Republic of signs: Liberal theory and American popular culture.* Chicago: University of Chicago Press.

Oakes, J. (1986). *Keeping track: How schools structure inequality.* New Haven, CT: Yale University Press.

Orfield, G., Eaton, S. E., & Jones, E. R. (1997). *Dismantling desegregation: The quiet reversal of Brown v. Board of Education.* New York: The New Press.

Paletz, D. L. (1998). The media and public policy. In D. Graber, D. McQuail, & P. Norris (Eds.), *The politics of news, the news of politics* (pp. 218-237). Washington, DC: Congressional Quarterly Press.

Peters, B. G. (1986). *American public policy: Promise and performance* (2nd ed.). London: MacMillan.

Peterson, M. A. (1993). Political influence in the 1990s: From iron triangles to policy networks. *Journal of Health Politics, Policy and Law, 18*(2), 395-438.

Petracca, M. P. (1992). Issue definitions, agenda-building, and policymaking. *Policy Currents, 2*, 1-4.

Prawat, R. S., & Peterson, P. L. (1999). Social constructivist views of learning. In J. Murphy & K. Seashore-Louis (Eds.), *Handbook of research on education administration* (2nd ed., pp. 203-226). San Francisco: Jossey-Bass.

Putnam, H. (1994). *Words and life.* Cambridge, MA: Harvard University Press.

Rein, M., & Schon, D. (1993). *Refraining policy discourse.* In F. Fischer & J. Forester (Eds.), *The argumentative turn in policy analysis and planning* (pp. 145-166). Durham, NC: Duke University Press.

Reyes, P. , Wagstaff, L. H., & Fusarelli, L. D. (1999). Delta forces: The changing fabric of American society and education. In J. Murphy & K. Seashore Louis (Eds.), *Handbook of research on educational administration* (2nd ed., pp. 183-201). San Francisco: Jossey-Bass.

Riker, W. H. (1986). *The art of political manipulation.* New Haven, CT: Yale University Press.

Riker, W. H. (1996). *The strategy of rhetoric.* New Haven, CT: Yale University Press.

Robertson, D. B., & Judd, D. R. (1989). *The development of American public policy: The structure of policy restraint.* Glenview, IL: Scott-Foresman.

Rochefort, D. A., & Cobb, R. W. (1994). Problem definition: An emerging perspective. In D. A. Rochefort & R. W. Cobb (Eds.), *The politics of problem definition* (pp. 1-3 1). Lawrence: University Press of Kansas.

Rosenau, P. V. (1993). Anticipating a post-modern policy current? *Policy Currents 3*, 1-4.

Schattschneider, E. E. (1960). *The semi-sovereign people: A realist's view of democracy in America.* Hinsdale, IL: Dryden Press.

Skocpol, T. (1992). *Protecting soldiers and mothers: The political origins of social policy in the United States.* Cambridge, MA: Harvard University Press.

Snyderman, M., & Rothinan, S. (1988). *The IQ controversy: The media and public policy.* New Brunswick, NJ: Transaction Books.

Spitzer, R. J. (1993). Introduction: Defining the media-policy link. In R. J. Spitzer (Ed.), *Media and public policy* (pp. 1-15). Westport, CT: Praeger.

Stone, D. A. (1988). *Policy paradox and political reason.* Glenview, IL: ScottForesman.

Truman, D. B. (1964). *The governmental process: Political interests and public opinion.* New York: Knopf.

Tyack, D. B. (1974). *The one best system: A history of American urban education.* Cambridge, MA: Harvard University Press.

Viteritti, J. P. (1999). *Choosing equality: School choice, the constitution, and civil society.* Washington, DC: The Brookings Institution.

Weaver, S. W., & Geske, T. G. (1996). *Educational policy-making in the state legislature: Legislator as policy expert.* Paper presented at the Annual Meeting of the American Educational Research Association. New York.

Wildavsky, A. (1979). *Speaking truth to power.* Boston: Little, Brown.

Wilson, W. J. (1997). *When work disappears: The world of the new urban poor.* New York: Knopf.

Wittgenstein, L. (1974). *Philosophical grammar* (R. Rhees, Ed., A. Kenny, Trans.). Berkeley: University of California Press.

제4장

교육 정책 집행

날로 심해지는 국제 경쟁, 자원 감소, 고령화, 그리고 빈곤과 인구 구성의 다양화 등 더욱 복잡해지는 정책 결정 환경 속에서 학교는 결과물을 낳도록 심한 압력을 받고 있다(Reyes, Wagstaff, & Fusarelli, 1999). "미국 교육의 제도적 환경은 조직성과에 대한 감독 강화 그리고 보다 일관된 교육 정책의 개발을 시도하는 방향으로 변해가고 있다"(Rowan & Miskel, 1999: 379). 미국 학교 체제는 기술적 성과에 대한 요구의 강화를 경험하고 있으며, 학생들의 학업 성취 향상에 대한 압력이 계속 증가하고 있다(Rowan & Miskel, 1999). 그 결과 연방 정부의 No Child Left Behind Act로 대표되는 국가 기준, 시험, 그리고 책무성과 같은 하향식 개혁과 요구를 통한 주 정부와 연방 정부의 관여가 날로 증가하고 있다. Cohen과 Spillane(1992)은 "주 정부와 연방 기관들은 수업을 같은 방향으로 이끌 교육과정과 시험을 만들기 위해 수업에 대한 보다 일관되고 강력한 방향을 제시하고 있다."고 주장한다(pp. 3-4). 교육 개혁이라는 이름하에, Bush 대통령은 3학년에서 8학년 사이의 학생들에게 시험을 치르도록 주 정부에 요구하는 법안에 서명하였다.

이 장에서는 때로는 간과되어 온 정책 결정의 중요한 측면인 정책 집행에 대한 내용들을 고찰한다. 일부 정책 학자들은 대중 매체와 일반 대중은 일단 법안이 제정되고 정책이 시행되면 변화가 일어난다고 가정하는 경향을 보인다고 주장해 왔다(Fischer, 1995). 그러나 Peters(1986)는 "일단 시행되더라도, 법률은 스스로 영향력을 발휘하지 못한다"(p. 84)고 주장한다. 법률과 같은 정책들은 스스로 설명하거나 스스로 시행되지 않는다. 정책들이 아무리 잘 설계되었다 할지라도 의도된 효과를 발휘하기 위해서 정책은 성공적으로 집행되어야 한다. "결국, 좋은 해결책은 사람들이 그 정책을 채택하고, 정책 집행을 통해 사람들이 그 정책을 자기들의 것으로 받아들이게 될 때 유용하게 된다"(Evans, 1996: 15~16). 그리고 특히 격렬한 가치 갈등을 특징으로 하고 있는 교육과 같은 정책 영역에서, 민주주의 사회에서의 공공 정책 결정은 최적의 환경에서조차 어려움이 있다. 교육 개혁과 변화에 관한 모든 대화 속에서, 우리는 교육 관련 정책 집행의 쟁점과 복잡한 상황들을 보다 심도 있게 탐색할 필요가 있다. 결국, 교육 개혁과 변화는 정책이 적절하게 집행되지 않는다면 불가능하다. Birkland(2001: 177)는 "집행과 관련된 문제를 통해 배운 것은 정책 설계자들이 추구한 효과를 달성하기 위해 정책들을 구조화하는 보다 좋은 방법에 관한 학습을 촉진할 수 있다."고 주장한다.

정치학과 정책학의 다른 하위 분야와 비교해 볼 때, 공공 정책 집행에 관한 연구는 상대적으로 새로운 것이다. 집행은 "입법부(또는 행정 수반이나 법원)에 의한 공식적 법률 제정과 그 법률이 의도하거나 의도하지 않은 영향 사이에 이루어지는 것"이다(Mazmanian & Sabatier, 1981: 11). 집행은 프로그램이나 정책의 "목적 달성을 도와주는 업무를 담당하는 공무원들의 관련 행동과 비행동(inaction)"으로 구성된다(Baum, 1981: 39). 본질적으로, 집행은 정책이 수행되거나 수행되지 않을 때 나타나는 것이다(Sabatier & Mazmanian, 1981). 필자들은 이 과정을『The Implementation Game』에서 (1) 특별한 프로그램 결과를 낳는 데 필요한 요인들을 모으는 과정, 그리고 (2) 이러한 요인들이 특정 시점에 프로그램 조립 과정에 전달되거나 보류되는 것으로 Bardach(1977: 57-58)가 보았던 것처럼 해석하는 것이 도움이 된다는 것을 발견하였다.

교육 정책에 관한 연구는 Johnson 대통령이 발의한 'Great Society'가 입법화된 1960년대에 표면화되었다. 정책 집행에 관한 연구들을 분석한 후, McLaughlin(1987: 171)은 "연방, 주, 그리고 지방 정부 공무원들이 이 새로운 사회 정책들에 대한 반응들을 보이면서 복잡하고 다루기 어렵고, 필수불가결한 집행 관련 쟁점들이 드러났다."고 지적하였다. 정책 집행에 관한 초기 분석은 정치가 집행 과정에 미치는 영향을 최소화하는 경향을 보였다. 집행의 정치학에 관한 고전적인 연구에서 Bardach(1977)는 다음과 같이 주장하였다.

> 정책 채택 과정에서의 교섭과 임기응변의 술책, 그리고 밀고 당기기는 정책 집행 과정으로 계속 이어진다. 정책 채택 단계에서 실패했던 정책 반대자들은 행정규정과 지침들이 작성될 때 자기들의 반대 의견을 계속해서 제시하기 위한 방안을 모색한다. 정책 원안을 지지했던 사람들은 초기 연합을 형성했던 사람

들이 바라거나 전혀 생각하지 못했던 목적을 위해 집행 단계에서 정책을 왜곡 할 수 있을 것이라고 기대했기 때문에 정책을 지지했다(p. 38).

따라서 정책 집행은 정책 형성, 문제 정의, 그리고 의제 설정 등을 포함한 정책 과정의 다른 단계들과 마찬가지로 정치와 얽혀 있다. Bardach는 집행을 정치적 압력과 반대 압력(counter-pressures)으로 이루어지는 일련의 게임이라고 주장한다. 이러한 관점에서 볼 때, 집행은 "다른 수단을 통한 정치의 연속"(p. 85)이다. 따라서 정치와 정책 갈등은 법안이 법제화되거나 정책이 만들어진 후에도 계속된다. 더 정확하게 표현하면, 갈등은 새로운 국면 즉 집행 단계로 접어든다.

1960년대와 1970년대, 정책 집행 과정에 관한 연구의 폭발적인 증가에도 불구하고, 지난 20년 동안 정책 집행에 관한 관심은 눈에 띄게 감소되었다(일부 중요한 예외적인 사항들은 아래에서 다룬다). 계획된 조직 변화의 실패에 관한 연구에서 Evans(1996)가 주장했던 것과 같이, 정책 집행에 관한 우리의 지식상에 커다란 간격이 존재하고 있기 때문에, 이러한 관심의 감소는 상당히 유감스럽다고 할 수 있다. "정책 집행에 관한 실증적 연구에서 도출할 수 있는 분명하고 중요한 결론은 특히 정부 및 여러 관련 기관에서 무엇인가를 일어나게 한다는 것이 매우 어렵다는 것이다."라고 주장하면서 McLaughlin(1987: 172)도 이에 동의하고 있다. 정책 집행은 조정 및 통제와 관련된 쟁점뿐만 아니라 갈등과 경쟁도 포함되어 있는 상당히 복잡한 과업이다(Peter, 1986).

교육 정책 집행의 변화에 대한 전반적인 분석을 통해 Odden(1991: 1)은 초기의 연구는 "새로 만들어진 정부 프로그램을 발전시키고 집행하는 데 연방 교육부, 주 교육부, 지역 학교구와 일선 학교 등 정부의 모든 수준에서 능력과 의지가 부족하였음을 보여주었다."고 주장하였다. Odden은 계속해서 "연구들은 대부분의 지역 교육자들은 그런 프로그램들을 집행하기를 원하지 않았으며(의지가 없음), 또한 그런 프로그램들을 어떻게 집행하는지 알지 못하였음을 보여주었다(능력이 없음)."고 주장한다(p. 1).

의지의 부족은 정책 집행의 효과성을 평가할 때 고려해야 할 중요한 변인이다. 모든 정책이나 프로그램들이 효과적으로 집행될 동등한 기회를 갖는다고 가정해서는 안 된다. 상이한 기관, 정부 부서, 혹은 정치 과정에서 제시된 정책들을 다른 참여자들이 받아들이는 정도상에는 상당한 차이가 존재한다. 예를 들어, Baum(1981)은 의회에서 공포하고 대통령이 지원하는 정책들은 초당파적인 지원을 받은 반면, Brown 판결과 같이 사법부에서 제기한 정책들은 흔히 대중적 지원을 받지 못한다고 주장한다. 집행 메커니즘(방법)이 결여되어 있거나 대중의 지지에 의존(혹은 최소한 묵인)하는 정책, 그리고 사법부에서 제기한 정책의 집행은 입법부 혹은 행정 수반에 의해 만들어진 정책 집행보다 훨씬 더 어렵고 많은 문제점을 가지고 있다. 법원은 법원의 명령에 따르도록 유도할 자원이 부족할 뿐 아니라 대부분의 경우 불복종을 자제시킬 제재 능력도 결여되어 있다(Baum, 1981). 불행하게도 정책 집행에 대한 연구의 대부분은 성공적인 정책 집행에 영향을 주는 중요한 요소인 정책의 기원을 고려하지 못하고 있다.

교육 정책 집행에 관한 연구의 단계

Odden(1991)은 교육 정책 집행에 관한 연구를 세 단계로 분류하였다. 첫 번째 단계(1960년대 후반~1970년대 초반)는 Johnson 대통령의 Great Society 프로그램을 집행하는 노력으로부터 얻은 예비 교훈을 반영하고 있다. Oakland와 California 주에서 소수 인종을 위한 일자리를 창출하기 위한 Economic Development Administration의 노력을 연구한 Pressman과 Wildavsky(1973)의 연구와 같은 많은 연구물들은 개인적 사례 연구에 초점을 맞추었다(Birkland, 2001). 이 연구의 주된 결론은 "지역적 성향, 가치, 그리고 우선순위와 주 정부 혹은 연방 정부 주도의 프로그램 사이에 피할 수 없는 갈등"이 존재하였다는 것이며, 이러한 갈등은 지역 수준의 저항으로 나타났다(Odden, 1991: 5). 이러한 갈등으로 인해, 주 또는 연방 정부가 주도하는 프로그램들은 의도하는 목적을 달성하지 못하였고, 지방 정부는 그 프로그램들을 충실하게 집행하지 않았다(p. 5). 1965년 제정된 Elementary and Secondary Education Act(ESEA)의 집행에 관한 연구에서 Bailey와 Mosher(1968)가 주장한 바와 같이, 이 과정의 복잡성을 고려할 때, 프로그램들이 어떤 행태로든 집행되었다는 것 자체가 놀라운 일이다. 실제 이 과정이 성공적으로 효과를 발휘할 때 '기적'이 일어난다.

교육 정책 집행에 관한 연구의 두 번째 단계(1970년대 후반~1980년대 중반)에서는 프로그램 집행에 초점을 둔 연구들이 많이 이루어졌다. 여러 연구들은 1970년대 후반에 이르러 초기 집행과 관련된 상당수의 문제점들이 해결되었다는 결과를 제시하였다. 예를 들어, 지역 학교구들은 규칙과 규정에 따라 Title I을 집행하는 방법을 배웠을 뿐만 아니라 Title I이 추구하는 교육 관련 우선 사업을 승인하기도 하였다(Odden, 1991: 6). Odden(1991: 6)이 시간의 경과에 다른 변화를 설명한 것과 같이, "지역의 반대는 대상 학생들을 위한 새로운 프로그램을 지원하는 쪽으로 변하였으며, 규칙과 규정에 따라 프로그램을 운영하는 역량을 발전시켰으며, 대상 학생들에게 적절한 서비스를 제공하였다." Odden(1991: 7-8)이 지적한 것과 같이, "두 번째 단계의 집행 연구들이 제시하는 중요한 결론은 상위 수준의 정부 프로그램은 결국 지역에서 집행되고 초기의 갈등은 시간이 지남에 따라 해결되며, 교섭기회는 결국 양측 모두에게 효과적인 프로그램을 낳는다는 것이다. 또 다른 결론은 주 정부와 연방 정부의 프로그램은 지역의 현실에 영향을 미친다는 것이다. 즉, 그 영향에 대한 의문점은 있지만 영향을 미친다는 것이다."

Odden에 따르면, 교육 정책 집행에 관한 연구의 세 번째 단계(1980년대 중반~1990년대 초반)에서는 프로그램 효과성(즉, 프로그램과 정책들은 의도했던 문제들을 해결하였는가?)을 분석하였다. Head Start 프로그램에 관한 연구들과 같이, 이들 연구의 상당수는 "영향은 적고, 시간을 거듭할수록 희석될 것"으로 결론지었다(p. 8). 결론적으로, 집행을 연구하는 연구자들은 프로그램을 보다 효과적으로 만들기 위한 방법을 찾기 시작하였다.

필자들은 집행에 관한 연구의 세 번째 단계는 어느 정도 수정된 형태이기는 하지만 현재까지 계속되고 있다고 주장한다. 교육에서의 집행에 관한 연구는 프로그램의 거시적 수준의 분석에서 지역단위 수준에서의 집행 세부항목에 관한 미시적 수준의 분석으로 전환되고 있다. 부분적으로, 이는 거시적 양적연구에서 미시적 문화기술지와 사례연구(이것은 교육 정책 연구의 대다수를 차지하며, 특히 박사학위 논문에서는 더욱 그러하다)로의 교육 연구에 대한 지배적인 패러다임 변화를 반영한 것이다. 교육 변화에 관한 문헌의 급증과 함께(자주 간과되고 있기는 하지만, 집행에 관한 연구는 교육 변화의 핵심적인 측면이다), 대부분의 집행에 관한 연구들은 보다 효과적으로 교육 개혁안을 집행하는 방법과 지역단위에서 체계적 변화를 창출하는 방법에 초점을 두고 있다(Duke & Canady, 1991; Evans, 1996; Fullan, 1991).

이완 조직에서 정책 집행

여러 학자들은 미국과 같이 권력과 권한이 상당히 분산된 체제에서 주와 국가 수준에서 일관된 교육 정책을 수립하기가 쉽지 않다는 것을 지적하고 있다. Smith와 O'Day(1990: 237)는 "미국에서 성공적인 학교를 만들어 내고 이를 유지하는 것에 대한 기본적인 장벽은 바로 우리 학교에 깊이 뿌리박힌 분화되고, 복잡하고, 여러 층으로 이루어져 있는 교육 정책 체계이다."라고 주장하였다. 학교는 대부분의 다른 조직들보다 더 이완되어 있다(Weick, 1976, 1982, 2001). 목표는 다양하고, 종종 상충되고, 막연하다. 기술은 불명확하다. 구성원들의 참여와 관여는 유동적이다. 학교에서 규칙은 종종 지켜지지 않고 정책 집행은 한결같지 않다(Meyer & Rowan, 1977). 학교는 학년 간 혹은 학년 내에서 교사들에게 일상적인 상호작용을 할 수 있는 기회를 거의 주지 못한다(Meyer & Rowan, 1983). 더욱이, 교사들과 행정가들의 업무는 본질적으로 조사와 평가를 받지 않으며, 만약 업무가 평가를 받는다 해도 매우 드물게 그리고 매우 형식적으로 평가를 받는다(Weick, 1976: 11). 우리는 앞에 제시한 내용들이 미국에서 교육의 실재를 정확하게 기술하고 있는지를 알아보기 위해 학교에서 오랜 시간을 보낼 필요가 없다.

미국 교육의 이완 구조는 학교 개혁(혹은 이와 관련된 모든 정책)을 성공적으로 집행하기 위한 노력에 중대한 도전을 제시하고 있다. 정책 집행을 책임지고 있는 모든 행위자들은 정책을 조정하고 변형시킬 수 있는 다양한 "거부점(veto points)"을 만든다. 집행 과정에서 관련된 사람들이 많으면 많을수록 정책을 만들어 낸 사람들의 본래 의도대로 정책이 집행될 가능성은 더욱 낮아진다(Allison, 1969; Lipsky, 1980).

한 초등학교의 교육 혁신 집행에 관한 연구에서, Gross, Giacquinta, Bernstein(1971)은 학교구 수준에서 효과적인 정책 집행을 저해하는 다음과 같은 네 가지의 중요한 장애 요인을 발견하였다. (1) 혁신에 대한 이해 및 명확성의 결여, (2) 혁신을 집행하는 데 필요한 기술과 지식(역량)의 부족, (3) 자원 부족, 그리고 (4) 공존할 수 없는 조직 배열. 성공적으로 정책을 집행하는 것은 어렵다. 일반적으로, 집행이 실패했을 때, 집행에 책임을 지는 사람들은 자원 부족을 책망한다. 그러나 Rand 연구소의 변화 행위자에 관한 연구를 분석한 후 McLaughlin(1990: 12)이 주장했던 것처럼, "자원들만으로는 성공적인 집행을 이끌어 낼 수 없다."

일반적으로 정책 결정자들은 모든 사람들이 정책의 목적과 목표를 알고 있고, 정책 집행과 관련된 모든 사람들은 자기 역할과 책임을 이해하고 있으며, 집행은 단순히 행정 명령을 수행하는 것이라고 생각한다. 그러나 주 정부 수준에서의 교육 개혁 집행에 관한 연구에서 Madsen(1994)이 발견한 것과 같이, 주 정부 교육관계자들은 정책 집행에서 지역 행정가들이 수행하는 중요한 역할을 거의 이해하지 못하거나 과소평가하고 있다. 이 문제는 단위 학교 행정가들과 지역 학교구 행정가들 간, 주 정부와 지역 학교구 집행자들 간, 그리고 연방, 주 및 지역 행정가들 간에 존재하는 분리 상태(disjuncture)와 오해에서 살펴볼 수 있는 것처럼 모든 정부 수준에서 존재한다. Madsen(1994)이 지적하는 것처럼, 정책 집행의 책임을 맡고 있는 각 정부 수준의 행정가들 간에는 불신과 의심이 나타나며, 이는 특히 주 정부 행정가들이 명확한 방향을 제시하지 않아서 지역 행정가들이 불만을 가지게 될 때 더욱더 그러하다.

왜 그럴까? McLaughlin(1987: 172)은 "정책 결정자들은 중요한 것을 위임할 수 없기 때문"이라고 주장한다. 지역의 의사 결정자들은 흔히 "자신들에게 기대되는 것이 무엇인지 분명하게 알지 못하고 있다."(Gross, Giacquinta, & Bernstein, 1971: 202). 또한 만약 이들이 전문성 신장 연수를 많이 받지 못한다면(이러한 연수는 거의 없다), 지역의 관계자들은 정책을 성공적으로 집행할 수 없을 것이다. 불행하게도, 정책은 집행 단계 동안 발생하는 쟁점에는 거의 신경을 쓰지 않은 상태에서 단순히 위임된다. 마치 말만 하면 그렇게 이루어지는 것처럼.

Experimental Education Project(EEP)는 새로운 정책안을 집행하는 것이 어렵다는 것을 보여준다. 1970년대 초, 지금은 연방 교육부로 변경된 National Institute of Education(NIE)은 위기 상태에 있는 4백여 명의 10대 청소년들을 지원하기 위해 설계된 Experimental Education Project를 후원하였다. 불행하게도, 이 프로그램은 분명하게 정의된, 현실적인 목표가 없었기 때문에 실패했다(Larson, 1980). 3년에 걸쳐 참수업 및 참평가(authentic assessment)를 실행한 두 곳의 중학교 및 두 곳의 고등학교를 대상으로 한 연구에서, Prestine과 McGreal(1997)은 좋은 의도에도 불구하고, 학교는 정책을 효과적으로 집행하고 변화를 이끌어 내기 위해 필요한 역량, 자원 및 지원이 부족하였다는 것을 발견하였다.

또한 성공적인 정책 집행을 위해서 다른 정부 수준의 행위자와 기관들의 연계가 필요할 때, 연구자와 평가자들은 참여자들 간의 조직 문화상의 차이를 간과하는 경향이 있다. 예를 들어, 주 교육부 직원들은 서비스 지향보다는 명령 준수 패러다임하에서 업무를 수행한다(Madsen, 1994). 주 교육부의 문화는 규제 문제와 프로그램 이행사항 준수에 영향을 크게 받는다. 이것은 집행의 성공을 좌우하는 일선 행정가들 사이에서 분노와 저항을 낳는다.

일선 현장의 행정가

일선 현장의 행정가들은 학교에서 정책이 집행되는 정도를 결정하는 데 있어 중요한 역할을 담당한다. 이완 구조의 교육 체제에서 일선 현장의 행정가들은 폭넓은 결정권을 행사하고 상급 조직에 대해 상당한 자율권을 가지고 있다. 예를 들어, 교사들은 행정가들로부터 거의 감독을 받지 않는다. 정책과 프로그램에 대한 균등하고 효과적인 집행을 위한 헛된 시도로, 행정가들과 주 수준의 정책 결정가들은 일선 현장 행정가들의 권한을 줄이려고 시도할 것이다.

그러나 Lipsky(1980: 19)는 그의 고전적인 연구에서 일선 현장의 행정가들은 "이러한 노력들을 종종 불법적으로 보고 있으며, 어느 정도 성공적으로 저항하고 있다."고 지적한다. 어떻게 저항할까? 일선 현장의 행정가들은 "최소한의 일을 수행하거나 관리자들을 속이기 위해 엄격하게 과업을 수행함으로써" 특정 종류의 업무 수행을 거부할 수도 있다(p. 24-25). 정책 집행에 관한 연구에서 McLaughlin(1987: 172)은 정책 집행자들은 "말한 대로 항상 하는 것은 아니고, 항상 정책 목적을 최대화하기 위해 행동하지도 않는다."고 주장하였다. 예를 들어, 교사들은 교육과정 개혁과 같은 자기들이 싫어하는 정책들을 집행하기를 거절하거나 상당 부분 정책을 수정할 수도 있다. 일단 교실 문이 닫히면 무엇이든 일어날 수 있고 또 아무 것도 일어나지 않을 수도 있다. Prestine과 McGreal(1997: 393)의 주장처럼 "만약 교사들이 변화의 필요성을 믿지 않는다면, 변화가 교실의 한 부분으로 녹아들지는 않을 것이다."

정책 결정자들은 새로운 정책안이 대체하고자 하는 정책보다 더 좋으며, "정책 지시사항들에 포함되어 있는 것이 '올바른' 정책"이라고 생각한다(McLaughlin, 1987: 174). 그러나 교사들이 개혁의 집행을 지지한다 하더라도, 정책을 집행하는 동안 나타나는 장애와 문제점들을 확인하고 대처할 수 있도록 지역의 의사 결정가들에게 권한을 부여하는 피드백 기제(mechanism)를 가지고 있는 정책은 거의 없다(Gross, Giacquinta, & Bernstein, 1971: 201; Jennings, 1996).

에너지, 건강, 교육, 환경과 공공주택에 관한 프로그램의 실패에 관한 연구에서, Larson(1980: 2)은 (1) 애매하고 비현실적인 목표, (2) 부실한 집행 절차, (3) 정부 간 행동의 복잡성, (4) 외부 경제 환경의 여러 요인들 등 프로그램이 실패하는 네 가지 이유를 제시하였다.

정책이 제대로 정의되지 않고 분명하지가 않을 때, 정책 집행자들은 "정책 내용에 대한 상충적인 관점을 가지게 되고", 이는 입법 취지에 대한 다양한 해석을 낳게 된다. 쟁점을 더욱 복잡하게 만드는 것은, 주요 정치 행위자들의 구성 변화에 따라 또는 "집행에 따른 현실적인 압력에 대한 반응"으로 시간이 지남에 따라 프로그램의 목표가 바뀐다는 것이다(Larson, 1980: 3). 집행에 따른 정치적 경쟁의 결과로써 집행 단계에서 목표는 빈번하게 정의(혹은 재정의)된다(Bardach, 1977).

Peter(1986)와 Browne과 Wildavsky(1984)는 집행을 방해하는 여러 가지 요인들을 제시하였다. 이러한 요인들에는 (1) 법률의 명확성과 구체성 결여, (2) 정책이 해결하고자 하는 실제 문제에 대한 이해 부족(산만한 정책 대상), (3) 다양하고 상충된 목표, (4) 조직의 분열, (5) 조정 결여, (6) 조직내 부적절한 의사소통, (7) 충분하지 않은 시간, (8) 부적절한(흔히 빈약한) 계획 등이 있다. Peter(1986: 84)는 "결과를 실현시키도록 하는 것보다 의도된 행동을 막는 방법들이 더 많이 있다. … 집행이 성공하는 것은 작은 기적에 가깝다."라고 주장하였으며, 이는 20년 전 ESEA에 관한 연구에서 Bailey과 Mosher(1968)가 내린 결론과 일치한다.

McLaughlin(1990)에 따르면, 특히 여러 정책 행위자들이 정책 집행에 완전히 헌신하지 않을 때, "정책이 실제를 바꾸기는 대단히 어렵고, 특히 여러 정부 수준을 가로지르는 경우 더욱더 그러하다."(p. 12). 흔히, 반대자들은 뒤로는 기여를 거의 하

정책사례

초중등교육법(ESEA) 시행

1965년, 연방 의회는 교육을 위한 가장 대규모의 보상적 성격을 가진 연방 정부 보조 프로그램인 Elementary and Secondary Education Act를 통과시켰다. 논란이 된 이 법안을 통과시키기 위해, 비록 종교 교육을 위해서는 보조금을 사용할 수는 없지만, 공립학교와 교구 학교 모두에게 재정 지원이 가능하도록 조항이 만들어졌다. 이 타협안은 가톨릭 유권자들 및 이들 유권자들의 반응에 민감한 의회 의원들의 요구를 수용한 것이다. 비록 이 보조금은 (공평한 경쟁에 도움을 주기 위해) 빈곤한 가정의 아동들을 원래 주된 대상으로 하였지만, 이 법안은 전국에 있는 거의 모든 학교구에 연방 정부의 재정 지원을 제공하도록 개정되었다. 따라서 이 법은 연방 정부의 보조금을 도시의 학교들, 저소득층 또는 다수를 이루는 소수계 인종들에게 제공하는 것만은 아니었다. 양 정당의 지원을 확보하기 위해, 연방 정부의 예산은 폭넓게 배분되어야만 했다. 사실, 전국 모든 학교구들의 95%가 ESEA를 통해 재정 지원을 받았다. 추가적인 재정 지원을 통해, 학교는 보조교사를 채용하고, 도서관 자료와 교육과정 관련 보충 자료를 구매하며, 보상 교육 프로그램들을 운영할 수 있었다.

ESEA는 정책과 프로그램이 시행되면서 얼마나 크게 수정될 수 있는가를 보여주는 고전적인 연구이다. 법의 집행에 책임을 맡고 있는 연방 교육부는 가난한 아동들을 위한 교육 기회의 균등화를 위한 사전 준비 역할을 수행하지 않았다. 표를 얻기 위한 선심성 사업으로, 연방 정부의 보조금이 전국의 학교구로 폭넓게 분배되어서 가난한 아동들이 거의 없는 부유한 학교구도 지원을 받을 수 있게 정책과 규정들이 만들어졌다. 결과적으로 원래는 공평한 경쟁의 기회를 제공하고 교육적 불평등을 보상하기 위한 방안으로 구상된 법안은 시행 과정을 통해 부유한 학교구는 필요하지 않은 값비싼 것들을 살 수 있게 하고, 가난한 학교구는 교과서와 같은 아주 필요하지만 기본적인 것들만 제공하는 형태로 변환되었다.

직원채용은 ESEA를 시행하는 초기에 문제가 되었다. Larson(1980)이 주장한 바와 같이, "Title I의 관리는 Division of Program Operations이 맡았는데", 이 부서는 이러한 엄청난 프로그램을 시행하기 위한 인원이 부족하였고 준비도 되어 있지 않았다(p. 55). Larson(1980)에 따르면, "미연방 교육부는 직원이 부족하였고, 경험도 없었으며, ESEA 프로그램에 대한 연방 의회의 의도도 확실하게 이해하지 못한 상태였다."(p. 59). ESEA의 애매한 입법 목표는 이 법이 처음 통과된 이후 많은 개정을 거친 후에야 보다 명확하게 되었다(Larson, 1980).

지 않지만, 공개적으로는 프로그램 요소에 크게 기여한 것처럼 행동하는 "형식주의(tokenism)"를 사용한다(Bardach, 1977: 98). 형식주의와 같은 전략은 정책 집행의 책임을 지고 있는 사람들이 정책 그 자체에 동의하지 않을 때(앞에 제시된 법원 주도의 인종 차별 폐지 사례에서처럼) 흔히 나타난다. 또한 프로그램이나 정책의 성공 여부 또는 정책의 존폐 여부에 대한 행위자들의 판단도 집행에 대한 헌신에 반영된다(Bardach, 1977).

끝으로, 연구자와 실무자들은 지역 집행자들을 획일적이고 통일된 집단으로 취급하는 경향이 있는데, 실제적으로는 지역 수준의 집행자들 사이에는 상당한 차이가 존재한다. Madsen(1994)은 정책 집행이 실패하는 주요한 원인의 하나로 학교구 및 일선 현장 행정가들 간의 의견 차이를 들고 있다. 학교구 행정가들에 관한 연구에서, Madsen은 "많은 행정가들은 서로 상이하게 개혁 프로그램을 해석하고 있었다. 프로그램에 동의하지 않을 때, 행정가들은 종종 프로그램을 방해한다."고 언급하였다(p. 162). 따라서 갈등은 상이한 정부 수준의 정책 결정가들 사이에서와 마찬가지로 지역 수준의 행정가들 사이에서도 나타나며, 이는 정책 집행 과정을 더욱 복잡하게 만드는 요인의 하나이다.

성공적인 정책 집행

규범적 차원

절실하게 필요한 교육 개혁을 집행하고자 하는 정책 결정가들을 지나치게 부정적이고 낙담시키지 않게 하기 위해서, 성공적인 정책 집행에 기여하는 핵심적인 조건을 분명하게 밝혀야 한다. 첫째, 프로그램의 목적과 정책은 분명하고 모든 주요 이해당사자 집단들이 동의해야 한다(Sabatier & Mazmanian, 1981). 이상적으로는 모든 주요 이해당사자들, 즉 정책을 만드는 사람과 정책 집행을 책임지는 사람들 사이에 가치에 대한 동의가 이루어져야 한다. 프로그램의 목적에 대한 합의를 이끌어 내는 것은 여러 해가 걸릴 수도 있다(Madsen, 1994; Pressman & Wildavsky, 1984). 지역의 의사 결정자들은 정책을 집행할 의지를 가질 필요가 있다. 이들은 정책이 성공하기를 원하고 가치 갈등을 해결하기 위해 다른 참여자들과 긴밀하게 협동해야 한다. Lason(1980)은 이를 규범적 정당화라고 말한다. 어떤 프로그램이나 정책이 효과적이기 위해서는 정책 집행을 책임진 사람들과 이에 영향을 받는 사람들 모두가 프로그램의 목표에 동의해야 한다.

구조적 차원

둘째, 프로그램 혹은 정책이 다루고자 하는 문제점은 해결될 수 있어야 한다. Sabatier와 Mazmanian(1981)은 "정부 프로그램의 집행과 관련된 어려움과는 별도로, 일부 사회문제는 다른 것보다 다루기가 훨씬 더 쉽다"(p. 6)고 말한다. Bardach(1977)는 "정부 정책으로 다룰 가치가 있는 사회적 프로그램은 심각하고 복잡한 문제일 가능성이 크고, 따라서 쉬운 해결책 또는 개선조차도 쉽지 않다."고 주장한다(p. 251).

예를 들어, Sabatier와 Mazmanian(1981)이 제시한 문제의 "해결 가능성(tractability)"에 영향을 미치는 네 가지 변인들 혹은 조건들을 살펴보자.

1. 타당한 이론은 행동 변화와 문제 개선[1]을 연결시켜 준다. 즉, 필요한 기술이 존재한다. 그리고 문제의 심각성상의 변화를 측정하는 것은 크게 비용이 들지 않는다.
2. 문제 원인이 되는 행동 실제의 변화 최소화
3. 대상 집단은 정치권 내에서 쉽게 확인할 수 있는 소수 사람들로 구성된다.
4. (요구되는) 행동 변화의 양은 적당하다(p. 9).

이러한 조건을 쉽게 충족시키는 교육 개선을 위한 정책들은 거의 없다. 예를 들어, 교수-학습상의 변화를 집행하는 것은 "학교 조직과 관리(governance)상의 변화를 집행하는 것과 완전히 상이한 활동이다."(Prestine & McGreal, 1997: 391). 변화를 효과적으로 집행하기 위해 우리는 "낡은 위계적 구조, 깊게 뿌리박힌 조직 구성, 그리고 전통적 권력관계를 분석하고 변화시킬 필요가 있다."(Prestine & McGreal, 1997: 396). 교육정책을 성공적으로 집행하기 위해 요구되는 개인 및 조직 변화는 학습과 의사소통을 촉진하는 조직 문화를 필요로 한다. Reimers와 McGinn(1997)은 "정책이 학교에 착근할 수 없는 중요한 이유는 이런 대화와 조직학습을 촉진하는 상황이 조성되지 않는다는 것이다."라고 주장한다(p. 39).

여러 수준에 걸쳐 다양하며 경쟁하는, 갈등관계에 있는 이해관계와 구성원, 불명확한 기술, 구성원들의 유동적인 참여, 그리고 외부 환경의 큰 영향력을 특징으로 하는 이완 구조의 특성 때문에 학교가 해결하고자 하는 많은 문제들은 공공정책의 다른 영역보다 다루기가 훨씬 더 어렵다. 이완 구조상에서 집행시 나타나는 문제점들을 극

1) Bardach(1977) 역시 타당한 이론을 바탕으로 한 정책의 중요성을 강조한다. 그는 "만약 그 이론이 근본적으로 정확하지 않다면, 정책이 아무리 잘 집행된다고 하더라도 실패하게 될 것이다."라고 주장한다(pp. 251-252).

복하기 위해, 저항을 극복하기 위해 충분한 제재와 유인책을 제공하며 “집행 과정에서 거부점(veto points)의 수”를 최소화해야 한다(Sabatier & Mazmanian, 1981: 14). 집행 기관의 의사 결정 규칙은 “법정 목적의 달성 쪽으로 치우쳐야” 한다(Sabatier & Mazmanian, 1981: 14).

구성적 차원

McLaughlin(1987)은 “효과적인 정책 집행은 압력과 지원 간의 전략적 균형을 필요로 한다.”고 주장하였다(p. 171). 압력은 새로운 정책안에 대한 주의 집중에 도움을 주고, 개혁 노력에 대한 합법성을 제공하며, (규칙과 지시를 통해) 보호해 준다. 예를 들어, McLaughlin은 연방 정부 Chatper I 프로그램용 기금에 대한 “연방 정부의 요구사항이 없었다면” 지역의 정책 결정자들은 이를 전용할 수도 있었을 것이라고 주장한다.”(p. 171). 적절한 지원은 성공적인 집행을 하는 데 중요하다. 결국, McLaughlin은 “조직은 혁신하거나 변화를 집행하지 않는다. 개인이 그렇게 한다.”고 주장한다(p. 174). 그리고 특히 변화의 방향에 동의하지 않는 경우, 사람의 행위를 변화시키는 것은 단순한 과업이 아니다(Sarason, 1982). 저항은 낡은 사고방식, 습관, 게으름, 두려움, 그리고 현재의 상황을 유지하고자 하는 기득권 등 여러 가지 원인에서 나타난다(Browne & Wildavsky, 1984; Evans, 1996; Weimer & Vining, 1992). 이런 문제들을 극복하기 위해 모든 참여자들 간에 개방적이고 활동적인 의사소통이 필요하다(Madsen, 1994).

변화에 대한 심리적 저항을 탁월하게 분석한 『In The Human Side of School Change』에서, Evans는 정책 결정가들이 특히 교육 개혁과 같은 정책 집행은 사람들의 행동 변화를 필요로 한다는 것을 종종 이해하지 못한다고 주장한다.

예를 들어, 학교 개혁은 조직 운영상의 변화뿐만 아니라 사람들의 행위에 대한 근본적인 변화를 요구한다. 그리고 이러한 변화는 개인적인 형태로 사람들을 위협한다(Huberman & Miles, 1984). 변화는 이들의 직업관, 그리고 더 나아가 자아 개념과 직업적 정체성에도 의문을 제기한다. 중견 교사들보다 신임 교사들이 여러 가지 학교 개혁안들을 더 쉽게 받아들인다는 것은 우연이 아니다. 개혁가들은 개혁의 필요성이 명확하면 개혁이 충실하게 집행될 것이라는 순진한 생각을 종종 한다. 그러나 계획된 변화 노력에 대한 저항에 관한 연구들은 이러한 가정이 잘못되었다는 것을 입증한다. 성취도가 가장 낮은 학교들에서조차 변화 노력은 강한 저항에 종종 직면하고 있다.

좋은 의도에도 불구하고, “정책 효과가 간접적이고 조직 맥락에 의해 조정되기 때문에 ‘경이적인(slam bang)’ 정책 효과가 나타나는 경우는 거의 없다.”는 것을 기억해야 한다(McLaughlin, 1987: 175). 정책 집행 단계 동안, “정책은 집행 단위의 상황에 따라 변환되고 조정된다."(McLaughlin, 1987:175). Browne와 Wildavsky(1984)는 적응을 집행 과정의 진화적 특성으로 본다. 이들은 정책이 "환경과 서로 상화작용을 하면서 환경에 대한 반응으로 변화한다."고 주장한다(p. 208). 효과적인 전략은 (프로젝트와 제도 환경의) 상호 적응을 촉진한다(McLaughlin, 1990). 정책이 실제로 전환됨에 따라, 효과적인 정책 집행은 다른 환경에서 다른 의미를 가질 수 있다(McLaughlin, 1987:175).

기술적 차원

지역의 의사 결정자들은 제안된 개혁안을 집행할 수 있는 역량을 가지고 있어야 한다. 여기에는 예산, 재료, 자원과 함께 적절한 전문적 기술 및 지식의 신장과 개혁을 집행하는 데 필요한 적절한 조직 배열이 포함된다. 정책과 프로그램이 규범적 동의하에 만들어지고 효과적인 집행을 위해 적절한 준비가 이루어진다고 가정해서는 안 된다. 정책은 종종 두 가지 주요 요소들 중 하나가 결여되고, 일부 정책들은 둘 다 결여된다. 그러나 잘못 계획된 정책일망정, 새로운 정책과 프로그램을 만들어 내는 형태에는 거의 영향을 주지 않는다.

파급 효과

게다가, 성공적으로 집행된 정책은 파급 효과(Spillover Effects: 2차 또는 의도되지 않은 효과)를 가져올 수 있다는 것을 기억하는 것이 중요하다. 어떤 문제를 성공적으로 해결한 정책은 또 다른 문제들을 낳을 수도 있다(Calista, 1994). "마약과의 전쟁"이 가져온 파급 효과가 대표적인 사례이다. 단기적인 면에서 볼 때, 성공적으로 판매업자들을 기소하는 것은 헤로인의 공급을 줄이지만, 이는 "헤로인 가격의 인상 및 중독자들이 더 많은 도둑질을 하게 만드는 원인이 된다."(Evans, 1996: 10). 마약 공급(그리고 사용)은 줄어들 수 있지만, 중독자들이 마약을 구하기 위해 노력하면서 폭력적인 범죄가 증가한다. 교육 분야의 경우, 성취도 향상을 위한 정책은 교사와 학생들의 효능감을 감소시키는 의도하지 않았던 결과를 낳을 수도 있으며, 이는 이들의 참여를 감소(그리고 아노미 현상 증가)시키는 결과를 초래한다.

더 나아가, 교육과 직접적인 연계가 없는 정책들도 종종 중대한 파급 효과를 가져온다. 예를 들어, 1950년대의 연방 정부의 주(州) 간 고속도로 프로그램은 미국의 교외화(suburbanization)를 더욱 부추겼다. 중산층들이 교외로 이주함에 따라 고용주와 소매상인들이 이들의 뒤를 따랐다. 과거와 비교할 수 없을 정도로 커진 교육적 요구를 가진 학생 및 점차 감소하는 세금원 등 이중고를 도시 학교구들이 겪게 됨에 따라, 이러한 사람, 직업, 부의 대량 이주는 도시 지역의 공교육을 황폐화시킬 정도로 위태롭게 하였다. 이 사례에서, 연방 정부 교통 정책이 우연히 질 좋은 교외 학교를 창출하는 데 기여하고, 도심 학교의 붕괴를 촉진하였을 수도 있다. 이 예는 정책의 상호 연계성, 정책의 성공적인 집행 그리고 의도하지 않은 결과를 설명해 주고 있다.

결론

이 장에 제시한 것과 같이, 교육 영역에서 정책을 집행하는 것은 어렵지만 매우 중요한 과업이다. 성공적인 정책 집행은 중요한 두 가지 요인들에 달려 있다. McLaughlin (1990)은 "정책 결과에 가장 중요한 것은 지역의 능력과 의지"라고 지적한다(p. 12). 연방 정부, 주 정부, 그리고 심지어 지역의 정책 결정가들은 이들 모두를 충분히 가지고 있다고 가정하곤 한다. 분화된, 이완 구조 내에서 교육 정책을 집행하는 것이 어려움에도 불구하고, 위에 제시된 조건하에서는 성공적인 정책 집행이 가능하다. 핵심적인 쟁점은 정확한 문제에 올바른 정책을 적용(attaching)하는 것이다. 흔히 많은 정책 실패는 실패한 정책 집행에 있는 것이 아니라 문제와 제시된 해결책 사이의 부조화에서 기인한다.

토론 문제

1. 초 · 중등교육법(ESEA)은 학교구 내의 위기 상황에 있는 아동의 교육 기회를 개선하기 위한 지역의 노력에 어떤 영향을 주었는가?
2. 거주하는 학교구의 초 · 중등교육법(ESEA) 집행을 평가하시오. 어떤 기준을 사용하고 왜 그 기준을 사용하는가? 정책 집행 과정의 성공 여부를 어떻게 평가하는가?

중요한 연구들

정책 집행에 관한 우수한 책들이 많이 발간되었지만, 네 권의 책을 고전으로 볼 수 있다. 이 책들 중에서 세 권, 즉 Bardach(1997)의 『The Implementation Game』, Lisky(1980)의 『Street-Level Bureaucracy』, 그리고 Pressman과 Wildavsky(1973)의 『Implementation』은 집행 단계에서 정책이 왜 성공하고 실패하는가를 생동감 있게 설명하며 집행 과정의 복잡성을 종합적으로 다루고 있다는 측면에서 주목할 만하다.

네 번째 책, Odden(1991)의 『Education Policy Implementation』은 교육 분야에서의 집행과 관련된 쟁점을 종합적으로 조망하고 있다.

Eugene Bardach의 『The Implementation Game』은 California 주의 정신 건강 개혁안을 실례로 하여 법률안이 법으로 통과된 후 어떤 일들이 일어났는지를 분석하고 있다. Bardach는 집행 과정을 일련의 자원, 목표, 행정을 위한 일련의 정치적 게임으로 개념화한다. 집행 과정에 나타나는 정치적, 조직적, 사회 · 경제적 쟁점들에 대한 주의 깊은 분석을 통해, Bardach는 법안이 법으로 통과된 후 프로그램과 정책을 저지할 수 있는 다양한 방법이 있음을 증명하고 있다.

Michael Lipsky의 『Street-Level Bureaucracy』는 아래로부터, 즉 정책과 프로그램을 직접 실행에 옮기는 지역 행정가들의 관점에서 집행 과정을 고찰한다. 자원, 목표, 성과, 고객과의 관계, 작업조건, 그리고 실행 유형과 관련된 쟁점들을 분석한 후, Lipsky는 일선 현장의 정책 결정가들은 정책 집행의 성공을 저해하는(또는 촉진하는) 상당한 권력을 가지고 있다고 주장한다. 1980년에 출판된 이후, 이 책은 집행 과정에 관한 이론 및 상향적 분석의 초석이 되고 있다.

"Washington의 큰 기대가 어떻게 Oakland에 전해졌는가? 혹은 연방 정부 프로그램이 성공을 거둔 것이 왜 놀라운 일인가?"라는 부제가 달린 Pressman과 Wildavsky의 책은 학술 문헌들 중 가장 재미있는 부제를 가지고 있는 책 중의 하나이다. 저자들은 Oakland에서 경제 개발을 통해 소수계 주민들의 일자리를 창출하고자 했던 Economic Development Administration의 노력을 분석한다. 저자들은 초기 정책 형성 단계에서부터 시작하여, 정책 집행의 어려움, 공동 행위(joint action)의 복잡성, 변화와 상호 적응으로서의 집행, 경험을 통한 학습 가능성 등을 포함한 정책 집행의 여러 측면들을 탐구한다.

끝으로 Odden의 『Education Policy Implementation』은 교육 분야에서 정책 집행과 관련된 한 쟁점만을 다룬 몇 권 안 되는 책 중의 하나이다. Odden이 편집한 이 책은 Jerome Murphy의 초 · 중등교육법(ESEA)의 Title I 분석과 Milbrey McLaughlin의 Rand Change Agent Study의 평가 등과 같은 교육 정책 집행에 관한 고전적 연구뿐만 아니라 독자적인 연구들도 담고 있다.

참고문헌

Allison, G. T. (1969). Conceptual models and the Cuban missile crisis. *American Political Science Review 63*(3), 689-718.

Bailey, S. K., & Mosher, E. K. (1968). *ESEA: The Office of Education administers a law.* Syracuse, NY: Syracuse University Press.

Bardach, E. (1977). *The implementation game: What happens after a bill becomes a law.* Cambridge, MA: MIT Press.

Baum, L. (1981). Comparing the implementation of legislative and judicial policies. In D. A. Mazmanian & P. A. Sabatier (Eds.), *Effective policy implementation* (pp. 39-62). Lexington, MA: Lexington Books.

Birkland, T. A. (2001). *An introduction to the policy process.* Armonk, NY: M. E. Sharpe.

Browne, A., & Wildavsky, A. (1984). Implementation as mutual adaptation. In J. L. Pressman & A. Wildavsky (Eds.), *Implementation* (pp. 206-231). Berkeley: University of California Press.

Calista, D. J. (1994). Policy implementation. In S. S. Nagel (Ed.), *Encyclopedia of policy studies* (2nd ed., pp. 117-155). New York: Marcel Dekker.

Cohen, D. K., & Spillane, J. P. (1992). Policy and practice: The relation between governance and instruction. *Review of Research in Education, 18*, 3-49.

Duke, D. L., & Canady, R. L. (1991). *School policy.* New York: McGraw-Hill.

Evans, R. (1996). *The human side of school change.* San Francisco: Jossey-Bass.

Fischer, F. (1995). *Evaluating public policy.* Chicago: Nelson-Hall.

Fullan, M. G. (with Stiegelbauer, S.). (1991). *The new meaning of educational change* (2nd ed.). New York: Teachers College Press.

Gross, N., Giacquinta, J. B., & Bernstein, M. (1971). *Implementing organizational innovations.* New York: Basic Books.

Huberman, A. M., & Miles, M. B. (1984). *Innovation up close.* New York: Plenum Press.

Jennings, N. E. (1996). *Interpreting policy in real classrooms: Case studies of state reform and teacher practice.* New York: Teachers College Press.

Larson, J. S. (1980). *Why government programs fail.* New York: Praeger.

Lipsky, M. (1980). *Street-level bureaucracy.* New York: Russell Sage.

Madsen, J. (1994). *Education reform at the state level: The politics and problems of implementation.* Washington, DC: Falmer Press.

Mazmanian, D. A., & Sabatier, P. A. (1981). Introduction. In D. A. Mazmanian & P. A. Sabatier (Eds.), *Effective policy implementation* (pp. xi-xv). Lexington, MA: Lexington Books.

McLaughlin, M. W. (1987). Learning from experience: Lessons from policy implementation. *Educational Evaluation and Policy Analysis, 9*(2), 171-178.

McLaughlin, M. W. (1990). The Rand change agent study revisited: Macro perspectives and micro realities. *Educational Researcher, 19*(9), 11-16.

Meyer, J. W., & Rowan, B. (1977). Institutionalized organizations: Formal structure as myth and ceremony. *American Journal of Sociology, 83*(2), 340-363.

Meyer, J. W., & Rowan, B. (1983). The structure of educational organizations. In J. W. Meyer & W. R. Scott (Eds.), *Organizational environments: Ritual and rationality* (pp. 71-97). Beverly Hills, CA: Sage.

Odden, A. R. (1991). The evolution of education policy implementation. In A. R. Odden (Ed.),

Education policy implementation (pp. 1-12). Albany: State University of New York Press.

Peters, B. G. (1986). *American public policy: Promise and performance* (2nd ed.). London: MacMillan Education.

Pressman, J. L., & Wildavsky, A. (1984). *Implementation* (3rd ed.). Berkeley: University of California Press.

Prestine, N. A., & McGreal, T. L. (1997). Fragile changes, sturdy lives: Implementing authentic assessment in schools. *Educational Administration Quarterly, 33*(3), 371-400.

Reimers, R., & McGjnn, N. (1997). *Informed dialogue: Using research to shape educational policy around the world.* Westport, CT: Praeger.

Reyes, P. , Wagstaff, L. H., & Fusarelli, L. D. (1999). Delta forces: The changing fabric of American society and education. In J. Murphy & K. Seashore Louis (Eds.), *Handbook of research on educational administration* (2nd ed., pp. 183-201). San Francisco: Jossey-Bass.

Rowan, B., & Miskel, C. G. (1999). Institutional theory and the study of educational organizations. In J. Murphy & K. Seashore Louis (Eds.), *Handbook of research on educational administration* (2nd ed., pp. 359-383). San Francisco: Jossey-Bass.

Sabatier, P. A., & Mazmanian, D. A. (1981). The implementation of public policy: A framework of analysis. In D. A. Mazmanian & P. A. Sabatier (Eds.), *Effective policy implementation* (pp. 3-35). Lexington, MA: Lexington Books.

Sarason, S. B. (1982). *The culture of schooling and the problem of change* (2nd ed.). Boston: Allyn & Bacon.

Smith, M. S., & O'Day, J. (1990). Systemic school reform. In S. H. Fuhrman & B. Malen (Eds.), *The politics of curriculum and testing* (pp. 233-267). London: Falmer Press.

Weick, K. E. (1976). Educational organizations as loosely coupled systems. *Administrative Science Quarterly, 21*, 1-19.

Weick, K. E. (1982). Administering education in loosely coupled schools. *Phi Delta Kappan, 63*(10), 673-676.

Weick, K. E. (2001). *Making sense of the organization*. Malden, MA: Blackwell.

Weimer, D. L., & Vining, A. R. (1992). *Policy analysis: Concepts and practice* (2nd ed.). Upper Saddler River, NJ: Prentice Hall.

제5장

교육 개선을 위한 평가 활용

정책 결정과 정책 개선 과정에서 핵심적이고 총괄적인 단계는 법, 규칙과 교육 프로그램의 효과와 집행을 평가하는 것이다. 어느 학자에 따르면, "정책 과정의 최종 단계는 어떤 정책의 채택 및 집행의 결과, 그리고 필요하다면 정부의 현행 정책상의 변화 결과로 인해 어떤 일이 일어났는가를 평가하는 것이다."(Peters, 1986: 133). 또 다른 학자는 "확실히, 정책 연구자들은 무엇이 효과가 있는지를 밝히는 것이 그들의 역할이기 때문에, 정책 결과에 상당한 관심을 기울여야 한다."고 설명한다(Kerr, 1976: 212).

제2장의 [그림 2.1]에 제시되어 있는 것과 같이, 교육 정책 결정의 체제 모형은 평가와 피드백을 필요로 한다. Wirt와 Kirst가 기술한 바와 같이, 교육 정책은 새로운 요구들과 투입의 결과이고, 이는 학교를 조직하고 재정을 지원하고 관리하고 통제하는 방식에 영향을 미친다. 이러한 체제 접근의 산출물에는 수업 시간, 수업 시수, 학생의 시험 결과, 사회에서 자신의 역할을 담당할 준비가 된 잘 교육받은 학생들 등이 있다. 정책 과정의 최종 단계는 정책을 수정하고 더 효과적으로 실행하도록 하기 위해 정보를 제공해 주는 피드백 과정인 평가이다.

그러나 교육 정책 평가 과정은 문제가 많으며, 그 문제들의 일부분은 규범적(이데올로기적)이고, 구조적(조직적)이고, 구성적(정치적)이고, 기술적(실제적)이다. 예를 들면, 어느 사설에서, Finn(2000)은 데이터를 수집해서 연방 교육 정책을 평가하려는 연방 정부의 노력을 비판하면서, 다음과 같이 주장하였다.

> 연구자의 역할은 모든 측면에서 문제들을 가지고 있다. 예를 들면, 사소한 주제

에 관한 조잡한 연구, 정치적 요청과 정책 선호에 맞추기 위한 왜곡된 연구, 예산을 많이 요구하고 폐지할 수 없는 실험실과 센터 및 거짓된 프로젝트에 지원되는 빈약한 예산, 전도유망하나 다루기 민감한 주제 회피, "진정한(real)" 과학(혹은 심지어 사회과학)의 기준을 거의 따르지 않는 연구들, 확고한 결론에 이르지 못하는 연구 그리고 확실한 결론에 도달했을 경우 거의 전파되지 않고 대부분 무시되는 연구 등이다(p. 48).

보다 좋은 정책 평가를 향한 경향

과거의 교육 정책 평가가 가지고 있는 여러 가지 단점들에도 불구하고, 앞으로는 정책 결정의 개선을 가져올 질 높고, 시의적절하며, 잘 유포된 평가결과를 얻게 될 것이다. 일련의 동향들이 정책 평가의 개선을 가능하게 하고 있다.

요구와 학습. 정책 결정가들이 특정 프로그램이 얼마나 잘 운영되고 있는지, 그리고 프로그램에 참여하는 사람들이 자신의 향상에 대해 더 많이 알고 싶어 하게 됨에 따라, 더 좋은 교육 정보에 대한 압력이 연방 정부의 프로그램에까지 이르고 있다. Howlett과 Ramesh(1995)는 "아마도 정책 평가의 가장 큰 이점은 정책 평가가 가져온 직접적인 결과가 아니라 이에 수반한 정책 학습의 과정일 것이다. 정책 행위자들은 자신들이 관여한 정책에 대한 공식적, 비공식적 평가로부터 끊임없이 학습하고, 자신들의 입장을 수정한다."고 주장한다(p. 170; 또한 Pressman & Wildavsky, 1973 참고).

성취기준 운동이 전국을 휩쓸고 지나가면서, 학생 성취도, 학교의 질, 교사 효과성, 프로그램의 효과에 관한 더 좋은 데이터의 요구는 모두 더 향상된 평가, 즉 학생 성취도 및 시스템 성과 자료의 "가치 부가 모형들(value added models)"에 대한 요구 증가와 결부되었다(Sanders, 1998; Sanders, Saxton, & Horn, 1997 참고).

전자 시스템. 전자 정보의 활용성 증대는 교육자들에게는 학교 투입에 대한, 부모와 지역사회에는 학교의 산출에 관한 유용한 자료를 제공한다. 연방, 주와 지역의 정보를 인터넷에 올리는 것이 급속하게 이루어지고 있다. 학교구는 학생, 학교 및 프로그램별로 시험결과와 인구학적 데이터를 분류하고, 학생 유형별, 과목별, 학교별로 정보를 자세하게 분석하는 등 스스로를 평가할 수 있다. 인터넷(학교구의 통신망)과 웹상에서 데이터를 즉각적으로, 폭넓게 이용할 수 있게 될 것이기 때문에, 평가는 자동적이고 일반화될 것이다.

각 수준 간의 협력. 연방과 주 교육 당국은 점차 기준을 설정하고 시험결과가 일정 수준 내지는 기준에 도달할 것을 요구하고 있으며, 따라서 주 및 연방 수준, 그리고 주와 학교구 간의 상호관련성은 전례 없이 증대되고 있다. 또한, 이러한 새로운 평가 노력을 도와주는 것이 학생평가용 시험문항 작성에서부터 기준을 분석하고 이를 온라인에 탑재하는 것에 이르기까지 모든 일을 수행하는 민간 영리·비영리 회사들이다. 이러한 풍부한 새로운 관계(정부 간 및 분야 간)는 보다 좋은 평가에 대한 요구를 증대시키는 평가 운동을 구체화할 뿐만 아니라 이 목적을 달성하는 데 필요한 수단과 지원을 제공하고 있다.

더 높아진 성취기준, 더 향상된 평가. 오늘날 미국 교육에서 가장 강력한 운동은 성취기준을 끌어올리는 일이다(Doyle & Pimentel, 1999 참고). Doyle의 말을 인용하면, 보다 높은 기준이 설정될 때, 보통 그것이 달성된다. 그리고 "이 기준을 달성하는" 과정에는 더 많은 데이터와, 더 좋은 분석과, 더 높은 정보 접근성과, 향상된 정책 평가가 요구된다.

정책 평가 과정

평가 과정은 교육 정책 결정 과정의 마지막에 이루어지며, 항상 복잡함에도 불구하고 상당히 논리적이어야 한다. 세 가지 질문이 교육에서 평가 과정의 핵심이 된다.

1. 정책이 계획에 비추어 볼 때, 어느 정도로 실행되었는가?
2. 목적을 달성하는 데 정책이 얼마나 효과적이었는가?
3. 더 향상된 정책이나 프로그램을 통해 교육을 개선하기 위해서는 무엇을 해야 하는가?

이 질문들은 매우 분명해 보인다. 비록 항상 체제적, 상대적인 방식으로 하지는 못하지만, 교육자들은 규칙적으로 자신들의 활동을 평가해야만 한다.

정책 평가 정의하기

정책 평가는 몇 가지 중요한 핵심 요소들로 구성된다.

언제? 정책 평가의 시기는 아주 중요하다고 할 수 있다. 정책 평가가 너무 늦어져서 정책이 갱신되거나 다시 예산 지원을 받을 때 추가되는 것을 우려하는 사람들도 있다. 새로운 정책이 정확한 효과를 거두고 이를 평가할 수 있게 되기까지는 몇 년이 걸리며, 몇 개월이나 1년 가지고서는 새로운 프로그램이 정착할 수 없다고 주장하는 사람들도 있다. 따라서 교육 정책 평가에 관한 정의에서 쟁점이 되는 한 가지는 '언제 평가를 시작할 것인가, 얼마나 오래 평가를 지속할 것인가, 그리고 새로운 정책이 정착되어 효과를 보고 있다는 것을 어떻게 설명할 것인가?' 이다.

어떻게? 때때로 연구자들은 새로운 정책과 그 효과를 평가하는 가장 좋은 방법에 대해 언쟁을 벌인다. 사례 연구법을 사용해서, 특정 장소나 프로그램에 대한 평가를 수행하는 것이 가장 효과적인가? 또는 프로그램과 사용자들을 표집하여 시행하는 횡단적 연구가 더 좋을까? 아니면, 학교 변화의 시행과 생존에 중요한 주요 관계자들, 그리고 이들의 인식과 생각을 참여 · 관찰하는 보다 자연주의적인 방법을 사용해야 할까? 최근에 이루어진 조사와 통계적 방법, 그리고 정책을 사용하는 사람들이 생각하는 정책의 의미를 이해하기 위한 보다 질적인, 맥락적인 방법을 함께 사용하는 혼합 설계를 주장하는 사람들도 있다(Shapiro, 1988).

누구에 의해? 교육 정책 평가에 있어 또 다른 관심사는 누가 연구 수행에 대한 책임을 지고, 누가 연구 수행 과정을 통제하는가 하는 것이다. 참여를 최대화하고 과정과 결과에 대한 주인의식을 갖게 하기 위해 학교 체제와 주 정부는 자체적으로 연구 노력을 기울여야 한다고 주장하는 사람들도 있다. 반대로 정책 집행 및 그 영향에 대한 진정한 연구는 이해관계가 적고 체제를 통제하는 관계자들과 갈등을 일으킬 수 있는 결과를 제안할 수 있기 때문에, 외부 집단이나 기관에 의해서만 이루어져야 한다고 주장하는 사람들도 있다. 따라서 정책 평가를 정의할 때, 참여할 기관과 핵심 이해관계자들에 대한 비용과 편익을 결정하는 것이 중요하다.

어떤 목적을 위해? 또 다른 쟁점은 명시되거나 명시되지 않은 평가의 목적이다. 만약 어떤 프로그램이 효과가 없다면, 평가의 결과는 그 프로그램을 종결하는 것이어야 하는가, 변화시켜야 하는 것이어야 하는가, 아니면 완전히 새로운 정책을 도입하는 것이어야 하는가? 주와 연방 정부 수준의 교육 정책은 특정 지도자(예를 들면, "교육 대통령 혹은 교육 주지사")와 동일시되며, 따라서 법이나 규정의 제정을 도운 지도자뿐만 아니라 교육 프로그램의 실패를 이용하고 싶어 하는 반대당의 지도자들도 평가를 면밀하게 주시하고 있다. 따라서 정책 평가는 사고와 연구를 단순하게 실행하는 것이 아니라 평가 과정에 필수적인 행위에 영향을 미친다.

누구의 이익을 위해? 끝으로, 정책 평가는 일부 집단에는 이익이 되고 다른 집단에는 불이익을 줄 수 있다. 교실에서 그리고 더 일반적으로는 학교 체제 내에서의 직업, 일과 평판은 정책의 집행과 관련되어 있다. 평가는 누가 승진하거나 강등되는지, 누가 고용되거나 해고되는지, 어떤 정책이 실패할 경우 누가 인정을 받고 비난을 받는지 등에 영향을 미친다. 따라서 비용/편익 분석은 정당(민주당과 공화당) 그리고 핵심 지도자들(주지사, 대통령, 교육감, 교사단체, 주 교육감)과 관련되어 있을 수 있다.

정책 분석 및 평가의 역사

Charles P. Merriam의 "현명한 기획"에 관한 생각에서부터 Harold Lasswell의 "정책학"의 개념을 거쳐서 Lindblom(1980)의 연구에 이르기까지, 이러한 연구들은 풍부한 역사를 형성하고 점점 정교화되는 영역의 틀을 형성하고 있다. Garson(1986)은 이 분야를 개념화하고, 인도주의적 및 민주적 관심에 의해 완화된 과학적 엄밀성의 필요성을 이해한 사람으로서 Lasswell의 중요한 역할에 초점을 맞추고 있다. 정책 학자들은 다음과 같은 사항을 필요로 한다고 Lasswell(1963)은 주장한다.

> 전 세계 도처에서 발견되는 경향을 신속하게 조사하고, 이러한 경향의 방향과 강도를 설명하는 조건 요인을 (소급적으로) "예측"하며, 상상 가능한 미래의 조건 요인의 영향하에서 이러한 경향들이 표현되는 방법을 예측하며, 미래의 조건 요인들의 발생 가능성을 예측하고, 미래 요인군들의 개연성을 조정할 수 있는 전략을 서술하며, 과거와 미래 사건의 순서를 목적 설정과 연결시킬(우리의 경우, 가장 광범위하게는 인간의 존엄성—그리고 다른 발달된 삶의 형태—실현이라는 목적) 필요가 있다(Lasswell, Garson에서 재인용, 1986: 7).

Fry와 Tompkins(1978)는 정책 연구와 평가는 이 책에서 사용하고 있는 것과 같이 다차원적 관점을 필요로 한다고 주장한다. 즉, 정책 분석은 (1) 연구의 틀을 만들고 프로그램의 효과성을 결정하는 데 도움을 주기 위한 효과성, 효율성, 적시성, 평등성, 민주성 등과 같은 규범적 준거, (2) 교육 정책이 만들어지고 평가되는 맥락 또는 사회적, 경제적, 정책 환경, (3) 특정 정책이나 프로그램의 형성, 집행, 적용, 성장, 변화, 혹은 종결과 같이 일련의 단계를 가정하는 순서(sequence), (4) POSDCoRB 즉, 기획, 조직, 인사, 지시, 조정, 보고, 예산 편성 등과 같은 기본적인 기능에서부터 파산 선고와 상호 협상과 같은 최근의 기능에 이르기까지 정책 분석가들이 정책의 역할 및 활동을 밝히는 데 사용하는 기능, (5) 합리적 포괄적 절차 대 보다 정치적으로 조정되거나 "만족화" 과정과 같은 용어들을 포함하는 절차 등을 필요로 한다(Simon, 1985). 어떤 차원—규범적, 구성적, 구조적, 혹은 기술적—이든 간에, 학교 정책을 평가하는 과정은 교육 체제의 가치, 요구와 조직과 관련하여 중요하고 유익하다.

아마도 학생들의 학습—그리고 이에 따른 교육과정 및 수업 관련 정책의 효과성 평가—을 측정하려는 가장 야심찬 시도는 National Assessment of Educational Progress(NAEP)일 것이다. NAEP를 시행하는 National Center for Education Statistics(NCES)는 "학생들이 너무 많은 시간을 시험을 치르는 데 소비하고 있다고 주장하는 교육자들의 비판"에 직면해 있다(Hoff, 2001: 1). 7개 주의 학교들은 45분간의 수학 및 과학시험에 충분한 관심을 보이지 않았고, 시험을 중단했다. 다른 6개의 주에서는 시험결과를 타당화하는 데 필요한 표본의 크기를 위협할 정도로 관심 있는 학교의 수가 최소한에 이르고 있다. 예를 들어, Florida 주는 NAEP 시험이 그 주 자체에서 실시하는 시험인 Florida Comprehensive Assessment Test와 비슷하기 때문에 NAEP 시험을 폐지하였다.

그러나 『Handbook of Educational Policy』에서, National Assessment Governing Board의 M. R. Bourgue(1999)는 "최근 연방의 예산 지원에 의해 이루어진 많은 다른 프로그램들과는 달리, NAEP은 전국적인 프로그램으로서 위상을 확보하고 있다."고 주장한다(p. 214). 그녀는 아동들을 광범위하게 평가하고 있는 주에 유용하도록, 그리고 주에서 실시하는 평가와 병행할 수 있도록 NAEP에 변화가 있어야 한다고 주장한다. 그녀는 "NAEP의 재설계가 이 대규모의 평가에 의해 가능해진 풍부한 데이터를 더 많이 사용하도록 이끌며, 데이터 분석을 통해 주와 다른 기관들이 미래의 정책 결정에 도움을 주는 최상의 기술적 정보에 접근할 수 있도록 하는 것이 National Assessment Governing Board의 바람이다."라고 기술하고 있다(Bourque, 1999: 241).

부분적으로, 주 정부들은 자체 프로그램, 학교, 정책을 평가하는 데 있어 NAEP의 결과가 학교구와 학교, 행정가와 교사들에게 도움이 되지 못한다고 불평을 제기한다. 예를 들어, Colorado 주 교육감인 William J. Maloney는 "학교구로는 아무런 정보가 제공되지 않기 때문에 지역 사람들과는 아무런 연관성이 없다. 지역 사람들의 관심을 끌지 못한다."고 주장한다(Hoff, 2000: 11). 교육자들이 느끼기에 학생들이 너무 많은 시간을 표준화 시험을 보는 데 소비하고, NAEP가 학생별, 학교별, 혹은 학교구별 점수를 제공하지 않기 때문에, Colorado 주에서 가장 큰 학교구인 Jefferson County(Denver 교외에 위치)는 NAEP을 중단하였다(NAEP은 전국단위 무작위 표집을 사용한다).

이러한 사례는 정책 평가(더 적게는 학생 평가)의 어려움을 보여준다. 평가는 비용이 들고, 시간이 소요되고, 성가시다. 주 교육부가 정책과 프로그램 평가에 동의하는 경우에도 타당하고 정확한 표본을 구하는 것은 쉽지 않다. 정책을 구상하고 이행하는 과정에서 가장 문제가 되는 것은 평가에 대한 개념화이다. 무작위 할당, 외부(혼란) 변수 통제, 참여자의 불변성, 사전 및 사후 자료 수집, 기준치 및 표준화된 결과 등 연구 규범이 엄격할 수 있다. 학생들의 학습 조건을 통제하는 필요성보다는 학생들의 요구가 더 중요하기 때문에, 이러한 필수 요건을 충족하는 것은 학교나 교실에서 불가능할 수도 있다. 또한 학생을 평가하는 것은 필요하지만, 완전한 정책 평가를 위한 충분 조건은 아니다. 만약 정책 평가자들이 프로그램과 학생 향상이 관계있다고 하려면, 다른 핵심 검토사항들 또한 필수적으로 요구된다.

Voucher나 Charter School 프로그램과 같은 학교 선택 정책을 평가해 보자. 학교 선택을 비판하는 사람들은 보다 큰 관심을 가진, 적극적인 가족들은 자신들의 "더 우수한 학생들"을 새로운 학교 개혁에 참여하게 할 것이며, 반면 가장 가난하고 가장 궁핍한 가족의 아이들은 지원할 준비가 안 되어 있어서 결과를 왜곡할 수 있다고 주장한다. 정책 평가 용어로 표현하면, 연구자들은 선택한 학교에서의 향상된 결과는 학교 프로그램의 영향이라기보다는 중산층 가족의 야심, 자원, 지식, 관심 때문일 수도 있다는 것을 의미하는 "가족 효과"를 통제할 수 없다.

Milwaukee의 학교 Voucher 프로그램에 대한 평가를 요청받았을 때, Peterson, Greene과 Howell(1988)은 이러한 쟁점에 직면하게 되었다(Howell & Peterson, 2002 참고). 정책 평가가 변량을 어느 정도까지 통제하는 것을 학교구는 수용할 수 있을까? 운 좋게도, 연구자들은 지원자 집단에서 Voucher를 받을 학생들을 무작위 배정 형식으로 선발하였는데, 모든 학생들이 지원에 대한 관심과 열정을 보였다(따라서 1 지망으로 지원자 집단에 등록하였다). 따라서 연구자들이 동일한 집단에서 선택된 Voucher를 받는 학생과 받지 않는 학생들을 비교했을 때, 이들은 가족 주도(initiative) 효과에 직면함이 없이 Voucher 선택이 학생 성과에 미치는 영향을 분리해 낼 수 있었다(왜냐하면 모든 가족들이 Voucher 계획에 참여하고 아이들을 등록했기 때문이다).

Milwaukee의 Voucher 실험에 대한 연구에서 Witte(1998)는 "학생과 가정의 영향과 함께, Milwaukee Voucher 실험에서 학교의 효과는 혼재되어 있다."고 결론을 내렸다(p. 248). 한편, Peterson은 "데이터에 대한 접근권을 얻지 못했고", 이는 "Peterson과 Witte 간의 불화"라고 표현되는 상황을 이끌어 냈다(Vitteriti, 1999: 106).

논쟁이 진정되었을 때, Peterson은 Witte가 Voucher 학교들에 속한 하위 집단의 학생들과 Milwaukee 공립학교 전체 학생 집단을 비교했었다는 것을 알게 되었다(Davis, 1996). Milwaukee의 전체 학교 학생들 모집단은 Voucher 신청자보다 중산층 및 백인이 더 많았기 때문에, 이 프로그램 평가는 속담에도 나오는 "전혀 다른 것들(apples-oranges)"을 비교했다는 비판을 받았다. 신청했으나 선발되지 못한 사람들(인종과 사회계층 구성면에서 유사한 집단)과의 비교에서, Greene, Peterson, Du(1997)는 Voucher 학생들이 상대집단(즉, 선발되지 못한 Voucher 신청자들)보다 읽기에서 5점 더 높고 수학에서는 12점 더 높다는 것을 발견하였다.

Voucher 지지자들과 반대자들은 정책 평가 과정을 정치적 논쟁거리로 삼아 왔고, 모든 결과들이 논쟁의 대상이 되고 있다. 따라서 지지자들은 선택이 교육을 향상시킨다고 확신하고 있고 반대론자들은 Voucher를 공교육에 대한 정면 공격으로 받아들이고 있기 때문에, 평가 결과는 이념적으로 다루어질 것이다. 자극적인 쟁점에 관한 "양 집단"의 편견은 이러한 정책에 대한 과학적이고 냉철한 검토를 방해한다.

정책 평가의 네 차원

규범적 차원. 앞으로 제시하겠지만, 정책 평가는 매우 가치 내재적이고, 이데올로기적이며, 맥락적이다. 결과가 연구자들과 실무자들의 신념 체제를 지지할 경우, 이 결과는 특정 정책이 효과적이고 지속되어야 하며 심지어 확장되어야 한다는 증거로 환영받는다. 결과가 지도자, 교육자, 정치가의 성향에 반하는 경우, 그 데이터에 대한 이의가 제기되고, 연구 방법이 공격받으며, 결과가 받아들여지지 않는다.

구조적 차원. 교육 정책 평가는 연방, 주와 지역에서 교육의 조직을 크게 반영한다. 초기 정책 연구의 대부분은 미국 학교 교육의 구조와 수준(levels)을 간과하였다. 연방, 주와 지역의 관계 및 조직은 구조를 반영하고 있기 때문에, 우리는 교육 연구의 구조를 분석한다. 과거, 교육 정책에 관한 논쟁의 대부분은 연방과 주 정부의 프로그램이 지역의 학교와 실제에 미치는 영향에 초점이 맞춰졌다. 예를 들면, 만일 지역의 교육자들이 연방 정부의 "간섭"에 화를 낸다면, 이러한 감정은 연방 프로그램과 그 효과성 평가에 편견을 갖게 할 수도 있다(Kirst & Jung, 1991).

구성적 차원. 교육 정책 평가가 진공상태에서 행해지는 일은 거의 없다. 흔히, 강력한 이익집단들이 특정 프로그램에 집중하고, 정책이 평가될 때 업무나 자원들이 위태롭게 된다. 누구의 경력이 위태로운지, 그리고 어떤 정치인이 특정 정책을 지지(또는 반대)하는지 분명하게 이해하지 못한다면, 수행되는 연구, 제기되는 문제, 사용하는 연구방법, 그리고 이러한 연구 및 평가의 결과에 대한 반응을 이해하기 어려울 것이다.

이 장에서는 연구자들뿐만 아니라 교사, 학부모, 행정가 및 기타 집단(예컨대, 기업 지도자, 정부 공무원) 등과 같은 교육의 **구성요소들**(constituents)의 관점에서 평가 과정을 분석한다. 연구 공동체의 구성원들은 자신들이 사용하는 연구 방법과 도달하고자 하는 결론에 영향을 미치는 자신들만의 편견과 신념을 가지고 있다. 따라서 이 장에서는 정책 평가의 의미, 이러한 연구의 필요성과 방해 요인들, 보다 나은 평가를 통해 교육 정책을 개선하기 위한 시사점을 고찰한다.

기술적 차원. 끝으로, 이 장에서는 '누가 그러한 연구를 수행해야 하는가? 어떤 조건하에서 그리고 어떤 목적으로? 예를 들면, 미국 정부는 이중 언어 교육, 특수교육, 보상교육 등과 같은 많은 프로그램의 결과를 어떻게 평가하는가?' 등과 같은 정책 평가의 실제적 또는 기술적 차원을 살펴본다. 사실, 교육평가가 갖는 한계의 일부분은 50개 주, 14,000여 개의 학교구와 88,000개의 학교에 재학하고 있는 5,500백만 명의 아동들에 대한 자료를 수집하고 분석하는 실제적 문제들과 관련되어 있다.

그러나 모든 논리, 상식, 그리고 정책이 도와줄 대상으로 삼은 사람들의 이익을 위해 작용하고 있는지 여부를 알 필요성에도 불구하고, 어떤 것이 효과를 보고 있고 어떤 것이 그렇지 않은지를 결정하는 것은 어렵다. Wholey 등(1970)은 다음과 같이 주장한다.

> 유의미한 연구는 거의 이루어지지 않았다. 수행된 연구들의 대부분은 형편없이 계획되었다. 전국에서 이루어진 많은 소규모 연구들은 연구 설계와 목적의 균등성이 결여된 상태로 수행되었기 때문에, 그 결과는 정책 결정가들이 직면한 질문들과 비교할 수도 없고 답을 제공하지도 못하고 있다. 주 교육부 내에서도, 체계적이고 통합된 평가 운영이 이루어지지 않고 있다. 수백만 달러, 때로는 수십억 달러의 공적 자금이 소요되는 사업들의 영향을 측정하지 못하고 있다. 대부분의 사회 프로그램들이 미국인의 삶에 어떠 차이를 가져왔는지 자신 있게 말할 수 없다(p. 15).

국민들은 "일단 법률이 통과되고, 관료 체제가 만들어지고, 돈이 지출되면, 법률과 관료 체제 및 지출의 목적은 성취되어야 한다."고 생각하기 때문에, 어느 정도, 정책 평가는 설득력이 약하고, 늦고, 때로는 존재하지 않는다(Dye, 1992: 253). 비록 어떤 프로그램, 방법 또는 접근법을 사용하고, 폐지 또는 개선할지 결정하기 전에 정책 대안의 결과(또는 적어도 가능한 결과)를 분석하는 것은 이치에 맞지만, 매우 유동적이고 정치적이며 복잡한 학교 및 학교 체제의 환경에 타당한 연구 원칙들을 적용하는 것은 쉽지 않다.

정 책 사 례

Head Start 평가하기

Head Start의 평가는 Head Start가 제안되고, 입법화되고, 시행된 후인 L. B. Johnson 대통령 시절인 1960년대에 시작되었다. 얼마나 광범위하게 Head Start 프로그램(4세와 5세를 위해 설계된)에 참여할 기회가 유치원 아이들에게 제공되었는가? Head Start 프로그램은 1학년에 입학했을 때, 유치원 아동들의 기술과 "준비도"를 증진시켰는가? Head Start 프로그램은 학생들에게 얼마나 지대한(오래 지속되는) 영향을 미쳤는가?

Head Start 정책은 20년 이상에 걸쳐 평가되었고, 학생들은 학교 초기(1학년과 2학년)에는 향상되었지만, 3학년쯤부터는 Head Start 프로그램에 참여하지 않았던 학생들보다 더 나은 결과를 보이지 않는 것으로 나타났다. 수년이 지난 후에는 프로그램 참여자와 비참여자 사이에 어떤 유의미한 차이도 찾아볼 수 없었다. 나중에 강화가 없다면, Head Start의 효과는 시간이 지남에 따라 감소하는 것으로 보인다(Aaron, 1978; Peters, 1986).

규범적 차원

연구자들은 어떤 가치를 적용하고, 이들 가치가 사용할 도구, 수용 기준 및 결과 해석에 어떤 영향을 주는지 측정하려고 하기 때문에, 정책 평가는 강력한 규범적 요소를 가지고 있다. Kogan(1985)은 다음과 같이 주장한다.

> 가치란 도덕적 성향 혹은 이상적인 상태에 관한 생각이다. 가치는 특정 종류의 프로그램에 부여하는 중요한 선호 또는 염원인 이데올로기를 뒷받침한다. 가치의 변화는 사회적 합의 및 가정, 그리고 경제 상황의 변화의 맥락에서 시작되어야 한다. 가치는 여러 가지 입장의 결과이자 맥락인 권력과 제도적 관계에 함축되어 있다(p. 11).

비록 이 장에서 우리는 교육 정책의 전반적인 효과를 평가하기 위해 이러한 상이한 접근들을 동시에 사용할 수 있다고 주장을 하지만, 근본적인 철학과 가치는 범주 그리고 심지어는 이분법 내에서 표현된다. 예를 들어, 정책 평가는 인터뷰, 관찰과 문서 분석 등을 활용하는 질적 방법을 사용해야 하는가? 아니면 집행 수준(참여한 학생 크기로 측정하는)을 학생의 학업 향상 지표와 관련시키는 통계 용어로 정책 효과를 측정하려고 해야 하는가? 앞으로 제시하겠지만, 정책 평가(다른 종류의 사회 조사와 함께)는 가

정책사례

Title Ⅰ/Chapter Ⅰ 평가하기

K-12 학생들을 대상으로 한 가장 거대한 연방 프로그램은 1965년에 제정된 Elementary and Secondary Education Act이다. ESEA는 공립학교의 프로그램을 보충함으로써 가난한 저소득층 학생들에게 추가적인 도움(보상 교육)을 제공하였다. 이 중요한 연방 교육 프로그램에 대한 초기의 평가는 흥미로운 전개 과정을 보여 주었다. 즉, 학교구에서는 지역의 지출을 줄이고 이 새로운 연방 지원금으로 이 절약분을 상쇄하였다. 1968년, 이러한 평가는 Title I 집행에 변화를 가져온다. 즉, 대체(supplanting)가 아닌 보충(supplementing)의 원칙이 시행되면서, 지원을 받는 주와 학교구는 새로운(추가적인) 재정 지원이 없었을 때 학생들이 받았던 것 이상의 교육 서비스를 제공하였다는 것을 입증하고, Title Ⅰ 대상 학생들만을 지도하는 Title Ⅰ 교사에게까지 예산 지원 과정을 추적하도록 요구받았다.

프로그램의 매우 일반적인 교육 목적(위험 상태에 있는 아동들의 학습 증진)과 수업 개선을 위한 정확한 방법에 관한 결정권은 일선 학교와 교사들에게 위임되었기 때문에, ESEA의 학업 관련 효과를 평가하는 것은 상당히 어렵다. 또한 ESEA를 통해 상당액의 연방 보조금이 주 교육부에 지원되었고, 이는 주 교육부의 인사 및 조직에 상당한 영향을 주었다.

ESEA는 공립학교와 교구 학교에 Chapter Ⅰ 교사 채용 및 학습 도움실(resource rooms)의 설치를 이끌어 냈고, 이는 교회와 주 사이의 간격을 메꾸어 주었다(Title I 교사들은 공립학교 고용인으로 그 지역의 종교계 학교에서 일하였다). 주 교육부와 지역 학교구에 미치는 중간 효과에 대한 연구는 이루어졌으나, 연방 수준에서의 ESEA에 대한 평가는 한 번도 시도되지 않았다(Bailey & Mosher, 1968; Murphy, 1991).

ESEA는 미국에서 연방 정부가 최초로 대규모로 학교 및 교실에 개입한 사례이다. 읽기, 쓰기와 수학과 같은 기초 과목에서 가난한 학생들을 돕기 위한 지원과 추가적인 교사를 채용하기 위해 수십억 달러가 주 정부에, 그리고 다시 학교구에 분배되었다. Title Ⅰ은 아주 대규모여서 정책과 프로그램에 대한 대부분의 평가는 그 조직과 집행 방식에 초점을 두었고, 아동들의 학습을 위해 얼마나 효과적이었는가 하는 것은 큰 관심의 대상이 되지 않았다.

치들, 접근들, 방법들, 측정들, 원칙들이 복잡하게 결합되어 있다.

교육 정책을 평가하기 위한 노력의 초기부터, 연구자들은 교육 연구가 가치 있는지, 그리고 그 결과가 학생들의 교육 개선에 유용한지에 대해 의견 차이를 보였다. 비록 교육 연구가 좋은 의도를 가지고 있다고 하더라도, 교육 정책과 프로그램의 원인과 결과를 분리해 낼 적절한 방법과 정교성이 부족하다고 주장하는 사람들도 있다.

Glass(1979)는 교육 효과성의 변량을 "현재 측정하고 통제하는 영향력의 측면에서" 결정할 수 있는지 여부에 대해 의문을 제기하였다(p. 14). 비록 평가 연구가 자연과학과 의학에서 널리 사용되고 있지만, 교육과 같은 사회과학 분야에서의 연구가 우리 사회의 시간, 에너지, 자원들의 "극히 작은 부분(a minute fraction)"만을 대상으로 하고 있다(Biddle & Anderson, 1991: 4).

평가연구의 유용성을 완전히 부정하는 사람들도 있다. 영국의 William Pile 경은 "연구에 관해 대단한 사실은 연구의 일부는 형편없고 또 다른 일부는 … 아무런 결과를 이끌어 내지 못하고 정말 그저 그렇다는 것이다. 정말 정곡을 찌르고 잘못된 것 혹은 일어나고 있는 것 또는 해야만 하는 것을 아주 분명하게 말해 주는 연구를 발견하는 것은 유감스럽지만 드문 일인 것 같다."고 주장한다(Hudson, 1986: 377에서 재인용). 미국에서 Finn(1988)은 "간단히 말하면, 우리의 노력은 미국인들이 사용할 수 있거나 혹은 심지어 사용하는 것을 볼 수 있을 만큼 충분한 연구결과들을 생산하지 못하고 있다."고 주장한다(p. 69).

그러나 교육연구에 대한 Finn의 공격에 반대가 없지는 않았다. Shavelson과 Berliner(1988)는 문제는 Finn이 주장한 것처럼 연구 집단의 문제가 아니라 "교육 연구를 가장 병들게 하는 것은, 교육 연구를 위한 재정 지원과 정치적 리더십을 발휘하지 못한 연방 정부, 특히 현 행정부하 미국 교육부[Finn이 차관보였던]이다."라고 주장한다(p. 9).

따라서 정책 연구 및 평가의 규범적 차원에서의 핵심적인 한 가지 논쟁점은 분석이 잘 이루어졌는지 혹은 심지어 우선적으로 분석할 만한 가치가 있는지 여부이다. 우리는 사회과학 데이터(예를 들어, 시험점수, 학생 졸업률, 심지어는 기술 및 기준 달성률)에 대한 자유로운 접근과 새로운 정보 기술은 데이터를 더 널리 이용할 수 있게 하고 정책 연구를 민주화한다고 주장한다. 데이터가 학교 체제의 전유물이었던 예전의 방식에서 벗어나, 부모들은 자신들의 자녀와 학교가 어떻게 수행하고 있는지를 확인하고 이러한 분석에 근거하여 의사 결정을 할 수 있다.

후현대주의 또는 과학? 한쪽에는 실증주의 또는 과학적 학파, 그리고 다른 한쪽에는 후현대주의, 사회적-맥락 관점 사이에 두 번째, 커다란 분열이 일어나고 있다. 후현대주의자들은 교육 정책 평가와 연구에 대한 귀납적 및 연역적 접근 등 "과학적" 탐구의 두 가지 주요 관점을 일축하고 있다. **귀납적** 관점은 자료로부터 일반적인 결론을 도출하는 능력에 의존한다. 또한 "빈 물통(empty bucket)" 이론(Popper, 1959)으로 불리며, 귀납적 연구자들은 성향, 가치, 역사, 혹은 다른 "인습(baggage)"과 함께 과정을 시작한다. Cook(1985)의 설명처럼, 귀납적 연구자들은 "어떤 선험적 지식 없이도 감각에 의해 확실하게 관찰할 수 있는 관련성이 반복적으로 일어나고, 이러한 관찰들로부터 일반적인 법칙들을 도출할 수 있다고 가정한다."(p. 44).

연역적 관점은 그 반대이다. 즉 선험적으로 가설을 세울 수 있고, 입증하고, 검증할 수 있고 기각할 수 있다는 것이다. 연역적 연구 과정은 자료를 손쉽게 구할 수 있고 시행착오와 과학적 방법을 사용하여 이론을 형성하고 검증할 수 있다는 가정에 근거하고 있다. 후현대주의자들은 몇 가지 중요한 이유에서 실증주의가 갖는 연역적 및 귀납적 관점을 비판한다.

1. 연구자들은 정책 투입과 추구하는 결과(산출) 사이의 관계를 입증하는 데 어려움을 갖고 있다.
2. 연구자들은 명확하고 단순한 예측 모형을 쉽게 만들 수 없다.
3. 원인은 다른 원인들과 연결되어 있으며, 이는 혼란을 일으키는 많은 다중 경로들, 우연들, 결과들을 야기한다(Cronbach & Snow, 1976).
4. 의미는 정신적으로 그리고 사회적으로 구성되는 것이지, 단순히 하나의 객관화된 세계에 모여진 "저 바깥에(out there)" 존재하는 것이 아니다.
5. 객관적인 지식은 불가능하며 마르크스주의 계급 편향, 합리주의 패러다임, 자본주의 관점, 또는 종교적 내지는 인본주의적 신념 등과 같은 철학들에 기반한다.

실증주의적/과학적 관점을 비판적/후현대주의적 접근법과 비교했을 때, 일련의 가정들이 만들어진다. 사회과학 연구 및 평가에 관한 과학적/실증주의 이론과 후기실증주의/비판 이론을 비교한 〈표 5.1〉을 살펴보자.

〈표 5.2〉는 규범적 차원이 교육 정책을 평가할 때 유발하는 긍정적 측면과 부정적 측면을 보여준다. 긍정적 측면으로, 공통의 규범과 가치가 정책 평가자들에게 일체감을 느끼게 해주는데 그 이유는 이들이 비슷한 분석틀을 가지고 함께 일하고, 비슷한 연구 방법과 연구 기법을 받아들이며, 이에 따라 서로의 결과를 받아들일 수 있기 때문이다. 따라서 기본 가정에 대한 논쟁에 시간을 낭비하지 않고 방법과 결과에 전념할 수 있기 때문에 공통의 신념 체제는 정책의 효과성을 증진하는 핵심적인 단계이다.

규범은 언제 그리고 누가 교육 정책을 평가해야 하는가를 결정하는 데 도움을 줄 뿐만 아니라 사용되고 수용된 개념적/인지적 분석틀을 형성하는 데도 영향을 미친다. 정책을 평가하는 모든 사람들이 평가 과정에 관한 이론에 동의한다면, 전체 과정이 상당

〈표 5.1〉 실증주의 및 후기실증주의의 연구 관점

과학적/실증주의적 관점	비판 이론/후현대주의 관점
가정	
• 객관적으로 연구할 수 있는 "실제 세계"의 존재 • 법칙적으로 질서정연한 세계 • 결정론적, 예측 가능한 • 결과의 일반화	• 세계는 개인적으로 규정되고 맥락화되어 있다. • 결정적이 아니고 확률적인 • 다른 학교들과 환경에 일반화하기 어렵다.
사회 연구의 규칙	
• 연구는 영원하다 • 연구는 탈역사적이다. • 연구는 개인적인 것이 개입되지 않는다. • 연구는 객관적이고 편향적이지 않다. 즉, 모든 상황에 적용할 수 있다. • 연구는 영구적이고 보편적을 추구한다.	• 연구는 시간-제한적이며 연구가 이루어지는 시대에 영향을 받는다. • 연구는 매우 개인적이고 연구를 수행한 이들에 의해 결정된다. • 연구는 주관적이고, 편향적이며, 수행된 조건에서만 적용가능하다 • 연구는 배타적이고 질이 고르지 않다.
연구 방법	
• 연구는 측정에 기초한다. • 연구는 안정된 접근법과 결과를 추구한다. • 연구 설계시 대상의 무선 배치를 선호한다. • 연구는 (a)변수를 통제하고, (b)격리된 상태에서 실행하고, (c)외재적/외생적 요인들과 변수들을 통제하고, (d)통제된 실험을 사용하는 실험 연구를 선호한다.	• 연구는 배타적이고 개인적이다. • 연구는 매우 역동적이고 변화무쌍하고 복잡한 실제 세계의 환경에서 이루어진다. • 관찰과 면접을 포함한 더 자연적이고, 인간적이며 질적인 방법들을 선호한다. 모든 것을 다 측정할 수 있는 것은 아니다 • 연구과정에서 편향성, 외부의 현실과 신념을 분리하는 것은 불가능하다.
단점	
• 가장 적고 단순한 구성요소로 변수를 줄이는 경향성 • 실제 맥락과 유용성이 부족한 과도한 "환원주의" 및 협소함 • 복잡한, 매개 변수에 의존한다. • 거슬리고 시간 소모적이며 혼란을 일으킨다. • 보편적인 법칙과 결과가 부재하다.	• 항상 전체적인 맥락적 관점을 사용하고 견지할 수는 없다. • 모든 정책평가에 자연주의적 접근방법을 적용하기는 어렵다. • 질적 연구에서는 가치와 판단이 흔하게 사용된다. • 측정할 수 있는 결과와 변화 없이는 현실을 개선하기 어렵다.
미래의 방향	
• 중간영역, 즉 근거이론의 사용 • 준실험설계 • 실무자 자신의 경험 및 의견 사용 늘리기 • 최종 사용자가 "무엇이 효과적인지"를 결정 • 웹과 인터넷을 통한 정책에 대한 정보 접근성 증가	

〈표 5.2〉 교육 정책 평가의 규범적 차원

긍정적 관점	부정적 관점
1. 공통된 관점은 교육 정책 평가의 목적과 가치에 일체감을 준다.	1. 연구와 평가되는 정책에 관한 기본 가정과 신념은 거의 수용되지 않는다.
2. 공통된 철학과 견해에 기반하고 있기 때문에, 그 연구모형과 연구방법을 기꺼이 받아들인다.	2. 다양한 연구 방법의 가치, 목적과 사용에 관한 상이한 견해. 왜냐하면, 방법은 이데올로기적으로 결정되기 때문이다.
3. 정책 결정자들은 일반적으로 평가를 수용하고 사용할 것이다.	3. 평가는 흔히 너무 미약하고, 너무 늦고, 확신시키는 엄격성이 부족하다.
4. 정책평가는 의사 결정 및 개혁의 질을 증진시킨다.	4. 평가는 정책의 검토와 변화에 거의 중요하지 않다.
5. 정책평가는 과학적인 원칙과 엄격성에 기반하고 중립적인 연구 규범에 포함된다.	5. 정책은 맥락적이고, 정치적이고(정치적 논쟁거리가 되지 않는다 하더라도), 몹시 편파적이고, 따라서 지지자들의 이데올로기를 지지한다.

히 단순해질 것이다. 그러나 현실적으로는 그렇지 않다. 가장 단순한 형태로, 정책 평가는 개념적 이론, 인식 이론, 과학적 및 후현대주의적 관점에 기초한다. 평가가 합리적이고, 과학적인 과정인가 아니면 맥락, 신념, 의미가 반영된 과정인가?

정책 평가의 철학적 기초. 이 책이 토대를 두고 있는 정책 결정 및 분석의 4차원 모형은 첫째, 정책 결정은 규범적이고, 가치 내재적 과정이며, 둘째, 정책 결정은 정책 결정과 집행의 제도적 구조에 근거하고 있으며, 셋째, 정책은 영향을 받는 구성원들에 의해 영향을 받으며, 그리고 끝으로, 정책 결정은 기술적 차원 즉, 교육 정책을 결정하고 평가하는 단계 및 절차를 가지고 있다는 명제에서 시작한다.

따라서 그 형태나 효과를 볼 때 정책 평가가 매우 규범적이라는 것은 전혀 놀랍지 않다. 즉, 정책이 형성되고 변화될 때, 정책은 상징적이고 의미에 기초한 특성을 띤다. 규범이 평가에서 왜 중요한가? 첫째, 가치는 정책의 의미, 정책이 어떻게 평가되어야 하는지 그리고 가장 중요한 것으로, 평가 결과가 어떻게 평가되는지에 영향을 미친다. 사실, 정책이 더 극적일수록 그만큼 더 현재 상황을 변화시키고, 그만큼 더 논쟁적이 되고, 그만큼 더 많은 갈등을 유발할 것이다. 특정 정책의 주창자들은 당연히 그 정책이 성공하고 있음을 보이기 위해 자료들을 모으려고 한다. 이를 비판하는 사람들(대립하는 가치를 지닌 사람들)은 그 프로그램을 폐지하고 긍정적인 결과에 이의를 제기하려고 할 것이다.

따라서 가치는 어떤 연구 모형을 사용하고, 어떤 가정을 적용하며, 정책이 효과가 있는지를 판단하는 데 어떤 준거를 사용하며, 그 결과의 의미를 둘러싼 갈등들을 결정하는 평가 과정에 스며들어 있다. Milbrey McLaughlin(1987)은 정책 평가의 단점을 인지하고, "분석 과정의 특정 지점에 질문과 방법론을 투입하기 위해, 핵심 의사 결정자의 요구를 위해, 그리고 체제의 모든 수준에서 행위자들에게 규칙화된 피드백 체제를 구축하기 위해, 분석과 평가 전략은 다단계로 이루어지고, 발달적이고, 반복적이 될 것이다."고 주장하였다(p. 177).

평가자들은 교육 정책의 효과를 평가하고 결정하는 최상의 방법에 좀처럼 동의를 하지 못하며, 하물며 이러한 연구결과를 해석하는 공통적인 관점은 더 말할 것도 없다. 현재 실증주의 혹은 "과학적인" 평가 수단 vs. 보다 맥락적인, 후기실증주적 관점 등 두 관점이 대립하고 있다. McLaughlin(1987)은 "실증주의적 모형에서 벗어나서 진행 중인 의사 결정에 대한 반성과 지원을 강조하는 사회학습과 정책 분석 모형으로의 이동"을 주장한다(p. 175). 사실, 이러한 관점에 따르면, 정책 평가는 맥락적이고, 사회적으로 구성되며, 계속 진행되는 것으로, 전통적인 학생 성취도 평가와 프로그램의 영향 및 효과성에 대한 정적인(static) 관점을 반대한다.

Cahill과 Overman(1990)은 극도의 합리성(hyper-rationality)을 추구하는 Harold Lasswell의 『The Policy Sciences』(1963)에서부터 시작하여 통계적 의사 결정 이론에 이르기까지 "합리성"의 발달을 분석하였다. Cahill과 Overman은 합리적 정책 평가 모델은 "프로그램이나 정책의 변화 전 · 후의 상황이나 행동의 변화를 비교하는 준실험설계에 의해 그 정당성을 입증받고 있다."고 주장한다(1990: 14). 정책이 집행된 "전 · 후"에 집중하는 것은 합리주의자들이 체제적, 제도적 및 개인적 변화, 즉 합리적 분석 틀의 모든 부분을 분석하게 이끈다.

합리적 또는 합리주의자 정책 평가 모형의 또 다른 특성은, 예를 들어, 아동의 학습 또는 학교구의 효율성에 대한 새로운 정책의 결과를 예측하려고 시도한다는 것이다. 일부 학자들은 정책 평가에 사용되는 가장 이론적이고, 신비한 개념조차도 어느 시점에서는 학교와 교실에 "적용되고" 활용되어야 한다고 주장한다.

비록 연구자들은 보편적이고, 엄격하고, 예측 가능하며(만약 X라면, 그 다음은 Y), "유의미한" 결과와 지식을 추구하지만, 교사들은 실제 경험에 기반을 둔, 실용적이고, 특정적이며, 서술적인 이해를 원한다. 과학은 보편성을 추구하지만, 수업과 같은 실제는 경험적이고 개인적, "시행착오"적 접근 및 예측 불가능성에 기초한다.

정책 평가의 과학적, 합리적 접근(정책 효과는 측정할 수 있고, 수용 가능한 자료에 근거해 변화를 이끌어 낼 수 있다는 신념에 근거함)에 반대되는 관점들에는 비판적, 해석학적, 현상학적 관점 등이 있다. 이러한 관점들은 정책학자들이 측정한 정책과 변화

간의 과학적이고, 가치 중립적인 관계에 의문을 제기한다. 후기실증주의자들은 정책 평가를 포함한 인간의 모든 노력은 가치 집약적이며, 연구자가 사용하는 언어와 밀접히 관련되어 있으며, 대단히 맥락적이라고 주장한다. 정책에 대한 연구는 보편적이고 탈맥락적인 것이 아니라 연루된 사람들과 밀접하게 관련되어 있다.

구조적 차원

일반적으로 정책은 특정 정부 수준(연방, 주와 지방)의 여러 기관(입법, 사법 등)에서 구성되고 정의되며, 학교와 교실과 같은 다른 곳에서 집행되고 평가된다. 거시적 체제가 학교 밖에서 정책을 만드는 반면, 정책 실행은 학교 안에서 이루어지며, 평가는 흔히 모호하고 더디게 이루어진다. Nakamura와 Smallwood(1980)는 상이한 수준에서 활동하는 상이한 핵심 행위자 집단과 함께, 이러한 서로 다른 "환경들"(정책을 형성하는 환경과 정책을 집행하는 환경과 그리고 정책을 평가하는 환경)은 연결되어 있지 않고 분리되어 있다고 주장한다.

따라서 정책은 어느 해에 주 의회에서 제정되고, 그 이듬해에 지역 학교구에서 집행되며, 법률의 원래 의도를 이해하거나 이해하지 못하는 또 다른 행위자들에 의해 몇 년이 지난 후에 평가될 수도 있다. Lowi(1969) 등은 특정 정부 수준에서의 구체성 부족으로 하위 수준의 정부가 변화를 이해하고 집행하기 어렵다고 주장한다. 누가 평가를 해야 하는가에 관한 쟁점이 사전에 결정되지 않은 상태에서 상위 체제는 법을 만들고 하위 체제는 이를 집행한다.

정치학자들에 따르면, 정책의 질은 법과 규정의 구체성과 명확성에 달려 있다. 목적이 명확하고, 법이 잘 기술되었으며, 거시적 수준에서 권한이 자세히 설명된다면, 정책은 더 잘 이해되고 집행될 것이다. 불분명한 권한 구조에 근거한 모호한 법은 집행과 평가를 불가능하게 하지는 않더라도 어렵게 만든다(Mazmanian & Sabatier, 1989). 법률이 아무리 잘 작성되어 있다 하더라도, 법과 정책을 서비스와 행동으로 옮기는 일선 관료들에 의해 법률이 해석되기 때문에 실제적인 의사 결정의 상당 부분은 집행시 이루어진다.

예를 들어, 교사 집단의 능력을 향상시키기 위한 정책들은 시민과 교사 모두로부터 광범위한 지지를 받을 것이다. 자신의 학교에 자격 미달의, 비전문적인 교사들을 채용하라고 주장하는 사람들은 없을 것이다. 그러나 교사의 질을 평가하는 것은 매우 논란의 소지가 많고, 가치 내재적이며, 분명하지 않은 정책들은 이에 대한 평가를 할 때 분명히 논란을 불러일으킬 것이다.

구조적 시각에서 살펴볼 때, 교사 능력 향상 정책에 대한 평가는 네 수준에서 이루어진다. 첫째, 정부는 보다 폭넓은 교육과정, 장기간의 인턴 기간과 자격증 발급 및 교직 입문 전에 엄격한 시험 통과를 요구하는 등 교사 훈련과 양성을 위한 "기준 향상"을 원하고 있다(물론, 이는 교사 자격과 교사 효율성 간의 관련성을 가정한다). 그러나 누가 교사들을 교육해야 하는가? 대학, Teach for America와 같은 대안적 프로그램 또는 학교구가 자체적으로? 누가 이 프로그램들과 교원 자격증에 지원할 자격을 가져야만 하는가? 그리고 교육 훈련이 끝났을 때 무엇을 수용 가능한 기준으로 삼아야 하는가?

둘째, 교사 기준을 높이기 위한 정책들은 아동을 교육하는 데 교사가 얼마나 효과적인지에 대한 측정을 필요로 한다. 학교구, 주 또는 연방 정부는 교사, 학생 및 학교를 평가하는가? 만약 학생들이 최소 기준에 도달하지 못한다면, 교사(그리고 교사 훈련 프로그램)가 비난을 받아야 하는가, 아니면 학생, 지역사회, 교육과정 혹은 가족이 비난을 받아야 하는가?

셋째, 질 높은 수업에 대한 보상 및 형편없는 교사들을 그만두게 하는 정책들이 제안된다. 예를 들어, 보편적이고, 과학적인 엄밀성의 모습을 띠며, 그리고 더 열심히 일하고 더 성공하는 교사들에게 보수를 올려주는 것을 정당화하기 때문에(물론, '훌륭한' 수업은 정확하게 측정 및 평가할 수 있다), 성과급은 정책 결정가들의 관심의 대상이 되고 있다. 교사가 충분히 없다면, 입직 기준을 높이고, 선별 절차를 강화하며 능력이 부족한 교사들을 해고하는 것은 어렵다.

끝으로, 전문성 신장을 통해 수업을 개선하려는 정책들 또한 매력적이며, 재직 중 능력 개발, 직원 워크숍, 멘토십과 같은 형태를 띨 수도 있다. 그러나 교사들의 부족한 점(예를 들어, 지식, 기량과 기술의 부족)을 그들이 받은 현직연수와 연계시킬 수 있는 정책들은 거의 없다. 교육과정 이론 과목을 이수하기 위해 대학으로 돌아가는 것이 교사들의 교실 내 활동을 향상시킬까? 학급 경영에 관한 워크숍에 학교 전체 직원을 참여시키는 것이 학생들은 잘 관리하지만 교과 내용, 수업 기술 또는 공학적 측면에 능력이 부족한 교사들의 요구를 충족시켜 줄까?

연방 수준의 평가: 구조적 차원에서 바라보기. ESEA와 같은 연방 프로그램들의 복잡한 구조를 이해하는 것은 학교와 학생에 대한 프로그램의 효과를 정확하게 평가하는 데에 있어 중요하다. 〈표 5.3〉에 제시되어 있는 것과 같이, 구조적 차원의 강점과 약점은 정책 평가의 목적, 정보에 대한 접근, 분석 모델과 결과 배포 수단을 결정할 때 다양한 수준의 정부(연방, 주, 지방 및 학교구)를 함께 참여시킬 필요성에 균형을 유지해 준다.

다시 한 번 더 언급하면, 교육 정책 평가의 구조적 차원에 관한 대표적인 예는 35년 이상의 역사를 가지고, 특히 Title Ⅰ(Chapter Ⅰ으로 명칭이 변경됨)과 같이 수많은 재

〈표 5.3〉 정책 평가의 구조적 차원

긍정적 특징	부정적 특징
수준들 간의 협력	정부 수준들 간의 긴장과 경쟁
공유된 개념과 목적들	정부 역할과 정책 목적에 관한 경쟁 및 갈등 상태에 있는 관점들
하향식 지시; 상향식 참여	역할 갈등과 혼동
참여적 결정으로 각 수준으로부터 의견 수렴	여러 수준의 정부와 기관들 간의 근본적인 차이들
학생들에게 미치는 프로그램 효과를 평가하는 데 일선 학교의 참여	학생과 일선 학교 평가에 대한 반대
지역 정책 결정에 있어서 연방 및 주 정부의 장기적이고 합법적인 역할	연방의 개입과 "거대" 정부에 대한 두려움

승인 및 변화가 이루어진 ESEA이다(Cooper & Doyle, 1989 참고). ESEA는 지금까지 가장 중요한 연방 교육 정책이며, 이 정책의 탁월성은 위험한 상황에 있는 학생들을 돕는 데 전념하도록 연방 및 주 교육 기관을 학교 및 교실과 결합시키는 능력에 있다. 이 정책은 50개의 모든 주를 통해 사실상 모든 학교구에 영향을 미쳤다(중산층 학교구도 연방 정부의 예산으로 Chapter I 교정 서비스를 위해 수십 명의 가난한 학생들을 대상으로 프로그램을 운영할 수 있었다). 이 정책은 추가로 학습도움실 교사들을 고용하기 위해 수십억 달러를 제공하였고, 나중에는 경제적으로 어려운 학생들을 도와주기 위해 Chapter I 보조교사들을 교실에 배치하였다. 따라서 이 프로그램은 정부의 범위(구조)를 넘어 프로그램을 평가하는 조사 노력을 위한 이상적인 실험이었다. 그러나 Murphy(1991)는 다음과 같이 주장하였다.

> ESEA 프로그램이 시작된 이래로, 평가는 연방 정부의 수사(修辭)적 우선순위 목록에서 상위를 차지했지만 연방 교육부의 실제적인 우선순위 목록에서는 하위에 있었다. 그 이유는 여러 가지가 있다. 첫째, 연방 정부와 주 정부 사이의 균형을 깨뜨리는 것에 대한 두려움, 주와 지역 수준에 광범위한 개혁 프로그램을 평가하기 위한 전문 지식이 거의 없다는 깨달음, 실패를 드러내는 것에 대한 두려움이 여기에 포함된다. 자신의 프로그램이 제대로 작동되고 있지 않다는 것을 보여주길 원하는 행정가는 아무도 없었다(p. 20).

초창기 이루어진 평가의 대부분은 학교구(그리고 주 정부)가 연방 정부의 규정을 잘 따르고 있는지를 확인하는 다소 "회계 감사"와 같은 기능을 수행하였다. 학교구들이 ESEA를 위해 새롭게 지원되는 연방 정부의 예산 지원을 이용하여 지역의 자체 예산을 줄이려고 시도하였을 때, 연방 정부의 회계 감사관들은 Title I 하에서 가난한 아동들의 교육 기회를 보충하기보다는 지역의 예산을 연방 정부의 보조금으로 충당하는 학교구들을 고발하였다. 약 3년이 지난 후, Martin과 McClure(1969)는 연방 정부의 회계 감사는 정책 및 규정의 심각한 위반 사항들을 발견하였다고 주장하였다.

> 감사 보고서는 경미한 수많은 법률 위반 사항들을 밝혀냈고, 수백만 달러를 회수하도록 연방 정부에 권고하였다. 그러나 연방 교육국은 단지 3건에서만 불법적으로 사용된 보조금을 추징하였다. 심지어 불법적으로 예산을 지출한 가장 노골적인 사례(예를 들어, Louisiana 주에 있는 두 곳의 수영장)에서조차, 연방 교육국은 아무런 조치를 취하지 못했다(pp. 52-53).

또한 ESEA의 Title I 에 대한 평가를 분석한 Kirst와 Jung(1991)은 연방 프로그램을 평가하는 노력을 기술하기 위해 "거시-사례 연구"라는 용어를 사용하였다. 이는 "어느 한 시점에서 의도했던 수혜 대상자들에게 미친 프로그램의 영향 측정을 통해 정책 형성에서부터 집행 과정까지를 추적하는"(p. 17), 장기간에 걸친 종단적 사례 연구이다.

Kirst와 Jung(1991)은 "(1) 종종 모호하게 진술되는 초기의 합의된 목적은 계속되는 협상과 타협 과정을 통해 시간이 지남에 따라 조직 일상에서 점진적으로 형식을 갖춰 나간다. (2) 이러한 변화의 방향은 정책 형성 및 집행 과정에 참여하는 구성원들의 장점, 의제 및 자원뿐만 아니라 보다 넓은 사회적 흐름에 영향을 받는다. (3) 종단적 집행 연구를 위한 증거는 여러 자료들을 통합하여 수집할 필요가 있다."는 결론을 내렸다 (p. 63).

위에 언급한 협상과 타협은 교육 정책을 수립하고 평가하는 데 있어 여러 수준의 정부들 간의 관계를 입증한다. Kirst와 Jung이 제시한 것과 같이, 정치적 풍토를 무시하는 것은 정책 결정의 성격과 평가되어야 하는 맥락을 이해하지 못하게 만든다. 평가 과정에 미치는 정책 구조의 긍정적 및 부정적 영향은 〈표 5.3〉을 참고한다.

구성적 차원

교육 정책 평가의 세 번째 관점은 이해당사자, 정당과 영향을 받는 교육 단체와 노조 등 주요 이익집단의 관점을 통하는 것이다. 이들 구성요소들은 어떻게 정책이 만들어지고, 집행되며, 평가되는가 하는 것에 상당한 개인적 및 전문적 이해관계를 가지고 있다. 처음에는 이들 구성요소들은 교육 정책의 법제화, 집행 및 그 가치 및 효과성을 평가하는 데 있어 주요한 역할을 담당하였다.

중요한 이해관계가 얽혀 있는 경우, 만약 해당 정책을 찬성한다면, 이익집단들은 평가 과정을 통제하거나 검토, 분석, 홍보 및 결과의 보급이 정책에 유리하다는 것을 확실히 하기 위해 자신들 스스로 유사한 평가를 시행하려고 한다. 만약 그 정책이 위협으로 느껴진다면, 이익집단들은 그 정책에 대한 부정적인 평가를 찾음으로써 그 프로그램의 신빙성을 떨어뜨리려고 할 것이다. 한편, 이중 언어 교육과 같이 어떤 핵심적인 정책이 상당한 공격을 받고 있고 (이중 언어 및 English as a Second Language 프로그램의 필요성을 배제하는) "몰입" 프로그램에 대한 평가가 효과적인 것으로 결론이 났다면(최근 New York과 California 주에서 일어난 것과 같이), 이중 언어 교육의 지지자들은 이중 언어 교육을 반대하는 정책들을 반박하기 위한 자료들을 수집할 것이다.

논란이 되는 또 다른 정책 평가 사례(경쟁하는 정책 구성요소들의 역할을 잘 보여주는)는 Milwaukee, Cleveland, New York 시와 District of Columbia에서 시행된 Voucher 프로그램의 효과성을 측정하기 위한 노력이다. 교사 노조는 Voucher가 (1) 공공 영역에서 귀중한 자원을 빼내서, 공립학교 교사 수와 교사 봉급의 감축을 야기할 것이며 (2) 사립학교를 공립학교 및 심지어는 종교계 학교와 경쟁시킬 것이며 (3) 가족의 선택과 '비구매' 행동(Hirschman, 1970)을 증가시킬 것이며 (4) 평등과 사회 정의에 대한 사회적 책임을 약화시킬 것이라고 믿었기 때문에, 이에 대한 평가 과정을 아주 면밀하게 관찰한다.

공립학교 행정가 협회, 교육위원회, 사친회와 함께, 이러한 교사 집단들은 학생들의 시험성적을 올리는 데에 Voucher가 효과적이라고 밝힌 연구들에 이의를 제기한다. 아주 단순하게, 상당수의 집단(특히, 공립학교 체제 내에서 작동하는 집단)들이 현행 체제로부터 많은 이익을 얻고 있으며, 제안된 변화의 장점들에도 불구하고 이를 변화시키려는 모든 시도들에 적극적으로 저항한다.

따라서 주요 이익집단들이 교육 정책 평가를 소홀히 하는 경우는 거의 없다. 그 대신, 평가의 성격을 특정 방향으로 유도하고 그 채택 가능성 및 활용을 지원하기 위해, 이들 구성요소들은 대결할 준비를 한다. 예를 들어, 영국의 경우, 최대 교사 노조인 National Union of Teachers(NUT)는 Margaret Thatcher 수상(1979~1991)과 John Major(1991~1998) 수상의 보수당 정부와 대립하였다. 다른 교사 노조들과 함께, NUT는 Tory[1] 정부가 국영 교육의 지원을 약화시키고 있다고 주장하였다. 더 나아가 보수당의 정책은 공교육의 정당성을 훼손시키고 있으며, 교사들이 적정 임금 인상액을 받지 못하게 하며, 직업 안정성을 감소시키고 있고, 교사들의 사기를 저하시키며, 1944년

1) 역주: 영국의 보수당

제정된 Butler 법[2]에 규정된 공평한 학교 교육을 변형시키고 있다고 주장하였다.

이와 유사하게, 미국 교사 노조는 자신들의 고용주이자 자신들의 직업과 지위의 원천으로서 공립학교 체제를 옹호한다. Loveless(1998)가 결론을 내린 바와 같이, "교사들의 신념은 논쟁의 여지가 있으나 수업(과 다른) 정책 집행에 대한 권한은 논쟁의 여지가 없다. 수업은 교사들에 의해 행해지며, 따라서 현재의 수업이 무언가 잘못되었다고 주장한다면, 이는 현재의 교사들에게 무언가 문제가 있다고 주장하는 것이다. 연구를 통해, 그리고 학부모, 교장과 그 외 다른 지역 인사들과의 협의를 통해, 교사들은 자신들의 교실에서 아동들을 가르치는 데 가장 효과적인 전략을 선택하는 최상의 위치에 있다."(p. 300).

〈표 5.4〉에는 정책 평가와 변화에 대한 구성적 차원의 긍정적 및 부정적 특징이 요약되어 있다. 요약하면, 집단들이 어떤 프로그램 평가에 동의하고 이해관계를 공유할 때, 그 통일성과 추진력은 학교 개선을 위한 노력에 맞는 교사, 행정가, 교육위원회와 평가 전문가들 간의 강력한 협동과 협력을 만들어 낼 수 있다. 그러나 핵심 이해관계자

〈표 5.4〉 정책 평가의 구성적 차원

긍정적 특징	부정적 특징
1. 구성원들은 교육평가에 대한 이해관계와 관점을 공유한다.	1. 파벌들이 연구결과의 해석과 통제에 관해 싸운다.
2. 집단들이 정책 평가 과정에 참여하게 된다.	2. 정책의 최종 이용자들이 연구에 무관심하다. 그래서 연구는 모호하고/또는 쓸모없는 것으로 여겨진다.
3. 실무자와 연구자들 사이에 긴밀한 협력이 이루어진다.	3. 연구자와 교육자들은 매우 상이한 영역에서 일한다.
4. 이용자들이 그 결과를 수용하고 실제 업무에 적용한다.	4. 정책 평가를 거의 참고하거나 이용하지 않는다.
5. 구성원 집단들이 교육 정책에 관한 조사를 평가하기 위한 더 많은 자금과 노력을 옹호한다.	5. 이익집단들이 냉담하고 무관심하다.
6. 구성요소와 연구자들 간의 신뢰가 높다.	6. 구성 집단들 또는 연구자들 간의 신뢰가 낮다. • 합리성에 대한 옹호 • 고착화된 입장과 오랜 싸움
7. 결과로부터 많은 것을 학습한다. 넓게 보급된다.	7. 배우는 것이 거의 없다. 수용도와 보급이 낮다.

2) 역주: 제2차 세계대전 중인 1944년에 제정된 법으로 교육의 기회균등에 대한 새로운 원칙을 선언하며, ① 11~15세 아동의 무상 중등교육, ② 15세까지 의무교육 연령의 연장, ③ 중등학교와 초등학교의 분리 등을 주요 골자로 한다. [출처: 두산백과]

들이 평가를 직업, 안정성, 프로그램의 지위를 위협하는 것으로 인식할 때, 이들 구성요소들은 프로그램 자료를 차단하거나 애매하게 만들고, 평가자들의 노력을 약화시킬 수 있다.

기술적 차원

끝으로, 정책 평가는 수업시간, 직원, 자원과 수업의 활용에 미치는 프로그램의 실제적인 효과를 이해할 것을 요구한다. 그리고 학생이 있는 교실, 학교, 학교구의 "현장에서" 평가가 이루어질 수 있어야 한다. 새로운 정책이 시행될 때 실제적으로 일어나는 일을 이해하고자 한다면, 실제적 내지는 기술적 차원이 중요하다.

정책 평가는 다양한 방법과 기술들이 사용되는 복잡한 과정이다. 이 분야의 역사를 통해 다양한 기법들을 알 수 있다.

추가 대 내장 분석(Add-On versus Built-In Analysis). 정책 평가에 관한 연구는 프로그램이 시행되고 난 수년 후에 추가될 수도 있고, 진행 상황을 비교하기 위한 정보의 기준을 설정하기 위해 시행과 거의 동시에 개념화되고 시작될 수도 있다.

자연적 대 실증적/과학적 방법(Naturalistic versus Positive/Scientific Methods). 극단적으로, 정책 평가는 의미 생성 또는 가설 검증 모형으로 나눌 수 있다. McLaughlin(1987)은 참여자들이 자신들이 수행하는 활동의 의미를 정의하고 절대적인 성공의 기준을 강조하지 않는 맥락적 접근법을 강력하게 주장하였다. 따라서 보다 절대적이고, 극적이며, 획기적인, 철저한 변화가 아닌 점진주의, 진화, 미세한 변화와 같은 용어들을 선호한다. 변화는 절대적이고 극적이라기보다는 사소하고 "그럭저럭(muddling through)"(Lindblom, 1959) 이루어지는 것일 수도 있다. 의미는 '협상되고' 변형적이지, 강제되고 미리 확립된 것이 아닐 수 있다. 새로운 정책을 시행할 때, 조직은 미리 설정된 결과를 토대로 검증된다기보다는 "학습"과 "반영"하는 과정에 있다. 조직은 정책이 평가되는 맥락과 동떨어져 있는 것이 아니라 욕구 의존적(need-dependent)이다.

횡단적 대 종단적 기법(Cross-Sectional versus Longitudinal Techniques). 정책 평가는 보통 학생(또는 교사) 표본 집단을 추출한 후 어떤 변화가 일어났는지를 측정하는 형태, 즉 횡단적으로 실시된다. 동일한 학생 집단을 사용하여 수년에 걸쳐 변화를 추적하는, 보다 장기적이고 시간을 가로지르는 접근을 선호하는 연구자들도 있다. 예를 들어, National Educational Longitudinal Study(1988)와 같은 몇몇 잘 알려진 연구들은 프로그램이 학생들에게 어떻게 작용했는지를 알아보기 위해 장기간에 걸쳐 학습과 변화를 추적한다. 어느 한 시점에서 추출된 보다 크고 단기적인 학생 표본 집단을 선호하는 연구자들도 있다(대부분의 주에서 실시하는 평가는 횡단적이다).

내부자 대 외부자 평가(Insider versus Outsider Evaluations). 정책 연구에 있어서 또 다른 일반적인 기술적 관심사는 학교구, 주 교육부, 또는 연방 교육부에 근무하는 상황을 잘 이해하고 있는 사람들이 연구와 평가를 실시해야 하는가 아니면 체제와 덜 관련되고 부정적인 결과들을 내놓아도 잃을 것이 거의 없는 외부에 있는 기관에서 실시해야 하는가 하는 것이다. 외부자(예를 들어, 컨설팅 회사, 대학의 연구자, 독립된 연구 집단)를 채용하는 것과 관련된 문제는 아무도 협력하려 하지 않거나 또는 결과를 심각하게 생각하지 않을 수도 있다는 것이다.

아마도 독립된 학자 및 통계학자들이 과정과 결과에 관심을 가지고 있는 학교 내의 교육자 및 학부모 팀과 긴밀하게 활동하는 협동적 노력이 가장 효과적일 것이다. 보통, 특히 매우 비판적일 경우, 외부자들에 의한 보고서는 보류되고 무시된다.

단기적 대 장기적 접근(Short-Term versus Long-Term Approaches). 학교와 학생의 학습에서 유의미한 변화와 향상을 확인하기 위해선 3년에서 5년이 걸린다고 많은 사람들은 주장한다. 따라서 초기 몇 년 동안에 이루어지는 정책 평가는 형성적 특성(예를 들어, 집행, 수용, 참여)을 분석하고, 총괄적이고 결과 지향적인 평가는 프로그램이 정착된 이후에 실시하도록 권고된다. 그러나 3년 내지 5년을 기다리는 것과 관련된 문제들이 몇 가지 있다. 즉, (1) 프로그램 발기자들에게서 얻을 수 있는 중요한 자료를 잃어버릴 수 있고, (2) 35년 동안 지속되며 8번 재승인을 받은 Title I 처럼 재승인(재평가가 요구된다는 것을 의미함)이 요청되지 않는다면, 정치인들은 "오래된" 프로그램에 관심을 잃을 수 있다. 그리고 (3) 결과가 너무 늦어져서 비생산적인 정책을 수정할 수 없게 되거나 효과적인 정책들을 구제할 수 없게 될 수도 있다.

마찬가지로 단기간의, 형성 평가도 도움이 된다. 문제가 발생하면 너무 늦기 전에 빨리 경고를 준다. 보다 비용이 적게 들며, 예컨대 10년 연구보다 연구자 및 정책 결정자들의 관심을 더 유지시킬 수 있다. 따라서 잘 구조화된 형성 연구는 정책들이 초기에 얼마나 잘 이해되고, 수용되며, 집행되는지에 관한 자료를 제공할 수 있고, 이를 통해 학교 행정가는 주기적으로 그리고 중간에 정책과 프로그램을 정정 혹은 수정할 수 있다.

전국적/국제적 연구 대 지역적 접근(National/International Studies versus Local/Regional Approaches). 연구의 범위는 여전히 흥미로운 문제이다. 경계와 시간을 초월하는 기

준 정보를 제공할 수 있도록, 연구는 전국적으로 아니면 심지어 국제적으로 이루어져야 하는가? 아니면, 교육이 지역적으로 그리고 학교 내에서 이루어지기 때문에, 수업과 학습에 변화가 일어나는지를 알아보기 위해, 국가 정책 연구는 학교와 교실에서 이루어져야 하는가? 미국이 가지고 있는 제한점으로는 주와 지역은 각기 다른 시기에 각기 다른 평가를 실시하며, 이는 전국적 비교와 국제적 비교를 할 때 혼란을 일으킨다는 점이다. George W. Bush 대통령이 성공적으로 추진한, 모든 아동들에게(3학년에서 8학년까지) 주(州)에서 결정한 시험을 치르게 하는 국가적 법률 제정은 누가, 얼마나 자주 시험을 보는가 하는 것은 표준화할 수 있지만, 어떤 교육과정에 근거하여, 어떤 시험을 실시할 것인가 하는 것은 반드시 사전에 결정할 필요가 없다. 교육과정이 매우 다르고, 요구 사항이 다양하며, 공평성 및 기회의 수준이 너무 다양한 것으로 여겨지기 때문에, 사람들은 전국적 및 국제적인 평가가 어떤 한 나라에 있어서 정확히 얼마나 유용한지에 대해 의문을 갖는다. 그러나 "분석단위"의 문제는 정책 연구에서 매우 중요하다. 즉, 어떤 수준에서 연구가 이루어지는지, 즉 주, 학교구, 학교, 교실, 교사, 학생, 또는 이들이 결합된 것인가? 결과가 무엇과 또는 누구와 비교되고 견주어지는가? 학교 시설, 교사 자질, 교육과정 수준 그리고 부모와 지역사회의 참여와 기대의 측면에서 지역 간에 차이가 존재하기 때문에, 결과를 얼마나 일반화시킬 수 있는가?

1차 분석 대 메타 분석(Primary Analysis versus Meta-Analysis). 또한, 연구가 1차 자료 수집과 관련되어 있는지, 아니면 장소, 시간, 지역사회를 통틀어, 이미 존재하는 결과에 대한 분석과 관련되어 있는지에 대해서도 접근방식은 다양하게 나타난다. 메타 분석은 풍부한 선행 연구 결과물들에 의존한다. 예를 들어, 방과후 수업 프로그램이 가난한 학생들에게 얼마나 긍정적으로 작용하는지에 관심이 있는 연구자들은 수많은 연구들 및 이들 프로그램의 결과들에 관한 데이터베이스를 찾아볼 것이다. 그 다음 많은 선행 연구들을 통틀어 어떤 공통된, 비교할 만한 결과들이 있는지를 살펴보기 위해, 이러한 연구들을 표준화하고 결합한다.

사례 방법 대 산출 분석(Case Methods versus Output Analysis). 또한 정책 평가에 관한 연구는 연구자들이 하나 또는 복수의 사례 연구(상호 연결된 관점에서 학교구, 학교, 교사, 학생들을 검토함)에 초점을 두는지 아니면 일선 학교와 주 전체에서 핵심 변수(예컨대, 시험 결과)를 연구하는지에 따라 달라진다. 대부분의 주 시험 프로그램들은 결과에 초점을 두고 상황, 시행, 학급 활동과 학생 간의 차이에는 큰 관심을 두지 않는다. 따라서 시험 점수가 향상되었을 때, 주는 변화된 학생 인구학적 특성, 재시험 효과, 변화하는 리더십, 새로운 교과과정과 수업 방법 또는 이러한 요인들의 결합 등 학교와 교실 수준에서의 어떤 변화가 이러한 결과에 영향을 미쳤는지 결정하는 데 애를 먹는다. 연구자들은 정책이나 프로그램을 평가하려고 할 때 또 다른 실제적인 문제점들을 경험하는데, 그 중 몇 가지는 아래에서 상세히 논의한다.

제한된 접근성. 연구자들이 항상 환영을 받는 것은 아니다. 교육위원회와 교육감이 자신들의 학생들을 연구하는 것을 싫어하기 때문에, 연구자들이 학생들과 학교에 접근하는 것에 어려움이 있을 수 있다. 인간을 대상으로 하는 연구를 관리하는 법률들과 더불어, 기꺼이 관찰 대상이 되고 조사를 받으려는 학교, 부모, 학생(부모 동의가 필요함)과 교사들을 찾는 것이 점차 어려워지고 있다. 교사 및 가족은 정책 연구의 장점을 이해하지 못하고 그 결과가 자신들에게는 도움이 안 될 수도 있기 때문에, 이들은 연구를 위해 필수적인 "피험자 동의서" 제출을 거부할 수도 있고, 이에 따라 자료를 구할 수 없게 될 수 있다.

변수 통제의 한계. 또한, 연구자들은 자신들의 연구에서 변수를 전혀 통제하지 못하는 한계를 가지고 있다. 학부모들은 자신들의 아이들이 실험실 쥐처럼 통제집단에 배정되고, 진짜가 아닌 위약을 받는 데 절대 동의하지 않을 것이기 때문에 통제집단과 실험처치가 있는 연구는 일반적으로 불가능하다. 그리고 학교구가 연구자들이 학생 프로그램, 교사 또는 학교 배정에 영향을 미치는 것을 허용하지 않을 것이기 때문에, 학생들은 처치, 학교 또는 프로그램에 무작위로 배정할 수 없다.

경쟁하는 처치(Competing Treatments). 통제의 한계와 관련된 과학적 연구의 타당성을 저해하는 경쟁하는 처치는 가장 자연스러운 학교 상황에서도 존재한다. 한 (처치)집단에게는 새로운 프로그램을 투여하고, 효과를 검증하기 위해 다른 집단에게는 아무런 프로그램(통제)을 제공하지 않거나 차별적으로 제공하는 연구자들은 통학 버스를 탄 학생들이 자신들의 새로운 학습을 통제집단의 학생들과 공유하는 것을, 그래서 연구를 오염시키는 것을 어떻게 막을 수 있을까?

학교 연구자들은 학생들이 현재 배우고 있는 것에 대한 가정, 여름 방학, 캠프, 개인 교습, 주일 학교에서의 종교 수업과 그 외 프로그램들(보이스카웃, 걸스카웃 등)의 영향을 어떻게 제거 또는 통제할 수 있을까? 즉, 오염은 자연주의적, 비통제적, 준실험 설계 연구가 갖는 문제이며, 교육 연구와 정책 평가에 아주 흔한 일이다.

미약한 결과(Weak Results). 또한, 많은 정책 평가 연구의 상당수는 앞에 논의된 여러 가지 이유들로 인해 중간 정도 또는 미미한 결과를 만들어 낸다. 연구자들이 자신들의 연구를 통제할 수 없기 때문에, 이들은 두드러지고 유의미한 특징을 가진 확실한 결과를 발견하리라 기대할 수 없다.

언제 필요한 만큼 충분히 이루어졌는가?(When is Enough, Enough?). 끝으로, 정책 평가는 '연구가 언제 충분히 이루어졌다고 할 수 있는가?'라는 질문을 제기한다. 정책이 작동하고 있다는 것을 입증하고, 무엇이 무언가에 영향을 미치고 있다(교육과정, 수업, 그리고 프로그램들은 학생 시험 점수에 영향을 미친다)는 것을 보여줄 정도로 충분한 변수들을 통제하며, 확실하고 유의미한 결과를 생산해 내는 것이 사실상 불가능하기 때문에, 정책 분석가들은 무시되거나 혹은 더 많은 데이터를 위해 다시 이전으로 돌아갈 것을 요구받는다.

좋은 정책 평가를 위한 방해 요소 극복하기

정책 평가는 그 중 일부는 통제할 수 없고, 일부는 연구자와 현장 요원의 영향력 밖에 있는 여러 가지 요인들에 의해 방해를 받는다. 타당하고, 믿을 만하고, 신뢰할 수 있는 평가가 되기 위해서, 평가는 과학적 연구 관행의 기본적인 원리를 따라야만 하고, 실현 가능한 개선 방안을 제시해야만 한다. 학습은 모든 곳(가정에서, 방학 중에, 버스에서, 컴퓨터 앞에서 그리고 텔레비전을 통해서)에서 이루어지고 학교와 교사들만의 영역이 아니기 때문에, 인간의 모든 활동 중에서 교육은 가장 분리하기가 어렵다. 또한 학습은 학교가 통제할 수 없는 이전의 상황, 타고난 관심사, 동기와 능력 등에 영향을 받는다.

정책 평가가 타당하고 유용하려면, (1) 정책 목적에 대한 전반적인 합의, (2) 프로그램이나 정책이 균등하게 실행되었다는 인식 (3) 프로그램과 그 결과의 질을 판단하기 위한, 최종 사용자 대응 표본에 대한 접근 기회 (4) 개선에 관한 적절한 측정 (5) 결과가 정책, 프로그램 및 학생 산출물과 관련이 있다는 정책 결정자와 사용자들 간의 합의 등 다섯 가지 조건이 매우 중요하다.

그러나 타당하고, 신뢰할 수 있고, 수용 가능한 정책 연구 수행과 관련된 모든 실제적 문제점과 단점들에도 불구하고, 우리는 개선의 징후들을 찾아볼 수 있다. 첫째, 연방 및 주 정부가 수행한 일련의 대규모 교육 관련 연구들은 계속 진행되고 있으며 여러 가지 열매를 맺고 있다. 전국적으로 학생들에 관한 모든 종단적 자료를 수집하는 NAEP, NELS, High School and Beyond 외에도, 다수의 주는 주 내의 학교들의 교육과정을 평가하고 교육과정 조정을 통해 교육과정 형성을 도와주는 대규모의, 고부담 평가를 실시하고 있다.

둘째, 신기술, 데이터 뱅크(data bank), 빠른 접근(instant access)과 함께, 유용한 정보의 이용 가능성을 높이는 기회가 기하급수적으로 증가하고 있다. 가장 중요한 것으로, 정치인과 일반 대중은 학교에 관한, 그리고 학교의 프로그램과 정책이 얼마나 효과를 발휘하고 있는지에 관한 더 많은 자료를 요구하고 있다. 학교, 학교구, 정부가 자료를 더 잘 활용할 수 있도록 만들기 위해 노력함에 따라, 좋은 정보에 대한 요구가 공급을 이끌어 가고 있다.

연구 단체들

지난 몇 년 동안 정책 및 프로그램 평가는 몇몇 핵심 단체들에 의해 수행되어 왔으며, 이들 중 살펴볼 가치가 있는 것들은 다음과 같다.

OERI. 가장 큰 연방 교육 연구 조직은 교육 연구에 배정된 수십억 달러의 세금을 관리하고, 지역 조직(연구소와 센터)들의 업무를 조정하고, 연구에 대한 재정 지원을 담당하는 연방 교육부 산하의 정부 기관인 Office of Educational Research and Improvement(OERI)이다. OERI는 자신의 임무를 교육 연구와 통계에 대한 리더십 발휘, 즉 연구와 시범 사업 수행, 전국적으로 학교의 현황과 진전에 대한 통계 자료를 수집하고 교육을 개선하기 위해 노력하는 사람들에게 기술적 지원을 제공하고 정보를 배포하는 것이라고 제시하고 있다.

미국 하원의 청문회에서, Vinovskis(1999)는 그 공헌을 인정받고 성과를 향상시키기 위하여 OERI의 역사, 배경 및 요구되는 변화를 다음과 같이 설명하였다.

> 연방 정부는 130년 이상의 기간 동안 교육 통계 자료를 수집하고, 분석하고, 보급시켜 왔다. 시간이 지나면서, 자료 수집에서 주와 지역 수준에서 아동을 교육하는 보다 효과적인 방법을 찾기 위한 연구와 개발로 초점이 이동하였다. 그러나 교육 연구와 개발 활동의 질은 천차만별이었다. 결과적으로, 20세기, 교육 연구와 개발은 대부분의 학자들과 정책 결정자들로부터 높은 평가를 받지 못하였다(p. 2).

National Academy of Education(NAE). 1965년에 설립된 NAE는 미국과 해외에서 교육의 목적과 수단에 관한 모든 형식의 학문적 탐구와 토론을 증진시키기 위해 노력하고 있다. National Academy of Sciences와 같이, NAE는 현재 모두 약 125명의 우수한 연구자들로 구성되어 있으며, 각종 연구와 회의 행사들을 지원하고 있다.

General Accounting Office(GAO). 연방 정부의 하위 기관인 GAO는 교육 분야에서 가장 대규모의 연구들을 수행해 왔다. GAO의 목적은 다음과 같다.

> General Accounting Office는 의회의 조사기관이다. GAO는 의회가 헌법적 책임을 다하도록 지원하고 국민들을 위한 연방 정부의 책무성과 성과를 향상시키는 것을 돕기 위해 존재한다. GAO는 공적 자금의 사용을 조사하고, 연방 정부의 프로그램과 활동을 평가하며, 의회가 효과적인 감독, 정책, 재정 지원 결정을 할 수 있도록 도와주기 위해 분석, 선택 대안, 권고 및 그 외 다른 지원들을 제공하고 있다. 이러한 맥락에서 GAO는 회계 감사, 프로그램 검토와 평가, 분석, 법적 견해, 조사와 그 외 다른 서비스들을 통하여 연방 정부의 경제, 효율성과 효과성을 지속적으로 향상시키기 위해 노력하고 있다(U.S. Government Accounting Office, 1986: 1).

National Research Council(NRC). National Academy of Sciences에 의해 조직된 NRC는 1916년 이래 계속 유지되었으며 교육자들의 관심사와 관련된 연구와 논문들을 생산하고 있다. 최근의 예로는 Committee on Educational Excellence and Testing Equity에서 Beatty, Neisser, Trent, Heubert(2001)가 저술한 『Understanding Dropouts: Statistics, Strategies, and High-Stakes Testing』이 있다.

교육 정책 평가 개선하기

교육 정책 평가의 과정을 분석하면서 우리는 다음과 같은 교훈들을 얻었다.

- 평가를 초기에 구축하라: 역사는 정책 평가의 중요성을 보여주며, 정책 형성과 집행 과정의 일부로서 초기에 평가가 이루어져야 한다고 요구하고 있다.
- 전국적으로, 국지적으로, 지역적으로 일하라: 구조적 차원은 정책 과정 내의 다양한 수준들 간의 상호관계 및 상호작용에 대한 이해를 요구한다.
- 충분한 양의 학교 자원이 있는지를 확인하라: 자금, 인력, 공간, 시간 및 노력의 재분배 없이 변화는 쉽게 이루어질 수 없기 때문에, 정책 평가는 적절한 자원의 중요성을 지적한다.
- 내부자와 외부자: 효과적인 정책 평가는 개혁에 가장 가까이 있는 사람들이 외부 평가 팀들과 연계하여 평가를 실시할 때 가장 잘 이루어진다.
- 장기적인 정책 관점: 교육에서 변화는 목적의 조정을 위한 시간, 학교를 재구조화하기 위한 시간, 직원의 채용 또는 재훈련을 위한 시간과 프로그램을 실행하고, 평가하고, 개선하기 위한 시간 등 오랜 시간 동안에 걸쳐서 일어난다.
- 과학적이고 맥락적인 관점: 하나의 정책 평가 모델을 모든 상황에 적용할 수는 없

다. 정책 평가자들은 다양한 연구 방법 및 연구 모형을 알고 있어야 한다. 프로그램을 적절하게 평가하기 위해서는 양적 및 질적 자료 모두가 필요하다.

- 평가로부터 개혁으로 이행하라: 이 과정에서 가장 중요한 것은 평가 정보를 새로운 정책과 더 성공적인 프로그램으로 전환하는 능력이다. 연구에서 "학습"한 것을 학교에서 학교 개선을 촉진하고 면밀하고, 장기적인 연구 노력을 정당화하는 행동으로 옮기는 것이다.
- 정책이 어떻게 이행되는지 파악하라: 특정 정책이 법과 규정에서 과제와 프로그램으로 어떻게 변화되는지에 관한 분석으로 정책 평가를 개선할 수 있다. 따라서 일부 정책 평가의 목적은 실제로 프로그램을 수립했는지, 학교가 프로그램을 개설했는지, 수업이 이루어졌는지, 새로운 방법이 사용되었는지 여부를 확인하는 것이다. 연구자 Charters와 Jones는 정책 평가를 "새로운 정책이 시행되는 것을 은근히 기대하는 것"(1973: 6)이라고 명명하였다. 이들의 관심은 프로그램이 시행되고 사용되었는지를 결정하는 것이 아니라 학생들이 배운 것을 이해하고 있는지 평가자가 평가하는 것이었다.

예를 들어, 영어가 모국어가 아닌 학생들은 이중 언어 프로그램에서 영어가 유창한 교사들에 의해 영어를 배우고 있는가? 만약 그렇지 않다면, 학교에서 영어를 배울 실제 기회를 결코 가져 보지 못한 학생들의 영어 유창성을 평가하는 것이 무슨 소용이 있는가?

- 정책 목적에 대한 공유된 이해: 정책 평가의 또 다른 목적은 참여자들이 프로그램의 목적을 얼마나 이해하고 공유하는가를 확인하는 것이다. 교사들에게 새로운 읽기 프로그램을 사용하도록 요구하는 것은 이들이 프로그램을 이해하고 그 목적을 공유한다는 것을 의미하는 것이 아니기 때문이다. 따라서 정책 평가는 참여자들이 프로그램의 목적을 받아들이고 이를 이해하는 정도를 고려해야만 한다.
- 자원 재배분: 새로운 프로그램이 시행되고 성공을 거두기 위해서, 자원은 상이한 방식으로, 상이한 목적을 위해, 그리고 새롭고 상이한 역할을 맡는 상이한 교육자들과 함께 사용되어야 한다. 따라서 정책 연구의 목적은 시간, 공간, 재료, 예산을 어떻게 사용하는가를 평가하는 것이어야 한다.
- 훈련과 전문성 신장: 정책 평가를 개선하는 또 다른 방법은 직업 훈련과 사회화의 질과 효과성을 연구하고 평가하는 것이다. 새로운 기법과 개념 없이, 그리고 교사와 행정가들에 대한 재훈련 요청 없이 정책이 집행되는 경우는 거의 없다. 따

라서 어떠한 학습 기회가 주어졌고, 참여자들이 새로운 프로그램을 얼마나 잘 이해하게 되었는지를 이해하는 것도 목적 중의 하나이다.

- 보다 우수하고, 강하며, 종합적인 정책 만들기: 정책 평가의 목적 중 하나는 정책과 그 효과를 개선하는 방법을 결정하는 것이다. 정책 결정은 반복적인 과정, 즉 계속 진행되고, 변화하고, 맥락과 관련된 과정이기 때문에, 다양한 환경 속에서 정책 집행이 정책 형성과 개선 방식에 어떤 영향을 미치는지를 이해시키는 것이 중요하다.

Cizek과 Ramaswamy(1999)는 "교육에서 정책 발전은 위기로 인해 촉진된다."는 것을 발견하였다(p. 497). 그러나 이들 저자와 다른 학자들은 우리의 아동들을 가르치는 실무자들에게 도움이 되는 방향으로 미국 학교와 직접적인 정책의 장점, 그리고 이에 대한 평가에 보다 익숙해질 것을 추천한다. Kennedy(1999)의 설명에 따르면, "교육 분야에 비교적 최근 등장한 연구를 보면, 그것이 놀랄 만한 영향력을 발휘해 왔다고 주장할 수 있다. 현재의 정책들과 수업을 자극한 많은 아이디어들은 연구[그리고 평가]에서 비롯되었다"(p. 75).

개선된 교육 정책 평가의 효과

규범적 차원

정책 결정자들이 인터넷을 통해 정확한 최신의 정보에 접근할 때, 이들은 정보의 유용성에 동의하게 될 것이다. 데이터가 공개되고 폭넓게 논의될 때, 공통의 가치, 신념, 접근법이 존재할 가능성이 더 크다. 예를 들어, 미국에서 "학교 평가 보고서(school report card)" 운동의 성공은 주목할 만한데, 지역사회가 학생(출석률, 졸업률, 시험 결과, 학교 폭력 사건)과 학교(용도, 질, 요구, 자원)에 관한 보다 많고, 보다 나은 정보를 요구하고 제공받고 있기 때문이다. 학교 평가 보고서는 소통과 평가의 주요 수단이며, 훨씬 더 많고, 더 나은 정보와 평가를 제공하기 위해 확대될 수도 있다.

구조적 차원

정책 평가의 구조적 특성은 간과할 수 없다. 정책은 어느 한 수준에서 만들어지고 공포되며, 또 다른 수준에서 수용되고 집행되기 때문에, 평가는 이러한 현실을 반영해야만 한다. 관할권을 초월한 협력의 증진은 매우 중요하다. 그러나 모든 수준이 프로그램을 지지하고, 프로그램이 평가 및 개선되는 것을 보고자 할 때만 긴밀한 협력이 가능하다.

구성적 차원

앞으로의 정책 평가에는 지역사회와 학교 내의 다양한 집단들 사이의 "동의(buy in)"가 중요하다. 이러한 구성요소들은 평가의 방향 설정 및 얼마나 잘 수용되는지를 결정하는 데 도움을 준다. 자신 및 관리자에 대한 평가에 교사들을 참여시키는 것은 지지 및 결과에 대한 수용을 향상시킨다. 주요한 이익집단이 참여하는 주 및 전국 단위 위원회는 널리 사용되고 있고 계속되어야만 한다. 그러나 참여자들은 자신이 속한 단체의 이익을 보호하는 것 이상을 필요로 한다. 이들은 결과를 보급하고 학교의 실제를 개선하는 데 책임을 져야 한다. 따라서 우리는 프로그램 효과와 이 효과를 관찰할 수 있는 우리의 능력이 얼마나 맥락의 영향을 받는지 인식하고 있다. 이러한 관심은 중요한 평가 접근법으로서 "평가 가능성 평가(evaluability assessment)"의 발전을 가져왔고, 프로그램 이론과 인과관계의 유형, 방법과 적용상의 더 큰 발전을 고려하고 있다.

기술적 차원

기술적 차원은 세부사항이 있는 곳에 존재하며 그래서 성공을 위한 열쇠를 쥐고 있다. 정책 평가의 세부사항, 기법과 방법에 세심한 주의를 기울이지 않는다면, 결과를 평가하고 프로그램과 방법을 개선하기 위한 어떤 일도 할 수 없다.

그러나 정치적, 규범적, 구성적/구조적 쟁점을 처리하고 극복할 경우, 연구의 기술적 차원에 관한 자원, 아이디어, 기술에 초점을 두는 많은 것들을 할 수 있다. 이 장에서 언급한 것처럼, 교육 정책 결정의 개선은 좋은 정보, 분석과 피드백에 달려 있다.

과제와 활동

현장 조사

매우 엄격한 학교구와 온건하고 약한 학교구 등 두 학교구의 학생 진급 정책을 조사한다. 이들의 목적, 규칙, 규정들은 무엇이며 정책 목적에 도달하기 위해 학교구는 얼마나 잘 수행하고 있는가? 진급 정책을 수정하기 전에, 학교구들은 이를 어떻게 평가하였는가? 목적과 의도, 조직과 규정, 효과와 변화를 비교하면서, 두 학교구에 대한 10쪽짜리 분석 보고서를 작성한다.

사례 연구 1: 진급 및 유급 정책

West River School 학교구의 교육위원회는 학생 진급 및 유급 정책상의 중대한 변화를 고려하고 있다. 교육위원회는 청문회를 열었고 교사들이 유급 수준을 높이는 것에 대해서 의견이 나누어져 있다는 것을 알게 되었다("이는 학생들을 좋지 않게 보도록 할 것이고, 아이들을 도와주는 것이 아니다"라고, 그들은 주장했다). 제안된 방안은 만약 학생들이 과목 시험을 통과하지 못한다면, 의무적으로 8주간의 여름 학교에 등록해야 하며, 재시험에서도 떨어진다면, 유급시키는 것이다.

이 정책을 비판하는 사람들은 다음과 같이 주장한다. (1) 한 학년을 반복하는 것이 학생들이 더 많이 배울 것이라는 것을 의미하는 것은 아니다. (2) 교사들은 많은 수의 나이 많은 유급자들을 가르칠 준비가 되어 있지 않다. (3) 유급된 학생들은 자신의 동료들과 사회적으로 거의 공통된 것을 갖지 못하게 된다. (4) 학교는 이미 학생이 너무 많고, "유급시키는 것"은 학교를 졸업하는 데 12년 이상이 걸린다는 것을 의미하며, 12년 동안 학생들을 가르칠 수 있는 여유가 없는 학교 체제에 더 큰 부담을 지우는 것이다(하물며 13년에서 15년은 더더욱 아니다).

이 방안은 1999년 교육위원회를 통과해서, 현재 대부분의 학교에서 시행되고 있다. 아래 물음에 답하시오.

1. 이 정책의 **규범적 차원**은 무엇인가? 다시 말해 어떠한 가치들이 추구되었으며, 어떠한 가치들이 억눌리고 무시되었는가?
2. 어떤 집단들(예를 들어, 부모, 교사, 노조, 행정가, 교육위원회 위원들) 내지는 **구성요소**가 위에 언급된 진급 정책을 지지 또는 반대했을까?
3. 이 정책의 **구조적 차원**은 어떻게 주 기준, 지역 기준 및 학생 유급을 반대하는 주 교육부와 Association for children with Special Needs와 같은 다른 기관들과 연결되는가?
4. 이 정책의 운영을 방해하는 잠재된 실제적 또는 **기술적 차원**에는 어떤 것이 있을까?
5. 당신은 이 진급 및 유급 정책의 **평가**를 어떻게 시작할 것인가, 그리고 이 정책이 작동하는지를 어떻게 알 것인가?

사례 연구 2: 학생 무단결석

Turnpike 고등학교는 학생들의 심각한 무단결석 문제에 직면해 있다. 자료에 따르면, 매일 44%의 학생이 학교를 무단으로 결석하고 집에 있거나, 일과 시간 동안 복도나 운동장을 배회하면서 한두 시간 수업을 빼먹거나 수업에 들어가지 않는다. 복도를 순찰하는 노력도 효과가 없고, 보다 강한 처벌은 학생들이 학교를 두려워하게 해서 훨씬 더 많이 무단결석하게 만든 것 같다. Cooper와 Guare의 연구(근간)에 따르면, 학생들은 다른 소비자들처럼 학교를 "싫으면 그만두는 것"으로 여기며, 매우 선택적으로 수업을 빼먹고 있다.

1. 당신은 Turnpike 고등학교가 무엇을 해야 한다고 제안할 것인가?
2. 정책 결정 과정, 집행, 그리고 출석 결과를 어떻게 조사하고 평가할 것인가? 정책이 효과적인지 여부를 어떻게 판단할 것인가?
3. 당신이 채택한 방법들의 장점과 한계점은 무엇인가?

중요한 연구들

대부분의 공공 정책 교재는 평가에 관한 단원을 가지고 있다. 그 과정을 개관한 것 중 가장 추천하고 싶은 두 권은 Thomas Dye(2001)의 『Understanding Public Policy』와 Guy Peters(1986)의 『American Public Policy』이다. 평가를 종합적으로 분석한(처음부터 끝까지) 서적을 원하는 학생들은 Carol Weiss(1998)의 고전인 『Evaluation』(2판)을 참고한다. 학교 교사와 행정가를 위한 두 권의 독자 친화적인 평가 관련 교재는 Boulmetis와 Dutwin(2000)의 『The ABCs of Evaluation』과 Naftaly Glasman(1994)의 『Making Better Decisions About School Problems』이다. 이들 책에 제시된 자료들은 프로그램과 정책 평가를 수행하는 사용하기 쉬운 단계별 절차를 제시한다.

참고문헌

Aaron, H. J. (1978). *Politics and the professor.* Washington, DC: Brookings Institution.

Bailey, S. K., & Mosher, E. K. (1968). *ESEA: The Office of Education administers a law.* Syracuse, NY: Syracuse University Press.

Beatty, A., Nessar, U., Trent, W. I., & Heubert, J. P. (Eds.). (2001). *Understanding dropouts: Statistics, strategies, and high-stakes testing.* Washington, DC: National Academics Press.

Berliner, D. C. (2000). A personal response to those who bash teacher education. *Journal of Teacher Education, 51*(5), 358-371.

Berliner, D. C., & Biddle, B. J. (1995). *The manufactured crisis.* Reading, PA: Addison-Wesley.

Biddle, B. J., & Anderson, D. S. (1991). Social research and educational change. In D. S. Anderson & B. J. Biddle (Eds.), *Knowledge for policy: Improving education through research* (pp. 1-20). New York: Falmer Press.

Bolster, A. S. (1983). Toward a more effective model of research on teaching. *Harvard Educational Review, 53*(3), 294-308.

Bourgue, M. L. (1999). The role of the National Assessment of Educational Progress (NAEP) in setting, reflecting and linking national education policy to states' needs. In G. J. Cizek (Ed.), *Handbook of educational policy* (pp. 213-249). San Diego, CA: Academic Press.

Cahill, A., & Overman, S. (1990). The evolution of rationality in policy analysis. In S. S. Nagel (Ed.), *Policy theory and policy evaluation: Concepts, knowledge, causes, and norms* (pp. 11-40). Westport, CT: Greenwood Press.

Charters, W. W., Jr., & Jones, J. E. (1973). On the risk of appraising non-events in program evaluation. *Educational Researcher, 2*(11), 5-7.

Cizek, G. J., & Ramaswamy, V. (1999). American educational policy: Constructing crises and crafting solutions. In G. J. Cizek (Ed.), *Handbook of educational policy* (pp. 497-531). San Diego, CA: Academic Press.

Cook, T. D. (1985). Postpositivist criticisms, reform associations, and uncertainties about social research. In R. L. Shotland & M. M. Mark (Fds.), *Social science and social policy* (pp. 21-62). Beverly Hills, CA: Sage.

Cooper, B. S., & Doyle, D. P (1989). *Federal aid to education: What future Chapter I?* New York: Falmer Press.

Cooper, B. S. & Guare, R. (in press). *Truancy as rational choice? A new perspective on an old problem.* Lanham, MD: Scarecrow Press.

Cronbach, L. J., & Snow, R. E. (1976). *Aptitude and instructional methods.* New York: Irvington.

Davis, B. (1996, October 11). Dueling professors have Milwaukee dazed over school vouchers. *Wall Street Journal,* p. Al.

Doyle, D. P. & Pimentel, S. (1999). *Raising the standard: Better education through higher standards.* New York: McGraw-Hill.

Dror, Y. (1968). *Public policymaking re-examined.* San Francisco: Chandler.

Dye, T. R. (2001). *Understanding public policy* (10th ed.). Upper Saddle River, NJ: Prentice Hall.

Easton, D. (2001). *A systems analysis of political life.* New York: Wiley.

Finn, C. E., Jr. (2000, September 20). Fixing education research and statistics (again). *Education Week.* Commentary, *20*(3), 33, 48.

Forester, J. (1984), Bounded rationality and the politics of muddling through. *Public Administration Review, 44*(1), 23-31.

Fry, B. R., & Tompkins, E. T. (Spring, 1978). Some notes on the domain of public policy studies. *Policy Studies Journal, 6*(3), 305-3 12.

Garson, G. D. (1986). From political science to policy analysis: A quarter century of progress. Ifl W. Dunn (Ed.), *Policy analysis: Perspectives, concepts, and methods* (pp. 3-23). Greenwich, CT: JAI Press.

Glass, G. V. (1979). Policy for the unpredictable (uncertainty research and policy). *Educational Researcher, 8*(9), 12-14.

Greene, J. P. , Peterson, P. E., & Du, J. (1997). *The effectiveness of school choice in Milwaukee: A secondary analysis of data from the program's evaluation.* Paper presented at the Annual

Meeting of the American Political Science Association. San Francisco, August 30, 1997.
Hirschman, A. O. (1970). *Exit, voice and loyalty.* Cambridge, MA: Harvard University Press.
Hoff, D. J. (2000, February 16). Test-weary schools balk at NAEP: Seven states can't find enough interest. *Education Week, 19*(23), 1, 11.
Howell, W. G., & Peterson, P F. (2002). *The education gap: Vouchers and urban schools.* Washington, DC: The Brookings Institution Press.
Howlett, M., & Ramesh, M. (1995). *Studying public policy: Policy cycles and policy subsystems.* Oxford, UK: Oxford University Press.
Kennedy, M. (1999). Infusing educational decision making with research. In G. J. Cizek (Ed.), *Handbook of educational policy* (pp. 53-81). San Diego, CA: Academic Press.
Kerr, D. H. (1976). *Educational policy: Analysis, structure, and justification.* New York: David McKay.
Kogan, M. (1985). Education policy and values. In I. McNay & J. Ozga (Eds.), *Policymaking in education: The breakdown of consensus* (pp. 11-24). London: Pergamon Press.
Kirst, M., & Jung, R. (1991). The utility of a longitudinal approach in assessing implementation: A thirteen-year view of Title I, ESEA. In A. R. Odden (Ed.), *Education policy implementation* (pp. 39-64). Albany: State University of New York Press.
Lasswell, H. D. (1963). *The future of political science.* New York: Atherton.
Lindblom, C. A. (1959). The science of "muddling through." *Public Administration Review, 19*(2), 79-88.
Lindblom, C. A. (1980). *The policy making process.* New York: Prentice Hall.
Loveless, T. (1998). The use and misuse of research in educational reform. In D. Ravitch (Ed.), *Brookings papers on education policy,* 1998 (pp. 279-303). Washington, DC: Brookings Institution Press.
Lowi, T. J. (1969). *The end of liberalism: Ideology, policy and the crisis of public authority.* New York: Norton.
March, J., & Olsen, J. P. (1985). The new institutionalism: Organizational factors in political life. *American Political Science Review, 77*, 28 1-296.
Martin, R., & McClure, P. (1969). *Title I of ESEA: Is it helping poor children?* Washington, DC: Washington Research Project of the Southern Center for Studies in Public Policy and the NAACP Legal Defense Education Fund, Inc.
Mazmanian, D., & Sabatier, P (1989). *Implementation and public policy.* Lanham, MD: University Press of America.
McLaughlin, M. W. (1987). Learning from experience: Lessons from policy implementation. *Educational Evaluation and Policy Analysis, 9*(2), 171-178.
Murphy, J. T. (1991). Title I of ESEA: The politics of implementing federal education reform. In A. R. Odden (Ed.), *Education policy implementation* (pp. 13-37). Albany: State University of New York Press.
Nakamura, R., & Smallwood, F. (1980). *The politics of policy implementation.* New York: St. Martin's Press.
Peters, B. G. (1986). *American public policy: Promise and performance* (2nd ed.). New York:

Macmillan.

Peterson, P. E., Greene, J. P. , & Howell, W. G. (1998). *Initial findings from an evaluation of school choice programs in Washington, DC.* Paper presented at the annual meeting of the American Political Science Association, Boston, September 1998.

Pile, W. H., as cited in Hudson, G. (1986). *Educational Research: A Sociological Study of its Development, Organization and Ideology.* Unpublished Ph.D. thesis. Department of Sociological Studies. Sheffield: University of Sheffield.

Popper, K. (1959). *The logic of scientific discovery.* New York: Harper & Row.

Pressman, J. I., & Wildavsky, A. (19 73). *Implementation.* Berkeley: University of California Press.

Sanders, W. L. (1998). Value-added assessment: A method for measuring the effects of the system, school, and teacher on rate of student academic progress. *The School Administrator.* December, 1998, pp. 4-11.

Sanders, W. L., Saxton, A. M., & Horn, S. P (1997). The Tennessee value-added assessment system (TVAAS): A quantitative, outcomes-based approach to educational assessment. In J. Millman (Ed.), *Grading teachers, grading schools* (pp. 137-162). Thousand Oaks, CA: Corwin Press.

Shapiro, J. P. (1988). Participatory evaluation: Towards a transformation of assessment for women's studies programs and projects. *Educational Evaluation and Policy Analysis, 10*(3), 191-199.

Shavelson, R. J., & Berliner, D. C. (1988). Erosion of the education research infrastructure: A reply to Finn. *Educational Researcher, 17*(1), 9-12.

Simon, H. (1958). *Administrative behavior: A study of decision-making processes in administrative organization.* New York: Macmillan.

Smith, M. J. (1994). Policy networks and state autonomy. In S. Brooks & A. G. Gagnon (Eds.), *The political influence of ideas: Policy communities and the social sciences.* New York: Praeger.

Visnovskis, M. A. (1999). *History and educational policymaking.* New Haven, CT: Yale University Press.

Visnovskis, M. A. (1999, October 26). What might be done to improve educational research in the U.S. Department of Education. Testimony presented before the U.S. House of Representatives, Science Subcommittee on Basic Research. Washington, DC: U.S. Congress.

Viteritti, J. P. (1999). *Choosing equality: School choice, the constitution and civil society.* Washington, DC: Brookings Institution Press.

Witte, J. E. (1998). The Milwaukee voucher e-periment. *Educational Evaluation and Policy Analysis, 20*(4), 229-251.

Wholey, J. S., et al. (1970). *Federal evaluation policy.* Washington, DC: Urban Institute.

제6장

더 좋은 거버넌스, 더 좋은 학교

학교 거너번스와 정책

정책사례

New York 시의 지역사회 통제

흑인 학부모들은 행복하지 않다. 자녀들이 인종적으로 분리된 학교에서, 평균 이하의 시설에서 평균 이하의 교육을 받고 있었기 때문에 New York 시의 공립학교에 대한 적대감이 증가하고 있다. 인종주의에 근거하고 있다고 생각하는 의사 결정을 변경하도록 교육 당국에 촉구하는 이들 학부모와 다른 지지자들의 노력에도 불구하고 거의 변화가 이루어지지 않았다.

이들의 주장은 간단하였다. 흑인 학부모들은 자신들의 자녀가 재학하고 있는 소수계 학교에서 일어나고 있는 것들에 대한 통제권을 더 많이 원하였다. 통제권을 교육청에서 학부모로 이전하기 위한 시위와 거부 운동에 대한 반응으로, 1967년 여름, New York 시 교육위원회는 소수 인종 거주지에 세 곳의 실험적 학교구(Manhattan의 Lower East Side, East Harlem과 Brooklyn의 Ocean Hill-Brownsville)를 설립하는 것을 인가하였다. 각 학교구에는 독자적인 교육위원회가 설치되었다. 2년이 되기 전에, 분권화 및 더 많은 지역의 통제권을 향한 이 소규모의 움직임은 New York 시 전체에 영향을 미친 갈등으로 인해 종결되었다. 1968년 5월, Ocean Hill-Brownsville의 교육위원회가 13명의 교사와 대부분의 행정직원들을 해고한 것이 그 출발점이었다. 교사 노조인 Unified Federation of Teachers는 1968년 가을의 몇 개월 동안 New York 시의 전체 학교 체제를 정지시키는 것으로 보복을 하였다. New York 시 학교의 거버번스 체제를 급진적으로 변화시려는 학교에 대한 지역의 통제는 강력한 교사 노조의 희생양으로 전락하였다. 교육에 대한 권한과 통제권을 분권화하려는 이러한 움직임은 교사 노조의 정치적 지위 및 자원 분배에 관한 그에 상응하는 지위에 위협이 되었다(Katznelson, 1981; Ravitch, 1983; Spring, 1994).

거버넌스의 일반적인 개념

거버넌스는 작동 중인 통치 체제이다. 가장 기본적인 수준에서, 거버넌스는 (누가 이기고 누가 졌는지를 결정하는) 권력에 관한 것이다(Lasswell, 1950). 또한 거버넌스는 이러한 권력이 소수의 사람들에게 집권화 또는 집중되어 있는지, 그리고 여러 사람들에게 폭넓게 분산되어 있는지 그 정도에 관한 것이다. 거버넌스에는 수많은 사람들의 삶의 질에 영향을 미칠 수 있는 결정을 내리는 권력에 영향을 미치고 안내하는 조직 구조와 절차가 포함된다. 거버넌스의 과정은 개인 및 사적인 선호도를 제도적 및 공공 정책으로 전환시킨다. 사회적 행위에 보편적인 규범을 만들어 내는 이러한 권력은 개인의 자유에 외적인 제약을 가할 수도 있고 개인의 자유를 행사하는 데 환경적 장애 요인을 부과할 수도 있다. 이러한 결정은 개인들 및 각종 조직에 상이한 영향을 미치며, 그 영향의 중요성과 범위도 다양하게 나타난다.

교육 분야에서, 거버넌스와 관련된 핵심적인 질문은 누가 교육과 중요한 사회적 재생산 과정을 수행하기 위해 조직된 학교라고 불리는 공식적인 기관을 통제하는가 하는 것이다. 이 질문에 대한 답은 사회의 미래와 사회를 구성하고 있는 다양한 사회 조직과 개인들에게 시사하는 바가 상당히 크다. 교육은 특정한 문화를 가진 사회가 그 자신을 재생산하는 과정이다. 교육을 통해 적절한 행동에 대한 규범이 확립되고, 사회적 삶과 정치적 기관들이 합법화되며, 세계관이 만들어지고 정당화된다. "그 내용과 방법에 있어 교육은 인간과 세계에 대한 특정한 이미지를 형성하고 삶의 방식이 전승되는 문화적 용광로이다."(Randall, 1997: 71). 간단하게 말하면, 누가 교육을 받고, 무엇을 가르치며, 누가 아동들을 교육하는 과정을 통제할 것인가를 결정하는 것에 엄청나게 많은 것들의 성패가 달려 있다.

보다 구체적으로, 교육에 있어 거버넌스의 쟁점은 교육의 내용과 그 내용에 대한 접근에 초점을 두고 있다. 예를 들어, 어떤 주제 또는 지식 영역을 가르칠 것인가, 그리고 역사 또는 생물학 등 어떠한 관점에서 가르칠 것인가를 누가 결정할 것인가? 교사, 학부모 또는 학교장? 예를 들어, 교육과정 내용을 얼마나 폭넓게 보급하고, 다양한 배경과 상이한 요구, 능력과 학습 동기를 가진 학생들에게 전달하는 방식을 누가 결정할 것인가? 지역 교육위원회, 주 교육부 또는 연방 정부? 의사 결정 권한을 수평적 또는 수직적으로 여러 다양한 조직 수준에 어느 정도 위임할 것인가? 주 교육부와 같은 조직 내에서 거버넌스는 어느 정도 집권화되어 있고 지역 교육위원회와 같은 외부 조직에 의사 결정권이 어느 정도 부여되어 있는가? 또한 분권화의 정도 또는 집권화는 다른 사람이 부여한 결정의 양에 의해 결정되는 것이 아니라 유의미한 차이를 가져올 수 있는 결정의 질 또는 가능성에 의해 결정된다.

학교는 교내의 여러 가지 다양안 의사 결정을 지원하기 위해 학부모 위원회를 조직할 수 있다. 그러나 만약 이러한 결정의 내용이 자판기에 비치할 음료수의 종류 등과 같은 교육과정상의 지엽적인 문제들이라면, 공유적 의사 결정은 공허하게 들릴 뿐이다. O'Hair, McLaughlin과 Reitzug(2000)가 주장한 것과 같이, 거버넌스는 "학교의 활동을 지시하고, 안내하며, 때로는 통제하는 의사 결정 및 정책 개발과 관련된 사람들, 기관, 제도 및 요인들에 관한 것이다. 본질적으로, 거버넌스는 누가 의사 결정을 하고 정책을 개발하고, 이들은 어떤 결정과 정책을 만들고 개발하며, 어떤 과정을 사용하는가에 관한 것이다."(p. 286). 거버넌스 과정에 영향을 미치는 다양한 잠재적 행위자 및 근원은 지역, 주 및 연방 수준 등 다양한 정부 수준에서 찾을 수 있다. 다양한 정부 부서(행정부, 입법부와 사법부)와 전문가 단체, PTA, 기업체, 납세자 집단, 학교 자문 집단, 교과서 출판사, 연구 단체, 대학의 교육대학, 씽크 탱크와 정책 조직, 교원 단체, 학부모, 학생 및 전 세계 경제 상황 등이 여기에 해당된다(O'Hair, McLaughlin & Reitzug, 2000).

(교육 관련 의사 결정에 영향을 미치는 다양한 근원 및 정치적 성격과 함께) 교육 거버넌스에 관한 실질적인 쟁점은 거버넌스 이해 및 행사에 중요한 도전을 제기한다(Sergiovanni, Burlingame, Coombs & Thurston, 1999). 그러나 이는 미국 교육에 있어 새로운 현상은 아니다. 만약 교육이 정부와 관련되어 있다면, 그 본질상 이는 사회적 목적을 달성하기 위한 정치적 권력의 행사 및 정치와 관련되어 있다. 미국 교육 및 교육을 통제하기 위한 사회적 갈등의 역사도 예외는 아니다.

거버넌스의 역사적 기초

거버넌스의 구조와 과정은 역사적 근원 및 맥락을 가지고 있고 다양한 사회적 요인 및 사건들에 의해 형성되기 때문에, 미국 교육에 있어 거버넌스는 지금까지 수많은 극적인 변화를 경험해 왔다. 우리는 "과거를 단순히 현재의 축소판"으로 생각하는 현대식 사고방식(presentism)의 근시안적인 위험성에서 벗어나야만 한다(Bailyn, 1960: 9). 이렇게 역사가 필요하다는 것을 보여주는, 작지만 아주 뛰어난 예이자 미국 교육의 거버넌스를 이해하는 것과 아주 큰 관련이 있는 예는 아주 일반적이면서도 단순해 보이는 단어인 "공적(public)"과 "사적(private)"의 의미이다. "공적(public)"이라는 단어의 일반적인 의미는 정부에 의해 지원을 받고, 지지되며 통제되는 무엇인가를 나타내며, 이에 반해 "사적(private)"이라는 단어는 비정부 기관 및 정부의 통제, 지원 또는 지지가 없는 것을 의미한다. 그러나 이러한 정의는 제한적이며 19세기 중반까지는 존재하지도 않았다. 이 시기 이전, '공적'이라는 개념은 지역사회 전체에 이익이 되는 모든 것을 의미하였고, 교육 기관의 경우 입학을 위한 법적 장벽이 없다는 것을 나타냈다는 것을 Bailyn은 상기시켜 준다. 사실, 19세기 이전에 사적 및 공적인 기능이 중복되고 통합되었다고 말하는 것은 시대에 뒤떨어진 것이었다. 이렇게 구분할 수 있는 차이가 전혀 없었다(p. 13; 또한 Jorgenson, 1987: 1-7; Katz, 1975: 23 참고).

이 절에서는 식민지에서 보통 학교(1620~1830), 보통 학교에서 근대 학교(1830~1910), 그리고 근대 학교에서 현재(1910~2000) 등 세 부분으로 나누어 식민지 시대에서 현재에 이르기까지 미국 교육 거버넌스의 기본적인 변화에 대해 고찰한다. 교육 거버넌스의 측면에서 이 절의 논지는 두 가지로 요약된다. 첫째, 엄청난 권력이 개인과 비정부 기관에서 정부 기관으로, 사적인 영역에서 공적인 영역으로 이전되었다. 둘째, 교육의 조직적 성격은 매우 분권화되고, 특유하며, 사적이고 다양한 근원(source)에서의 교육 서비스에서 보다 집권화, 구조화, 표준화 및 거의 획일화된 교육으로 전환되었다.

식민지 시대에서 보통 학교(1620~1830)

거버넌스 체제는 그냥 등장하는 것이 아니라 역사적 사건 및 사회적 변화에 의해 야기된다. 오늘날과 같은 현대적 공교육 체제는 상대적으로 최근에 등장하였고, 20세기 초 진보주의 시대에서 그 기원을 찾을 수 있다. 미국 교육에 대한 상당수의 전통적인 설명은 성격상 공립학교를 기념하는 것이고 자신 있게 그 전신인 New England 지역의 "공립" 학교들을 가리킨다. 엄청나게 다양한 유형의 학교들이 식민지 시대 및 건국 초기에 설립되었다는 것은 사실이지만, 이들은 오늘날의 공립학교와 유사한 부분이 거의 없다. 이는 교육 거버넌스도 마찬가지이다.

이민자들은 매우 상이한 이유에서 미국으로 건너왔지만, 거의 공통적으로 자신들이 떠나온 문화와 사회를 복제하려고 노력하였다. 예를 들어, New England 지역의 경우, 청교도들은 개신교 연방 또는 국가를 건설하기 위한 목적으로 미국으로 건너왔다. 교육을 통해, 아동의 선천적인 사악한 본성을 억누르고자 하였다. 사회화와 직업 기술의 보유는 청교도의 목표인 "신의 자비와 은총을 통해 탈바꿈된 근본적으로 변화된 인간(personality)"에 버금가는 것이었다(Hiner, 1973: 5-6). 마을, 성직자들, 여성과 교사들은 학교를 설립하였다. 각 지역사회는 여러 가지 상이한 방식으로 고유한 교육적 요구와 거버넌스를 표현하였다.

남부의 경우, 영국 성공회 교도들은 영국의 상류 지주 계층 사회를 형성하고 자녀들에게 종교 또는 정부 지도자와 같은 공공 활동을 하기 위한 준비를 시키려고 노력하였다. 대규모의 농장 형성은 수백 년 동안 교육 체제에 부정적으로 작용하였다. 귀족 가정 아동의 가정교사들이 그 당시의 일반적인 상황이었다. 당황스러울 정도의 문화적 및 종교적 다양성을 가졌던 중부 식민지는 상호 공존 및 관용이라는 불안한 휴전 상태에 있었다. 각 지역사회는 고유한 문화적 또는 종교적 관점을 유지하기 위해 교육의 성격 및 내용을 독자적으로 결정하였다.

식민지 기간 동안 교육에 대한 주 정부의 역할은 거의 없었으며, 주로 헌장(charter)과 법인의 설립에 대한 인가 및 교사 자격 승인에 한정되었다. 교사 승인을 위한 가장 공통적이고 주된 요건은 교사가 올바른 종교적 신념을 가지고 있는가 하는 것이었다. 만약 식민지 기간 동안의 교육의 특성을 한 단어로 표현한다면, 이는 개방성, 광범위한 개방성일 것이다. Cremin(1970)은 다음과 같이 주장한다.

> 필연적으로, 환경의 개방성과 고객을 위한 경쟁은 일반 대중이 요구할 것 같은 사항들을 도입하는 준비적 성향을 나타내는 등 학교를 보다 반응적이도록 만들었다. … 최종적으로, 전통적인 교육의 정의를 유지하는 것이 덜 중요하게 되었다. 적어도 백인이라면, 사실상 누구나 가르칠 수 있었고, 누구나 배울 수 있었으며, 교회나 의회가 아니라 시장(market)이 다양한 계약 관계를 지배하였다 (p. 559; 또한 Butts & Cremin, 1953과 Jernegan, 1919 참고).

식민지 기간 동안 교육은 매우 분권화, 비구조화 및 다양화되어 있었다. 아무런 체제가 형성되어 있지 않았고, 거버넌스는 개인적 및 지역적이었으며 분산되어 있었다.

보통 학교에서 근대 학교(1830~1910)

건국 초 50년 동안 미국의 교육은 식민지 시대와 큰 차이가 없었다. 그러나 1820년대에서 1840년대까지의 사회적 불안은 사회 개혁가와 이민 배척주의자들에게 사회적 병폐를 치료하기 위한 사회 구조를 찾도록 만들었다. 이들의 관점에서, 미국 사회에 문화적 화합, 경제적 번영 및 사회 정의를 가져오는 유일한 방법은 모든 아동이 재학하는, 주 정부가 지원하고 통제하는 학교 체제를 설립하는 것이었다. 이들은 체제적인 사회적 문제는 체제적 해결책을 필요로 한다고 생각하였다. 주(州)는 자신들이 생각하는 보편적인 지역사회의 형태를 효율적인 방식으로 만들어 내고 유지시킬 수 있는 유일한 사회기관이었다. 보편성, 평등성 및 효율성은 수사적인 좌우명이었다(Randall, 1994; 또한 Cremin, 1951 참고).

미국 교육의 구조와 거버넌스를 근본적으로 변화시키는 과제는 Horace Mann과 Henry Bernard 등과 같은 19세기 사회 개혁론자들에게 쉬운 문제는 아니었다. 이미 서로 대립되는 여러 가지 거버넌스 접근법들이 존재하고 있었다. 『Class, Bureaucracy and Schools』에서, Katz(1975)는 학교는 "자신들을 설립한 사회 구조를 반영하고 공고화하기 위해 설립되었다."고 주장한다(p. xvi). 교육 거버넌스 체제는 사회의 지배 집단이 지배 세력으로 계속 남아 있을 수 있게 하는 형태로 설정된다. 학교 교육의 구조는(그리고 교육의 거버넌스는) 특정한 사회적 가치를 반영하고 있으며, 이러한 가치를 영속화하고 강화하기 위해 교육을 활용한다. "조직 구조의 형태는 중립적이지 않고 중립적일 수 없다. 관료제, 계층 간 편견과 인종 차별주의 간의 관계는 고정되어 있다."고 Karz는 주장한다(p. xxii). 학교 교육의 현재 관료적 구조는 1930년대 보통 학교 운동의 필연적인 또는 자연적인 발달에 의한 것이 아니다. 반대로, 이는 사회적으로 계층화되어 있는 사회를 뒷받침하기 위한 특정 가치를 보장하는 "최상의" 조직 형태이다.

Katz는 정부 학교가 설립되고 정부 교육 체제가 만들어질 때 서로 경쟁하던 네 가지 거버넌스 모델을 확인하였다. 그는 이들 네 가지 모델을 "온정적 자유주의, 민주적 지방주의, 기업적 자유주의 및 초기 관료제"라고 명명한다(p. 5). 이들 각 모델과 이들이 토대를 두고 있는 가치를 간략하게 살펴보는 것이 도움이 될 것이다.

온정적 자유주의(Paternalistic Voluntarism). Katz가 제시한 첫 번째 모델은 온정적 자유주의로 New York 공립학교 협회가 그 대표적인 예이다. 이 협회는 1805년, 저소득층 가정의 아동들에게 무상 기본 교육을 제공하기 위한 목적의 민간 단체로 설립되었다. 이 협회의 이사회는 아무런 보수 없이 봉사하는 상류 계층의 회원들로 구성되었으며, 자선적인 활동을 수행하는 행위자로서 일반 대중을 위해 헌신하기를 희망하였다(1975: 8). 자발적으로 시간과 서비스를 제공하는 사람들은 아무런 개인적인 이익을 취하지 않는 가운데 명백한 정치적 조직이 아닌 것이 사회적 미덕이었다. 협회의 설립자들의 관점에서, "이는 노블리스 오블리제의 한 형태였다. 재능 있는 아마추어에 대한 믿음에 근거하고, 종합적인 행정 수준에 있어서는 정교한 조직, 주 정부의 통제 또는 전문직원의 필요성을 부정하였다."(p. 9). 자유 지원제(volunteerism)였지만, 협회의 기본적인 목적은 계층에 바탕을 두고 있었다. 이 협회가 운영하는 학교들은 저소득층 아동들만을 가르쳤고, 대규모의 학생 집단을 감독하는 학생 "반장"을 활용하는 조교 제도(Lancasterian system)[1]와 같은 가능한 한 가장 저렴한 방법으로 아동들을 지도하였다. 이 협회의 회장들은 "값싼, 대규모의 교육 공장에서 저소득층 아동의 사회화를 통해 사회적 질서를 유지하려고 시도하였다."(Katz, 1975: 11).

학교 조직 및 거버넌스에 관한 온정적 모델을 비판하는 사람들은 세 가지 주요한 문제들을 제시한다. 첫째, 민간 단체가 그 운영상에 일반 대중의 목소리를 전혀 반영하지 않은 상태에서 민주 공화국의 핵심 사항 중의 하나인 공공적 책임을 자기 스스로 떠맡았다. 즉, 비민주적이다. 둘째, 이 협회가 설립한 학교 체제는 진정한 의미에서의 자발적인 체제가 아니었다. 아동과 학부모들에게 협회의 학교에 출석하도록 요구하는 등 가지고 있지 않았던 정부의 권력을 가지고 있는 것처럼 행사하였다. 그리고 셋째, 교육 체제의 표준화는 고객들의 다양한 요구와 바람을 적절하게 반영하지 못하였다. New York 공립학교 협회의 경우에서 찾아볼 수 있는 것과 같이, 온정적 자유주의의 핵심 가치는 효율성이었으며, 저소득층 집단에 의한 사회적 통제는 기존의 사회적 질서에 대한 잠재적인 위협으로 간주되었다.

민주적 지방주의(Democratic Localism). 온정적 자유주의에 대한 대안적인 거버넌스 모델로 작용한 두 번째 모델은 민주적 지방주의이다. 이 교육 거버넌스 체제의 기본 전제는 풀뿌리 민주주의와 자녀들의 교육에 관한 결정을 포함해 자신들을 통치할 수 있는 시민들의 능력에 대한 믿음이다. 지역이 도시냐 농촌이냐 하는 것은 중요하지 않았다. 소규모 지역사회는 17세기, New England 청교도들의 마을 구조와 유사하게 반독립적으로 운영되었다.

아동의 교육에 가장 가까이 있는 사람, 교육에 관한 결정에 따른 영향을 가장 직접적으로 느끼는 사람들이 모든 교육 관련 의사 결정을 하는 권한을 가져야 한다는 것이 핵심이었다. 각 민주적 지역사회의 교육 특성은 해당 지역사회의 바람과 가치를 반영하였다. 민주적 지방주의의 확고한 옹호자이자 보통 학교 운동을 강력하게 반대하였던 Orestes Brownson은 매우 집권화된, 관료적 교육 거버넌스 체제는 미국 정치 이론의 기본 원리를 침해한다고 주장하였다. 미국 시민들은 자신들을 통치할 수 있는 능력을 가지고 있으며, 무엇을 해야 한다고 말하는 거대 교육위원회와 같은 형태는 필요하지 않다. Brownson 및 그와 비슷한 생각을 가진 사람들의 노력을 통해, 비록 일시적으로

1) 역주: 19세기에 영국의 교육학자 J. Lancester가 개발한 방법으로 monitorial system이라고도 불린다. 이는 대집단을 가르치기 위해서 개발된 교육 방법으로, 고학년의 학생을 먼저 지도한 후 이들로 하여금 분단을 맡아 가르치게 하는 방법이다.

나마 Massachusetts 주 교육위원회가 폐지되었다. Brownson은 학교는 "학교에 다니는 자녀를 둔 가정으로 구성된 지역사회의 관리하에 있어야 한다."고 주장하였다(Katz, 1975: 17에서 재인용). 지역사회가 교사의 적절성 및 누구를 채용할지를 결정하고, 학교 관련 문제를 조정하며, 교육과정은 지역사회의 가치를 반영하였다.

민주적 지방주의가 옳다고 확신했던 사람들에게 있어, 주 교육위원회를 주창하는 사람들이 제기한 효율성 논쟁은 거의 의미 없는 것이었다. 이들 민주적 지방주의자들은 "반응성, 면밀한 대중의 통제와 지역의 관여를 강조하며 효율성과 조직의 합리성을 경시하였다."(Katz, 1975: 17). 민주적 지방주의자들은 주 수준의 전담 부서 또는 교육위원회의 설치를 통한 교육 통제의 집권화가 그에 상응하는 지역의 통제권 감소 및 지역의 관점과 세계관을 제한하는 결과를 가져올 것이라고 우려하였다. 관료제의 자연적인 경향은 무슨 수를 써서라도 자신을 보존하려고 하며 최상의 단일 체제를 부과한다. Katz에 따르면, "민주주의자들에게 있어, 주(州) 교육 기구의 위협은 사회적 변화를 부과하고 사람들에게 특정 사고방식을 강요하는 경향과 같은 집권화된 관점이 갖는 결함에 있다."(p. 18).

기업적 자유주의(Corporate Voluntarism). 교육 거버넌스에 관한 세 번째 대안적 접근법은 기업적 자유주의이다. 온정적 자유주의와 민주적 지방주의와는 달리, 기업적 자유주의는 초등학교 또는 초급 중학교(grammar school)에서는 찾아보기 힘들며, 중등학교와 고등 교육 기관에서 주로 찾아볼 수 있었다. 이들 중등학교와 대학 및 사립학교와 같은 고등 교육 기관들은 단일 조직, 독립체 또는 법인으로 설립되었다. 사실상, 각 교육 기관은 이사회(board of trustees)에 의해 운영되는 교육 사업체 또는 기업이었다. 이러한 사립 교육 '사업체'는 수업료와 기부금을 통해 운영되었다. 또한 Katz(1975)는 Massachusetts 및 Pennsylvania 등과 같은 주가 토지 부여와 재정 지원을 통해 얼마나 적극적으로 이러한 기업 학교의 형성을 촉진했는지 언급하고 있다.

이와 같은 중등학교 및 고등 교육의 제공 및 거버넌스에 대한 접근은 주 정부에게는 여러 가지 유리한 점이 있었다. 약간의 투자와 함께 이러한 기업을 관리하는 어려움 및 과제를 떠안지 않은 상태에서, 시민들에게 중등 및 고등 교육의 재원을 제공하였다. 또한 이러한 접근은 "재정, 여행 및 제조업" 등과 같은 공공 관심 영역에도 사용되었다(Katz, 1975: 24-25). 이러한 유형의 중등 교육 제공 및 거버넌스는 지역 교육위원회가 사립 고등학교와의 계약을 통해 중등 교육을 제공하는 Vermont와 New Hampshire 주와 같은 일부 주에서 오늘날에도 여전히 계속되고 있다. 만약 자신들이 거주하는 도시나 마을에 공립 중등학교가 개설되어 있지 않다면, 학생들은 여러 고등학교들 중에서

한 곳을 선택할 수 있다. 심지어 학생들은 1968년, 의회에서 제정된 Interstate Compact 법에 따라 New Hampshire 주와 Vermont 주를 나누는 주 경계선을 넘어서 선택한 학교에 재학할 수도 있다.

기업적 자유주의에 관한 논쟁은 세 가지 측면에 집중되고 있다. 정치가 가진 위험을 피하게 하는 정직하고 "현명한 경영(enlightened management)"에 대한 요구와 함께, 기업적 자유주의 주창자들은 교육 서비스의 제공 및 서비스 내용을 지역의 상황에 적합하도록 조정하는 수단을 제공한다고 주장한다. 또한 이 거버넌스 모델은 적절한 학교 선택을 통해 자녀의 교육을 이끌어 나가는 학부모의 권리를 보호하고, 각 학교들이 "그 개성을 상실하지 않은 상태에서, 사회의 불규칙한 요구에 순응할 수 있게 만든다."(Edward Hitchcock, 재인용 Katz, 1975: 27).

요약하면, Katz(1975)는 "기업적 자유주의는 다른 두 가지 모델의 장점을 결합한 것 같다. 하위 계층이 가입하는 오점을 남기지 않는 가운데(온정적 자유주의), 거칠고 예측이 불가능한 정치의 영역(민주적 지방주의)에서 벗어나 교육 운영을 유지하는 사심 없는, 현명한, 계속적인 경영을 제공하였다. 이와 동시에, 각 기관을 상이한 행정 당국하에 위치시킴으로써, 제도적 다양성, 융통성 및 지역 상황에 대한 적응을 위한 여지를 두고 있었다."고 주장한다(p. 27).

초기 관료제(Incipient Bureaucracy). 경쟁하고 동시대에 존재한 이들 세 가지 교육 거버넌스 모델이 제공하는 장점들에도 불구하고, 이들 중 어느 하나가 지배적인 거버넌스 모델이 되진 못하였다. 최종적인 승자는 Katz가 "초기 관료제"라고 명명한 새롭게 등장한 접근법이었다. 초기 관료제가 지배적인 교육 거버넌스 모델로 성공을 거둔 것은 세 가지 요인에서 기인한다고 할 수 있다. 첫째, Horace Mann과 같은 국가 통제, 관료적 모델 옹호론자들은 "지역사회 전체에 도움이 되는 모든 것" 또는 "폭넓은 사회적 기능의 성취"를 의미하던 "공적(public)"의 정의를 주 정부 소유 및 통제로 수정할 수 있었다(Bailyn, 1960: 133; Katz, 1975: 23).

수정된 의미는 "공적으로 설립된, 즉 공적으로 대부분 또는 전체에 대한 지원이 이루어지고, 대중에 의해 통제되며, 추가 수업료 부담 없이 평등의 측면에서 일반 대중의 접근이 가능한" 것을 나타내는 보다 협소하고 자기 고양적인 정의였다(George Boutwell, 재인용 Katz, 1975: 27-28). 즉, 교육 재정 지원뿐만 아니라 사실상 독점적으로 교육을 소유하고, 통제하고 관리하는 등 '공적'이란 의미는 주 정부와 동일시되었다. 공교육(public education)은 주 정부에 의해 지원을 받고, 주 정부에 의해 통제를 받으며, 주 정부에 의해 재정 지원을 받는 교육으로 전환되었다. 사회 복지에 대한 기여와는 관계없이, 그 외의 모든 것들은 “사교육(private education)”으로 간주되었다. ‘공적(public)’이란 의미의 변화와 함께, 온정적 및 기업적 자유주의의 거버넌스 모델은 사교육 분야에서만 작용하게 되었고, 따라서 공적인 영역의 교육 거버넌스 접근에서 삭제되었다.

둘째, 남은 경쟁자인 민주적 지방주의는 두 가지 주된 문제점으로 인해 공격을 받았다. 전체주의에 입각한 모호한 표현을 통해, Horace Mann과 Henry Bernard와 같은 초기 관료제 모델의 옹호론자들은 민주적 수단을 통해 지방 수준에서 운영되는 학교는 진정한 의미에서 민주적인 것은 아니라고 주장한다. 그 이유는 다수의 횡포이다. 유권자의 겨우 51%가 나머지 49%의 잠재적인 피해 및 낙담에도 불구하고 지역 학교의 구조와 교육과정 내용을 결정할 수 있다. 학교는 종교, 정치 및 세계관 등 상이한 관점을 가진 학부모들이 서로 다투는 정치적 전쟁터가 될 것이다.

민주적 지방주의에 대한 또 다른 주요한 비판은 저소득층 및 문화적 · 종교적 하층민들을 훌륭한 시민으로 사회화하는 중요한 과업을 수행하는 보통 학교의 능력 및 효율성에 관한 문제와 관련되어 있었다. 스스로 교육의 성격에 관한 의사 결정을 하는 다양한 소규모 지역사회로 구성된 민주적 지방주의의 구조는 미국 사회를 개선하고자 하는 교육 행동가들의 체계적인 시도를 반대하였다. 또한 민주적 지방주의는 통솔의 범위 확대로 인해 자원과 서비스의 복제가 어려워지는 도시의 요구에 효율적으로 반응하지 못하였다. Henry Bernard는 “노동의 분업과 같은 기본적인 원리를 계속 경시하는 등 체제화되지 않은 상태에서 운영된다면, 사회의 어느 기업이 완전히 망가지는 것을 피할 수 있을까?”라고 질문을 제기하였다(Katz, 1975: 33 재인용).

Mann과 Bernard는 교육, 특히 “학교 체제를 위한 완전한 계획과 정성 들인 건물, 교육과정과 교육 방법”을 가진 교육 체제를 사회의 구세주로 보았다. “이들의 목적은 구조와 내용의 표준화와 체계화를 통해 공교육의 질을 향상시키는 것이었다.”(Katz, 1975: 33). 이러한 교육 체제는 한 가지 중요한 특징(즉, 주 정부에 의한 통제의 집권화)을 가지고 있었다. 적절한 역할을 가질 수 있도록 청소년들을 사회화하는 중요한 과제를 지역사회, 자선 조직과 기업체에 맡길 수는 없었다. 이러한 새로운 체제를 감독하고 실행하는 데 필요한 전문성을 가진 새롭게 등장하고 있던 교육 전문가들의 협조와 함께, 주 정부의 영향력을 통해서만 이를 수행할 수 있었다.

그 성격상 관료제는 노동의 분업과 전문화를 필요로 한다. Mann과 Bernard는 관료제를 올바른 삶에 대한 여러 경쟁하는 관점들을 중립적으로 중재하고 하찮은 정치적 다툼 이상으로 교육과 학교를 효율적으로 끌어올리고 청소년을 적절하게 사회화시킬 수 있는 유일한 장치라고 생각하였다. Katz(1975)는 가장 역설적인 부분을 다음과 같이 지적하고 있다.

> 중립적이고 특정 계층에 속하지 않는 (즉, 보통) 학교 교육을 촉진한다고 생각하였던 교육자들은 문화적 편견의 정도를 인식하길 꺼려하였으며, 공교육의 표준화와 행정적 합리성과 동떨어져 있었다. 문화적 동질성은 행정적 합리성과 대조를 이루었다. 관료제는 공적인 생활 그 이상을 표준화하려고 하였다(p. 39; 또한 Glenn, 1988 참고).

근대 학교에서 현재(1910~현재)

교육 거버넌스의 초기 관료제 모델은 19세기의 나머지 시기에도 계속 성장하였다. 공교육이 대규모, 포괄적인 그리고 중앙에서 통제되는 정부 조직으로 성장함에 따라, 20세기 초반의 30년 동안인 진보주의 시대의 사회 개혁은 이 모델을 가속화시키고 단단히 자리 잡게 하는 역할만을 하였다. 오늘날과 같은 현대 공립학교 체제의 기초는 진보주의 시대에 마련되었다. 학교와 학교구가 광범위한 통합을 경험함에 따라, 집권화의 과정은 진보주의 시대에도 계속되었으며, 따라서 지역의 통제는 더욱 축소되었다. 의무 교육이 도입되었으며, 학교장과 교사에게는 자격증이 요구되었고, 교육과정은 법규에 의해 규정되었다. 사실, 근대 학교 체제는 보통 학교 운동 개혁과는 전혀 다른 것이었다. 미국 공교육은 사실상 "단일한 최상의 체제(one best system)"가 되었다(Tyack, 1974).

고도의 집권화와 아동들에게 양질의 교육을 제공하지 못하는 학교의 문제에 대한 반발로서, 공교육을 분권화하려는 움직임이 지지를 받고 있다. 가장 유명한 대안들 중에는 학교 자율 경영제, Charter School과 학교 선택 운동 등과 같은 조직 변화가 있다. 정책 변화는 학교구 또는 개별 학교에 정액 보조금(block grant)을 직접 지원하는 방안 등을 포함하고 있다.

거버넌스의 이론적 기초

Amy Gutmann과 Michael Katz는 딜레마와 가능한 해결책을 소개하면서, 교육 거버넌스의 쟁점을 이해하고 접근하는 두 가지 유용한 분석틀을 제시하고 있다. Gutmann이 저술한 『Democratic Education』(1999)은 이론적이며 보다 철학적인 접근을 취하고 있으며, 이에 반해 Katz의 『Class, Bureaucracy, and Schools』(1975)는 다소 구조적인 관점에서 교육 거버넌스를 다루고 있다.

『Democratic Education』에서, 교육 거버넌스와 좋은 교육이란 무엇인가를 결정하는 데 누가 궁극적인 권한을 가져야 하는가에 관한 세 가지 관점을 제시하고 비판하기 위해 Gutmann은 Palto, John Locke와 John Stuart Mill과 같은 정치 철학자들의 규범적 이론을 선택하였다. 그녀는 이들 세 가지 이론적 관점을 가족 국가, 가족의 국가, 개인의 국가로 명명하였다.

가족 국가

가족 국가(family state)에서, 국가는 지역의 통제 및 부모의 투입이 전혀 없는 가운데 교육 내용, 분배, 분배 수단 등 교육에 관한 전체적이고 절대적인 통제권을 행사한다. 국가 정부 기관 외부에서의 참여적 의사 결정을 절대 반대하고 사회적 조화와 질서를 위협하는 것으로 간주된다. Gutmann은 "가족 국가의 가장 중요한 특징은 지식에 근거하여 개인적 및 사회적 선(善) 간의 조화를 형성하기 위한 수단으로서 독점적인 교육 관련 권한을 요구한다는 점이다."라고 주장한다(p. 23).

교육 거버넌스의 가족 국가 관점 이면의 가정은 국가만이 올바르고 도덕적인 삶에 대해 올바르게 구상할 수 있다는 것이다. 따라서 이러한 올바르고 정의로운 사회에 대한 구상을 토대로 국가만이 청소년을 사회화시키기 위한 지식과 능력을 가지고 있다. 국가는 비록 인위적인 부모이긴 하지만 그럼에도 불구하고 개인적 발전 및 성취에 핵심이 되는 적절한 사회적 역할을 학습하고 시민으로서 적절하게 성장할 수 있게 아동들을 이끌어 가기 위한 지혜와 통찰력을 가지고 있는 현명한 부모의 역할을 떠맡는다. Gutmann에게 있어, Plato의 가족 국가는 개인 국가의 괘변적인 상대주의와 교육 당국들의 집단적 의견을 거부한다.

그러나 가족 국가 관점에 대한 Gutmann의 비판은 두 가지 사항에 기초하고 있다. 첫째, 올바른 삶과 올바르고 공정한 사회에 대한 객관적인 시각을 발견하고, 이러한 보편적 시각에 상응하는 교육 체제를 구성하는 것이 가능한가? 이와 같은 거의 해결할 수 없는 어려움 때문에 교육의 본질에 관한 대부분의 논쟁은 혼란과 첨예한 의견 분열로 특징지어진다. 약 2,500년 전 Socrates는 다음과 같이 주장하였다.

> 현재, 교육의 주제에 관한 의견이 분열되어 있다. 선(善)과 가능한 최상의 삶에 대한 관점과 함께, 청년들이 배워야 하는 것에 관한 동일한 시각을 가지고 있지 않다. 먼저, 선(善) 그 자체도 모든 사람들에게 동일한 의미로 받아들여지지 않는다. … 또한 선을 행하는 올바른 방법에 관해서도 의견 차이가 존재한다는 것은 놀라운 일이 아니다(Barker, 1981: 333-334).

Plato의 『The Republic』에 제시된 가족 국가에 대한 두 번째 주요한 비판은 올바른 삶과 올바른 교육의 구성에 대해 전혀 상이한 개념하에서 성장한 노인층은 어떻게 할 것인가 하는 것이다. 변하기에는 또는 변화를 원하기에는 너무 고령이기 때문에, 성인들은 어떻게 해야 할 것인가? 새로운 철인왕(philosopher king)은 새로 발견한 객관적인 시각을 모든 사람들에게 부과할 권리를 가지고 있는가? 성인들의 권리와 경쟁하는, 대안적인 세계관에 대한 이들의 요구는 중요하지 않은가? Gutmann(1999)은 철인왕과 왕비는 "우리의 아동들에게 좋은 것을 발견했다고 주장할 수는 있다. … 그녀(또는 국가 당국)는 부모이자 시민으로서 우리들의 선(善)을 고려하지 않은 상태에서 자신들에게 선한 것을 부과할 권리를 요구할 수는 없다."고 주장한다(p. 27). 따라서 Gutmann은 "올바른 삶에 관한 우리의 의견뿐만 아니라 도덕적 신념상에 차이가 있는 한, 국가의 교육적 역할은 시민들 각자를 위한 올바른 삶을 실현하는 것으로 정의될 수는 없다."고 결론을 내린다. 부모와 시민들은 아동과 크게는 사회의 "사회적 재생산에 참여할" 권리를 가지고 있다(p. 28).

가족의 국가

Gutmann은 John Locke의 저술에 나타난 가족의 국가(state of families)로 관심을 돌린다. 가족의 국가에서, 교육에 대한 통제권은 부모들에게 주어진다. 부모들은 자녀들의 요구와 이러한 요구를 충족시키는 방법을 알 수 있는 가장 좋은 위치에 있다. 또한 부모들은 자녀들의 성공에 대한 기득권을 가지고 있으며, 아동들의 근본적인 요구를 부양하는 데 있어 어느 누구 또는 어떤 사회 기관보다 더 믿을 수 있다. 자녀들의 교육에 대한 모든 권한을 가진 부모들과 함께, 가정의 가치 및 삶의 방식을 아동들에게 가르칠 수도 있다. Gutmann은 가족의 국가에 관한 이러한 주장에 문제를 제기하며, 아동은 단순히 부모와 가족 구성원을 확대한 것이 아니며, 이들 또한 사회의 구성원이라고 주장한다. 따라서 사회 또한 아동들의 교육에 대한 기득권을 가지고 있다. 어떤 개인이나 조직도 실수할 수 있기 때문에, 부모들이 항상 자녀들에게 적절한 ("자녀들에게 심사숙고하는 데 필요한 지적 기술을 갖추도록 하는") 교육을 제공할 것이라고 믿을 수는 없다(p. 29).

부모들은 자신들의 가치 체계 및 관점과 반대되는 시각, 세계관 및 가치들을 자녀들에게 가르치지 않거나 다른 사람이나 사회에 피해를 줄 수 있는 거짓이나 시각을 가르칠 수도 있다. 이러한 관점에는 편협성, 편견과 옹졸함 등이 포함된다. 이데올로기적 사항에서 벗어나는 것도 아동 학대의 원인이 된다. 또한 아동들은 자기 결정, 즉 자신들이 포용할 가치와 세계관을 결정할 권리를 가지고 있다. 자신들의 부모가 지닌 시각

외의 다른 시각에 노출되지 않는 것은, 자신을 위해 선택할 아동들의 권리를 부정하는 것이다. 사회는 어릴 때 사회적 조화, 상호 존중, 차이와 다양함에 대한 관용 및 다른 사람의 권리를 부정하는 개념을 가지도록 배운 성인들을 다룰 잠재적인 위험에 처하게 된다.

사회는 아동의 교육에 관여할 권리를 가지고 있다. 아동은 부모의 "단순한 창조물(mere creature)"도 아니고 국가의 "단순한 창조물"도 아니다(Moore v. East Cleveland, 431 U.S. 494, 494[1977]; Randall, 1994; Pierce v. Society of Sisters, 268 U.S. 510[1925]). Gutmann의 말을 빌면, "아동은 그들 부모의 소유물도 아니고 국가의 소유물도 아니다."(p. 33). 부모와 국가는 아동 교육에 관한 의사 결정 과정에 관여할 권리를 가지고 있다.

개인의 국가

Gutmann이 제시한 학교의 통제 및 거버넌스를 위한 세 번째 입장은 개인의 국가(state of individuals)이다. 가족 국가와 가족의 국가가 가진 중요한 약점은 개인 외부에 있는 기관 또는 집단이 개인의 교육에 관한 결정을 내리며, 이러한 관여는 편견과 무지의 가능성을 가지고 있다는 것이다. 또한 거버넌스에 대한 이러한 두 가지 접근은 개인의 대리자 및 각 인간은 자기 결정권 및 실행의 권리를 가지고 있다는 것을 부정한다. 따라서 개인의 국가는 선택을 위한 기회(opportunity)와 올바른 삶에 대한 개념들 간의 중립성(neutrality)이라는 두 가지 목표를 옹호함으로써 이러한 치명적인 약점을 해결하고자 한다(Gutmann, 1999: 34). 모든 아동은 외부의 제약 없이 올바른 삶에 대한 자신만의 개념을 선택할 기회를 가져야 한다. 개인의 국가에서 국가와 가족의 역할은 합리적 사고 및 대화를 위한 학생들의 능력 및 세계관과 가치 체계에 관한 중립적인 입장을 취하는 능력을 강화시키는 것이다.

요약하면, 부모든 관료적인 국가든, 교육 당국의 의무는 자신을 창조하는 개인의 자유(freedom과 liberty)[2)]를 최대화하는 것이다. Gutmann은 중립성의 개념을 공격하면서 개인의 국가(또는 자유주의 국가)의 결점을 지적하고 있다. 중립성은 실제적으로나 이론적으로나 가정하기 불가능한 입장이다. 중립적 입장은 그 자체가 일련의 가치와 성향을 내재한 선택, 즉 선택의 입장이다. 개인의 국가에서 교육의 최종적인 목

---

2) 역주: 우리 말로는 두 단어 모두 '자유'로 번역되지만, 엄밀하게 말하면 'freedom'은 감금, 구속되지 않은 자유로운 상태, 또는 외부의 지배, 간섭, 규제가 없는 상태를 말하고, 'liberty'는 압정, 폭력적 지배로부터의 자유를 말한다.

표(개인의 자유와 합리성의 최대화)는 중립적이지 않고, 본질적으로 그리고 그 자체로 가치이다.

또한 다양한 세계관들 중에서 올바람 삶에 대한 자신만의 개념을 선택하도록 아동들에게 허용하는 것은 상대주의에 근거한 특정한 세계관을 의미하는 것이며, 아동이 자유롭게 선택하는 한 어떠한 세계관도 옳고 가치 있다는 것을 의미한다. 이러한 접근이 다른 사람의 삶과 사회의 생존에 실질적인 위협을 주는 올바른 삶에 대한 배타적인 개념을 초래할 수 있다는 것을 보는 것은 어렵지 않다. 일부 자유주의자들은 이러한 잠재적인 위험성은 성인, 가족과 사회 기관의 온정주의적 감독을 통해 피할 수 있다고 주장하지만, 이러한 경고가 최소한의 시민적 덕성과 가치를 아동들에게 가르칠 명백한 필요성의 문제를 해결하는 것은 아니다.

교육 권한의 중심에 관한 이들 세 가지 절대론적 입장(가족 국가, 가족의 국가와 개인의 국가)은 그 성격상 가치 판단적인 특정 유형의 교육을 정당화하는 것과 관련된 기본적인 문제를 해결하지 못하고 있다. 교육은 몰가치적(value free) 및 중립적이거나 그럴 수 없다. 본질적으로 비중립적인 성격은 누구의 가치와 기준을 교육의 구체적인 내용과 교육에 대한 접근을 결정하는 데 사용할 것인가 하는 질문을 제기한다(Randall, 1994). "우리는 교육의 올바른 목표를 형성하는 것에 관한 사회적 의견 불일치의 상황에서 비중립적인 교육을 정당화할 수 있는 또 다른 기준을 발견할 문제를 떠맡고 있다. 올바른 삶과 좋은 사회에 대한 자신들의 생각이 일부(필연적으로 배타적인) 교육 당국에 의해 시작된 올바른(그러나 필연적으로 비중립적인) 교육의 개념에 의해 손상될 위기에 처해 있다고 생각하는 시민들의 반대에 직면하여, 이들 기준들 중 어느 것도 정당화의 문제를 해결할 수 있을 정도로 포괄적이지 않다."(p. 38).

비록 Gutmann은 교육 거버넌스 분배에 관한 이들 세 가지 주장 또는 입장들이 각각 여러 가지 장점을 가지고 있다는 것을 인정하지만, 이들 중 어느 것도 누가 교육을 통제해야 하는가 하는 곤란한 문제를 해결하는 데 충분하지는 않다. 국가(전문 교육자, 부모와 아동을 포함)는 교육의 성격과 성향에 관여할 권리를 가지고 있지만, 어느 한 집단이 교육에 관한 배타적이고 전체적인 통제권을 가지는 것을 윤리적으로 정당화할 수는 없다. 만약 교육을 운영하는 데 있어 이들 세 가지 모두가 필요하지만 혼자로는 불충분하다면, 각 입장의 긍정적인 점을 반영하는 동시에 각 관점의 결점을 보충하기 위해 어떤 원리와 거버넌스 형태를 구성할 수 있을까?

민주적 교육 국가

네 번째 대안이자 Gutmann이 제시하는 해결책은 그녀가 "민주적 교육 국가

(democratic state of education)"라고 언급한 교육의 민주화 이론에 대한 그녀의 견해에 토대를 두고 있다. 이 해결책은 두 가지 기본적인 전제를 기반으로 하고 있다. 즉, "모든 시민은 자신들의 사회 구조를 형성하는 데 관여하는 기회를 갖기 위해 교육을 받아야 한다."와 정부 관료, 부모와 학생들이 참여하는 공유적 거버넌스 접근을 통해 교육에 관한 결정에 도달해야 한다(1999: 46). 제안된 이 방식은 교육 문제에 영향력을 행사하는 세 개의 주요 이해관계 집단의 권리를 인정하고 존중할 뿐만 아니라, 그 과정 자체가 민주적 이상을 반영하고 있고 우리의 민주 사회를 더욱 튼튼하게 만든다. 이러한 다원적 또는 공유적 의사 결정 모델은 사회 전체에 권한을 분배하며, 또한 교육은 뒤이어 일어나는 민주적 대화와 거버넌스에 개인들이 효과적으로 참여할 수 있도록 할 것을 요구한다.

Gutmann은 "시민, 부모와 전문 교육자들에게 교육 권한을 폭넓게 분배하는 것은 민주주의의 핵심 가치를 지지하는 것이며, 가장 포괄적인 형태로 의도적인 사회적 재생산이다. 따라서 민주적 국가는 구성원들에게 민주 정치에 참여하고, (제한된 범위의) 올바른 삶들 중에서 선택하고, 시민들의 삶에 정체감을 부여하는 가족과 같은 여러 하위 사회에 참여하는 데 적합한 교육을 제공하는 것과 같은 방법으로 교육 권한을 분배하는 것에 충실해야 한다."(1999: 42).

민주적 국가는 가족 국가, 가족의 국가 및 개인의 국가가 가진 절대적인 자율권의 축소, 정치 권력의 공유와 민주적 국가 내의 모든 시민들이 공유적 거버넌스 체제에 참여하도록 준비시키는 권한을 요구한다. 이와 같은 교육 권한과 권력의 공유는 개인과 사회 전체에 피해를 줄 수 있는 권력의 남용을 위한 "방화벽"을 설치함으로써 민주 사회를 유지시켜 주는 기능을 한다. 의도적으로 아동들에게 합리적 사고 및 "비판적 사고(deliberation)"를 함양하는 것은 세뇌, 편견, 편협성과 "무비판적인 의식화"를 피할 수 있는 능력과 교육 관련 사고와 논쟁에 자신들의 목소리를 낼 수 있는 능력을 부여한다.

거버넌스 범주의 기반

교육 거버넌스에는 구조적, 기능적, 영역적, 맥락적 및 절차적 범주 등 다섯 가지 범주가 있다. 교육 거버넌스의 구조적 성격은 연방, 주 및 지역 수준 등 세 수준의 정치적 정부에서 찾아볼 수 있다. 이들 각 구조적 수준 내에 정부의 행정, 입법 및 사법 기관으로 대표되는 기능적 범주가 있다. 이들 세 가지 구조적 수준 및 기능적 영역 내에 공립 vs. 사립, 영리 단체 vs. 비영리 단체, 학교 vs. 부모 및 학생 등과 같은 영역적 범주가 있다. 영역적 범주에서의 기본적인 거버넌스 쟁점은 민간 조직 및 개인의 삶에서 정부의 적절한 역할을 결정하는 것이다. 또한 전체 거버넌스 체제는 가치, 신념과 요구와 같은 맥락적 환경의 영향을 받는다. 맥락적 환경은 바람직한 사회의 성격, 올바른 삶의 내용, 이러한 개인 및 사회적 목적 실현을 위한 국가의 역할 등에 관한 개인의 세계관 및 가치 체계가 복잡하게 혼합된 상태로 구성되어 있다.

끝으로, 절차적 범주는 모든 다른 범주의 거버넌스에 스며들어 있다. 이는 집권화 vs. 분권화된 의사 결정 과정, 어느 정도의 권한이 집권화 또는 분산되어야 하는 것에 관한 결정, 집권화 vs. 공유적 교육 거버넌스의 정도 결정 등 어디에서나 찾아볼 수 있는 쟁점이다. 20세기 초 이후, 미국 교육은 규칙에 근거한 의사 결정 과정과 함께 상당히 엄격한 관료적 조직 구조라는 특징을 가지고 있다. 관립 학교(공립학교)와 함께 사립 학교와 홈스쿨링의 헌법적 권리는 교육 서비스의 민영화와 같이, 이러한 민간의 교육 노력에 대한 실질적인 권한을 포기하도록 주 정부에게 요구함으로써 미국 교육의 거버넌스 체제를 약화시키고 있다(Randall, 1994). 또한 관립 학교와 사립 학교를 혼합해 놓은 형태인 Charter School의 설립과 다양한 형태로 이루어지는 일선 학교의 학교 자율 경영제는 교육 권한의 분산 및 보다 분산된 교육 거버넌스 체제로의 이동에 기여하고 있다.

연방주의

미국 정치 체제와 거버넌스 구조는 연방과 주 수준의 정부 간의 구체적인 권한이 열거되어 있고, 양 수준에서 정부의 3 부(행정부, 입법부와 사법부) 간의 균형과 견제 체제를 가진 연방주의(federalism)라는 개념으로 가장 잘 요약할 수 있다. 연방 헌법은 연방 정부에 부여된 권한을 간결하게 제시한다. 미국 연방 헌법 수정조항 제10조(Tenth Amendment)에 의거, 이러한 헌법적 권한을 넘어서는 경우, 연방 정부는 어떠한 행동도 취할 수 없고, 연방 정부에 구체적으로 부여되지 않거나 연방 정부에 의해 금지되지 않는 나머지 모든 권한은 각 주가 보유한다.

연방 수준(Federal Level). 교육은 연방 정부의 책임이라고 연방 헌법에 언급되어 있지 않다. 따라서 수정조항 제10조의 권한 보유 조항(Reserved Powers Cause)에 따라 교육에 대한 감독권은 주 정부에 있다. 그러나 연방 정부의 모든 3 부(입법부, 사법부 및 행정부)는 교육에 관여하고 있으며, 일부의 경우 교육의 성격에 상당한 영향을 미치고 있다. 예를 들어, 미국 연방 지방 법원(U.S. District Courts), 미국 연방 항소 순회 법원

(U.S. Circuit Court of Appeals)이나 미국 연방 대법원(U.S. Supreme Court)을 통해 연방 사법 체제는 연방 헌법 및 후속된 수정조항에 의해 보호되는 기본적인 권리의 침해에 관한 논쟁을 심리(審理)한다. 설립(Establishment) 및 자유로운 활동(Free Exercise) 조항을 가진 수정조항 제1조는 공립학교에서 종교의 역할과 표현, 출판 및 집회의 자유를 위한 권리를 규정한다. 수정조항 제4조는 부당한 수색 및 체포로부터 학생들과 직원들을 보호한다. 수정조항 제14조는, 예를 들어 학교에서의 정학이나 직장에서의 해고의 과정이 타당하도록 보장하기 위해, 학생과 직원들에게 행해지는 행위에 대해 적법한 과정(due process)을 제공하도록 요구한다. 평등 보호 조항(Equal Protection Clause)은 학생과 직원들을 성별 또는 인종 등과 같은 부당한 방법으로 분류하는 것을 금지한다. 수정조항 제14조를 적용하여 분리 평등 정책(separate but equal)에 입각한 학교 시설 내에 흑인 학생과 백인 학생을 분리하는 것은 위헌이라고 선언되었다(Brown v. Board of Education, 1954). 연방 정부의 사법부가 미친 구체적인 영향은 학생들과 직원들의 기본적인 헌법적 권리를 보호하도록 학교와 학교구에 요구한 연방 법원의 판결에서 찾아볼 수 있다.

연방 정부의 입법부로서, 연방 의회는 미국 교육에 영향을 미치는 연방 법규들을 제정하였다. 의회는 종종 미국 헌법의 전문(前文)에 나타나 있는 일반 복지 조항(General Welfare Clause)을 통해 이러한 법률을 정당화한다. 일반적으로 이러한 연방 법률은 불리한 상황에 있는 학생들을 돕기 위해 또는 연방 정책을 촉진하기 위해 연방의 예산을 주(州) 학교 체제로 지원하도록 허용하는 보상 프로그램을 만들어 낸다. 연방 법률의 대표적인 예로는 1958년 제정된 National Defense Education Act(NDEA), 1965년에 제정된 Elementary and Secondary Education Act와 1992년에 제정된 Individuals with Disabilities Act(IDEA) 등이 있다. 이러한 연방 법률 및 프로그램의 적절한 시행을 위해, 연방 정부의 집행 기관, 즉 연방 교육부는 행정 규정과 지침을 제시하고 이를 준수하는지 감독한다. 또한 연방 교육부는 교육에 관한 통계 자료를 수집하고 연구 예산을 지원한다.

주 수준(State Level). 흔히 공립학교 체제라고 불리는 교육 체제는 각 주의 헌법에 의해 인가를 받는다. 공립학교 체제는 주(州)의 정부 구조의 한 부분을 차지한다. 이는 주 정부로부터 재정 지원 및 의사 결정 권한을 부여받는다. 주의 헌법, 법률과 행정 규칙 및 규정은 이러한 주 학교 체제의 책임과 권한을 구체적으로 명시한다. Hawaii 주를 제외한 모든 주는 주 학교 체제를 학교구라고 불리는 소규모 조직 단위로 세분화하고 있다.

주 수준에서 교육 거버넌스는 연방 수준의 기본 구조를 그대로 반영하고 있다. 주

의회는 주 학교 체제의 구조와 형태를 정의하는 법률을 제정하고, 주 및 지역 교육위원회와 같은 다양한 주 정부 기관들에게 특정 교육 과업 및 기능을 수행하는 권한을 부여하고, 학교구에 대한 주 정부 예산 지원액을 결정하고, 주 정부의 정책 목표를 전달하기 위한 특별 교육 프로그램을 수립하거나 위험한 상태에 있는 학생들과 같은 교육의 문제 영역에서 학교구에 추가적인 지원을 제공한다.

주 교육부와 교육위원회와 같은 집행 기관은 주 법률에 따라 교육 프로그램을 시행한다. 일반적으로 주 교육감과 교육위원회의 위원들은 선거나 주지사의 임명을 통해 선발된다. 지역 지방 법원, 주 지방 법원 또는 주 대법원과 같은 주 수준의 사법 기관은 특정 주 내에서 주 법률을 교육에 적용하는 것에 관한 질문과 논쟁에 대한 판결을 내린다.

지역 수준(Local Level). 지역 수준에서, 거버넌스 구조는 연방 및 주 수준에서 발견되는 전반적인 구조와 비슷하지만, 견제와 균형 체제는 약화된다. 일반적으로 학교구의 주민들에 의해 선출되는 지역 교육위원회가 입법적 및 행정적 권한을 갖는다. 교육위원회 위원들은 정책을 수립하고, 방향을 설정하며, 판단을 내리며, 교육위원회의 지시를 수행하기 위한 행정가들을 채용한다. 교육감과 학교장은 교육위원회의 고용인이며, 독자적인 권력을 가진 행정부는 구성하지 않는다. 그러나 교육위원회는 교육에 관한 시(municipal) 및 카운티의 법률뿐만 아니라 주 및 연방 법률과 규정을 준수해야 한다. 미국의 교육 거버넌스의 수준과 기능은 〈표 6.1〉에 제시되어 있다.

상이한 정책 시각에서 교육 거버넌스 바라보기

규범적 차원

교육 거버넌스의 핵심은 교육의 성격 및 이와 관련된 원하는 인간 및 사회의 종류에 관한 의사 결정을 하는 권력에 대한 신념과 이데올로기이다(Begley, 1999; Randall,

〈표 6.1〉 미국 교육의 거버넌스

수준	입법부	행정부	사법부
연방	연방 의회	연방 교육부	지역, 순회 및 연방 대법원
주(州)	입법 기관	주(州) 교육위원회	지역 및 주(州) 대법원
지역	교육위원회	학교구 및 일선 학교 직원들을 포함한 교육위원회	지역, 카운티 및 시 법원

1997). 정치 철학 및 거버넌스에 관한 이러한 신념과 이데올로기에는 인간의 본성과 자치 역량 및 합리성에 관한 개념이 내포되어 있다. 만약 인간의 본성이 본질적으로 결함이 있고, 타락적이며, 선천적으로 악하다면, 개인적 선택을 제한하고 적절한 행동을 위한 외부의 통제를 부과하기 위한 사회적 구조와 조직의 필요성에 관한 주장이 제기될 수도 있다.

만약 인간의 본성에 대한 관점이 도덕적 주체인 합리적 인간, 평등하고 자치 능력을 가지고 있다는 관점이라면, 매우 통제적이고 집권화된 의사 결정을 주장하는 것은 더 어렵게 될 것이다. 따라서 거버넌스는 인간의 자유 및 외부의 통제와 제한이 개인 및 조직에 부과되는 정도에 관한 근본적인 질문과 관련되어 있다(Bull, 2000). 개인과 조직은 자신들의 삶에 큰 영향을 미치는 의사 결정에 어느 정도 목소리를 내야 하는가? 학교장, 교사, 학생과 부모는 학교와 학교 체제의 거너번스에 참여할 권한을 가지고 있는가? 만약 그렇다면, 이들 중요한 모든 이해당사자들은 동일한 정도의 권리를 갖는가?

이러한 어려운 질문들은 세심한 사고와 분석을 필요로 한다. 궁극적으로, 연구나 데이터만으로는 이에 대한 대답을 구할 수 없을 것이다. 분석 및 최종 의사 결정을 내리는 사람들의 개인적 신념과 가치가 이에 대한 대답을 이끌어 낼 것이다. 교육이 이와 같은 문화적 화약고라고 하는 이유는 이러한 근본적이고 도전적인 질문들이 아주 빨리 전면에 등장하기 때문이다. 교육은 본질적으로 정치적 및 가치 내재적인 활동이다. 거버넌스는 행정적 효율성뿐만 아니라 누가 교육의 내용을 결정하게 될 것이고 누가 이러한 내용에 접근하게 될 것인가에 관한 것이다. 거버넌스는 삶의 종류 그리고 사회가 만들고자 하는 인간의 유형 및 바람직한 사회와 사회 기관의 종류에 관한 것이다. 이들 모두는 규범적 쟁점이고 질문이다. 이러한 유형의 의사 결정을 위해 권한을 공유하거나 공유하지 않는 것, 그리고 개인으로서 우리는 누구이고 우리가 살고 있는 올바른 사회의 성격에 있어 가장 중요한 거버넌스는 이러한 질문 및 대답에 중요한 역할을 한다. 거버넌스는 그 무엇보다도 규범적 활동(enterprise)이다(English, 1994).

구조적 차원

미국 교육의 거버넌스 체제는 다층적, 다면적이자 상당히 복잡하다(Owens, 2001). 이렇게 다소 복잡한 거버넌스 구조는 일부분 3 부 및 다양한 수준으로 이루어진 미국 정부 형태가 갖는 성격에서 기인한다. 또한 민주주의와 정부의 대표 형태는 비효율적이고 의사 결정에서 적시성이 떨어지는 것으로 유명하다. 미국 정부 형태 배후의 원래 의도는 권력과 의사 결정 권한을 분산시키기 위한 것이었다. 따라서 세 가지 주요 기능을 수행하는 세 가지 수준은 서로 견제하는 역할을 한다. 주 또는 정부 학교 체제의 형성과 함께, 공립학교 체제의 거버넌스 구조는 상위의 정치적 및 정부 조직의 맥락적 구조를 반영하고 있다.

이러한 특징은 공교육의 거버넌스를 교육에 대한 일부분의 책임 또는 통제권을 가진 상이한 수준에서 다양한 지위에 있는 수많은 사람들과 관련된 어렵고 도전적인 활동으로 만든다. 또한 미국 교육의 구조는 경쟁하는 다양한 특정 이익집단들이 교육 관련 의사 결정에 상당한 영향력을 행사할 수 있게 만든다. 그러나 동시에 관료적 조직 구조는 외부 요인이 간섭하지 못하게 하는 역할을 한다. 역설적이지만, 미국의 교육 거버넌스는 상당히 집권화되어 있으면서도 상당히 분권화되어 있다(Weick, 1976).

지난 20여 년 동안 이루어진 교육 개혁들 중 일부는 교육 거버넌스에 있어 보다 분권화된 접근을 요구하였다(Danzberger, Kirst & Usdan, 1992). 이러한 개혁안의 기본적인 발상은 문제의 가장 가까이에 있는 사람들이 최상의 해결책이 무엇인지 알고 있으며, 따라서 이러한 특정 맥락과 관련된 문제를 해결하기 위해 더 많은 자율성이 부여되어야 한다는 것이다. 문제 확인 및 해결책이 상부에서 내려가는 상명 하달식 접근 대신에, 가장 큰 영향을 받고 직접적으로 관련된 사람들이 교육 문제 해결에 참여하도록 요청받고 있다(Bryk, Sebring, Kerbow, Rollow & Easton 1998).

교육 거버넌스에 있어 이러한 보다 참여적인 접근들은 단위 학교 의사 결정, 교사 권한 부여와 자문 또는 의사 결정 권한을 가진 학부모 위원회[3] 등으로 대표되는 의사 결정 권한의 공유와 관련되어 있다(Heck, Brandon & Wang, 2001; Malen, 1999; Malen & Ogawa, 1988). 예를 들어, Chicago의 지역 학부모 위원회는 학교장의 채용 및 파면 권한을 가지고 있다(Hess, 1999). 학부모와 지역 학교 교직원들 간의 또 다른 동반자 관계는 교과서 선정, 학교 훈육 정책, 추가 예산 확보 및 과외 활동 등을 위해 함께 노력하는 것이다.

분권화된 거버넌스를 위한 주요한 단계는 Charter School의 출현이다(Nathan, 1995; U.S. Department of Education, 2000). Charter School은 공립학교 영역 내에서의 새로운 대안적인 교육 선택을 나타낸다(Charter School에 대한 자세한 정책 분석은 11장 참고). 이러한 새로운 학교는 공적 재정 지원을 받는 공적 기관이다. 비록 Charter School은 공립학교지만, 이들은 매우 상이한 성격을 가진 공립학교이다. 이들은 공공 또는 민간 기관에 의해 지원을 받을 수 있지만, 민간의 개인 또는 조직에 의해 통제되고 운영된다. 어떤 측면에서 보면, 이들은 공립과 사립 학교 간의 혼합체이다. 상당수

---

3) 역주: 우리나라의 학교 운영위원회에 해당하는 기구

의 지역 및 주 정부의 규제로부터 자율권을 부여받는 대가로, Charter School은 결과에 대한 책임을 져야 한다. 교육의 수단과 맥락을 결정하는 데 더 큰 자율성을 갖는 것은 보다 나은 학생들의 결과를 가져올 것이라는 가정에 근거하고 있다. 따라서 자율성과 책무성은 Charter School 운동의 개념적 토대를 형성한다. 만족스러운 결과를 제공하는데 실패하는 것은 학교의 차터를 위반하는 것이고 학부모들은 자녀들을 다른 학교로 전학시킨다. 그 후 Charter School은 문을 닫아야만 한다.

분권화된 거버넌스 체제를 위한 다음 단계는 미국의 모든 K-12 아동들의 거의 12%에 해당하는 아동들의 교육을 담당하고 있는 사립 학교에서 찾을 수 있다. 최고로 분권화된 거버넌스 접근은 부모가 집에서 자녀들의 교육을 감독하고 제공하는 홈스쿨링에서 찾을 수 있다.

구성적 차원

많은 사람들이 직 · 간접적으로 교육의 거버넌스에 참여한다(Beadie, 2000). 의원들은 법률을 제정한다. 판사들은 이러한 법률 및 특정 교육 상황에 대한 법률 적용의 합헌성에 대해 판결을 내린다. 행정가들은 프로그램, 규정과 규칙을 통해 법률적 지시 사항을 시행한다. 교육위원회 위원 등과 같은 선출직 공무원들은 지역의 정책 쟁점을 다루고, 교육 서비스를 제공하기 위해 교육감, 학교구 직원들, 학교장, 교사 및 일련의 지원 인사들과 함께 일한다. 전문가 단체와 교원 노조, 직능별 직원들, 행정가들 및 학교들은 교육에 관한 논쟁에서 유리한 자리를 차지하려고 다툰다. 권력이 있는 지위, 보수, 임용, 업무 환경 및 퇴직과 퇴직 수당 등이 주된 관심사이다.

기업체도 가능한 한 가장 적은 비용으로 훈련된 노동력을 제공해 줄 것을 학교에 기대한다. 상당히 다양한 사립학교, 홈스쿨과 보충 또는 교정 교육 제공자 등 민간 영역도 존재한다. 서로 경쟁하는 일련의 특수 이익집단들은 학교에서 가르치는 것 또는 가르치지 않는 것에 영향을 주고, 교육 비용의 증가 또는 감소를 위해 노력한다. 전체로서 사회는 교육이 모든 사회적 병폐 및 문제점들을 해결하리라 기대한다.

마지막으로, 그러나 앞의 것들과 마찬가지로 중요한 것은 최종적으로 결정된 교육 서비스를 받는 소비자들인 학생과 학부모이다. 비록 학생과 학부모들은 교육 체제가 목표로 하는 대상자들이지만, 교육의 성격에는 거의 아무런 영향 또는 투입을 제공하지 못한다. 잘 조직화되고 자금이 풍부한 특정 이익집단과 비교해 볼 때 이들의 권력 기반은 더 작다. 학부모들이 세력을 규합하고 옹호 연합을 형성할 때만이 정책에 유의미한 영향을 미칠 수 있다.

기술적 차원

미국 교육에 있어 가장 중요한 논쟁들 중의 하나는 어느 유형의 거버넌스 구조 또는 접근법이 아동들을 위한 최고의 교육 경험을 제공할 수 있는가 하는 것이다. 이 논쟁은 보통 효율성과 선택의 개념에 집중된다. 그 성격상 매우 관료적인 집권화된 거버넌스 체제는 지역의 요구에 융통성 있게 반응하지 못하고, 모든 해결책에 두루 사용되며, 간접 관리 비용으로 자원을 낭비하며, 지역의 관심에 민감성이 떨어진다는 비판을 받고 있다.

공공 영역 내에서, 거버넌스의 기술적 차원은 규모, 선택과 공유적 거버넌스 등 세 가지 주요한 요인들로 구성된다. 상당한 연구 문헌들은 교육 조직 또는 그 하위 단위의 규모에 관한 쟁점을 다루고 있다(Fowler & Walberg, 1991; Howley, 1996; Lee, Smerdon, Alfeld-Liro, & Brown, 2000). 만약 학급 교사들이 교수-학습 경험에 일종의 관리 역할을 수행한다고 생각한다면, 학급의 규모는 교사가 취하는 학생들과의 상호작용 및 사용하는 학급 경영의 형태나 접근법에 영향을 미칠 수 있다. 학교의 규모 측면에서, 상당한 문헌들은 학교 규모는 학생들의 성취도에 영향을 미칠 뿐만 아니라 직원들의 사기 및 부적절한 행동과 폭력 사건에도 영향을 미친다는 것을 시사한다. 초등학교, 중학교와 고등학교의 최적 규모를 제시하는 문헌들도 있다. 학교가 그 규모의 상한선을 넘으면, 훈육 문제, 성취도 저하(특히 소수 인종 집단의 경우) 및 학생들이 갖는 학교로부터의 소외감은 증가하는 것처럼 보인다.

아마도 조직이 커짐에 따라 거버넌스의 토대가 개인적인 관계와 접촉의 형태에서 의사 결정을 할 때 정상을 참작할 체제를 제대로 갖추지 못하고 규칙이 중심이 되는 비정적인 관료제로 이동하기 때문에 문제가 발생하는 것 같다. 주요 의사 결정에 모든 관련된 이해관계자들의 참여 기회는 줄어든다. 이와 비슷한 비판은 학생과 학부모들의 요구를 반영하지 못하는 규모와 관료적 구조를 가진 대규모 학교구에도 제기된다.

거버넌스에 영향을 미치는 두 번째 요인은 자신들이 이수하길 원하는 교육과정 주안점의 결정 또는 다니길 원하는 학교나 학교구에 대한 학생들의 선택이다(Morken & Formicola, 1999). 일부 지역 및 학교구의 경우, 학생과 학부모에게 교육 경험의 성격을 결정할 권한을 거의 부여하지 않고 있다. 비록 이수할 다양한 교육과정의 유형을 해당 학교 내에서 선택하도록 하는 자율권이 어느 정도 주어지기는 하지만, 학교구 내의 다른 공립학교 또는 학교구 외부의 학교에 다니는 것을 선택하는 것은 쉽지 않다. 상당히 드문 경우로 학교구 간의 선택이 가능한 곳에서도, 일반적으로 상당한 추가 수업료가 부과된다. 만약 학부모와 학생이 사립 학교에 등록하길 원한다면, 선택이 허용되지만 공립학교를 지원하기 위한 계속된 세금 납부와 함께 이러한 선택에 따른 모든 비용은 학부모가 부담해야 한다. 특정한 교육 관련 결정들은 학부모들에게 위임되고 맡겨진 것처럼 보이지만, 자신이 하고 싶은 것을 실제 할 수 있는 능력은 가정의 경제적 지위에 의해 결정된다. 부유층은 저소득층에 비해 더 많은 교육적 선택을 행사하고 교육 거버넌스에 더 많이 참여할 수 있다(Coons & Sugarman, 1999; Cooper & Randall, 2001).

세 번째 기술적 차원은 공유된 거버넌스이다. 교육 거버넌스의 각 수준은 권한과 의사 결정이 집권화 또는 분권화되는 정도를 결정하고 교육에 관한 의사 결정에 누구를 참여시키고 배제할 것인가를 결정할 자유를 가지고 있다. 연방 수준에서, 연방 교육부는 다양한 연방 교육 프로그램에 자세하고 까다로운 규정들을 부과하거나 주, 학교구 또는 단위 학교 수준에 더 많은 자유를 허용할 수 있다. 이를 위한 간접적인 방법 중의 하나는 주 및 지역 교육 기관에 예산을 매우 구체적인 목적과 대상에 한정해서 지출해야만 하는 단정적인 프로그램이 아니라 수취인들에게 예산 지출상의 상당한 권한을 부여하는 정액 교부금(block grant) 형태로 제공하는 것이다.

또한 이는 주 수준에서 주 교육부가 지역 학교구 및 학교와 상호작용할 때도 유효하다. 주 교육부는 정액 교부금이나 최소한의 규칙 및 규정을 통해 학교구와 학교에 상당한 의사 결정권을 부여하거나 예산의 지출에 관한 자세한 규정과 함께 주 교육부가 프로그램에 단정적으로 예산을 지원할 수도 있다. 지역 수준에서, 교육감과 학교구 직원들은 의사 결정을 집권화하거나 학교장과 교사들에게 상당한 권한을 이양할 수 있다.

게다가, 다양한 학교 자율 경영제 또는 거버넌스는 학교 운영에 관한 의사 결정의 상당수를 학교장, 교사, 직원 및 지역사회 구성원으로 구성된 학교 운영위원회가 결정하도록 할 수도 있다. 이러한 단위 학교 운영위원회의 정확한 구성 및 이들에게 부여된 의사 결정의 유형은 협동적 의사 결정의 정도를 결정한다. 이와 같은 공유적 거버넌스 체제는 보다 나은 의사소통을 촉진하고, 이해관계자 집단으로부터 동의를 확보하며, 성공적인 학교를 만드는 데 기여한다(Wagstaff & Fusarelli, 1999). 따라서 조직 규모의 기술적 문제는 의사 결정을 위한 교육 거버넌스, 구조와 과정, 공유적 거버넌스의 범위를 결정하는 데 영향을 미친다.

결론

교육 거버넌스 체제 및 접근법은 두 가지 기본적인 이유에서 논쟁 및 논란의 주제로 남아 있을 것이다. 첫째, 개인의 발달, 사회화와 사회적 규범의 측면에서 교육 관련 결정에 너무 많은 이해관계가 걸려 있다. 둘째, 내용 및 접근에 있어 교육의 성격은 근본적으로 정치적이고 핵심적인 가치들로 가득 차 있다.

거버넌스에 관한 중요한 결정은 교육 관련 권한과 의사 결정의 집권화 vs. 분권화에 초점을 두고 있다. 누가 무슨 결정을 하는가 하는 것은 교육 거버넌스의 핵심이다. 해석적 정책 결정 시각을 사용하여 학자들이 연구하고 있는 부수적 쟁점은 다양한 교육 거버넌스의 접근법에서 누가 손해를 보고 누가 이익을 보는가 하는 것이다. 누구의 개인적 신념과 가치가 모든 사람에게 수용하도록 요청되거나 강제되는 공적 신념과 가치가 될 것인가 하는 것이 거버넌스에 관한 논쟁을 뜨겁게 만든다.

Gutmann(1987)은 민주 사회의 본질은 교육 관련 의사 결정에 더 많은 참여적 접근을 요구한다고 주장한다. 다양한 이해관계자들의 목소리를 청취하고 신중하게 다룰 필요가 있다. 일방적이고 전제적인 의사 결정은 미국의 문화와 교육과는 상반되는 것이다. Katz는 교육에 있어 과거뿐만 아니라 현재 거버넌스의 구조와 접근법은 역사적 및 사회적 기원을 가지고 있다고 주장한다. 미국 교육 체제는 현재와 같은 거버넌스 구조와 철학을 가지도록 미리 정해진 것도, 요구된 것도 아니었다. 미국 교육을 통치할 수 있는 여러 가지 상이하고 효과적인 방법이 있었으며, 미국 학교의 현행 통치 및 운영 형태는 분석될 수 있고 또 분석되어야 한다는 것을 역사는 우리에게 알려준다.

과제와 활동

현장 조사 1

두 학교구의 거버넌스 구조와 의사 결정 과정을 비교 및 대조한다. 어느 측면에서 차이가 있고 또 어느 측면에서 유사한가? 이러한 차이는 학생들의 학습 및 성취도에 중요한 영향을 미치는가?

현장 조사 2

전통적인 학교와 학교 자율 경영제 또는 다른 공유적 거버넌스의 형태를 취하는 학교의 의사 결정 과정을 비교 및 대조한다. 어느 측면이 비슷하고 차이가 있는가? 이러한 차이점은 중요한가? 이러한 차이점은 실질적인 차이를 가져오는가? 만약 영향을 준다면, 거버넌스 구조는 학생들의 성취도에 어떤 영향을 줄까?

중요한 연구들

이 장에서 알 수 있듯이, Amy Gutmann(1987)의 『Democratic Education』과 Michael Katz(1975)의 『Class, Bureaucracy, and Schools』는 교육 거버넌스에 대한 고전적인 연구로, 전자는 참여적 민주 이론의 측면에서, 후자는 Marxist 관점에서 교육 거버넌스 및 변화를 해석한다. Diane Ravitch(1983)의 『The Troubled Crusade』는 1945년부터 1980년까지 교육에 영향을 미친 주요한 요인(내부 및 외부)들을 흥미롭게 분석하고 있다. 아마도 미국 교육사를 다룬 최고의 책은 도시 교육의 거버넌스 및 개혁에 초점을 두며 보통 학교 운동의 출발에서 1940년까지 미국 교육을 통제하기 위한 정치적 투쟁을 분석한 David Tyack(1974)의 『The One Best System』일 것이다.

참고문헌

Bailyn, B. (1960). *Education in the forming of American society.* New York: Norton.

Barker, E. B. (1981). *The politics of Aristotle* (ed. and trans. by Barker). New York: Oxford University Press.

Beadie, N. (2000). The limits of standardization and the importance of constituencies: Historical tensions in the relationship between state authority and local control. In N. D. Theobald & B. Malen (Eds.), *Balancing local control and state responsibility for K-12 education* (pp. 47-91). Larchmont, NY: Eye on Education.

Begley, P. T. (1999). *Values and educational leadership.* Albany: State University of New York Press.

Brown v. Board of Education of Topeka, 1954, 347 U.S. 483, 74 S.Ct. 686.

Bryk, A. S., Sebring, P B., Kerbow, D., Rollow, S., & Easton, J. Q. (1998). *Charting Chicago school reform: Democratic localism as a lever for change.* Boulder, CO: Westview Press.

Bull, B. (2000). Political philosophy and the balance between central and local control of schools. In N. D. Theobald & B. Malen (Eds.), *Balancing local control and state responsibility for K-12 education* (pp. 21-46). Larchmont, NY: Eye on Education.

Butts, R. F., & Cremin, L. A. (1953). *A history of education in American culture.* New York: Henry Holt.

Coons, J. E., & Sugarman, S. D. (1999). *Education by choice: The case for family control.* Troy, NY: Educator's International Press.

Cooper, B. S., & Randall, E. V. (2001). Vouchers: Still (largely) untested and why. In H. D. Meyer & W L. Boyd (Fds.), *Education between states, markets, and civil society: Comparative perspectives* (pp. 137-159). Mahwah, NJ: Lawrence Erlbaum.

Cremin, L. (1951). *The American common school: An historic conception.* New York: Columbia University Press.

Cremin, L. A. (1970). *American education: The colonial experience 1607-1783.* New York:

Harper & Row.

Danzberger, J. P. , Kirst, M. W., & Usdan, M. D. (1992). *Governing public schools: New times new requirements.* Washington, DC: The Institute for Educational Leadership.

English, F. W. (1994). *Theory in educational administration.* New York: Harper-Collins.

Fowler, W. J., Jr., & Walberg, H. J. (1991). School size, characteristics and outcomes. *Educational Evaluation and Policy Analysis, 13*, 189-202.

Glenn, C. L., Jr. (1988). *The myth of the common school.* Amherst: The University of Massachusetts Press.

Gutmann, A. (1987). *Democratic education.* Princeton: Princeton University Press.

Heck, R. H., Brandon, P. R., & Wang, J. (2001). Implementing site-managed educational changes: Examining levels of implementation and effect. *Educational Policy, 15*(2), 302-322.

Hess, G. A., Jr. (1999). Understanding achievement (and other) changes under Chicago school reform. *Educational Evaluation and Policy Analysis, 21*(1), 67-83.

Hiner, N. R. (1973, Spring). The cry of Sodom enquired into: Educational analysis in seventeenth-century New England. *History of Education Quarterly, 13*, 3-22.

Howley, C. (1996). Compounding disadvantage: The effects of school and district size on student achievement in West Virginia. *Journal of Research in Rural Education, 12*(1), 25-32.

Jernegan, M. W (1919, May). The educational development of the southern colonies. *The Southern Review, 27*, 360-376.

Jorgenson, L. P. (1987). *The state and the non-public school, 1825-1925.* Columbia: University of Missouri Press.

Katz, M. B. (1975). *Class, bureaucracy, and schools: The illusion of educational change in America.* New York: Praeger.

Katznelson, I. (1982). *City trenches.* Chicago: University of Chicago Press.

Lasswell, H. D. (1950). *Politics: Who gets what, when, how.* New York: P Smith.

Lee, V. E., Smerdon, B. A., Alfeld-Liro, C., & Brown, S. L. (2000). Inside large and small high schools: Curriculum and social relations. *Educational Evaluation and Policy Analysis, 22*(2), 147-171.

Malen, B. (1999). The promises and perils of participation on site-based councils. *Theory into Practice, 38*(4), 209-216.

Malen, B., & Ogawa, R. T. (1988). Professional-patron influence on site-based governance councils: A confounding case study. *Educational Evaluation and Policy Analysis, 10*, 251-270.

Morken, H., & Formicola, J. R. (1999). *The politics of school choice.* Lanham, MD: Rowman & Littlefield.

Nathan, J. (1995). *Charter public schools: A brief history and preliminary lessons.* Minneapolis: University of Minnesota, Center for School Change, Humphrey Institute of Public Affairs.

O'Hair, M. J., McLaughlin, H. J., & Reitzug, U. C. (2000). *Foundations of democratic education.* Belmont, CA: Wadsworth/Thomson Learning.

Owens, R. C. (2001). *Organizational behavior in education* (7th ed.). Boston: Allyn & Bacon.

Randall, E. V. (1994). *Private schools and public power: A case for pluralism.* New York: Teachers College Press.

Randall, E. V. (1997). Culture, religion and education. In T. C. Hunt & J. C. Carper (Eds.), *Religion and schooling in contemporary America* (pp. 59-81). New York: Garland.

Ravitcb, D. (1983). *The troubled crusade: American education, 1945-1980.* New York: Basic Books.

Sergiovanni, T. J., Burlingame, M., Coombs, F. S., & Thurston, P. W. (1999). *Educational governance and administration* (4th ed.). Boston: Allyn & Bacon.

Spring, J. (1994). *The American school 1642-1993* (3rd ed.). New York: McGraw-Hill.

Tyack, D. B. (1974). *The one best system-A history of American urban education.* Cambridge, MA: Harvard University Press.

U.S. Department of Education. (2000, January). *The state of charter schools: Fourth year report.* Executive summary [On-line] . Available: www.ed.gov/pubs/charter4thyear/es.html

Wagstaff, L. H., & Fusarelli, L. D. (1999). Establishing collaborative governance and leadership. In P. Reyes, J. D. Scribner, & A. P Scribner (Eds.), *Lessons from high-performing Hispanic schools* (pp. 19-35). New York: Teachers College Press.

Weick, K. E. (1976). Educational organizations as loosely coupled systems. *Administrative Science Quarterly, 21*, 1-19.

제7장

개선된 교육과정, 기준 및 시험을 위한 더 좋은 정책

> 한 국가의 학교 교육과정을 누가 결정하느냐에 관한 문제보다 더 중요한 일은 없다. 교육과정 결정 과정을 연구하는 학자들은 누가 교육과정을 만드는가에 대한 문제뿐만 아니라 누가 교육과정을 만들어야 하는가에 대한 문제도 탐구한다. "이러한 결정을 누가 하는가"라는 질문을 연구할 때, 주지사와 의원들이 학교에서 가르치는 것과 가르쳐야 하는 것에 상당한 관심을 가지고 있다는 것을 인식하게 될 것이다. 핵심적인 행위자가 되고 싶어 하는 이들의 바람은 학교를 세계 경제 경쟁을 위한 도구로 생각하는 경향과 함께 최근 들어 더 강화되고 있다. 실제로 많은 정치인들은 자신들이 K-12 교육과정의 내용과 목적에 개입할 수 있는 공적 권한을 부여받았다고 생각한다(Goodlad, 1991: 9).

위에서 Goodlad가 제시한 바와 같이, 모든 사람들은 더 나은 직원, 프로그램과 더불어 엄격한 기준과 교육과정을 마련하여 교육을 개선하는 데 관심을 갖고 있는 것으로 보이며, 최근에는 학생들의 시험 성적과 졸업률을 향상시키는 것에 관심을 가지고 있는 것처럼 보인다. 교육과정 정책과 개선은 가장 복잡한 연구 및 관리 영역이지만, 아동들의 성장과 학습을 위한 가장 중요한 영역이기도 하다. 교육과정 정책의 가장 핵심이 되는 것은 지역의 이해관계와 국가(더 나아가 국제적) 및 주(州)의 목표, 기준, 그리고 국가시험 간의 섬세한 균형(통제와 권한의 분권화 및 집권화 간의 전형적인 갈등)이라 할 수 있다(McNeil, 1988).

그러나 교육과정 정책 결정가들은 부정확한 정보, 필요한 것보다 더 적은 시간 및 자원으로 어려움을 겪고 있으며, 정책으로 인해 가장 큰 영향을 받게 될 이들과 함께 정책 변화에 대해 이야기를 나누는 데 실패하곤 한다. 『Mandating Academic Excellence』의 서문에서, Wilhoit는 "정책 결정은 필요한 기간보다 더 짧은 기한 내에, 필요한 양보다 더 적은 정보와 자원을 가지고 현명한 결정을 내리는 예술이다. 학교 개혁의 출현과 함께, 주(州) 교육 정책 결정가들은 엄청난 책임을 떠안고 있다."고 주장한다(Wilson & Rossman, 1993: xi).

주, 학교구, 학교의 정책 결정가들은 다양한 정책의 영향에 대한 충분한 대화 없이, 교수-학습, 교육과정 그리고 교육 결과에 영향을 미치는 기준인 교육의 핵심적인 요인을 변화시키기 위해 교육과정에 대한 조치를 취하고 있다. 이와 같이 정책 결정가들은 학교 교육 프로그램의 세 가지 핵심 축인 **교육과정 기준**, **프로그램**과 **평가**를 만드는 과정에서 복잡한 일련의 가치, 유권자, 구조, 실제적이고 기술적인 세부요소들에 직면하게 된다. Anderson(1997)이 주장한 바와 같이, 교육과정과 프로그램의 변화는 실무자들이 배우고 사용하며, 정책 분석가들이 이해하고 개선시키고자 하는 전체적으로 새로운 일련의 개념과 언어를 만들어 낸다.

그리고 교육과정 전문가들은 사용할 수업 방법, 교재와 자료, 그리고 가장 잘 가르치는 방법에 대해 거의 합의를 이끌어 내지 못한다. 교과서 선정과 같은 간단한 예를 들어보자. Stodolsky(1999)는 "책의 활용과 관련하여 책의 특성에는 거의 관심을 기울이지 않는다."(p. 145) 고 주장한다. 지난 수십 년 동안 수백만 명의 학생들을 가르쳤음에도 불구하고, 우리는 학생(의무교육)과 교원(필수 자격 소지자 및 기간제 자격 소지자), 수업(필요한 과목 및 기술), 활동 및 자료, 그리고 학생들의 학습을 돕기 위한 교육방법을 함께 묶을 수 있는 가장 적절한 정책이 무엇인지에 대해서는 상대적으로 거의 알지 못한 상태에 있다.

"방법과 내용 간의 관계에 대한 연구가 많이 진전되지 못한 것에 주목해야 한다."며, Thornton(2001: 200)은 다음과 같이 자신의 의견을 제시하고 있다.

> 그리고 방법론 교재의 핵심은 1930년 당시보다 더 분산되어 있다. 아동과 청소년들에게 적합한 방법에 대한 타당한 근거 없이, 교사들이 자신들이 대학 수업 때 경험한 내용과 방법에 의존하고 현재 일하는 학교에 제도화하는 것은 놀랍지도 않다. 대학 수업에서 배우는 내용과 방법의 단순화를 넘어 교과 내용의 교육적 요구에 훨씬 더 많은 관심을 기울일 필요가 있다(pp. 200-201).

그리고 Klein(1991)은 "공식적으로 임명되거나 당연직으로 의사 결정을 수행하는 참여자들의 구성은 복잡하지만, 질문의 핵심은 '누가' 결정을 내리는가뿐만 아니라 어떤 유형의 교육과정에 대한 결정이 논의되고 있는가 하는 것이다."라고 주장하며 누가 교육과정을 결정하는가에 초점을 두고 있다(p. 1).

또한 교육과정 정책 결정 과정은 집권화, 하향적, 체제가 어떠해야 한다고 규정하는 것에 대한 결정과 지역 수준, 임시적, 교육과정에 영향을 미치는 일반인들의 의사 결정에 대한 결정 간의 대결 구도라고 할 수 있다(Schubert, 1991). Goodlad(1991)가 주장하였듯이, "많은 정치인들은 자신들이 K-12 교육과정의 내용과 목적에 개입할 수 있는 공적 권한을 부여받았다고 생각한다. 이들 중 대부분은 학교 교육의 질이나 교육 내용에 대한 연방 또는 주 정부의 이해를 추구하는 것이 궁극적으로 지역의 이해와 통제의 본질 및 논리에 반하는 것임을 알고 있다."(p. 9; 또한 Goodlad, 1990 참고).

이 장에서는 규범적(normative), 구조적(structural), 구성적(constituentive) 및 기술적(technical) 차원 등 이 책의 전반에 걸쳐 채택하고 있는 네 가지 관점을 사용하여 교육과정, 기준, 평가—일반적으로 교수-학습이라 불리는 교육의 핵심 기술—에 영향을 미치는 정책들을 살펴본다.

규범적 차원

기준을 정하고 교육과정을 편성하며 결과를 측정(평가)하는 것은 세 가지 상호 의존적이며 상당히 가치 내재적인 정책적 노력이다. 사실 이들은 매우 규범적이고 복잡해서 정책 결정가들은 종종 어디서부터 시작해야 할지 당혹스러워하기도 한다. 연방 기관들은 말할 것도 없이, 주 정부와 학교구는 높은 기준부터 설정하고, 정책 실패에 따른 결과와 성공에 대한 보상을 통해 이러한 기준을 뒷받침하며, 교육과정과 교수법이 이러한 기준을 따르도록 해야 하는가?

아니면, 현재 이루어지고 있는 것처럼, 주 정부가 준거참조검사(criterion-referenced tests)의 난이도를 "상향조정"하고, 아동들이 매년 혹은 일정 기간마다 이 시험들을 치르도록 규정하고, 각 학교구와 교사들은 교육과정을 학생들에게 맞추고 학생들에게 더 많은 것을 요구해야 하는가? 예를 들어, 인본주의 교육과정을 설계하려는 노력들을 설명하면서, Eisner(1999)는 평가가 실제 세계에서 시작될 때 이상적인 교육과정이 현실적이 된다고 주장하며, 현실주의자적인 입장을 견지한다.

> 그러나 현실 세계에서, 종종 평가 방법[시험, 포트폴리오 또는 응용 연습문제]은 학생들이 관심을 가져야 하는 목적을 결정한다. 학생들은 고상한 학습목표는 무시할 수 있지만, 자신들을 평가하는 방법은 등한시할 수 없다. 평가 과정

> 이 합리적 판단 능력, 예리한 비판 능력, 맥락 파악, 뉘앙스 이해 능력과 같은 인간들이 소중하게 여기는 것에 반하는 학습 유형을 보상할 때, 이러한 평가 가정들은 인본주의적인 학습을 감소시킨다(pp. 298-299).

어떠한 교육과정이건 간에, 고부담 시험과 같은 평가는 교육 내용과 교육자의 가치와 철학에 상관없이 교육과정을 좌우하고 기준을 설정한다는 증거들이 많이 있다.

최근, 몇몇 주와 학교구들은 프로그램의 핵심인 교육과정을 외부에 위탁함으로써 기준과 교육과정의 과정(curriculum process)을 "민영화"하고 있다. Success for All, Accelerated Schools, Knowledge is Power, Open Court 등과 같은 미리 설정된 교육과정 및 수업 패키지를 구입하고, 교육과정 개발자들이 기준을 정하고 교육과정을 조직하는 것뿐만 아니라 심지어 학습 지도안과 같은 교육 방법까지 작성하게 하는 학교구(특히, 위험 상태에 있는 학생들이 많은)가 증가하고 있다.

이러한 패키지화된, 사전에 프로그램화된 전체 학교 개혁(whole school reform)은 규범적이며, 매우 구조화되고 미리 설계된, 이른바 '패키지화된' 교육과정이 표준화된 시험(고부담 평가)에서 학생들의 통과 및 우수한 성적을 거둘 가능성을 높여 준다고 주장하기 때문에 관심의 대상이 되고 있다. 예를 들어, New Jersey 주는 하위 30개 학교구(Abbott v. Burke, 1991, 1994, 1996에 따라 주 정부의 균형 예산 정책의 영향을 받는 소위 말하는 Abbott 학교구)의 모든 학교들을 '전체 학교 개혁' 모델로 전환하고, 교육과정을 이들 기업들에 위탁하도록 요구한다.

어떠한 단계를 먼저 취하든, 기준, 교육과정과 시험을 조정하는 것은 서로 다른 기관들이 개입하기 때문에 중요하면서도 어려운 과정이다. 또한 일반적인 기준에서 구체적인 교육과정(수업, 자료, 활동)으로, 타당하고 신뢰할 만한 시험으로 전환하는 것은 상당히 많은 시행착오 없이는 이루어지기 어렵다. 그렇다면 누가 기준을 정하고 교육과정을 작성하며, 시험을 설계하고 실시해야 할까? 새로운 교육과정 정책을 만들고 배포하고 집행할 법적 권한 및 역할은 누가 갖고 있는 것일까?

정당화

어떤 내용을, 어떻게 그리고 어떤 숙달 수준까지 가르쳐야 하는지 정당화(legitimization)하는 과정은 모든 과목과 기술 영역, 모든 수준(연방, 주와 지역)에 적용되며, 교육 정책 분석의 가장 중요하고 가장 이해가 부족한 영역이다. Schoenfeld(2001)는 교육과정, 수업과 시험에 관한 정책 결정과 정책 정당화 과정은 이미 정치적이며 더욱 심화되고 있다고 주장한다.

> 정치 영역에서, '기준'은 진보적인 요인에서 보수적인 요인으로 변화하고 있다. … 상당수의 주에서는 시험을 통과하지 못할 경우 유급시키는 등 더욱 엄격한 시험 방법들을 도입하고 있다. … 이러한 책무성 시험들은 적은 비용으로 쉽게 실시할 수 있기 때문에 사실과 절차의 숙달에 초점을 맞추고 있다. 책무성 측정은 "고부담"이기 때문에, 교사들은 시험과 관련 없는 학습 영역(예를 들어, 사고, 표현, 문제 해결, 의사 소통과 관계 형성)은 덜 강조하면서 시험에 초점을 두도록 강요받는다고 느낀다(pp. 273-274).

따라서 어떠한 교육 정책 과정보다도, 학생들이 어떠한 환경에서 무엇을 배우고 어떠한 성취 기준에 따라 어떻게 평가되는지와 관련된 정책과 프로그램이 가장 중요하고 복잡하다고 할 수 있다. 교육과정, 기준, 시험 세 가지는 정부, 법원, 행정가와 가장 중요한 교사들에 의한 정당화에 의존하며, 매우 가치 지향적이다.

- 결국, 누가 기준을 설정해야 하는가(수업을 진행하는 교사, 학교나 학교구의 행정가, 주 또는 연방 정부)?
- 학생들은 어떠한 수준(절대 척도, 가치 내재적, 성적 향상 또는 원점수)으로 학습되어야 하는가?
- 그리고 가장 중요한 것으로, 학습 성취가 높은 학생들과 그렇지 않은 학생들(실패, 유급, 사회적 진급[1], 강제 보충학습)에 대해 교사들은 말할 것도 없고, 학교와 학교구는 어떠한 조치를 취해야 하는가?

사실, London(1997)은 "주(그리고 지역)의 정당성에 관한 한, 공립학교의 교육과정은 아마 교육 관련 연구 중에서도 가장 논란이 되는 부분일 것이다"라고 주장한다(p. 64). Kirst와 Walker(1971)는 더 나아가, 교육과정은 단순히 정치적 결과가 아니라 "정치적 과정이다."라고 주장한다(p. 80)

Diana Pullin(1999)이 주장한 바와 같이, "공립학교의 교육과정은 항상 교육과정이 채택되는 당시의 사회적, 문화적, 정치적 요인으로부터 많은 영향을 받아 왔다."(p. 18). Fine(1993)은 교육과정에 대한 통제, 그리고 아동의 학습과 시험을 어느 정도 교사가 또는 정부가 통제해야 하는지에 대한 교육자, 정책 결정가와 부모들 간의 갈등을 기술하고 있다.

학교 교육과정 정책의 기저를 이루는 가치와 신념들은 때론 추상적이고 매우 가치

1) 역주: 또래 친구들과 함께 있을 수 있도록 열등생을 다음 학년으로 진급시키는 것

내재적이기 때문에, 정책 결정가들은 자신들이 하는 일에 대한 정당한 근거를 찾기 위해 노력한다. London(1997)은 "주(州)가 최소한의 합의와 정당성을 찾는 것은 정당화 전략을 시작하고 교육과정 개선의 목적을 성취하기 위한 정부의 노력 가운데 중요한 부분을 차지한다."고 주장한다(p. 64; 또한 Weiler, 1983, 1990 참고). 정당성(교육과정 정책을 만들고 집행할 수 있는 권한과 "권리")은 다양하게 조합되고 측정에 사용할 수 있는 네 가지 상이한 전략에 달려 있다.

절차에 의한 정당화. 첫째, 합리적 기획 모형을 사용하여, 정부의 정책 결정가들은 입법부, 주/지역 교육청 또는 법원을 통해 단계적인 과정을 거칠 수 있다. 정부의 각 부문들이 일련의 절차를 따른다는 점에서, 정부의 영향력은 정책에 힘과 현실을 부여한다.

전문성에 의한 정당화. 정책 결정가들은 제안된 프로그램에 중요성을 더하고 자신들의 관점을 강화하기 위해 '과학적 연구'를 활용하기도 한다. Weiler(1985)는 결과와 관계없이, "과학적 실험이 주어진 혁신 또는 개혁에 과학적 존엄성과 특권을 부여하는 경우", 새로운 교육과정 정책은 과학적 실험을 거친 것처럼 보이는 것으로 상당한 정당성을 부여받는다고 주장한다(p. 137).

상징적 정당화. 교육과정 정책은 교사, 부모, 지역사회로부터 강한 반응을 불러일으키는 엄청난 상징적 가치를 포함하고 있다. 새로운 교육감이나 교장이 취임할 때면, 이들은 "새롭고", 따라서 "더 많고" "더 나은" 기준들과 프로그램, 평가를 만듦으로써 자신들의 역할을 정의하고 정당화하고자 한다. Edelman(1964)은 이러한 상징들이 자신감을 확립하고 직원들과 지역사회에 정권의 고유한 정체성과 정당성을 부여하는 데 도움을 준다고 생각한다. 이러한 신념들은 "거짓된 것이 아니라, 실제로 구현되는 사실적 정확성이라기보다는 사회적 신호"라고 할 수 있다(London, 1997: 65).

참여에 의한 정당화. 교육과정 개혁과 이것의 가치 함축적이고도 상징적인 의미는 주요 이해관계자들이 개혁 과정에 참여했을 때에만 유효하다. 많은 주와 지역 학교구들은 학교 기준과 교육과정, 평가 개선 과정을 정당화하기 위한 장치로서 학교 자율경영제와 참여적 의사 결정을 사용하고 있다.

Hess(1999)는 "학교 자율경영제(site-based management, SBM)는 학교에 대한 통제권을 중앙 부처로부터 개별 학교로 옮기려는 시도이다. 이는 매우 가시적이고, 야심적이며, 기존의 체제에 그대로 적용할 수 있으며, 지역사회에 불편을 초래할 가능성이 적으며, 많은 비용이 소요되지 않는다. 권력을 공유하는 과정은 고려 중인 정책을 향상시키고, 상층부로부터 조직의 하부로 비판을 완화시켜 준다."고 주장한다(p. 113). 이는 사실상 책임을 확산시켜 체제 전체로 정당성을 퍼지게 한다.

교육과정 정책 개발은 (1) "특정한 목적을 달성하기 위해 요구되는 지식 및 기술"에 기초한 **기술적** 과정(Wilson & Rossman, 1993: 201), (2) 영향, 권력, 권위의 쟁점과 관련된 **정치적** 노력, (3) "조직의 가치, 신념, 조직의 규범(일상생활에 영향을 주고, 조직의 구성원이 무엇을 하고 어떻게 해야 하는가를 결정하는 규칙, 역할, 관계)을 반영하는 **문화적** 노력"(Wilson & Rossman, 1993, p. 202), 그리고 (4) 기준, 교육과정, 시험을 통해 교육에 정의 및 공정성을 가져오는 일련의 **도덕적** 선택 등과 같은 서로 다르면서도 연관된 네 가지 과정으로 생각된다.

의무교육 정책

모든 아동이 학교를 다니도록 의무화한 것은 20세기 초반, 광산, 노동 착취, 농장, 공장으로부터 아이들을 해방시켜 안전하게 학교로 보내려는 개혁 집단들의 전국적인 노력이었던 진보주의와 아동 노동 운동(child labor movement)에서 출발한 비교적 최근에 나타난 현상이다. 1922년 Oregon과 같은 주들은 공립학교나 주로부터 인가를 받고 유급제 교사들이 있는 학교에 출석을 요구하는 의무교육 정책을 확장하는 법을 통과시켰다(사실상, 개인 교습은 불법화되었다).

의무교육법의 규범적 의도는 사립 및 종교 학교(특히 가톨릭계 학교)와 같은 적들에 의해 학교 출석 의무 정책에서 공립학교 출석 의무화로 변화되었다. 23개 주에서 이루어진, 소위 말하는 Blaine 개정안은 공적 자금이 사립 혹은 종교계 학교의 출석을 위하여 사용되는 것을 금지하였다. 아동을 학교로 인도하고 교육과정에 노출되도록 하는 중요한 첫 번째 단계인 의무교육은 주가 교육을 통제하는(그리고 모든 아동을 공립 기관에 출석하도록 규정하는) 권한에 대한 정책적 의문을 제기한다. 1922년 Oregon 주 의회는 모든 부모 혹은 보호자에게 학교가 문을 여는 기간 동안 공립학교에 아동을 보내도록 요구하고, 이를 위반하는 경우 경범죄로 벌금이나 구금할 수 있도록 하는 의무교육법을 통과시켰다. 그리고 1925년 Oregon 주의 주지사 Walter Pierce는 8살부터 14살까지의 아동은 학교에 다녀야 할 뿐만 아니라, 오직 공립학교에만 등록하도록 요구하는 법안에 서명하였다.

Oregon 주의 사립 및 교구 학교들은 이 법이 모든 비공립학교들을 시장에서 퇴출시키고 부모가 아닌 정부가 아동의 교육을 결정한다고 주장하며 주 정부를 고소하였다. "Pierce v. the Society of Sisters of the Holy Names of Jesus and Mary"(268 U.s. 510, 1925) 판결에서, Oregon 주의 의무교육법은 위헌이며, 아동들은 주에서 운영하는 학교에만 등록하지 않아도 된다고 판결하였다.

연방 대법원은 다음과 같이 주의 제한적 권리와 학부모의 기본적인 책임을 인정하였다. "연방 내 모든 주에 위임된 자유의 근본적인 이론은 공립학교 교사들에게만 수업을 받도록 요구함으로써 모든 아동들을 표준화하려는 주의 일반적인 권한을 거부한다. 아동은 주 정부의 단순한 창조물이 아니며, 아동을 양육하고 운명을 이끌어 주는 사람들이 아동들에게 추가적인 의무를 인지하고 이를 준비하도록 하는 권리를 갖는다."[Pierce v. the Society of the Sisters of Holy Names of Jesus and Mary, 268 U.S. 510, 535 (1925)].

어디서, 누구의 보호하에 학교에 출석하는가 하는 것 그 자체도 사회적 가치에 대한 근본적인 의문을 제기한다. Pierce 판결은 아동이 법적으로 다닐 수 있는 학교 유형을 통제하는 정부의 주도권을 제한하였다. 이후 50년도 채 되기 전에 또 다른 권리(홈스쿨링)에 관한 이의가 제기되었고, 옹호되었다.

홈스쿨링: 보다 최근 사례

1975년부터 1993년까지 자녀를 홈스쿨링할 수 있는 부모의 권리에 관한 흥미롭고 유사한 법적 분쟁이 일어났다. 1975년 50개 주와 District of Columbia를 포함한 대부분의 지역에서는 부모 혹은 보호자가 집에서 아동을 교육시키는 것이 불법이었다. 사교육을 위한 전쟁과 마찬가지로, 홈스쿨링 지지자들은 정규 학교 내의 의무교육 관련 정책과 법에 의해 궁지에 몰리고 있었다. Home School Legal Defense Association의 변호사였던 Somerville(2001)은 다음과 같이 주장하였다.

> 믿기 어렵겠지만, 1975년까지, 당시 대부분의 주에서 홈스쿨링은 불법이었고 가족들이 공립학교 당국으로부터 아이들을 집에 숨기는 불법 행동을 자행하도록 만들었다. … 홈스쿨링 지지자들은 4 곳의 전선에서 싸웠다. 법원에서는 집을 선택할 수 있는 가정의 권리를 주장하였고, 주 의회에서 홈스쿨링을 합법화하기 위해 노력하였으며, 지역사회에서는 아동들을 위한 지지세력을 형성하기 위해 노력하였고, 연방 의회에서는 아동에게 특정 프로그램과 시험을 강요하는 법과 권력으로부터 홈스쿨링 지지자들을 보호하기 위해 노력하였다(p. 1).

헌법적 도전. 많은 주들은 집에서 교육을 받을 수 없고 부모가 선택한 교육과정을 사용할 수 없으며, 아동들을 공식 학교에 재학하도록 요구하는 것으로 해석되는 헌법을 가지고 있다. 예를 들어, Texas 주 교육청(TEA)은 홈스쿨링 부모들을 고발하는 정책을 시행하였다. 1994년 "Texas Educational Agency v. Leeper"(893 S.W. 2d 2432,

1994) 판결에서, 주 고등법원은 홈스쿨링 부모(대부분이 복음주의자들이었다)들을 체포하는 것을 금하였는데, 이는 전국적으로 약 80만 명의 홈스쿨링 부모들의 옹호 집단인 Home School Legal Defense Association의 첫 번째 승리였다(National Center for Education Statistics, 2000). Pennsylvania 주의 경우, "Jeffery v. O'Donnell"(702 F.Supp. 516, M.D. Pa., 1988) 판결에서, 법원은 부모들이 자녀들을 집에서 교육시키는 것을 허용함으로써 주 정부의 의무교육법을 사실상 폐지하게 만들었다. 홈스쿨링 운동은 교육 정책 형성에 관한 옹호 연합의 영향을 보여주고 있다.

입법적 행동. 법원이 홈스쿨링을 합법화함에 따라, 주 정부는 학습 성취도(예를 들어, 주에서 실시하는 표준화 시험을 치르는 것) 증거를 요구하면서, 자녀의 교육을 통제할 수 있는 부모의 권리를 승인하였다. 아래에 제시된 것과 같이, 1982년부터 시작하여, 이들 주들은 가정 교육의 합법성을 승인하는 법 및 규정들을 통과시켰다.

1982: Arizona, Mississippi
1983: Wisconsin, Montana
1984: Georgia, Louisiana, Rhode Island, Virginia
1985: Arkansas, Florida, New Mexico, Oregon, Tennessee, Washington, Wyoming
1986: Missouri
1987: Maryland, Minnesota, Vermont, West Virginia, Texas
1988: Colorado, New York, South Carolina, North Carolina, Pennsylvania
1989: North Dakota, Hawaii, Maine, Ohio
1990: New Hampshire, Connecticut
1991: Iowa, South Dakota
1993: New York, New Jersey

교육과정 유형

아동을 누가 교육해야 하는가(집에서든 학교에서든, 공적 혹은 개인적 비용으로든)에 대한 규범적 결정 외에도, 교육과정 정책에 관한 가장 어려운 규범적 문제는 지식의 성격, 무엇을 가르치고(어떤 기술, 교과, 과목 등), 어떤 방법으로 가르칠 것인가에 관한 것이다. 이는 인식론(지식 성격), 교육 철학과 교육방법의 성격(수업 기술)과 관련되어 있다. 교육과정 정책 발전의 역사는 앞서 자세하게 제시했으므로, 여기서 다시 살펴보지는 않는다.

학교 교육과정 설계. Schubert(1991)는 중세 고전, 인문학 교육과정인 문법, 수사학, 논리학(소위 말하는 삼학과)과 수학, 천문학, 지질학과 음악(사학과) 간의 갈등이 존재했던 19세에서부터 교육과정 분야의 역사적 변천 과정 및 심성(mind)은 인간 발달, 요구, 흥미 단계를 따라 실용적이고 유용한 학습을 통해 발전한다는 신념을 고찰하였다. 엘리트주의적, 지적인 경향으로부터 보다 보편적이고 적용 가능하며 유용한 형태의 학교 교육으로의 교육과정 정책의 변화는 대부분 "지역 주민들이 자신들은 학식 있는 대중을 더 많이 필요로 한다고 결정하면서 시작되었다."(Schubert, 1991: 101).

다음과 같은 일련의 주요 사건, 위원회, 연구자들이 교육과정 정책의 발전을 이끌었다(Charters, 1923; Goodlad & Klein, 1974; Goodlad, on Stoephasius, & Klein, 1966).

1839년: Henry Barnard가 Connecticut 주 교육감 협의회(the Board of Commissioners of Common Schools)의 의장을 역임하였다. 보편 교육을 위한 압력을 가하였다.

1890년대: William T. Harris는 Missouri 주, St. louis 교육감, 미 연방 교육감과 전국 단위 주요 위원회의 위원을 역임하였다.

1893년: Harris와 Charles Eliot(당시 Harvard 대학 총장) 등이 참여한 National Education Association의 10인 위원회(Committee of Ten)는 새롭게 등장하던 공립 중등학교의 교육과정에 초점을 두었다.

1895년: Francis Parker와 William T. Harris가 주도한 15인 위원회(Committee of Fifteen)는 분권화된 교육 체제 내에 인문학 전통이 아닌 문제기반학습(problem-based learning)과 아동의 발달상의 욕구를 주장한 Herbart의 사상을 구체화하였다.

1902~1916년: John Dewey는 지역사회와 경험에 기초한 교육을 강조하였으며, 발상, 과학, 민주주의의 통합에 기반을 둔 실험 학교(The Laboratory School)를 Chicago 대학에 설립하였다.

1918년: Franklin Bobbitt은 '활동 분석'에 기초하여 『The Curriculum』을 저술하였으며, 이는 사회에서 성인이 하는 일에 기반을 둔 교육과정 및 교실 교육방법에 대한 공식적인 연구의 시작이었다.

1918년: Clarence Kingsley가 주도한 Cardinal Principles of Secondary Education은 전통적인 고등학교 교육과정을 훨씬 넘어서 보건, 가치 있는 가족관계, 여가시간 활

용, 윤리적 성격, 직업, 시민의식을 포함하였다.

1918년: 청년들에게 농업, 가정 경제, 무역과 산업의 기초를 가르치기 위해 1917년에 제정된 Smith-Hughes Act for Vocational Education에 부응하기 위해, 주 정부는 연방 정부에 프로그램을 제출하였는데, 이는 교육과정 정책에서 '생활 적응' 운동의 출발점이었다.

1919~1931년: 고등학교 4년 및 대학 4년을 관찰한 "The Eight Year Study"를 포함한 '진보주의 교육'의 출현. 1942년에 출간된 이 연구는 고등학교에서 직장에 이르는 교육과정의 영향을 제시하였다(Aikin, 1942 참고).

1942~1948년: 제2차 세계대전과 대공황의 여파는 학교와 교사의 부족, 냉전과 한국전쟁을 초래했으며, 이 모두는 Arthur Bestor(1954), Albert Lynd(1953), Admiral Hyman Rickover(1959)가 주도한 진보주의 교육에 대한 반발을 가져왔다. 이들은 'back-to-basics' 운동의 토대를 마련하였다.

1953~1980년대: Allan Bloom(1987), E. D. Hirsch(1987), Diane Ravitch와 Chester E. Finn, Jr.(1987) 등은 내용 중심의 전통적인 과목들을 주장하며, 허울 좋은 "부드러운" 교육과정을 비판하였다.

1983년: "A Nation at Risk"(National Commission on Excellence in Education, 1983)는 더욱 엄격하고 표준화된 교육과정을 추구하며 미국 학교들이 국제적인 경쟁력을 회복할 것을 촉구하였다.

이 모든 논란과 정책, 규범과 신념들은 기준, 교육과정, 시험이 중앙집권화되어야 할지, 분권화되어야 할지에 대한 관심으로 해석할 수 있다. Schubert(1991)에 따르면, 교육과정 정책의 규범과 가치 이면에는 인간의 본성을 비롯하여 누가 아동의 교수-학습을 통제해야 하는가에 대한 문제가 있다. 그는 "따라서 교육과정의 중앙집권화와 분권화 문제의 핵심에는 인간의 본성과 그 잠재성에 대한 신뢰, 그리고 선하고 공정한 행동 및 의사 결정에 필요한 내·외적 통제의 양에 대한 질문이 있다."고 주장한다(p. 115).

구조적 차원

학교의 기준, 교육과정, 평가에 영향을 주는 정책은 한 수준(예를 들어, 주 정부)에서 형성되어 또 다른 수준(카운티, 학교구와 학교)에서 시행된다. 정책 형성의 규범과 문화는 정책이 집행되고 평가되는 환경과 매우 다를 수 있기 때문에, 정책 결정가들과 연구자들에게는 교육과정 정책의 구조에 대한 이해가 중요하다. 따라서 구조적 차원에서 시간과 수준별로 정책을 추적하는 것이 중요하다.

일련의 흥미로운 사례 연구들은 학교 교육과정 개혁에 있어서 주-지역-학교 간 관계의 복잡성을 보여준다. 주 정부는 시험과 같은 책무성 기제로 변화를 강화하면서, 이를 요구해야 하는가? 아니면 정책 결정가들은 이러한 구조적 관계를 공동의 노력으로 간주하고 협력을 강조해야 하는가?

Wilson과 Rossman(1993)은 주 정부의 요구사항, 고부담 평가, 주 정부의 "실패한" 학교구와 학교 인수 및 다른 요구 사항 등이 1990년대에 상당히 증가하였기에, 상당수의 주(州)가 무시해 온 규제가 더 적은 프로그램과 동반자 관계를 보다 강조하는 사례를 제시하고 있다. 그는 다음과 같이 주장한다.

> 우리는 주 정부가 개혁의 첫 번째 흐름의 특징인 지시된 변화에서 벗어나 주, 학교구와 학교를 실험 및 혁신의 동반자로 만드는 **역량 형성** 및 **체제 변화** 전략을 수용하도록 요구한다. 이러한 모형에서 주의 역할은 하향식, 지시형 모형만큼 중요하며, 사실 그 역할은 더욱 중요해진다. 주는 자원을 제공하고, 기술 훈련 및 기술 지원을 제공하며, 지역 수준의 혁신을 장려하고 촉진하며, 학교 재구조화를 위한 방법을 안내한다(p. 203).

특히 교육 정책 결정 및 변화에 있어서, 정부 수준 간의 협력은 생각을 듣고 공유하고자 하는 의지와 인내, 그리고 밀접한, 상호간의 관계 형성을 필요로 한다. 그러나 각 기관들은 기술과 인내심뿐만 아니라 수년 동안 정책 구조의 여러 수준에서 각 단계(형성, 집행, 평가, 개선)에 걸쳐 정책을 따르기 위한 자원도 가지고 있지 않다.

그러나 우수 사례로, "공립학교의 이중 언어 프로그램을 폐지하고 조기 영어 습득을 강조하는 프로그램으로 대체"하기 위해 주에서 시행한 정책의 결과를 연구한 Valentina Bali(2001)의 California 주의 Proposition 227의 영향 분석이 있다(p. 295).

캘리포니아의 Proposition 227 사례

1998년 6월에 실시된 예비선거에서, 미국에서 인종과 문화가 가장 다양한 주들 중의 한 곳인 California 주의 유권자들 중 61%가 영어능력이 부족한(LEP: Limited English Proficient) 학생들에게 이중 언어 프로그램을 제공하는 것을 금지하는 Proposition 227에 찬성하였다. 부모가 학교구로부터 면제 허가를 받은 아동들만 자신들의 모국어로 계속 수업을 받을 수 있었다.

이러한 정책 변화로 인해, 1998년에는 주 전체 학생들 중 29%가 이중 언어 프로그램에 참여했지만 1999년에 11%로 감소했으며, 이듬해 이 수치는 더 낮아졌다(Rossell, 2000). 주지하는 바와 같이, 맨 처음부터 새로운 프로그램을 시작하는 것보다 주 수준에서 정책을 통해 프로그램을 축소시키거나 폐지시키는 것이 더 쉬우며, 주 수준의 정책 변화가 교실 내 학생들에게 미치는 영향을 평가하려는 노력은 매우 드물고 결론에 이르지 못하는 경우가 많다. "이중 언어 교육은 유권자들에게 인종적이고 이데올로기적으로 문제되는 쟁점이며, 학자들에게도 논란의 대상이 되고 있다." 이러한 논란은 이데올로기적 편견, 문제가 있는 연구 방법, 지적 의견 차이에서 기인한다(Bali, 2001: 297).

연구자들은 이중 언어 교육의 영향과 효과성에 대해 확연하게 구분된 반응을 보이고 있다. Rossell과 Baker(1996)는 이중 언어 교육이 ESL(English as a Second Language) 프로그램이나 SEI(Structured English Immersion)보다 효과가 떨어진다는 것을 발견하였다. Ramirez(1992)는 4년 이상의 연구를 통해, 어린 학생들에 국한하여, 단기간 지속되는 프로그램이 장기간의 프로그램보다 더 효과적이라는 결론을 내었다. 따라서 (다른 프로그램에 대한) 이중 언어 프로그램의 효과성 또는 이중 언어 ELP 프로그램을 중단하고 영어만 사용하는 수업을 받은 학생들에 대한 즉각적인 효과에 관한 구체적이고 신뢰할 만한 정보는 없다(Hakuta, 2000).

Bali(2001)는 영어 몰입 교육과 분리된 이중 언어 프로그램에 참여하는 영어 능력이 부족한(LEP: Limited English Proficient) 학생들을 비교하였고, "이중 언어 프로그램을 중지하는 것은 남미계 학생과 백인(비남미계) 학생들 간의 교육 결과를 균등화하는 작은 조치"라는 논쟁적인 결과를 발견하였다(p. 312). 또한 Pasadena 지역의 이중 언어 LEP 학생들과 Proposition 227 통과 이전에 이중 언어 프로그램에 참여하지 않은 학생들 간의 성취도(읽기 점수)를 비교한 결과, 이중 언어 환경을 경험하지 않은 학생들은 "이중 언어 교육을 받지 않은 ELP 학생들보다 읽기 성적이 더 낮았다." 각각의 프로그램에서 표집을 했을 때, "영어 능력이 보다 우수한 LEP 학생들의 성적과 거의 차이가 없었다."는 결과를 발견하였다(p. 312). 이러한 결과는 영어 능력이 부족한 학생들에게 분리된 이중 언어 프로그램을 중지하는 것은 "이중 언어 학생들의 학습을 더디게 만들지는 않는다."는 것을 보여준다. 또한 연구 자료들은 4년 동안, 이중 언어 수업은 영어 중심 프로그램보다 우수하지 않았다는 것을 나타낸다. 이러한 연구는 주 정책의 변화(예를 들어, 이중 언어 LEP 학급을 폐지한 Proposition 227)로 인해 영향을 받은 학생들을 관찰하고, 학교구, 학교와 교실(이중 언어 vs 일반 프로그램)에서 학생에 이르기까지 미치는 영향을 분석하였다는 점에서 중요하다. 그리고 Bali(2001)는 이러한 정책들이 다른 주 및 학교구들의 구조와 교육과정 정책에 미칠 영향에 관한 흥미로운 예측을 제시하고 있다.

> 정치적인 관점에서 보았을 때, Proposition 227의 통과와 그 긍정적 영향은 다른 주에서도 이와 비슷한 조치를 이끌어 낼 것이다. 예를 들어, Arizona 주는 2000년 총선에서 이와 유사한 법안을 통과시켰다. 흥미롭게도, 이 정책의 확산은 단지 이중 언어 프로그램의 해체뿐만 아니라 이를 채택한 주에서 동일한 기준을 설정하는 것을 의미한다(pp. 312-313; Mintrom & Vergari, 1998; Ravitch, 2000).

정치 조직의 수준을 반영한 교육과정 정책의 구조적 차원을 고려할 때, 특정한 역설이 나타난다. 예를 들어, California 주의 보수 이익집단(이민과 남미계 출신을 반대하는)은 Proposition 227에 대한 투표를 이끌어 내었지만, 이 개혁안은 "대상 집단에게 피해를 주는 것이 아니라 이익을 줄 수도 있고"(Bali, 2001: 313), 종합적인 주 수준의 학교 개혁을 위한 전통적인 입법적 접근들에 대한 잠재적인 주민 발의 투표(국민투표)의 긍정적 영향을 보여준다.

어떤 구성 집단(연방, 주 및 지역 수준의 정치가, 학교구 수준의 행정가와 교육과정 설계자, 또는 교실 수준의 교사)이 핵심적인 교육과정 정책에 대한 결정을 내리든, 각 '층(layer)'이나 유형은 복잡한 통제 및 지원 체제 속에서 다른 층과 특별한 관계를 갖는다. 교육과정 집권화 및 지시 사항을 이해하는 데 중요한 이러한 통제의 수준은 한 수준에서는 핵심적인 구성요소인 교사가 학생들을 통제하고, 다음 단계에서는 교사들이 상위 수준에 의해 통제를 받는 흥미로운 계층적 구조를 낳는다([그림 7.1]). Schubert(1991)가 주장한 바와 같이, 교육과정 정책 결정과 집행의 집권화의 역사는 이해관계자들의 관점에 영향을 미치는 서로 경쟁하고 있는 일련의 내적 및 외적 통제와

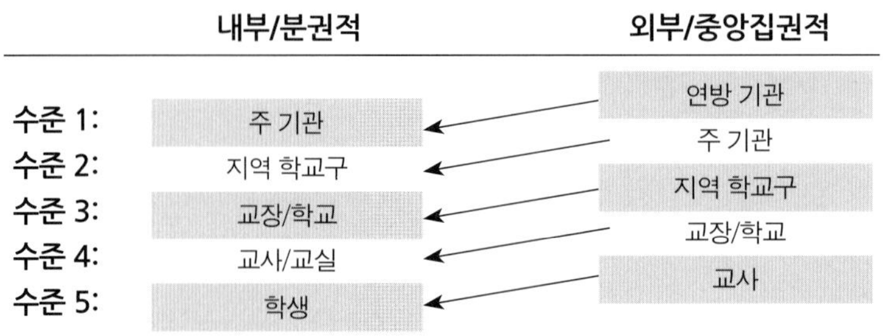

[그림 7.1] 구성요소와 수준에 의한 내 · 외적 통제의 계층

관련되어 있다.

[그림 7.1]에 제시되어 있는 것과 같이, 수준 1에서 우리는 연방 정부와 연방 법원, 연방 의회, 집행 기관들이 모두 주와 그에 속한 기관과 유권자들을 위한 정책 환경을 형성하는 외부 세력으로 작용하는 것을 확인할 수 있다. 연속된 "교육 대통령"들을 통해 경험해 왔던 것처럼, 주요한 소송 사건, 새로운 법이나 프로그램 또는 연방 재정 지원 중단 위협 등을 통해, 연방 정부는 가장 집권화된 외부 세력으로 간주된다.

수준 2에서, 연방의 지시 사항과 법률에 의해 제한을 받고 있다고 생각하는 주는 학교구 간의 경계, 프로그램, 재정 지정 방식을 설정하고, 학교구의 교육과정(주 정부 기준, 프로그램, 시험, 결과) 등에 있어서 지역 학교구를 지배하는 외부 기관의 역할을 수행한다.

수준 3에서, 지역 학교구(교육위원회, 교육감과 교육청)는 기준을 설정하고, 행정 및 교사 관련 자격 기준과 예산과 프로그램을 결정하는 학교에 대한 외부 통제 기관이 된다. 연방 및 주 교육과정의 정책과 지시 사항을 해석하는 일은 법과 정책에 의해 일선 학교에 대한 권한을 가지고 있는 학교구 수준의 교육과정 코디네이터가 담당한다.

학교 내부에 위치하는 수준 4에는 각 학교 내에서 교육과정(기준과 시험)의 질과 범위를 통제하기 위한 노력 속에서 교사를 채용, 감독, 종신재직권 부여, 해임할 수 있는 학교장과 기타 일선 행정가가 있다. 이런 이유에서, Schubert가 설명한 바와 같이, 교사들은 자신들의 직속 상사들을 학급 운영에 있어 외부 세력으로 간주한다. 그리고 끝으로, 수준 5에서, 학생들은 교사들을 과제를 부과하고, 기준과 기대를 설정하며, 질적 수준에 도달하였는지를 확인하기 위해 학생들을 평가하는 체제의 대표자라고 간주한다.

"교과 내용, 사회적 요구, 개별 학습자의 요구"를 결정하는 데 전문성을 가지고 있는 수준에 통제와 권력이 부여되어야 한다(Schubert, 1991: 99). Schubert(1991)에 의하면, "특정 장소의 특정 문제(또는 목적)에 따라, 이러한 각 수준에서 교육과정 개발을 위한 전문성을 가진 사람들로는 주 관료, 예산 기관, 교육위원회 위원, 교육청 행정가, 학부모, 교사, 교과별 교육 연구자, 교육 이론가와 연구자, 학교장, 교사, 학생 등이 있다."(pp. 99-100).

구성적 차원

기준 설정, 교육과정 설계, 평가와 관련된 정책 결정을 이해하는 데 중요한 또 다른 분석틀은 누가, 그리고 어디에서 이러한 정책들을 만들어야 하는가와 관련되어 있다. 가르치는 것을 어떻게 배웠는지, 그리고 자신들은 어떻게 배웠는지의 측면에서 담당 과목과 기술을 해석하면서 궁극적으로 학생들을 가르치는 학급 교사들이어야 한다고 주장하는 사람들도 있다. "신 아래서, 분리할 수 없는 하나의 국가"이기 때문에, (대통령을 시작으로 해서) 연방 정부와 지도자들은 교육을 최우선순위로 설정하고 "널리 알릴 수 있는 권한(bully pulpit)"과 백악관을 교육 정책 개혁을 단행하는 데 사용해야 한다고 믿는 사람들도 있다.

그러나 연방 정부의 정당성을 확보하기 어렵고, 구성요소들이 교육과정, 기준, 시험 결과의 핵심 사항에 동의할 가능성이 낮기 때문에, 정부와 다른 정책 결정 기관들은 교사들의 일상 활동을 관리하고 지시하는 것을 자제해 왔다. 세계 여러 국가들 중에 미국은 국가(연방) 기준, 교육과정, 시험을 위임하는 몇 안 되는 국가 중의 하나이다. 이와 달리 영국은 1988년, Margaret Thatcher 정권하에서 Ordinary 또는 O-Level, General Certificate of Student Excellence(GCSE), Advance 또는 A-Level 국가 시험 등과 함께 국가 교육과정을 설정하였다(Knight, 1992).

하지만 최근 들어, Bush 행정부는 연방 정부의 교육 재정과 연방 지원의 중단 위협을 통해, 주별로 수학과 읽기를 시작으로 사회와 과학 교과까지 3~8학년의 모든 학생들을 대상으로 최소한 1년마다 자체 기준 설정 및 표준화 검사(규준지향적)를 시행하도록 강요하기 위해 국가 기준 및 시험 정책과의 씨름을 시작하였다. *New York Times*(2001년 7월 7일자)는 "이 법은 숙달(proficiency) 수준에 도달하도록 모든 학생들(흑인과 백인, 중산층과 저소득층, 유럽계 백인과 남미계, 영어 능력 부족자 등)의 능력을 키우고, 각 범주별 학생들의 성취도를 보고하며, 숙달의 기준을 설정하는 데 10~12년의 시간을 주었다."고 보도하였다(p. A-10).

Bush 행정부의 교육 정책에 대한 반응은 매우 신속하게, 부정적으로 나타났다. 미국에서 가장 큰 두 학교구의 수장들인 Colorado 주 주지사를 역임한 Los Angeles 통합 학교구의 교육감 Roy Romer와 Citibank 경영자였던 New York 시 교육감 Harold Levy는 기준, 시험 의무, 이해관계를 높여 놓은 연방 정책은 "숙달"의 의미, 즉 지역의 기준을 낮춤으로써 LA와 New York과 같은 도시지역 아동들이 시험에 통과할 가능성과 이들 두 학교구가 제재를 피하며 계속 연방 정부의 예산 지원을 받을 가능성이 증대되는 등 사실상 의도하는 것과 반대되는 결과를 가져올 수 있다고 주장하였다.

공화당 주지사들조차도 연방 재정 지원 감소를 우려하며, 관련 법 조항을 삭제하기 위해 대통령과 투쟁하였다. Bush 대통령의 지지자인 John Engler(공화당) Michigan 주지사는 "주의 학습 성취도와 예산 지원을 연계시킨다면, '기준'을 낮추게 만드는 유인책을 제공하는 것이며, Michigan 주처럼 높은 기준을 가진 주들은 부정적으로 보일 수 있다."고 발표하였다(Chaddock, 2001: 20). 이에 백악관은 Washington에서 교육 정책을 통과시키는 데 필요한 공화당-민주당 연립 정부를 깨뜨리는 것을 두려워하여 한 발 뒤로 물러났다. Chaddock(2001)은 "백악관과 상원의원들은 기존 법을 그대로 적용할 경우 앞으로 10년 동안 상당히 많은 수의 실패하는 학교들을 낳을 것이 분명해짐에 따라 수정을 가했다고 말하였다. 상원의 예상은 학교 개혁에서 인정받은 선도적인 주(Texas, North Carolina와 Connecticut)에서조차도 많은 학교구들이 모든 학생들을 위한 숙달 기준을 달성하는 데 실패할 것임을 보여 주었다."고 발표하였다 (p. 1).

정책적 관점에서 보았을 때, New York 시 및 Los Angeles와 같이 미국의 가장 큰 공립학교 체제의 지도자들과 주요 주(州)의 주지사들의 반응은 이해가 된다. 이들 주와 학교구들은 미국 전체의 상당 부분에 이르는 저소득층, 이민자와 유색인종 아동들을 교육하고 있으며, 연방 정부로부터 지원받는 예산의 상당 부분을 상실할 위험에 처해 있다.

만약 연방 정부가 각 주에 독자적인 기준과 시험 과정을 설정하도록 허용한다면, 주와 학교구들은 학생들이 시험을 통과하고 연방 재정이 삭감되지 않을 확률을 높이기 위하여 요구 사항을 지나치게 단순화할 수도 있다. Levy는 대통령과 의회가 밀어붙이고 있는 마그넷 학교, 공립학교 선택 및 학교가 학생의 성취에 책무를 지도록 하는 것과 같은 '새로운 정책'들의 상당수가 이미 실행되고 있다고 주장한다. 그는 계속해서 "만약 체제가 책무를 지닌다면, 나는 정치인과 정책 결정가들 또한 책무성을 가져야 한다고 생각한다. 이 모든 기준과 개혁들을 볼 때, 적절한 자원이 필요하다."고 주장하였다(Schemo, 2001: A-10). 만약 도시 학교구들이 교사들의 채용과 임금을 높이기 위한 충분한 재원을 확보하지 못한다면, 높은 기준은 결코 쉽게 충족될 수 없을 것이다.

마찬가지로, 주들은 주의 핵심 교육과정 기준과 시험이 관할권 내의 모든 학생들을 위한 기준을 올리기 위한 노력에 부응하도록 하기 위해 빠른 속도로 교육과정을 법제화하고 있다. 20세기 동안, 주들은 연중 상당수의 날 동안, 특정 과목을 수강하고(통합, 핵심 교육과정), 일정 수의 Carnegie 학점[2)]을 이수하며 학생들을 학교에 재학하도록 요구하고(의무교육), 실패할 경우(예를 들어, 고등학교 졸업 실패) 가해지는 제재와 함께 특정한 수준(주 단위 시험에 의해 결정되는)에 도달하도록 요구하는 여러 법률을 제정해 왔다.

National Association of Teachers of English(그리고 수학과 사회)와 같은 전국 단위 조직들은 각각의 교과를 위한 기준들을 설정해 왔다. 비록 이러한 기준들이 의무적이거나 강제되는 것은 아니지만, 이들은 국가를 위한 기준을 설정하고, 주와 지역의 교육

2) 역주: 미국내 중등 학교에서 필수로 이수해야 하는 수업 단위

위원회가 해당 분야의 전문가들을 인용하여 유사한 기준들을 설정하도록 고무하였다. 그리고 교사들은 법이나 제재가 없는 상태에서도 동료들의 조건과 기준을 진지하게 고려할 것 같다.

또 다른 구성 집단은 대형 출판사들이 제작하는 "기성 프로그램(canned program)", 즉 교과서와 교재를 만들고 공급하는 민간 기업들이다. Stodolsky(1999)는 "교과서가 초등학교의 교실 수업을 지배한다는 것은 이미 공공연한 사실이다. 의심할 여지 없이, 교과서는 대부분의 시간에 대부분의 교실 속에 존재한다. 그러나 교과서가 어디에나 있기 때문에 교과서가 수업을 이끌어 간다는 가정을 쉽게 옹호할 수는 없다."고 주장한다(p. 143).

학교 기준과 교육과정을 설정하고 변화시키는 데 어떤 구성 집단들이 관여하든, 이러한 정책을 감수해야만 하는 주된, 최종적인 구성요소는 교사들이다. Schwartz(1991)에 따르면, "일반적으로 교사들은 교육적으로 중요한 다른 활동을 희생시켜 가면서 시험 내용과 시험 치르는 것을 강조하며, 공식 교육과정은 주에서 치르는 시험 내용에 초점을 두거나 한정한다."(p. 190).

교육과정 정책이 지역의 구성 집단에 미치는 영향을 가장 잘 분석한 연구는 Brooks(1991)인 것 같다. 그는 교육과정이 외부의 기관과 이해에 의해 좌우될 때 교사, 학부모, 행정가 및 다른 지역 구성 집단들이 받는 일련의 부정적, 심지어는 파괴적인 '메시지'를 제시하고 있다.

메시지 1: "교육과정 개발은 우리의 책임이 아니다."
메시지 2: "시험은 수업을 결정한다."
메시지 3: "내용을 배우는 것보다 진도를 나가는 것이 더 중요하다."
메시지 4: "최소한의 능력이 희망하는 결과다."
메시지 5: "우리는 당신을 믿지 않는다."
메시지 6: "과거의 효과성은 중요하지 않다."
메시지 7: "더, 금방, 빨리 하는 것이 낫다."

사실, Brooks(1991)는 학교 정책 결정과 관련된 다양한 구성 집단들은 학교 교육과정과 기준을 개혁하는 데 있어 학교와 교사들에게 실질적인 문제점들을 야기할 수 있다고 주장한다. 또한 "주 교육부에 의한 집권화된 교육과정의 도입은 일선 학교, 학교구, 교육자와 학생들에게 많은 불필요한 문제를 야기할 수 있다"고 주장한다(1991: 164).

기술적 차원

교육과정 정책 분석은 '이 정책이 실제로 효과가 있는가?', '학생들이 새로운 기준, 교육과정, 시험에서 기존보다 더 나은 결과를 보이는가?' 등에 대한 해답을 찾는 것으로 요약할 수 있다. 예를 들어, Schwab(1970)은 수업, 활동, 결과를 포함한 교육과정의 목적에서 시작하고, 학교의 실제 문제들을 해결하는 데 도움이 되는 실용적인 분석을 제안한다.

초등학교와 중등학교의 교육과정 및 이들과 관련된 정책들은 매우 상이하며, 주의를 기울일 필요가 있다. 일반적으로 초등학교 교육과정은 특정 교과에 초점을 두기보다는 개념 및 기술 중심적인 내용으로 구성되어 있다. 이에 비해 고등학교 교육과정(그리고 이와 관련된 교사 연수와 자격 기준)은 과학(물리, 화학, 생물), 언어, 영어 작문 및 문학, 역사(미국, 세계, 유럽) 또는 직업 및 보건 프로그램 등 보다 교과 중심적이다. New York의 고등학생들이 치러야 하는 시험 과목들을 예로 들어보자.

New York의 어느 고등학교의 발표에 따르면, 학생들은 영어(11학년), 세계사(10학년), 미국 역사와 정부(11학년), 지구과학(9학년), 생물(10학년), 화학(11학년), 물리(12학년), 외국어(레벨3, 10학년)와 수학 I, II, III(9, 10, 11학년) 과목을 시험 봐야 한다. 따라서 초등학교 학생들이 읽기, 쓰기, 수학, 사회와 같은 기초 과목의 시험을 치른 데 비해, 고등학교 학생들은 다양한 수준의 보다 구체적이고 교과 중심적인 시험을 치른다(New Jersey 주는 이러한 시험을 4학년과 8학년에게 요구한다). 연방법(No Child Left Behind Act) 하에서, 미국의 초등학교와 중학교들은 3학년부터 8학년에 이르는 학생들에게 시험을 실시해야 하고, 그렇지 않으면 연방의 재정 지원을 받지 못할 위기에 처하게 된다.

교육과정 정책에 대한 기술적 분석은 이러한 노력이 제대로 효과를 보고 있는지를 알아보기 위해 (1) 동의: 참여자들은 자신들이 무엇을 왜 하는지 일반적으로 동의하는가 (2) 명확성: 무엇이 어떻게 이루어지고 있는지 이해하고 있는가 (3) 수용: 참여자들은 프로그램을 믿고, 이를 활용하는가 (4) 평가 및 결과: 정책 참여자들은 교육과정이나 프로그램을 이해하는 방법을 가지고 있고, 이를 활용하는가 (5) 효과성: 다양한 학생 집단의 학습과 성적, 시험 점수를 개선하는 데 교육과정이 어느 정도로 기여하는가 등 학습을 위한 다섯 가지 관련된 기준에 의존한다.

학업적 기준

계속해서 주들은 모든 학생들을 대상으로 기준을 설정하는 법과 정책들을 통과시키고 있으며, 각 학교구에게 이들 공표된 기준에 맞추도록 요구하고 있다. New Jersey와 같은 주들은 1학년부터 12학년까지, 모든 과목(수학, 과학, 읽기 및 언어, 사회 교과)에 영향을 미치는 정책 체제를 수립하고 있다(Klaghotz, Schechter, & Reece, 1996). 적어도 서류상으로는 State Core Curricular Content Standards라고 불리는 New Jersey 주의 기준, 교육과정, 평가 체제를 상당히 많이 따르고 있다. 실제로 각 교사들의 학습 지도안에는 어떤 기준을 다루고 있고, 이러한 기준을 어떻게 달성할 것인지가 명시되어 있어야 한다.

이러한 기준은 아동의 "완전하고 효율적인(Thorough and Efficient)" 교육을 보장해야 한다는 New Jersey 주의 헌법에서 시작한다. 따라서 "핵심 교육과정의 내용 기준은 완전하고 효율적인 무상교육 체제에서 학생들이 교육받을 수 있도록 보장하는, 1875년에 제정된 New Jersey 주의 헌법에 나타난 "완전한"의 의미를 정의하고자 하는 시도이다(Klagholtz, Schechter, & Reece, 1996: 1). 비록 주(州)의 기준은 결과를 정의하는 것을 의미하지만, "주 단위 교육과정의 지침이 된다는 것을 의미하는 것은 아니다."(p. i). 즉, 핵심 교육과정 내용 기준은 학생들이 달성해야 하는 결과를 정의하기 위한 노력이며, 이러한 결과를 달성하기 위한 학교구와 일선 학교의 전략을 제한하는 것은 아니다.

그러나 일련의 주 기준 외에도, New Jersey 주 교육부는 교육과정, 수업 및 시험이 따라야 하는 구조가 되는 교육과정 분석틀을 수립하였다.

> 지역 교육가들을 지원하기 위해, 기준은 교육과정 분석틀을 통해 더욱 정교화된다. 교육과정은 아니지만, 이 체계는 기준의 근거에 대한 논의와 교실 사례를 통하여 기준의 의도를 실생활로 가져올 것이다. 지역 교육과정 개발자들은 각 지역사회의 학생들의 요구를 가장 잘 충족시킬 수 있는 학교구 교육과정을 개발하기 위한 자원으로 이 분석틀을 사용할 수 있다. 또한 교육과정 분석틀은 새로운 기준에 맞춰 수업을 수정하길 원하는 교사 및 능력 개발 담당자들에게 자원으로서의 역할을 한다(New Jersey 주 교육부, May 1996: I).

핵심 교육과정의 내용 기준은 교육과정의 "틀을 잡는 것"을 넘어 한 걸음 더 나아가서 학생들이 '알아야 할 것과 할 수 있어야 할 것'을 정의한다. 따라서 교육과정 전체에 걸쳐, 모든 학생들은 아래의 사항들에 대한 준비가 되어 있을 것이다.

1. 진로 계획과 직업 대비 기술
2. 기술, 정보 및 다른 도구 활용

3. 비판적 사고, 의사 결정, 문제 해결 능력의 활용
4. 자기 관리 능력 입증
5. 안전 수칙 적용

이들 다섯 가지 직업 대비 기준들 중, 처음의 두 가지는 실제적인 직업 준비에 관한 것이고, 마지막 두 가지는 주의와 자기 훈련(예를 들어, 몸가짐)에 관한 것이다. 세 번째 기준(비판적 사고, 의사 결정, 문제 해결 능력의 활용)만이 인지적 혹은 학업적 기준과 직접적으로 관련되어 있다.

New Jersey 주 교육부는 다음의 7가지 내용 영역으로 구성된 56개의 기준을 추천하였다.

1. 시각 및 공연 예술
2. 보건 및 체육
3. 언어/문해력
4. 수학
5. 과학
6. 사회
7. 세계 언어

따라서 학교구들은 학교 내에서 공식 강좌를 통해 또는 봉사활동, 직업 체험, 아르바이트 등과 같은 학교 외부에서 이루어지는 경험을 통해 각 기준을 충족시키면서, 5가지 '직업 대비 기준'을 7가지 '내용' 영역에 통합할 것을 요구받았다(New Jersey 주 교육부, 1996: iii). 기준들을 준비한 후, 학교구들은 교육과정을 설계하고 시험을 계획해야 한다.

New Jersey 주의 Passaic Public School은 각 교과별로 유치원부터 12학년까지 학년 수준에 따라 핵심 교육과정의 내용 기준을 설정하였다. 예를 들어, 4번(수학, 위의 7가지 내용 영역 참고)은 학년 전체에 걸쳐 16개의 독립된 기준을 가지고 있으며, 수업, 자료, 평가('수행 평가'와 '포트폴리오 접근')를 위한 누적 향상 지표(Cumulative Progress Indicators), 목표 및 제안 활동을 요구한다. "모든 학생들은 수학, 다른 교과, 다른 경험에서 문제를 제기하고 해결할 수 있다."라는 기준 4.1을 예로 들어보자.

유치원 수준에서, 이러한 수학의 문제 해결 활동은 다음의 지표, 목표, 활동, 교재 및 평가로 이루어진다.

유치원 교육과정

누적 향상 지표	목표
유치원 과정 이수 후, 학생들은: 발견 지향적, 탐구 기반 및 문제 중심적 접근법을 사용한다.	1. 수학 내용을 조사하고 이해하기 위해 발견 지향적, 탐구 기반 및 문제 중심적 접근법을 사용한다. 2. 다양한 퍼즐, 게임, 문제 해결 기술을 탐구한다. 3. 수학 문제를 해결하기 위해 교구를 사용한다. 4. 문제를 해결하기 위해 소프트웨어를 사용한다.
제안된 활동 1. 그 날의 일상 문제 활용 2. 테디베어 여행 3. Shapetown 사례/벤다이어그램 4. 'Primary Bears'의 다양한 AIMS 활동 5. 기술: 노트패드: 점선잇기: 직소퍼즐: 도형과 크기 학습	자료 1. Math in Action 2. NCTM Addenda S Series 3. Primary Bear counters 4. Teddy Bear counters 5. Jumpstar preschool knowledge adventure
평가 **수행평가(Authentic Performance):** • 학생들은 수학 과제와 조사를 수행한다. • 학생들이 과제를 해결하는 과정을 관찰한다. • 최종 결과를 평가한다.	평가 **포트폴리오:** 전체적 접근 • 저널 • 개방적 질문, 채점 기준 • 관찰, 면접, 회의 • 단원별 수학 시험

이 유치원 기준(4.1)은 4학년과 지표, 목표, 평가 방법이 동일하며, 다만 제안된 활동과 교재만 10살 및 11살 학생들과 차이가 있다. 각 학년별 및 과목별 기준들의 경우, 교육과정은 많은 교사와 부모들이 쉽게 이해하거나 사용하기 어려운 방대한 '상부구조'인 대비 요인, 기준, 과목과 시험을 위한 기준점을 포함한 큰 틀을 만들어 내는 지표, 목표, 활동, 교재와 평가를 설정한다.

4학년

제안된 활동	자료
1. Math in Action(MIA)에 제시된 오늘의 문제 활용 2. 수학 분석틀을 활용한 "쿠키 나누기": Shapetown 사례, p. 95. 3. Mancala 게임 4. 동전이나 이쑤시개로 Nimh 게임 5. 활동 및 교구 활용 6. Pattern Blocks 전달하기 7. Pattern Blocks 옮기기 8. Tangrams 전달하기 9. Tangrams 옮기기 10. Geoboard 전달하기 11. Geoboard 옮기기 12. Sim City	1. Math in Actions and Journals 2. Pattern Blocks 3. 콩, 계란, 상자, 컵 4. 동전 혹은 이쑤시개 5. Pattern Blocks 6. Tangrams 7. Geoboard 8. Sim City 9. Treasure Math Storm, Leraning Co. 10. 그 외 소프트웨어

시험 결과

이러한 주 기준과 교육과정을 지원하는 것은 정기적으로 주 차원에서 실시하는 학생 성취도 평가를 요구하는 정책이다. 시험(그리고 이러한 고부담 조치를 취한 결과)에 영향을 미치는 정책들은 결국 그에 걸맞은 관심을 받게 된다. New Jersey 주의 시험 결과를 분석한 Firestone(2001)의 연구는 특히 교사와 교실에 대한 학생 평가(예를 들어, 주에서 시행하는 준거지향평가)의 기술적 영향을 논하기 위한 분위기를 조성하였다.

> 주(州) 시험이 보다 확대됨에 따라, 시험이 수업에 미치는 영향에 대한 연구자들과 시험 개발자들의 의견은 나누어졌었다. 특히, 1990년대 초, 개혁가들은 수행기반 평가와 포트폴리오를 더 활용하는 것은 대부분의 미국 학교에서 찾아보기 어려운 지적으로 도전감을 제공하는 수업을 하도록 교사들을 장려한다고 주장하였다(Resnick & Resnick, 1992). 그 이전 및 그 이후로 시험 대비 수업에 대한 상당히 많은 문헌들은 아주 상이한 결과를 제시하고 있다. 주(州) 시험은 교사들에게 평가 내용을 가르치고, 시험 문항들을 수업 자료로 활용하며, 점수를 올리기 위한 단기 전략으로 암기식 수업을 더 많이 사용하도록 만드는 경향이 있다(p. 1).

Firestone은 교사들을 대상으로 한 설문조사, 면접, 관찰을 통하여, 3년 동안 New Jersey Elementary School Performance Assessment가 수학, 과학 교과 교사들에게 미친 장기적 영향을 분석하였다. 그 결과는 (ESPA 시험은 단지 '정답'이 아니라 개념과 접근 방법을 요구함에도 불구하고) 교사들이 개념이 아닌 사실을 강조한다는 흥미로우면서도 충격적인 것이었다. 연구자들은 "ESPA가 수업에 대한 새롭고 도전적인 의식을 고양할 수 있지만, 이러한 접근 방법이 폭넓게 적용되기에는 아직 가야 할 길이 멀다."고 밝혔다(2001: 3).

RAND 연구소는 Washington 주의 교육 개혁 정책이 교사들에게 미친 영향에 대하여 유사한 연구를 수행하였다. RAND 연구소의 National Center for Research on Evaluation, Standards and Student Testing(CRESST)과 협력하여, Stecher(2001)는 교육과정 개혁, 기준, 시험이 지역 학교 수준에서 실행되고 있는지 알아보기 위해 교장과 교사들을 대상으로 설문조사를 진행하였다(Stecher, Barron, Chun & Ross, 2000 참고). 시험과 교육과정에 대한 분석에서 두 개의 관련된 질문들이 제기된다. 첫째, 학교의 교육 정책을 조정하고 강화하는 것은 의도한 바와 같이 학생들의 시험 성적을 향상시키는가? 둘째, 시험은 수업에 영향을 미치는가?

이 연구는 비록 느리고 의도적이고, 균일하지 않지만, 교육과정 정책의 변화가 교실 활동의 구조와 가르치는 내용의 주안점에 영향을 미친다는 것을 발견하였다. Stecher(2001)에 따르면, "교사와 교장들은 Washington Assessment of Student Learning(WASL)에서 학생들이 좋은 성적을 거두게 하기 위해 상당한 부담을 느낀다. 학교는 여름학교를 도입하는 등 제도적, 조직적 변화를 시도하였다. … 교사들은 WASL에 평가되는 과목들에 초점을 맞추고, 수업 시간을 조정하였다. 특히 시험일이 다가옴에 따라, 대부분의 교사들은 학생들을 시험에 준비시키기 위해 많은 시간을 할애하였다."(p. 8).

RAND는 새로운 시험, 교육과정, 교육방법의 목적과 결과 간의 괴리 현상을 발견하였다. 1999년, 대폭적인 교육과정 조정은 더 좋은 시험 결과를 가져왔으나, 2000년에는 그렇지 않았다. 따라서 기술적 수준에서, 정책 결정가와 교육자들은 교육과정 정책의 영향상의 세 가지 동향을 인식해야 한다.

- 변화는 점진적이다: 향상된 학습 결과 등과 같은 실제적인 결과를 확인하는 데는 시간, 훈련, 준비, 지속성이 필요하다. 교사들은 느리게 변화를 "채택하고(buy in)", 보통 다른 교사들이 해당 프로그램을 사용하거나 학생들에게 시험 준비를 시킬 때에만 도입한다. Firestone과 Strecher 모두 New Jersey와 Washington 주의 느린 변화 속도를 언급하였다.

- 변화는 불규칙하다: 시험 결과는 거의 일정하지 않은 것처럼 보인다. 새로운 시험(Washington Assessment of Student Learning과 같은)이 도입된 첫해, 학습 결과는 거의 항상 떨어진다. 그리고 다음 몇 년 동안, 학생들과 교사들이 시험 유형과 높은 기대에 익숙해짐에 따라 결과는 향상된다. 그러나 매년 시험을 치르는 주(州)들은 시험이 더 어렵거나 쉬울 수 있으며, 주(州) 시험 점수도 등락을 거듭하지만, 이는 교실 수업이나 실제 학생들의 학습과는 거의 관계가 없다는 것을 발견하였다.

- 변화는 양 방향으로 작용한다: 정책 결정가, 교육자, 교사와 행정가들은 시험 결과가 교육과정 정책의 변화에 영향을 받을 뿐만 아니라 교육과정과 교실 실제에 영향을 준다는 것을 알게 되었다. 대부분의 연구 결과들은 교사들이 새로운 시험(특히 이러한 시험이 고부담 평가이고 외부에 공개될 때)에 대한 반응으로 수업의 주안점, 시간 활용, 활동과 내용을 변경하였다는 것을 보여준다. 결과와 관계없이, 기술적 차원은 교육 정책 변화로부터 영향을 받고 이에 대응해야 하는 사람들의 일상적인 관심을 노출하여 무엇이 어떻게 기능하는지 보여주기 때문에 정

책 분석을 이해하고 평가하는 데 주요한 관점이다.

미국에서 가장 큰 전문 학술 단체인 The American Education Research Association (AERA)은 "AERA는 신뢰할 만한 과학적인 연구들이 유익하다고 증명한 교육 정책과 실제를 촉진하고 부정적인 영향을 주는 것으로 발견된 정책 및 사례들을 지양할 것을 추구한다."고 주장하며, 국가 및 주 시험 기준의 성격에 대해 강한 입장을 취해 왔다 (2000: 2). AERA는 특히 일반적으로 "고부담 시험(high-stakes testing)"이라 불리는 시험에 주목한다. AERA는 시험이 다음과 같은 것들을 요구한다고 주장한다.

1. 고부담 평가 프로그램의 가능한 부정적인 결과를 완전히 공개: 신뢰할 만한 과학적 증거들이 특정 유형의 평가 프로그램이 부작용이 있을 수 있다는 것을 제시한다면, 시험 개발자들과 사용자들은 이러한 가능한 영향을 정책 결정가들에게 설명하려고 노력해야 한다.
2. 시험과 교육과정의 일치: 시험 내용과 시험을 치르는 데 필요한 인지 과정은 교육과정을 적절하게 대표해야 한다. 고부담 시험은 측정하기 쉬운 교육과정의 관련 부분에 한정되어선 안 된다. 평가가 학교의 책무성 기제나 교육과정에 영향을 주기 위한 목적으로 사용될 때, 시험은 의도한 수업 목적을 나타내는 기준 문서인 교육과정에 부합해야 한다.
3. 성취 수준과 통과 점수의 타당성: 평가 프로그램이 '통과'를 결정하거나 '숙달'의 범주를 정의하기 위해 구체적인 점수를 사용할 때, 시험 내용의 대표성 입증과 함께, 이러한 구체적인 점수의 타당성을 확보해야 한다. 우선, 통과 점수 혹은 성취 수준의 의미와 목적을 분명하게 진술해야 한다. 예를 들어, 최소 능력 수준(전통적으로 학년 진급에 필요한), 학년 수준(전통적으로 표준화 시험의 국가 평균 점수의 범위로 정의되는) 그리고 "세계 최상급" 기준(70~99퍼센트 수준의 상위 분포) 간에 혼란이 존재한다.
4. 고부담 시험에 실패한 학생들을 위한 유의미한 개선(remediation) 기회: 고부담 시험에 실패한 학생들에게는 개선을 위해 유의미한 기회가 주어져야 한다. 개선을 위한 교육은 시험을 치르는 것 그 자체가 아니라, 시험이 측정하고자 하는 지식과 기술에 초점을 두어야 한다. 학생의 취약한 부분을 교정하기 위한 시간을 확보하기 위해, 시험을 다시 치르기 전에 충분한 시간이 주어져야 한다.
5. 학생의 언어 차이에 대한 적절한 관심: 학생이 시험에 사용되는 언어를 터득하지 못하였다면, 시험은 언어 능력 시험으로 변질되어 버린다. 시험의 주요 목적이 언어 능력을 평가하기 위한 것이 아닌 이상, 시험의 지시 사항이나 표현 자체를

이해하지 못하는 학생들에게 시험을 치르게 해서는 안 된다. 만약 영어 학습자가 영어로 시험을 본다면, 이들의 성취도는 언어 능력의 유창성 측면에서 해석되어야 한다.

6. 장애 학생에 대한 적절한 관심: 장애 아동에게 시험을 치를 때에는 시험 점수가 측정 목적 외부의 어떠한 장애나 장애와 관련된 특징들이 아니라 의도한 구성요소를 정확히 반영할 수 있도록 몇 가지 조치를 취해야 한다.
7. 시험 대상 학생들을 결정하는 분명한 규칙의 신중한 고수(adherence): 학교, 학교구, 기타 행정 단위를 서로 비교하거나 점수 변화를 시간의 흐름에 따라 추적할 때에는, 어떤 학생들이 시험을 보고 어떠한 상황에서 시험이 면제되는지를 규정하는 분명한 정책이 있어야 한다. 이 정책들은 점수 비교의 타당성을 확보하기 위해 공통적으로 시행되어야 한다. 또한 시험 성적 결과를 발표할 때에는 시험을 치르지 않은 학생들의 비율을 정확히 나타내야 한다.
8. 목적별 활용을 위한 충분한 신뢰도: 신뢰도는 시험 점수의 정확성 혹은 정밀성을 일컫는다. 개인이나 학교별로 발표된 점수는 의도대로 해석할 수 있을 만큼 충분히 정확해야 하며, 정확성은 실제로 사용된 점수를 대상으로 규명되어야 한다. 예를 들어, 원점수의 신뢰도에 대한 정보는 퍼센트의 정확성을 적절히 보여주지 않을 수 있으며, 학교 평균의 신뢰도에 대한 정보는 학교 관련 결정을 내릴 때 하위집단 점수를 활용할 경우 충분하지 않을 수 있다.
9. 고부담 시험의 의도적, 비의도적 효과에 대한 지속적인 평가: 고부담 평가와 관련하여, 의도적 · 비의도적 결과에 대한 계속적인 평가는 필수적이다. 대부분의 경우, 시험을 관리하는 정부는 시험 프로그램의 긍정적 및 부정적 효과에 대한 연구 결과를 배포하고 이러한 연구를 지속하기 위한 자원을 제공해야 한다("Pre-K-12 학년을 대상으로 한 고부담 평가에 대한 AERA의 입장" 2000년 7월).

더 좋은 교육과정 정책 만들기

결론적으로, 수업 및 아동의 학습에 영향을 미치는 더 나은 정책을 만드는 것은 중요하고 충족되지 못한 목적으로 남아 있다. 정부, 학교구와 학교는 새로운 교육과정 패키지, 학교 및 교사 수준의 의사 결정 등 새로운 교육과정 의사 결정 수준, 그리고 새로운 기준을 충족하기 위해 프로그램의 질을 평가하기 위한 새로운 수단 등을 실험하고 있다. 교육과정 정책 영역은 여전히 혼란스러운가? 그렇다. 우리는 영향을 측정하기 시작하였는가? 그렇다. California 주에서 영어 실력이 부족한 학생들을 위한 이중 언어 수업을 폐지시킨 Proposition 227의 결과를 분석한 Bali의 연구에 주목한다. 연구가 너무 일렀고 여러 한계를 가지고 있지만, 이 연구는 학생 집단을 비교하여(이 경우에는 California 주의 Pasadena 학교) 새로운 정책이 집행되기 전·후의 학생들을 평가하는 모형을 제공한다.

가치 문제는 불화를 일으키고 있다. 미국이 국가적 기준과 질, 시험을 체제 내 다양한 수준에서 만들려고 노력함에 따라 구조적 관심사는 여전히 복잡하게 남아 있다. 부모와 지역사회에서 전문가와 정치인에 이르기까지 수많은 다양한 구성 집단들이 존재한다. 또한 학교구와 주, 학교, 교실이 학생을 위한 교육과정과 수업을 뒷받침하고, 시험을 교육과정에, 기준을 결과에 따라 정비하는 일련의 핵심 교육과정 기준을 설립하려고 노력함에 따라(New Jersey 주와 같이), 실제적인 문제들이 나타나고 있다. 정책 분석가, 학자와 실무자들은 학생들을 위해 학교가 더 잘 운영될 수 있는 방법에 대한 이해 증진에 핵심적인 역할을 한다. Anderson(1997)은 이에 대해 다음과 같이 설명한다.

> 지난 십 년 동안, 수많은 정책과 프로젝트들이 공립학교 교육의 질을 개선하기 위한 목적으로 도입되었다. 교육 연구 공동체 내에는 과거 정책의 결과로부터 학습한 바를 확대 적용하기보다, 다른 정책을 추진하여 교육 변화의 새로운 모형을 개발하려는 경향이 있었다. 또한 교육 실무자 공동체 내에서는 연구에 근거한 교육 변화 모형들을 무비판적으로 수용하는 경향이 있었다. … 아직도 학교 조직 맥락에서 교사(그리고 행정가)들은 교육 변화 과정에 대해 배워야 할 것이 많이 있다(pp. 363-364).

과제와 활동

과제 1

개인적으로 또는 소집단으로, 아래의 질문들과 관련하여 인터뷰(대면/전화)를 수행하고 보고서나 과제를 작성한다.

1. 당신의 학교구/주에서 학생들에게 어떤 교육과정이 요구되는가? 누가 이를 설정하는가? 어떠한 기준을 근거로 어떻게 측정기준이 설정되는가?
2. 당신이 속한 학교(혹은 인근 학교구)의 교사들은 기준과 교육과정 요구 사항을 어느 정도로 이해하고 있으며, 이들은 요구 사항과 기준들을 교육과정, 수업, 활

동에 어떻게 반영하고 있는가?

3. 기준을 평가한 예(예를 들어, Stanford 9, Iowa Tests, SAT, ACT 등과 같은 지역, 주 및 전국 단위 평가, 학교와 학교구의 보고서, 그리고 교육과정에 대한 기타 연구 등)를 찾아보고, 다음 요소들을 평가한다.

a. 이 시험들은 교사의 눈으로 교육과정을 '주도'하고 있다.

b. 이 시험들은 '제대로 된' 평가라고/아니라고 여겨진다.

c. 이 시험들은 학교 체제 내 · 외적으로 널리 발표되고 자문을 받는다(신문, 정치적 논쟁, PTA, 중개인).

d. 교육과정, 기준, 시험은 적어도 서로 지원하고 있거나 '정렬'된 것으로 보인다.

4. 당신이 속한 학교구(혹은 인근 학교구)에서 기준을 설정하고 만들며 결과를 평가하는 주요 구성요소(이해관계자)는 누구이며, 이들은 그 과정과 정책에 어떻게 영향을 미치는가?

중요한 연구들

W. W. Charters(1923)의 『Curriculum Construction』은 교육과정의 구성과 발전에 대한 고전적인 입문서이다. M. Frances Klein(1991)이 편집한 『The Politics of Curriculum Decision-Making』은 교육과정 개정에 내재된 정치적인 쟁점(특히, 교육과정의 집권화와 표준화에 대해)들에 대하여 우수한 개괄적인 설명을 제공한다. 교육과정 정책의 정치학을 분석한 최근의 연구로는 National Society for the Study of Education(NSSE)의 연감에서 선별한 내용으로 Margaret Early와 Kenneth Rehage(1999)가 편집한 『Issues in Curriculum』이 있다. 교육과정 정치학과 정책에 대한 또 다른 우수한 문헌으로는 NSSE의 100번째 연감으로 Lyn Corno(2001)가 편집한 『Education Across a Century』가 있다.

참고문헌

Aikin, W. (1942). *The story of the eight year study*. New York: Harper & Brothers.

Anderson, S. A. (1997). Understanding teacher change: Revisiting the concerns based adoption model. *Curriculum Inquiry, 27*(3), 331-367.

Bali, V. A. (2001). Sink or swim: What happened to California's bilingual students after Proposition 227? *State Politics & Policy Quarterly, 1*(3), 295-217.

Bestor, A. (1953). *Educational wastelands.* Urbana, IL: University of Illinois Press.

Bloom, A. (1987). *The closing of the American mind.* New York: Simon & Schuster.

Brooks, M. G. (1991). Centralized curriculum: Effects on the local school level. In M. F. Klein (Ed.), *The politics of curriculum decision-making: Issues in centralizing the curriculum* (pp. 151-166). Albany: State University of New York Press.

Chaddock, G. R. (2001, May 10). Bush education plan meets new foes: GOP governors. *Christian Science Monitor*, p. 1.

Charters, W. W. (1923). *Curriculum construction.* New York: Macmillan.

Corno, L. (2001). *Education across a century: The centennial volume: One hundredth yearbook for the National Society for the Study of Education.* Chicago: University of Chicago Press.

Edelman, M. (1964). *The symbolic uses of politics.* Urbana: University of Illinois Press.

Early, M., & Rehage, K. (1999). *lssues in curriculum.* Chicago: The University of Chicago Press.

Eisner, E. (1999). Can the humanities be taught in American public schools? In *Issues in curriculum: A selection of chapters from past NSSE yearbooks.* Ninety-eighth Yearbook of the National Society for the Study of Education, pp. 281-300. Chicago: University of Chicago Press.

Fine, M. (1993). [Ap]parent involvement: Reflections on parents, power, and urban public schools. *Teachers College Record, 94*(4), 34-55.

Firestone, W. A. (2001). The effects of testing policies on teaching in New Jersey. *PEA Bulletin, 22*(1), 1.

Goodlad, J. I. (1990). *Teachers for our nation's schools.* San Francisco: Jossey-Bass.

Goodlad, J. I. (1991). Curriculum making as a sociopolitical process. In M. F. Klein (Ed.), *The politics of curriculum decision-making: Issues in centralizing the curriculum* (pp. 9-23). Albany: State University of New York Press.

Goodlad, J. I., & Klein, M. F. (1974). *Looking behind the classroom door.* Worthington, OH: Charles A. Jones.

Goodlad, J. I., Von Stoephasius, H. P. & Klein, M. F. (1966). *The changing school curriculum.* New York: Fund for the Advancement of Education.

Hakuta, K. (2000). How long does it take an English learner to attain proficiency? [On-line]. Available: http://www.stanford.eduIl-hakuta/SAT9

Hess, E. M. (1999). *Spinning wheels: The politics of urban school reform.* Washington, DC: The Brookings Institution.

Hirsch, E. D. (1987). *Cultural literacy.* Boston: Houghton Mifflin.

Kirst, M. W., & Walker, D. F. (1971). An analysis of curriculum policymaking. *Review of Educational Research, 41*(5), 479-509.

Klagholz, L., Schechter, E. M., & Reece, G. T. (1996). *Core curriculum content standards.* Trenton, NJ: New Jersey State Department of Education.

Klein, M. F. (1991). Introduction. In M. F. Klein (Ed.), *The politics of curriculum decision-making: Issues in centralizing the curriculum* (pp. 1-6). Albany: State University of New York Press.

Knight, J. (1992). *Institutions and social conflict.* New York: Cambridge University Press.

London, N. A. (1997). Socio-politics in effective curriculum change in a less developed country: Trinidad and Tobago. *Curriculum Inquiry, 27*(1), 63-80.

McNeil, L. M. (1988). *Contradictions of control: School structure and school knowledge.* New York: Routledge.

Mintrom, M., & Vergari, S. (1998). Policy networks and innovation diffusion: The case of state education reform. *The Journal of Politics, 60*(2), 127-148.

National Center for Education Statistics. (2000). *The condition of education.* Washington, DC: Author.

National Commission on Excellence in Education. (1983). *A nation at risk.* Washington, DC: U.S. Government Printing Office.

Pullin, D. (1999). Whose schools are these and what are they for? The role of the rule of law in defining educational opportunity in American public education. In G. J. Cizek (Ed.), *The handbook of educational policy* (pp. 3-29). San Diego, CA: Academic Press.

Ramirez, D. (1992). Executive summary. *Bilingual Research Journal, 16*(1&2), 1-61.

Ravitch, D. (2000). *Left back: A century of failed school reforms.* New York: Simon & Schuster.

Ravitch, D., & Finn, C. E., Jr. (1987). *What do our 17 year olds know?* New York: Harper & Row.

Rossell, C. (2000). *Bilingual education in California before and after Proposition 227.* Occasional Paper, Public Policy Institute of California, San Francisco.

Rossell, C. H., & Baker, K. (1996). The effectiveness of bilingual education. *Research in the Teaching of English, 30*, 7-74.

Schemo, D. J. (2001, July 13). School leaders contend laws may cause lower standards. *New York Times*, p. B1.

Schoenfeld, A. H. (2001). Mathematics education in the twentieth century. In L. Corno (Ed.), *Education across a century: The centennial volume: One-Hundredth Yearbook of the National Society for the Study of Education* (pp. 239-278). Chicago: University of Chicago Press and the National Society for the Study of Education.

Schubert, W. H. (1991). Historical perspective on centralizing curriculum. In M. F. Klein (Ed.), *The politics of curriculum decision-making: Issues in centralizing the curriculum* (pp. 98-120). Albany: State University of New York Press.

Schwab, J. J. (1970). *The practical: A language for curriculum.* Washington, DC: National Education Association.

Schwartz, A. J. (1991). Organizational metaphors, curriculum reforms, and local school and district change. In M. F. Klein (Ed.), *The politics of curriculum decision-making: Issues in centralizing the curriculum* (pp. 167-197). Albany: State University of New York Press.

Somerville, S. W. (2001). The legalization of home schooling in America: A quiet but persistent revolution. *Private School Monitor, 21*(4), 1-15.

Stecher, B. (2001). The effects of Washington education reform policies on schools and districts, 1999-2000. *PEA Bulletin, 22*(1), 4-14.

Stecher, B., Barron, S. E., Chun, T., & Ross, K. (2000). *The effects of Washington education reform on schools and classrooms.* CSE Technical Report 52S. Los Angeles: University of

California, Center for Research on Evaluation, Standards, and Student Testing (CRFSST).

Stodolsky, S. S. (1999). Is teaching really by the book? In M. J. Early & Kenneth Rehage (Eds.), *Issues in curriculum. Selected Chapters from NSSE Yearbooks* (88th Yearbook reprint) (pp. 143-168). Chicago: University of Chicago Press and the National Society for Studies in Education.

Thornton, S. J. (2001). Legitimacy in the social studies curriculum. In L. Corno (Ed.), *Education across a century: The centennial volume: One hundredth yearbook of the National Society for the Study of Education* (pp. 185-204). Part I. Chicago: University of Chicago Press.

Weiler, H. N. (1983). Legalization, expertise, and participation: Strategies for compensatory legitimization in educational policy. *Comparative Education Review, 27*(2), 259-277.

Weiler, H. N. (1985). Politics of education reform. In R. L. Merritt & A. J. Merritt (Eds.), *Innovation in the public sector* (pp. 123-147). Beverly Hills, CA: Sage.

Weiler, H. N. (1990). Curriculum reform and the legitimation of education objectives: The case of the Federal Republic of Germany. *Oxford Review of Educa-tion, 1*(1), 15-27.

Wilson, B. L., & Rossman, G. B. (1993). *Mandating academic excellence: High school responses to state curriculum reform.* New York: Teachers College Press.

제8장

책무성과 학교 개선

> 기준. 시험 점수. 성적표. 국제 비교. 그리고 물론, 모든 곳에서 시험, 시험, 교육자, 부모, 학생 그리고 일반 대중이 우리나라 학교들의 성과에 대해 이야기를 듣지 않고 지나가는 날은 거의 없다(Fusarelli, 1999: 97).

교육계에서, 책무성 강화는 주, 연방, 지역 수준의 핵심 정책 결정자들의 의제에서 가장 높은 자리를 차지하고 있다. Garn(2001)에 따르면, "공교육에서 책무성을 강화시키는 데 반대하는 사람은 거의 없다"(p. 577). 모든 사람들이 책무성에 관해서 말하지만, 그것이 무엇을 의미하는지 명확하지는 않다. 또한, 무슨 목적으로 책무성 체제가 그렇게 많은 관심을 받고 있는지도 명확하지 않다. 예를 들면, 학생들의 낮은 성취도를 높이고자 하는 성과 중심(performance-based) 책무성인가? 만일 그렇다면, 아마도 학교의 인사들—교사, 관리자 혹은 행정직원 중 하나—은 자신들의 업무를 잘 수행하지 못하고 있으며, 그렇지 않다면 학생들의 성취도가 그리 나쁘지 않을 것이다. 이러한 유형의 책무성은 제재적이며, 학교 인사들을 엄밀하게 관찰하고 감독할 것을 요구한다(Douglas McGregor[1960]가 X이론에서 제시하였던, 인간 본성에 관한 수십 년 전의 가정에 기초한 사고방식). 이러한 목적과 관련되어 있는 것이 시장 기반(market-based)의 성과 책무성이고, 여기서 교직원은 학생 성취도의 향상에 대해 보상을 받는다.

다른 형태의 책무성에는 모든 학생들에게 동일한 기준을 적용하는 일종의 평등 개혁(equity reform)인 기준 중심(standard-based) 책무성, 예산이 적절히 배정되고 사용되도록 보장하는 체제인 자원(resource) 책무성, 그리고 자녀들이 재학하고 있는 학교에 관한 부모들의 결정을 통해 책임을 지도록 하는 선택 중심(choice-based)의 책무성 등이 있다. 평등 개혁으로서, 기준 중심의 책무성은 학생 집단들(사회경제적 계층, 인종, 또는 성)에 따라 다른 수준의 성취를 기대하는 것이 도덕적이지도 않고 공정하지도 않다고 주장한다. 최근의 연구에 따르면, "특히 유색인종 아이들과 저소득 가정의 아이들의 경우, 주의 책무성 및 표준화 검사의 특정 형태는 교사의 기대 및 학생의 성취도를 개선하고자 하는 수업 실제에 긍정적인 영향을 미칠 수 있다"(Skrla, 2001: 1). 더 나아가 Skrla는 "일회성 학업 성취도 평가가 측정할 수 있는 것을 훨씬 뛰어넘는 장기적인 효과를 이끌어 내는 등 누가적이라는 장점을 가지고 있다고 주장한다."(p. 1).

자원 중심 책무성은 학교에서의 자원 배분에 관한 문제에 초점을 둔다. 자원의 수준과 배분이 적절하고 공정한가? 만약 그렇지 않다면, "이러한 목적을 달성하기 위해 다른 학교들과 비교할 때 일부 주 혹은 학교에는 얼마나 더 많은 자원이 필요한가?"(Ladd, 1996: 5). Charter School이나 Voucher와 같은 선택 중심의 책무성 개혁은 책무성 기제로서 부모와 학생의 만족도 지수에 어느 정도 의존한다(Charter School에 관한 선택은 11장에 자세하게 설명되어 있다). 이러한 유형의 책무성은 (올바르고 현명한 선택의) 책임을 (학교 및 주의 규제 체제 내의) 공급자가 아닌 교육 소비자에게 부여한다.

불행하게도, 교육계에서 이루어지고 있는 책무성에 관한 대부분의 의견들은 성과 중심 책무성의 처벌적 측면에 초점을 두고 있다. Newman, King과 Rigdon(1997)에 따르면, "오늘날 많은 정치가와 정책 결정가들은 학교 책무성과 학교 성과를 연결시킨다."(p. 41). 이것은 더 적은 투입으로 산출을 증가시키기 위한 "관리적 효율성에 전반적으로 몰두하고 있음을" 일정 부분 반영하고 있다(Ladd, 1996: 1). 이러한 유형의 성과 중심 책무성이 교육계에서 이루어지고 있는 책무성 개혁의 지배적인 주제이기 때문에, 이 장에서는 연방, 주, 지역 수준에서 교육 책무성 체제의 역사와 전개 과정을 분석하고, 책무성 체제에 관한 두 개의 사례 연구를 제시하며, 성과 중심 책무성의 최근 발전과 경향을 탐구하고, 여러 정책 시각을 통해 책무성을 검토한다. 이 장은 현재 교육계에서 이루어지고 있는 성과 중심 책무성의 상태를 평가하고 향후 방향에 대한 시사점을 제공한다.

교육에서의 책무성: 간략한 역사

강화된 책무성을 통해 교육을 개선하려는 것이 최근 교육 개혁의 지배적인 주제이지만, 교육계에서의 책무성은 결코 새로운 것이 아니다. 미국의 교육 개혁은 성취도 평가, 행동적 목표의 사용, 그리고 능력 기반 교육에 관한 오랜 전통을 지녀 왔다. 개혁 방안의 하나로서, 책무성은 "결과에 대한 주 정부의 감독을 강화하면서 투입에 대한 재량을 부여하는" 정책을 완화하는 체제적 개혁에 대한 압력을 반영하고 있다(Cibulka & Derlin, 1995: 482). 20세기 전반기에, 책무성은 주로 체제로 들어간 투입 역할로 측정되었다. 전통적인 책무성 척도에는 학급 규모, 교직원의 성격, 지출, 자원 등이 포함되었다. 또한 교직원 평가에서도 투입 지향적인 모델들을 반영하는 경향이 있었다. 즉, 교사의 수업 계획, 교사가 몇 번 질문하는지, 그리고 몇 번 칠판에 판서하는지를 평가하기 위해 체크리스트가 사용되었다.

Jackson과 Cibulka(1992)에 따르면, 학교에 대해 더 많은 책무성을 요구하는 대중들의 요구는 "Sputnik 충격 기간인 1950년대에 표면화되기 시작하였다"(p. 76). 이 운동은 1960년대와 1970년대에 걸쳐 계속 확대되었다. 그 기간 동안 PPBS와 MBO에 대한 강조와 함께, 경영과 공공 행정 이론에 대한 교육 정책 결정가들의 관심은 1963년과 1974년 사이에 주 의회들이 책무성 법률(최소한 73개의 법률)을 제정하도록 이끌었다(Rothmann, 1995). 대부분은 교육 성취도에 관한 여러 형태의 평가를 요구하고 있었다(Rothmann, 1995). 또한 책무성 방안은 학생 성취도 하락에 대한 대중의 우려 증가에 따라 지지를 받았으며, 단지 최근의 현상만은 아니다(Rothmann, 1995).

"교육에서의 책무성 강화 운동은 1970년대 특징들 중 하나였다"(Rich, 1978: 38). 1970년대 초, 책무성 체제의 목적은 "더 나은 경영과 재정 절차의 개선을 통한 효율성 증진이었다."(Pipho, 1989: 662). 본질적으로, 본전을 뽑기 위한 것이었다. Mazzoni(1995)에 따르면, "교육(그리고 교육자들)에 대한 '책무성'은 1970년대 제정된 광범위한 입법 및 규제 조치의 대상이 되었다."(p. 55). 1970년대와 1980년대 초, 최소 능력 시험(minimum competency test)들이 책무성 준거로서 사용되었다. 1973년~1983 사이에, 어떤 형태로든 최소 능력 시험을 실시하는 주의 수는 "2곳에서 34곳으로" 증가하였다(Linn, 2000: 6).

강력한 책무성에 대한 압력은 1983년 "A Nation at Risk"의 발표와 함께 증가하였다(Ginsberg & Berry, 1998). 책무성은 학교 자율 경영제(분권화), 주 정부의 학교 운영권 인수(재중앙집권화), 그리고 더 높은 기준과 고부담 평가 추진 등 20세기 후반에 이루어진 거의 모든 교육 개혁 방안들의 기초가 되었다. 책무성은 보통 "기준 향상"의 필요성으로 표현된다(Ouston, Fidler, & Earley, 1998: 112). Ginsberg와 Berry(1998)에 따르면, 지난 세기에 이루어진 대부분의 교육 개혁 방안들이 효율성과 수월성에 대한 기업가(corporatist)들의 관심에 의해 이끌어졌듯이(Reyes, Wagstaff, & Fusarelli, 1999), "더 강화된 책무성에 대한 많은 요구는 학교 체제 외부에 있는 기관 또는 사람들로부터 제기되었다."(p. 43). 책무성에 대한 내부의 압력이 "주로 학교 행정가, 규제 및 인가 기관, 교수 및 교육대학, 그리고 시험 회사들"로부터 제기된 반면, 교육 책무성의 강화를 위한 정치적 및 대중적 압력은 대개 교육기관 외부에서 제기되었다(Cibulka & Derlin, 1995: 480).

1980년대와 1990년대에 이루어진 교육 개혁에 대한 대기업의 적극적인 참여는 국제적인 경제 경쟁과 교육 개혁을 연계시킴으로써 학교 체제 전반에 걸친, 단위 학교 중심의 책무성에 대한 압력을 증가시켰다(Jackson & Cibulka, 1992). Cibulka(1991)에 따르면, "국제적인 경제 경쟁은 더 많은 정보와 성취도 증진을 필요로 한다"(p. 182). 책무성을 강조하는 흐름은 미국에만 국한되는 것은 아니다. 전 세계 도처의 많은 선진국가들이 책무성 개혁에 몰두하고 있다(Chapman, Sackney, & Aspin, 1999; Macpherson, 1998).

대부분의 개혁 운동은 "주의 개혁 목적에 대한 지역의 대응성을 확보하기 위하여 권한 위임과 제재와 같은 전통적인 주의 규제 장치"를 사용하여 추진되었다(Cibulka, 1989: 417). 일부 학자들은 "책무성 지상주의" 철학을 가진 대부분 신기업주의(neo-corporatist) 정책가들의 노력 때문에, 학교가 앞으로 책무성을 더 강조하게 될 것이라고 예상한다(Reyes, Wagstaff, & Fusarelli, 1999: 197). 학생 성취도의 측정과 결과에 대한 책임 부과를 강조하는 형태로 책무성 체제의 초점과 강조점상에 변화가 이루어져 왔다(Pipho, 1989). 책무성에 대한 재강조로 인한 부산물 중의 하나는 급격한 시험의 증가이다(Hunter & Swann, 1999; Kuchapski, 1998). 몇몇 주와 학교구가 자체적으로 시험지를 개발하였지만, 대부분의 주들은 상업적으로 구할 수 있는 표준화된 시험에 크게 의존하고 있다(Linn, 2000).

연방 정부의 역할

학교 책무성 강화는 연방 정부의 교육 정책 방안에도 영향을 미치고 있다. Clinton 행정부는 영어, 수학, 사회, 과학, 외국어 등 다섯 가지 핵심 교과에 대한 시험 체제와 결부된 자발적인 국가 표준의 수립과 적용을 주창하였다(Wong, 1995). Clinton 전 대통령의 Goals 2000 프로그램은 특히 도시 지역에서, 낮은 학생 성취도에 대한 관심 증가, 상승하는 지방세율, 지방 교육 채권 발행에 대한 납세자들의 저항, 공교육에 대한 대중의 불만을 반영하여 교육에서 책무성을 강화하는 경향을 계속 이어 나갔다(Scribner, Reyes, & Fusarelli, 1995). 연방 정책 결정가들이 지역 수준에서 책무성에 주안점을 두고 있다는 증거는 America 2000(George H. W. Bush 전 대통령의 교육 공약)과 Goal

2000이 상당히 유사하다는 것이다. 이러한 흐름이 계속되어, George W. Bush 대통령은 광범위한 연방법에 포함되어 있는 다양한 책무성 조항들과 함께 3~8학년 학생들을 대상으로 주 정부 차원에서 시험을 실시할 것을 명령하는 No Child Left Behind 법안에 서명을 하였다.

십수년 전, Cibulka(1991)는 성취도 공개는 교육 정책의 변화를 가져오고, 책무성 보고 방향을 결정하는 데 있어 연방 정부의 역할이 강화될 것이라고 예측하였다. 이러한 예측은 현실화되어 왔다. 의회에서 재승인이 이루어지는 동안, 연방 정부의 주요한 보상 교육 프로그램인 Chapter Ⅰ에는 성취도가 낮은 학교들을 확인하고 종합적인 학교 개선 계획을 수립할 것을 학교구에 요구하는 학교 성취도 관련 책무성을 강조하는 조항이 추가되었다(Herrington & Orland, 1992). 교육 정책의 관점에서 볼 때, 이는 지역 수준에서 책무성에 대한 연방의 개입이 새로운 방향으로 이루어지고 있다는 것을 시사한다. 현재 성과 중심 책무성이 강조되고 널리 사용되고 있다는 것이 현 시대와 지나간 시대를 구분해 주고 있다(Linn, 2000).

그러나 Chapter Ⅰ의 개정이 Atlanta, Chicago, Florida 주의 Dade County와 Dallas 등 대도시 학교구의 정책과 실제에 미친 영향에 관한 연구에서 Herrington과 Orland (1992)가 지적한 것과 같이, 이러한 책무성 조항은 4곳 중 3곳의 학교구에서 이미 주 정부 또는 지역 수준에서 시행하고 있는 것이었다. 그 결과 이러한 연방 책무성 조항은 프로그램 책무성과 효과성을 제고하려는 수단이라기보다는 오히려 응해야 할 또 하나의 행정 서류상의 요구 사항으로 간주되었다. 이 사례는 비록 연방 정부가 주 및 지방 정책 결정가들과 책무성에 관한 관심을 공유한다고 하더라도, 학교에 더 강한 책무성 정책을 실행하려고 노력하는 데에서 연방 정부는 그러한 추세에 흔히 뒤져 있었다는 것이다. 여러 주와 지역의 단체들은 학교 책무성 강화라는 임무를 선도하고 있다.

주의 책무성 체제

1980년대 중반부터 2000년대 초반, 주 정부들은 보다 적극적으로 책무성을 통해 학생들의 학습을 평가하였다. 책무성 측정 기준들로는 학교 평가 보고서, 프로그램 및 학교 질에 대한 지표들, 학생 시험 점수 사용의 확대, 산출 중심의 인가 전략 및 교육과정 설계 등이 사용되었다. 어떤 형태로든 거의 모든 주에서 주 차원의 평가 체제를 운영하고 있다. 24개의 주에서는 학교 등급에 대한 사항을 공개하도록 하고 있다(Mitchell, 1996). 학생들에 대한 평가는 "주 정부가 교육과정을 감독하고 교육에 대한 주 정부의 책무성을 보여주는 주된 수단이 되고 있다"(Blank & Schilder, 1991: 59).

Cibulka(1991)는 책무성 체제의 근거 또는 목적을 다음과 같이 세 가지로 제시하고 있다. 즉, (1) 정치적 대응성, (2) 관료적 감독과 효율성(보상과 제재), 그리고 (3) 시장 효율성(개별 소비자가 더 좋은 시장 선택을 할 수 있게 하는 정보).

일부 정책 결정가들은 학교 개선을 위한 동기부여를 위해 인센티브를 제공해야 한다고 주장한다. 따라서 시험 성적(가장 정확하다고는 할 수 없지만, 가장 공통적이면서 가장 쉬운 성과 측정 수단)이 우수한 학교는 더 많은 자율성이나 현금 보너스 등의 보상을 받아야 한다(Sergiovanni, Burlingame, Coombs, & Thurston, 1999). 개별 학교와 (논쟁의 대상이 되고 있는) 개별 학교 행정가들과 교사들에게 인센티브와 보상을 제공하는 책무성 프로그램들이 몇몇 주에서 실시되고 있다(Cibulka, 1989). 일부 학교구의 경우, 행정가들이 계약 기간을 성과 평가와 연계하고 있다.

South Carolina 주에서는 학생들의 성취도가 현저하게 향상된 학교에 재정적 보상을 제공하는 School Incentive Program을 운영하고 있다. 교장과 교사들은 (개인적으로 또는 한 집단으로) 부분적으로 책무성 준거에 토대를 두고 있는 우수한 성과에 대하여 재정적 보상을 받을 수 있다(Cibulka, 1991). 만약 하나 또는 그 이상의 승인 기준들을 충족시키지 못하면, "교육적으로 제 기능을 수행하지 못하는" 학교나 학교구로 공표된다(Cibulka, 1991: 188).

책무성 체제는 많은 예산을 필요로 하며, 몇 단계를 거쳐서 발전해 왔다. Minnesota 주에서는 지방 공무원들에게 주의 졸업 기준과 연계된 책무성 체제를 수립할 것을 요구하고 있으며, Kentucky 주에서는 "PR「성과 보고서」 시스템을 교사와 학교에 대한 보상 및 성취도가 낮은 학교에 대한 제재와 연계하는" 매우 집권화된 책무성 체제를 실시하고 있다(Cibulka & Derlin, 1995: 488).

1990년대 중반, Kentucky 주 의회는 학생과 학교 책무성을 매우 강조하는 광범위한 주 차원의 학교 개혁(the Kentucky Education Reform Act-KERA)을 시작하였다. Kentucky 주의 성과 중심 평가 체제는 새로운 교육과정(내용) 기준과 교육과정 틀 그리고 학생들의 성취도에 따른 보상과 제재 체제와 연계된 평가를 포함하고 있다(Minorini & Sugarman, 1999).

1993년, Texas 주는 학교를 4 등급(모범적인, 인정받는, 수용 가능한, 낮은 성취도)으로 분류하는 새로운 주 차원의 책무성 체제를 실시하였다. 등급은 주 차원에서 실시하고 있는 시험인 Texas Assessment of Academic Skills(TASS)의 성취도와 중도 탈락률 및 출석률에 토대를 두고 있다. 모범적인 학교들은 현금 보상을 받는다. 전국적으로 점차 그 인기가 커지고 있는 학교 평가 보고서는 신문을 통해 주 전역에 발표된다.

"The New Accountability"에 대한 분석을 통해, Fuhrman(1999)은 이러한 새로운

책무성 체제는 다음과 같은 몇 가지의 공통 특성들을 공유한다고 주장하였다.

- 학생의 성취도에 초점을 둠
- 개선 단위로서의 학교
- 지속적인 개선 전략
- 주기적인 점검
- 더 많은 책무성 범주들
- 대중에게 결과 공개
- 성취도 수준에 따른 실질적인 결과

정책사례

North Carolina 주의 책무성 정책

North Carolina 주의 경우, 학교의 성취도는 주 교육부가 시행하는 수학적 계산에 의해 결정되는 "기대 성장치(expected growth)"에 기초해서 평가된다. 기대 성장치란 "일 년간 학교 교육에 대한 표준화 시험상의 일 년간 성장치"이다(Hunter & Swann, 1999: 241). 기대보다 평균 10% 더 잘 성취한 학생들의 학교들은 모범적인(exemplary) 학교로 지정되는 반면, 기대 성장 수준을 달성하는 데 실패한 학생들의 학교들은 "저성과" 학교로 지정된다. 모범적인 학교로 지정된 학교의 교사와 보조교사들은 $1,000까지 보너스를 받을 수 있었다. 저성과로 지정된 학교들에는 학교 개선 프로그램의 계획 및 실행을 돕기 위해 공립학교, 대학, 지역 전문 대학의 전·현직 교육자들로 구성된 주 수준의 수업 전문가 팀이 파견되었다(pp. 241-242). 주 교육부가 이들 팀을 해당 학교들에 배정하고, 주 정부가 예산을 지원하였다.

North Carolina 주의 "School-Based Management and Accountability Program"에 따라, 주 교육위원회는 "학교장, 교감, 교육과정 담당자와 교사들"을 포함한 저성과 학교의 직원들을 해고할 권한을 가졌다(p. 242). 만약 학교구 내의 학교들 중 절반 이상이 저성과 학교로 지정되면, 주 교육위원회는 해당 학교구의 교육감을 정직시키고, 특정 상황에서는 지역에서 선출된 교육위원들을 해고할 수도 있다. North Carolina 주에서, 저성과 학교의 교사는 일반 상식 시험(general knowledge tests)을 통과해야만 한다.

정책사례

Milwaukee의 3단계 책무성 체제

Milwaukee의 공립학교는 주단위 목표(학생 성취와 출석률에 초점을 둠), 학교단위 목표(교장, 교사, 학교 운영위원회가 공동으로 설정), 개별 학교 이야기(narrative)로 구성된 3단계 책무성 체제를 가지고 있다(Reeves, 1998). 이 체제는 주 단위 목표를 충족하지 못한 학교나 학교구는 개선 정도에 대한 인정을 해주고, 이미 높은 성과를 보이는 학교는 개선 분야를 찾도록 격려하는 등 개선에 대해 보상을 제공한다. 학교 이야기는 "교장이 해당 수치 이면의 의미, 즉 맥락, 학교 풍토, 전문적 환경을 설명할 수 있도록 해준다"(p. 8). 학교 이야기는 학교 전문가, 언론, 일반 대중 사이의 의사소통을 높여주며 "책무성은 시험 점수 이상이라는 것을 나타낸다."(p. 8).

교육을 개선하기 위하여 책무성 개혁을 채택하는 것이 정치적으로 유행함에도 불구하고, 다음과 같이 책무성 제도에 대한 다양한 비판들이 제기되고 있다.

- 행정가들은 학생 성취도와 출석률과 같은 자신들이 직접 통제할 수 없는 변수들에 대한 책임을 지고 있다(Cibulka, 1989).
- 평가 도구의 타당도와 평가 과정 자체에 대한 우려가 제기되고 있다(Cibulka, 1989).
- 효율성과 경쟁이라는 가치에 대한 반대(Rich, 1978)
- 책무성 평가 체제에서 시험의 목적과 역할에 대한 혼동(Smith & O'day, 1991)
- 학교구와 학교들 간의 불균등한 자원(Cibulka, 1991)
- 시험에 지나치게 의존하는 것은 학교의 다양한 임무를 정확하게 또는 완벽하게 측정하지 못한다(Cibulka, 1991).
- 시험에 맞추어 가르치도록 교사들을 이끌며, 이로 인해 교육과정을 협소화시킨다(Linn, 2000).
- 표준화 검사에 지나치게 의존하는 것은 창의성을 저해하고 교사와 교장 사이에 적대감을 불러일으킨다(Weber & Townsend, 1998).
- 성공과 책무성이라는 용어의 모호성(Webber & Townsend, 1998)
- 시험 대비 및 부정행위를 조장(Linn, 2000)

• 위협과 협박에서 나온 우수한 성취도가 의심스럽다는 주장(Reeves, 1998)

이외에도 다음과 같은 비판들이 제기되고 있다. (1) 동일한 기준을 적용할 때 이미 성취도가 낮거나 높은 학교들이 있으며, 이러한 학교들은 흔히 매우 상이한 요구와 학생들을 가지고 있다. (2) 책무성 체제는 교사 및 행정가들의 성과와 학생의 성취도 간에 인과관계가 있다고 가정한다. (3) 책무성 체제는 일부 교사들과 관리자들에게 불공정한 보상을 제공하는 반면, 다른 나머지에게 불공정한 제재를 가하고 있다. (4) 이러한 결함들이 심각한 과학적, 도덕적 의문을 불러일으키고 있다(Sergiovanni, Burlingame, Coombs, & Thurston, 1999).

책무성의 최근 경향

가치 부가적 접근

책무성에서 가장 논쟁적인 쟁점 중 하나는 시험 결과를 공개하는 방식이다. 비슷한 사회경제적 및 인구학적 특성들을 갖고 있는 학교구로 나누어 공개해야 한다고 주장하는 사람들도 있다. 그러나 이러한 방식은 "기대치를 낮추거나 존재하는 성취도 차이를 정당화"할 수 있다는 두려움 때문에 비판을 받아 왔다(Cibulka & Derlin, 1995: 484). 일부 주에서는 가치 부가적 방법을 채택하고 있고, 알파벳 순으로 정보를 공개하여 비교를 중요하게 생각하지 않는 주도 있다. 최근 들어, 가치 부가적 책무성이 점차 인기를 얻고 있다. 이 체제에서 학교들은 서로 간에 경쟁하기보다는 자신의 이전 성취도 수준과 경쟁한다. 이러한 방식은 학교별 성과를 벤치마킹함으로써 평등과 수월성에 대한 관심 간의 균형을 맞추고 있다(Sergiovanni, Burlingame, Coombs, & Thurston, 1999).

주 정부의 학교 운영권 인수

책무성의 또 다른 경향은 계속해서 낮은 성취도를 보이는 학교구의 운영권을 주 당국이 인수하는 것이다. Swanson과 King(1997)에 따르면, "1983년과 1990년대 중반, 여러 주에서 제정된 정책들은 주 교육부에게 학교구를 운영할 수 있도록 권한을 부여하였다."(p. 246). 현재 23개의 주에서는 학교구 전체나 개별 학교들을 주가 인수할 수 있는 방안들이 시행되고 있다(Hunter & Swann, 1999). Chicago 등의 경우에는 지방 정부에게 학교를 운영할 수 있는 권한을 부여하고 있다(Hunter & Swann, 1999).

New Jersey 주의 경우, 주 교육부가 민주적으로 선출된 교육위원회, 교육감 또는 학교구 행정가들을 해고하고 교체할 수 있다. 물론 이는 "주 공무원이 지역 공무원보다 업무를 더 잘 수행할 수 있다."는 것을 가정한다(Swanson & King, 1997: 246). 그리나 이는 전반적으로 검증되지 않은 정책 가정이다. 주 정부의 학교 운영권 인수는 학교 경영이 형편없기 때문에 성취도가 낮다는 잘못된 전제에 기초하고 있다. 지금까지 주 정부의 학교 운영권 인수에 대한 결과는 엇갈리고 있다. Hunter와 Swann(1999)에 따르면, 주 정부가 "흔히 어려운 수업상의 문제를 이어받으나 이 문제를 해결할 전문성은 부족하다"(p. 246).

공립학교 선택

교육계에서 이루어지고 있는 주요한 논쟁 중의 하나는 Charter School의 책무성에 관한 것이다. 38개 주와 District of Columbia에는 학교 행정가, 교사, 부모 또는 지역사회 구성원들이 스스로 공적인 재정 지원을 받는 학교를 설립할 수 있도록 허용하는 Charter School에 관한 법이 제정되어 있다. Charter School 운동의 기본 전제는 공교육의 관료제적 성격은 학교의 전문가들이 학생들의 요구에 부응하지 못하도록 함으로써 창의성과 혁신을 저해한다는 것이다. 따라서 몹시 거추장스러운 규칙과 규정으로부터 전문가들을 해방시킴으로써, 보다 효과적이고 요구에 민감한 공립학교를 만들 수 있다.

그러나 논쟁의 초점은 Charter School이 대중에 대한 책임을 다하도록 하기 위해서는 어떤 준거를 사용해야 하는가에 모아지고 있다. 겉으로 볼 때 Charter School은 내재된 책무성 기제를 가지고 있다(Charter 상의 항목을 충족시키거나 주의 제재나 폐쇄 조치를 받거나). Mano, Finn, Vanourek(2000)은 이를 "투명성(transparency)을 통한 책무성"이라고 언급한다(p. 473).

"Charter School과 책무성 문제"를 주제로 한 『Education and Urban Society』의 특집호 서문에서 Fusarelli와 Crawford(2001)는 Charter School에서의 책무성은 여러 가지 의미와 용법을 가지고 있다고 주장한다. 이들에 따르면, Charter School에서의 책무성은 학생의 성취도가 향상되었는지 여부에 대한 단순한 기술적인 질문에 답하는 것 그 이상의 사항들과 관련되어 있다. 이는 "사회 정의 및 평등한 교육 기회라는 정치적, 사회적, 윤리적 질문과 복잡하게 얽혀 있다."(p. 107).

전국적으로 볼 때, Charter School에서는 (정도의 차이 및 위치에 따라) 최소한 5개의 서로 다른 책무성 유형을 찾아볼 수 있다: (1) 시장 중심 또는 소비자 주도의 책무성(만약 소비자가 학교 산출물에 만족하지 않는다면, 그 학교는 문을 닫을 것이다), (2) 성취 중심(기준을 충족하거나 시험 점수의 향상을 통해), (3) 전문가 중심(실질적인 통제와 책임을 교사와 행정가에게 부여), (4) 관료적 또는 규제 중심(감독과 통제), 그리고 (5) 정치적 책무성(Fusarelli & Crawford, 2001).

여기서 정치적 책무성은 유권자의 선호에 대응해야 한다는 전통적 의미로 사용되지 않는다. 정치적 책무성은 정치, 정치적 고려, 압력이 겉으로 보기에 중립적이고 객관적으로 표현되는 책무성의 모든 측면에 스며들어 있다는 것을 의미한다. 이는 Charter School에 제재를 가할지, 폐교시킬지, 재승인할지(혹은 안 할지), 또는 인가된 Charter School의 수를 증가시킬지(혹은 않을지)에 관한 결정은 어떤 객관적인 책무성 척도보다는 정치에 근거를 두고 있다는 것을 시사한다(Fusarelli, 2001; Hess, 2001 참조).

학교구, 주 교육부, 또는 연방 기관이 활용하는 책무성 체제의 유형은 교육 정책과 실제에 상당한 영향을 미친다. 예를 들면, Arizona 주의 Charter School 정책은 전문적 책무성을 등한시한다. 왜냐하면, "교사나 Charter School 인증을 통해 질을 보장하는 절차가 전혀 없다. Arizona 주의 Charter School 법은 Charter School 교사들에게 주 정부가 인정하는 교사 자격증, 즉 인가된 교육 기관으로부터의 교육 관련 학위 또는 심지어 학사 학위를 받을 것을 의무화하고 있지 않다."(Garn, 2001: 589). Arizona 주 Charter School의 책무성에 관한 연구에서, Garn(2001)은 "부모의 선택이 주된 책무성 기제였다."는 것을 발견하였다(p. 592).

상이한 정책 관점에서 책무성 바라보기

규범적 차원

기술적이고 유사-과학적인 용어임에도 불구하고, 학교 책무성은 매우 가치 내재적이고 이데올로기적이며 맥락적인 표현을 사용한다. Ouston, Fidler와 Earley(1998)에 따르면, "흔히 책무성은 누가 누구에게, 무엇에 대해, 어떤 과정을 통해, 그리고 무슨 목적을 위해 책임을 져야 하는지에 관한 명확한 이해 없이 굳이 설명이 필요 없는 '좋은 것'으로 제시된다."(p. 107). 미국과 몇몇 나라에서 다양한 책무성 체제를 채택하고 있으나, 책무성 보고의 근거는 분명하지 않다(Cibulka, 1991). Kuchapski(1998)는 "교육 개혁의 방법으로서 책무성이 널리 활용되고 있다는 것은 정의가 명확하고, 심사숙고를 통해 이 개념의 토대가 되는 원리와 요소들이 확립되었다고 생각하게 만들 수 있다."(p. 185). 그러나 Kuchapski(1998)에 따르면, "이러한 명료성이 전혀 존재하지 않는다는 것을 발견한다는 것은 놀라운 일이다."(p. 185).

책무성은 전통적으로 효율성과 효과성이라는 가치와 결부되어 왔다. 그러나 인종 집단 간 성취도 격차에 대한 새로운 관심으로 인해 형평성이라는 가치가 책무성 체제에 반영되고 있다. 학교 평가 보고서가 처음 도입되었을 때, 많은 학교 관계자들은 부유한 학교는 성취도가 높고, 가난한, 소수계 집단의 학생이 다수를 차지하고 있는 학교는 성취도가 낮다는 고정관념을 강화시키는 것이라고 불만을 제기하였다(Cibulka, 1991). 책무성 이론은 보상과 제재 시스템이 성취도가 낮은 학교의 개선을 이끌어 내는 자극제가 될 것이라는 생각에 어느 정도 기반을 두고 있지만, Ginsberg와 Berry(1998)는 "역사적으로 볼 때, 개혁 노력에도 불구하고, 성취도가 낮은 학교와 학교구는 성취도가 가장 낮은 집단에 머물러 있는 경향이 있다."고 주장한다(p. 44). 따라서 학교 개선을 위해 책무성을 사용하는 것은 정책의 규범적인 차원(특히 효율성, 효과성, 형평성이라는 가치를 고려할 때)에서 몇 가지 중요한 질문을 제기하고 있다.

구조적 차원

Smith와 O'day(1991)는 "우리는 누군가가 책임을 지도록 하는 지독한(terrible) 일을 하고 있다. 시험 점수가 하락하는 상황에 처하는 경우, 지역 및 주의 정책 결정가들은 위협을 가하고, 어르고, '기초능력'을 재강조하고, 만병통치약으로서 새로운 프로그램을 도입한다. 때때로, 희생양으로서 교장이나 교육감이 교체되지만, 의미 있는 형태로 체제가 바뀌는 경우는 거의 없다."고 주장한다(p. 252). 책무성에 대한 교장들의 태도를 조사한 RAND의 연구에 따르면, 많은 교장들은 현 책무성 체제가 공교육의 초점을 협소화시키고 있다고 믿고 있다(Mitchell, 1996). 특히 전통적인 주 단위 시험의 한계들과 적절한 성취도 평가 수단의 개발이 부족한 현실에서, 보상과 제재를 책무성 체제에 결합시키는 것에 대하여 교장들은 우려를 표시하였다(Mitchell, 1996). 구조적 차원에서 책무성 정책을 볼 때, 구조적 변화(적어도 근본적인 구조적 변화)는 거의 일어나지 않았다고 할 수 있다. 교육의 근본적인 성격이나 특성을 변화시키는 데는 영향을 거의 못 미치는 표면상의 변화, 즉 주변부에서는 변화가 이루어졌을 수도 있다.

Sunderman(2001)은 연방 정부의 책무성 정책이 Chicago, Cleveland와 Detroit의 Title I 프로그램 설계와 집행에 어떤 영향을 미쳤는지를 조사하였다. 그녀는 세 학교구의 책무성 체제는 "개혁가들이 의도했던 것에 부합하거나 합리적이지 않았다. 아주 정교한 일련의 목표들 대신에, 이들 학교구는 주의 법령, 규정, 그리고 학교구 수준의 개혁안들을 담고 있었다. … 이러한 체제는 개혁가들이 의도했던 안정적인 체제가 아니라 각 주 및 학교구가 가지고 있는 독특한 정치적 및 제도적 요인들에 의해 계속 영향을 받고 있다."는 것을 발견하였다(p. 512).

연방 정부에서 제시하는 책무성 관련 주장들로 판단해 보면, 단위 학교의 의사 결정가들에게 학생들의 성취도를 향상시키는 가장 효과적인 전략을 도입할 수 있는 자유와 자율성이 주어졌다고 생각할 수 있다. 그러나 Maryland, Kentucky, San Francisco의 책무성 체제에 관한 비교연구에서 Mintrop, MacLellan과 Quintero(2001)가 제시한 결론에 따르면, 대부분의 학교 개혁안들은 매우 유사하며, 이는 제도적 동형화를 시사한다. Maryland와 Kentucky 주의 책무성 체제는 "몇몇 양적 성과 지표들에 의해 주도되고 있고 대부분 성취도 평가에 초점을 두고 있으며, 모든 학교에 대해 매우 야심찬 성장 목표치를 가지고 있고, 학생 성취도에 초점을 두고 있고, 양적인 성취도 결과에 근거하여 학교에 대한 보상과 제재를 부과하고 있다."(p. 205).

구성적 차원

"국민 주권의 전통을 가지고 있는 미국에서 '국민은 알 권리를 가지고 있다'는 생각은 거의 불가침적이다. 이에 반대하는 것은 비민주적이고, 엘리트주의자로 간주된다."(Cibulka, 1991: 182). 그러나 Cibulka(1991)의 주장처럼, "성취도 관련 정보를 사용하는 사람의 의도는 명확하지 않다."(p. 183). 교육을 개선하기 위하여 설계되었지만, 대부분의 주 책무성 체제하에서 성취도가 낮은, 교육적으로 파산한 또는 교육적 기능을 수행하지 못하는 학교로 등급이 부여된 학교나 학교구는 거의 없다. 언론의 부정적인 관심, 수치, 혹은 재구조화의 결과이건 아니건 간에, 거의 모든 주들은 성취도가 낮은 상태에서 성취도가 향상된 학교들의 성공담을 보고하고 있다.

학교 성적표의 원래 목적 중 하나는 일반 시민들이 충분한 정보를 갖도록 만들어서 성취도가 낮은 학교들을 개선하도록 지역 학교구 직원들에게 압력을 행사하게 하는 것이다. 그러나 Illinois 주의 책무성 개혁에 관한 분석에서 Cibulka가 밝히고 있듯이, "이러한 현상이 나타나고 있다는 증거는 거의 없다"(p. 191). 이러한 성취도 보고서를 사용할 것 같은 사람들에는 학교에 이미 적극적으로 참여하고 있는 학부모, 언론, 그리고 자신의 부동산을 더 매력적이게 만들길 원하는 부동산 중개업자 등이 있다. 일반적으로 언론은 학교별 성취도가 담긴 데이터 파일을 구매하여 자체적으로 분석한 결과를 공개할 것이다. 정책의 구성적 차원에서 볼 때, 많은 행위자들이 학교 체제에서의 책무성 실행으로 인해 이익을 보거나 손해를 보는 것은 분명하다.

기술적 차원

"책무성 운동은 일단 목적이 명확히 설정되고 행동적 용어로 진술된다면, 그 결과를 측정할 수 있고, 그 결과와 예산 지원을 연계할 수 있다는 믿음에 근거하고 있다."(Cibulka & Derlin, 1995: 481). 많은 주에서는 주 교육부 내에 책무성 관련 특별 부서를 운영하고 있다. 학교 평가 보고서는 많은 주에서 공통적으로 사용하고 있다. 학교 및 학교구 평가 보고서는 학생 성취도, 출석률과 중도 탈락률을 비교하는 데 사용된다. Illinois 주의 경우, 매년 발간되는 학교 평가 보고서에는 학생 관련 특성(출석률과 인구 통계적 특성), 학생 성취도(주 단위 시험, 졸업률과 재학률), 수업 환경(학급 규모, 평균 수업 시간 등), 그리고 재정 관련 정보가 포함된다(Cibulka, 1991).

South Carolina 주의 책무성 체제에 따르면, 학교 및 학교구의 성취도를 평가하기 위해 3년 동안의 교사 출근율뿐만 아니라 학생 성취도, 출석률 및 중퇴율에 관한 정보를 담고 있는 학교 성적표를 분석한다(Cibulka, 1991). 학교구들도 최소 인가 기준들을 충족시키고 있는지 평가를 받는다(예를 들면, 교사자격증, 수업시간, 출석률)(Cibulka, 1991).

Berry(1996)에 따르면, "대부분의 교육 책무성 체제는 상대적으로 단순한 학생 학습 관련 지표를 사용하고 있다"(p. 233). 그러나 Ginsberg와 Berry(1998)는 "다양한 지표 체제가 만들어져도, 증거에 따르면 시험 점수가 아닌 자료들은 거의 관심을 받지 못하고 있다."고 주장한다(p. 44). 효과적인 내적 책무성은 많은 학교 및 학교구들이 갖고 있지 않은 조직 역량을 필요로 한다(Ginsberg & Berry, 1998). 이를 방해하는 핵심적인 요인들에는 시간 부족과 부적절한 연수 프로그램 등이 있다(Ginsberg & Berry, 1998).

Cibulka와 Derlin(1998)에 따르면, 미국 전역에서 새로운 책무성 체제가 나타나고 있다. 이러한 새로운 책무성 체제는 세 가지의 두드러진 특징들을 가지고 있다: (1) 투입(과정)으로부터 산출(성과) 기준으로의 이동, (2) 학생들이 알아야만 하는 것과 할 수 있는 것 강조, (3) 분리되어 있는 주 정책들을 일관된 틀(체제적인 책무성 개혁)로 연결시키려는 움직임.

Richard Hunter에 따르면, 포괄적인 책무성 체제는 다음과 같은 특징을 지닌다.

- 전체 교육 체제(주, 카운티, 지역과 학교구 수준)에 걸쳐 측정 가능한 성취도 기준들의 일관된 사용 및 통합
- 모든 학교에서 학교 자율 경영제 및 학교 개선 계획 실행
- 교사 계획 및 연수를 위한 시간 제공
- 책무성 체제의 일부분으로 부모, 학생과 지역사회의 참여
- 학교구 및 주의 성취 목표를 초과한 학교의 교사 및 직원들에 대한 재정상 보상 제공(Hunter & Swann, 1999: 247-248).

이는 효과적인 책무성 체제의 7가지 핵심 요소를 제시한 Reeves(1998)와 일치한다: "성취와 향상 간의 균형, 명확성(specificity), 학생 성취에 초점, 일상성(frequency), 개

개 장점의 적용, 어려운 선택에 대한 보상, 그리고 성찰"(p. 6).

전술한 사례들은 책무성 정책의 기술적 측면에 대한 관심이 개혁 전략의 효과적인 집행과 그 궁극적인 성공에 가장 중요하다는 것을 시사한다. 각 모델들은 기술적 합리성, 객관성, 중립성의 가정을 내포하고 있다. 그러나 다양한 해석적 관점을 통해 정책을 검토한 학자들에 따르면, 평가 정책은 "경험적 또는 합리적 분석, 도덕적 의무, 또는 민주적 토론보다는 정치적 상황과 권력, 지위, 자원을 위한 투쟁, 그리고 공립학교에 대한 통제와 더 많은 관련이 있다."(Smith, Heinecke, & Noble, 1999: 157).

책무성 체제에 대한 이론 및 논란이 계속 제기되고 있다. Illonois 주에서 성취도를 공개했을 때, 많은 교육 기관은 이를 반대했고, 인종, 성, 혹은 교육 유형(일반교육 또는 특수교육)별 성취도 자료를 포함하여 공개 준거를 확대하고자 했던 시민 옹호 집단의 노력과 맞서 싸웠다(Cibulka, 1991). 전하는 바에 따르면, 행정가 집단은 주가 개발한 학교 성적표를 설명하는 학부형용 비디오 사용을 거부하였다(Cibulka, 1991).

Linn(2000)은 평가 중심 책무성 모형들이 실제로 교육을 개선했는지 여부에 의문을 제기하면서 그 해답은 여전히 불분명하다고 결론짓고 있다. 외부에서 주도한 책무성 체제에 관한 선행 문헌을 검토한 후, Ginsberg와 Berry(1998)는 "외부에서 주도한 책무성에 대한 상당수의 요구는 굉장히 비효과적이었다."고 결론을 내리고 있다(p. 45). 새롭게 제기되고 있는 책무성에 대한 강조가 학교를 실제로 개선시킬지 여부에 관한 판단은 여전히 부정적이다(Cibulka & Derlin, 1998). 책무성에 대한 강조로 인해, 학교 행정가들, 특히 교육감과 교장들은 시험 점수를 끌어올리기 위한 빠른 해결책을 찾지 않을 수 없게 되었다. 그러나 Carter와 Cunningham(1997)의 주장에 따르면, "진정한 수월성은 흔히 결과를 내고 안정화시키는 데 시간을 필요로 한다."(p. 76). 불완전한 정책수단이라고 할지라도, 사회경제적 및 인종 집단 간의 성취도 차이와 적절한 자원 및 지원의 제공에 대한 더 많은 관심과 병행한다면, 교육에서 책무성에 대한 계속된 강조는 더 좋은 학교를 만들 것이고, 이를 통해 미국의 모든 학교의 아동들을 위하여 교육을 개선시킬 수 있을 것이다.

과제와 활동

현장 조사 1

두 개 학교구의 책무성 정책을 대조하고 비교한다. 이들의 목적, 규칙, 규정은 무엇인가? 유사한 점은 무엇인가? 어떤 면에서 차이가 있는가? 이러한 차이점들이 학교구에서 제공하는 교육의 질에 영향을 미치는가?

현장 조사 2

교육감을 포함한 학교구 직원들을 대상으로 학교구의 책무성 정책에 관해서 인터뷰한다. 책무성 정책은 내부적으로 어느 정도로 개발되어 있는가? 정책이나 절차가 주 교육기관 또는 연방 정부에 의해 어느 정도 외적으로 지시되는가? 이들이 학생에 대한 교육서비스 전달에 어떤 영향을 미치는가를 물어본다. 도움이 되는가 아니면 방해 요인인가? 어떤 측면에서 그러한가? 이러한 책무성 정책이 학교구에서 어떻게 실행되고 있는가? 누가 그리고 어떤 영역에 대해 책임이 있는가?

현재 사건 프로젝트

작년에 발간된 책무성과 관련된 신문 기사를 찾아본다. 지역 신문과 더불어, 『Education Week』(www.edweek.org)와 *New York Times*(www.nyt.org)는 교육 관련 정책에 대한 훌륭한 정보원이다. 자료를 찾으면서 다음 질문들의 답을 구한다.

1. 이들 신문 기사에는 어떤 규범적 질문들이 제시되어 있는가?
2. 어떤 집단(예를 들면, 부모, 교사, 행정가, 교육위원회 위원, 주 및 연방 정책 결정가) 또는 유권자들이 책무성 강화 흐름을 지지했고 반대했는가?
3. 이러한 책무성 정책은 어떻게 교육 정책 결정의 구조적 차원과 연결되는가? 교육의 거버넌스 구조는 책무성 실행에 어떤 영향을 미치는가?
4. 책무성 정책의 집행을 어렵게 만드는 기술적 또는 실제적인 문제점은 무엇인가?

중요한 연구들

책무성 쟁점에 관한 교육 분야의 연구는 오랜 역사를 지닌다. 책무성의 다양한 범주에 관해 조사를 하고 싶은 학생들은 Hellen Ladd(1996)의 『Holding Schools Accountable』을 읽어 보아야 한다. 이 책은 Richard Elmore, Susan Fuhrman, David Cohen, Eric Hanushek, John Witte, Helen Ladd, Caroline Hoxby, Jane Hannaway, William Clune, 그리고 Richard Murname이 쓴 글들로 이루어져 있고 성과 기반의 보상 프로그램, 학교 선택 및 성과 책무성, 회계상 쟁점, 그리고 높은 성취도를 달성하는 비용을 연구하고 있다.

덧붙여서, 책무성 운동의 정치학을 탐구한 우수한 연구들도 있다. 책무성에 관한 국제적, 비교적 관점에 관심이 있는 학생과 학자들은 R. J. S. Macpherson(1998)이 편집한 교육정치학회의 2007년 연보인 『The Politics of Accountability』을 검토해 보아야 한다. 이 책은 교육정치학회를 선도하는 일부 학자들의 선별된 글로 구성되어 있으며, United States, Canada, England, Wales와 Australia의 책무성 개혁을 다루고 있다.

참고문헌

Berry, B. (1996). Accountability, school reform, and equity: The troubling case of Sylvan school district. *The Urban Review, 28*(3), 233-256.

Blank, R. K., & Schilder, D. (1991). State policies and state role in curriculum. In S. H. Fuhrman and B. Malen (Eds.), *The politics of curriculum and testing* (pp. 37-62). London: Falmer Press.

Carter, G. R., & Cunningham, W. G. (1997). *The American school superintendent: Leading in an age of pressure.* San Francisco: Jossey-Bass.

Chapman, J. D., Sackney, L. E, & Aspin, D. N. (1999). Internationalization in educational administration: Policy and practice, theory and research. In J. Murphy & K. Seashore Louis (Eds.), *Handbook of research on educational administration* (2nd ed., pp. 73-97). San Francisco: Jossey-Bass.

Cibulka, J. G. (1989). State performance incentives for restructuring. Can they work? *Education and Urban Society, 21*(4), 417-435.

Cibulka, J. G. (1991). Educational accountability reforms: Performance information and political power. In S. H. Fuhrman & B. Malen (Eds.), *The politics of curriculum and testing* (pp. 181-201). London: Falmer Press.

Cibulka, J. G., & Derlin, R. L. (1995). State educational performance reporting policies in the U.S.: Accountability's many faces. *International Journal of Educational Research, 23*(6), 479-492.

Cibulka, J. G., & Derlin, R. L. (1998). Authentic education accountability policies: Implementation of state initiatives in Colorado and Maryland. In R. J. S. Macpherson (Ed.), *The politics of accountability: Educative and international perspectives* (pp. 79-92). Thousand Oaks, CA: Corwin Press.

Fuhrman, S. H. (1999). The new accountability. *CPRE Policy Briefs*, #RB-27, January 1999.

Fusarelli, L. D. (1999). Education is more than numbers: Communitarian leadership of schools for the new millennium. In L. T. Fenwick (Ed.), *School leadership: Expanding horizons of the mind and spirit* (pp. 97-107). Lancaster, PA: Technomic.

Fusarelli, L. D. (2001). The political construction of accountability: When rhetoric meets reality. *Education and Urban Society, 33*(2), 157-169.

Fusarelli, L. D., & Crawford, J. R. (2001). Introduction: Charter schools and the accountability puzzle. *Education and Urban Society, 33*(2), 107-112.

Gain, G. (2001). Moving from bureaucratic to market accountability: The problem of imperfect information. *EducationalAdministration Quarterly, 37*(4), 571-599.

Ginsberg, R., & Berry, B. (1998). The capability for enhancing accountability. In R. J. S. Macpherson (Ed.), *The politics of accountability: Educative and international perspectives* (pp. 43-61). Thousand Oaks, CA: Corwin Press.

Herrington, C. D., & Orland, M. E. (1992). Politics and federal aid to urban school systems: The case of Chapter One. In J. G. Cibulka, R. J. Reed, & K. K. Wong (Eds.), *The politics of urban education in the United States* (pp. 167-179). Washington, DC: Falmer Press.

Hess, F. M. (2001). Whaddya mean you want to close my school? *Education and Urban Society, 33*(2), 141-156.

Hunter, R. C., & Swann, J. (1999). School takeovers and enhanced answerability. *Education and Urban Society, 31*(2), 238-2 54.

Jackson, B. L., & Cibulka, J. G. (1992). Leadership turnover and business mobilization: The changing political ecology of urban school systems. In J. G. Cibulka, R. J. Reed, and K. K. Wong (Eds.), *The politics of urban education in the United States* (pp. 71-86). Washington, DC: Falmer Press.

Kuchapski, R. (1998). Conceptualizing accountability: A liberal framework. In R. J. S. Macpherson (Ed.), *The politics of accountability: Educative and international perspectives* (pp. 185-196). Thousand Oaks, CA: Corwin Press.

Ladd, H. F. (Ed.). (1996). *Holding schools accountable: Performance-based reform in education.* Washington, DC: The Brookings Institution.

Linn, R. L. (2000). Assessments and accountability. *Educational Researcher, 29*(2), 4-16.

Macpherson, R. J. S. (1998). (Ed.). *The politics of accountability: Educative and international perspectives.* Thousand Oaks, CA: Corwin Press.

Manno, B. V., Finn, C. E., Jr., & Vanourek, G. (2001). Charter school accountability: Problems and prospects. *Educational Policy, 14*(4), 473-493.

Mazzoni, T. L. (1995). State policy-making and school reform: Influences and influentials. In J. D. Scribner & D. H. Layton (Eds.), *The study of educational politics* (pp. 53-73). Washington, DC: Falmer Press.

McGregor, D. (1960). *The human side of enterprise.* New York: McGraw-Hill.

Minorini, P. A., & Sugarman, S. D. (1999). School finance litigation in the name of educational equity: Its evolution, impact, and future. In H. F. Ladd, R. Chalk, & J. S. Hansen (Eds.), *Equity and adequacy in education finance: Issues and perspectives* (pp. 34-71). Washington, DC: National Academy Press.

Mintrop, H., MacLellan, A. M., & Quintero, M. F. (2001). School improvement plans in schools on probation: A comparative content analysis across three accountability systems. *Educational Administration Quarterly, 37*(2), 197-218.

Mitchell, K. J. (1996). *Reforming and conforming: NASDC principals discuss school accountability systems.* Santa Monica, CA: RAND.

Newmann, F. M., King, M. B., & Rigdon, M. (1997). Accountability and school performance: Implications from restructuring schools. *Harvard Educational Review. 67*(1), 41-74.

Ouston, J., Fidler, B., & Earley, P. (1998). The educational accountability of schools in England

and Wales. In R. J. S. Macpherson (Ed.), *The politics of accountability: Educative and international perspectives* (pp. 107-119). Thousand Oaks, CA: Corwin Press.

Pipho, C. (1989). Accountability comes around again. *Phi Delta Kappan, 70*(9), 662-66 3.

Reeves, D. B. (1998). Holding principals accountable. *The School Administrator, 55*(9), 6-12.

Reyes, P. , Wagstaff, L. H., & Fusarelli, L. D. (1999). Delta forces: The changing fabric of American society and education. In J. Murphy & K. Seashore Louis (Eds.), *Handbook of research on educational administration* (2nd ed., pp. 183- 201). San Francisco: Jossey-Bass.

Rich, J. M. (Ed.). (1978). *Innovations in education: Reformers and their critics* (2nd ed.). Boston: Allyn & Bacon.

Rothmann, R. (1995). *Measuring up: Standards, assessment, and school reform.* San Francisco: Jossey-Bass.

Scribner, J. D., Reyes, P. , & Fusarelli, L. D. (1995). Educational politics and policy: And the game goes on. In J. D. Scribner & D. H. Layton (Fds.), *The study of educational politics* (pp. 201-2 12). Washington, DC: Falmer Press.

Sergiovanni, T. J., Burlingame, M., Coombs, F. S., & Thurston, P. W. (1999). *Educational governance and administration* (4th ed.). Boston: Allyn & Bacon.

Skrla, L. (2001). The influence of state accountability on teacher expectations and student performance. *UCEA Review, 42*(2), 1-4.

Smith, M. L., Heinecke, W., & Noble, A. J. (1999). Assessment policy and political spectacle. *Teachers College Record, 101*(2), 157-191.

Smith, M. S., & O'Day, J. (1991). Systemic school reform. In S. H. Fuhrman & B. Malen (Eds.), *The politics of curriculum and testing* (pp. 233-267). London: Falmer Press.

Sunderman, G. L. (2001). Accountability mandates and the implementation of Title I schoolwide programs: A comparison of three urban districts. *Educational Administration Quarterly, 37*(4), 503-532.

Swanson, A. D., & King, R. A. (1997). *School finance: its economics and politics* (2nd ed.). New York: Longman.

Webber, C. F., & Townsend, D. (1998). The comparative politics of accountability of New South Wales and Alberta. In R. J. S. Macpherson (Ed.), *The politics of accountability: Educative and international perspectives* (pp. 172-184). Thousand Oaks, CA: Corwin Press.

Wong, K. K. (1995). The politics of education: From political science to interdisciplinary inquiry. In J. D. Scribner & D. H. Layton (Eds.), *The study of educational politics* (pp. 2 1-35). Washington, DC: Falmer Press.

제9장

교원 인사 정책 개선

더 좋은 교사, 더 좋은 학교

교사는 교육 정책과 학교 개혁의 중심에 있다. 이들 교육자들에게 영향을 주는 정책은—양성, 자격 부여(자격증), 임용, 보수(봉급과 수당), 근무 여건, 전문성 신장과 발달, 표창, 교육 활동에서의 역할 등—모두 중요하다. 무상교육, 공교육, 의무교육, 보편교육의 출현 이후, 교사 관련 정책들은 누가 어떤 과목을, 어떤 보수 수준에서, 어떤 상황과 조건하에서 가르칠 것인가에 큰 영향을 미치고 있다. 교육 개혁 및 개선을 위한 최근의 노력들은 학교 교사 및 이들에게 영향을 미치는 정책들에 초점을 맞추고 있다. 똑똑하고 의욕을 가진 사람들이 교직에 입문한다 하더라도 이들이 교직에 적응하고, 성공하고, 계속 재직할 것인지 확신할 수는 없다.

Firestone과 Bader(1993)는 "[학교 개혁]의 화려한 미사어구 이면에는 교직을 보다 관료적으로 만들 것인가 아니면 전문적으로 만들 것인가에 관한 어설픈 토론들이 이루어지고 있다."(p. 11)고 주장한다. "교사가 중심이 되어야 한다."라는 주장이 그러하듯, 학교 개혁에 관한 정책 분석은 충분하게 이루어지고 있지 않다. 계속해서 Shulman(1989)은 "수업을 담당하는 주된 행위자들이 자신들의 기능을 제대로 수행할 수 없다면, 교육 정책에 관한 논쟁은 고려할 가치가 없게 된다. 컴퓨터는 교사들을 대체하지 못한다. 텔레비전도 교사들을 복제하거나 나누어 줄 수 없다. 대본대로 이루어지는 수업도 교사를 감독하거나 통제할 수 없다. 그리고 Voucher 체제도 교사들을 건너뛰고 이루어질 수는 없다."고 주장한다(p. 5).

이 장은 전문적 지위와 실제를 확보하기 위해 노력하는 공공 서비스 근로자라는 측면에서의 규범적 차원, 연방, 주 및 지방 정책 결정의 주된 대상이라는 측면에서의 구조적 차원, 주요 입법, 사법 및 행정 관련 영역에서 정책에 영향을 미치고자 노력하는 측면에서 구성적 차원, 그리고 어떻게 미국 교육의 주요 행위자들인 교사를 양성 및 향상시킬 것인가와 관련된 기술적 차원 등 네 가지 차원을 사용하여 교원 정책을 분석한다.

규범적 차원

1906년 초부터 Carnegie Foundation for the Advancement of Teaching과 함께, 교사 양성 과정은 철저하게 검증을 받게 되었다. "모든 사람의 전문직화" 운동이 맹위를 떨칠 때(Wilensky, pp. 1964-65 참고), Carnegie Foundation은 "교사 교육을 위한 기준 강화 및 교사의 전문적 지위 신장을 강력하게 주장하였다"(Cremin, 1988: 499; Lagemann, 1983). 하지만, Cremin(1988)은 "1960년대에 교사 교육이 엄청나게 개선되었지만, 교사들은 여전히 전문직화의 논리를 제시하면서도 다수의 교사들은 노동조합에 가입하였고 전문적 동료관계가 아닌 단체 협상을 통해 학교 행정과 관계를 형성하고 있다." 고 지적하였다(p. 500).

같은 맥락으로, 『A Nation Prepared: Teachers for the 21st Century』에서, Task Force on Teaching as a Profession(Carnegie Forum on Education and the Economy, 1986)은 교육 개선과 성공을 위해서는 보다 높은 기준이 필요하며, "성공을 위한 열쇠는 과업에 부합하는 직종, 즉 미래를 위한 학교의 재설계를 위해 새로운 권한과 책임을 맡을 수 있도록 준비된 잘 교육받은 교사들로 구성된 직종을 만드는 것이다. 높은 기술, 역량, 열망을 가진 직종이 아니라면, 어떤 개혁도 지속되지 못할 것이다."라고 경고하였다(p. 2).

십 년 후, North Carolina의 주지사 Jim Hunt가 이끄는 National Commission on Teaching and America's Future(NCTAF)도 동일한 결론을 제시하였다. 즉, "교사의 학습과 학교 재설계에 꾸준한 관심을 기울이지 않는다면, 미국의 모든 어린이들의 학교 성취도를 향상시키려고 하는 목표는 달성할 수 없을 것이다."(1997: 1).

교원들에게 영향을 미치는 정책 규범과 가치는 복잡하고 중요하다. 자신들의 직업적 실제에 관한 통제권을 확보하기 위한 교사들과 관련 단체들의 시도를 통해 소위 "느린 혁명"(Grant & Murray, 1999)이 일어나고 있다. 많은 주와 학교구들은 교사들과 권한을 함께 나누려고 시도하고 있지만, 부분적으로 이 혁명은 자신들의 문화를 통제하고 누구와 함께, 어떻게 일하는가를 결정하는 것에 교사들을 참여시키고 있다.

Cooper(1989)는 "도대체 그것은 누구의 문화인가? 만약 교사들에게 교직이 어떠한 것이고, 어떻게, 어디서, 누구와 협력해야 하고, 따라야 할 계획을 제시한다면, 이때 나타나는 문화는 현실과는 맞지 않은 이질적인 것이 될 것이다."라고 주장하며, 정부가 주도하는 모순된 협력 관계에 의문을 제기하고 있다(p. 47).

그러나 Etzioni(1968)는 교육은 진정한 전문직이 결코 아니라고 주장한다. 그는 교직을 "의학, 법, 그리고 공학과 같은 '진짜' 혹은 '진정한' 전문직과 대비되는 '준전문직(semi-profession)'"이라고 명명하였다. 즉, "교사 양성 기간은 더 짧고, 지위도 덜 합법적이며, 특권적 의사소통의 권한(예를 들어, 변호사-고객 특권)도 덜 확립되어 있으며, 특별한 전문 지식 체계도 부족하며, '전문직'에 비해 감독으로부터의 자율권도 부족하다."(p. v). 또한 준전문직은 보다 규모가 크고 더 관료적인 조직에서 일을 하고(건강관리 조직의 확산과 함께, 의사들의 경우 작업 조건이 이러한 형태로 변화하고 있다), 공무원이나 심지어 "종업원"으로 비쳐지며, 교직, 간호직과 사회 복지직은 여성이 압도적으로 많은 수를 차지하고 있다. 이와 관련하여, 여권주의 학자들은 여성이 다수를 차지하는 영역은 상대적으로 직업적 지위가 낮고 인정을 덜 받는다고 지적한다. 따라서 상응하는 급여, 지위, 자율성, 권위를 가진 전문직 종사자가 되려는 강렬한 내적 바람과 자신의 삶을 통제하는 정부 정책이라는 외적 압력 사이에서의 고군분투는 반대되는 감정을 동시에 가지고 있는 교사들의 모습에 반영되어 있다.

때로 이러한 갈등은 자신들의 낮은 지위를 수용하고 노동조합을 결성하여 단결된 정치 행위를 하고자 하는 사람들과, 자신들을 "봉사직"의 구성원으로 인식하고 노동조합, 단체 협상과 불법적인 파업을 반대하는 사람들로 교직의 분열을 가져온다. 교사들의 삶, 업무, 지위와 신념에 영향을 미치는 교육 정책을 형성하고 분석할 때 이러한 갈등을 유념해야 한다.

요약하면, 양성과 업무에 관한 통제권을 확보하고자 하는 교사의 노력은 아래의 요인들에 의해 더욱 복잡하게 된다.

- 15,000개의 학교구와 96,000개 이상의 학교에서 근무하는 330만 명 이상의 교사들로 구성되어 있는 교직의 규모와 복잡성
- 교직 입문의 용이함과 "평면성"(Lortie, 1975); 다른 전문직과 달리 교직은 승진에 따른 지위의 신장이 덜하다.
- 교사의 학력, 양성, 그리고 지식 기반의 한계로 인해 (의학, 법률과 달리) 일 자체를 신비롭게 만들거나 혹은 "생명 구하기"를 거의 하지 못한다.
- 자신들의 고객인 생산적인 성인으로 성장하는 아동의 일생에 걸쳐 효과적인 업무를 수행하고 있다는 것을 입증하기가 어렵다.

교사들에게 영향을 미치는 정책은 크게 세 가지 형태를 띠고 있다. 첫째, 주와 학교

구들은 교사 모집, 양성, 평가, 자격증 취득, 채용에 관한 정책과 규정을 만든다. 1900년대 이후, 정책 결정가들과 정책 분석가들은 양성 기간이 너무 길거나 너무 짧은가? 너무 협의적인 "전문적 과목"인가 아니면 너무 광의적인 "교양 과목"인가? 너무 이론적인가 아니면 너무 실제적인가? 등과 같은 교사 양성 과정의 문제점들과 씨름하고 있다. 전국 단위 위원회, 주 단위 단체, 의회와 주 교육부는 자격을 갖춘 교사의 공급이 수요를 충족시킬 수 있도록 노력하는 동시에, 신규 교사들의 기준을 높이기 위해 노력하고 있다.

둘째, 정책들은 노조를 결성하고, 고용주(학교구)들과 보수, 부가급부 및 작업 조건을 함께 결정하는 단체 협상의 대상자로서, 더 나아가 단체 협상이 난항에 빠지고 갈등이 팽배할 때 제삼자의 조정이나 중재도 구하는 "근로자"라는 측면에서 교사들의 권리를 규정하고 있다. 양성 및 자격에 영향을 미치는 정책들과는 달리, 이러한 정책들은 상대적으로 최근에(1970년대 이후) 나타났고, 교사들을 교육생 또는 전문가가 아닌 "노동자" 혹은 "근로자"로 취급한다.

셋째이자 가장 최근의 것으로, 교사에게 영향을 주는 정책들은 교사들을 소속 학교의 운영, 참여적 의사 결정 및 전문적 협력에 참여시키는 쪽으로 바뀌고 있다. Kerchner와 Mitchell(1988)이 처음 사용한 용어인 "새로운 전문가주의"의 한 부분으로서, 교사들은 학교 목표를 설정하고 예산을 수립하고, 직원 채용을 추천하고, 동료와 긴밀하게 협력하며 학교 운영위원회 또는 "팀"에 참여하고 있다. 20세기 초반 이후, 교육생으로서의 교사, 근로자로서의 교사, 전문적 의사 결정가로서의 교사(예를 들어, 교사 양성, 교사-근로자 관계, 교사 참여) 등 이들 세 가지 정책 영역은 상당한 주목을 받았으며 정책 결정가들의 주된 관심의 대상이 되고 있다.

교사 관련 정책들과 같이 이러한 정책의 구조는 수십 년간에 걸쳐 변화하고 있다. Weiss, Altbach, Kelly, Petrie와 Slaughter(1989)는 다음과 같이 언급하였다.

> 역사적으로 볼 때, 일선 학교 교실에 대한 통제는 상대적으로 분산되고, 집권화에 저항하는 형태인 반면, 교육 체제에 대한 미국의 공식적 조직 통제는 점점 국유화 및 집권화되고 있다. 상급 기관 또는 외부 기관들은 수업 및 교사 교육의 일상적인 관행 및 내용상의 지속적이고 실질적인 변화를 효과적으로 이끌어내지 못할 것이다(p. 25).

구조적 차원

이 장은 교원 인사 정책을 양자간(two-sided) 과정 또는 양방향 투쟁으로 간주한다. 한

쪽 측면의 경우, 정부 기관들(예를 들어, 교육위원회, 주 의회, 주 지사, 주 교육부)은 교사 양성, 채용, 보수 수준(규모와 보수 체계), 노동조합 활동 관련 권리, 신규 채용에서 퇴직까지 교사의 교직 생활과 관련된 거의 모든 영역에 대한 기준을 통제하는 정책들을 만들어 왔다. 전국에서 가장 인원이 많은 공무원 집단으로서, 330만 명에 달하는 공립학교 교사들은 모든 지역사회에 퍼져 있고, 공공 정책 결정 과정의 한 부분으로서 여러 가지 법규, 규칙과 정책, 규정의 영향을 받는다. 따라서 교사들은 스스로 자신들의 업무 활동이나 전문적 관행을 관리하기보다는 정책, 기관, 다양한 요인들에 의해 외적으로 통제되는 것처럼 보인다.

그러나 다른 측면에서 볼 때, 동료 교사 및 단체(예를 들어, 노조)와 함께 교사들은 자신들의 업무 및 자아 개념에 대한 더 큰, 직접적인 통제권을 확보하기 위해 노력하고 있다. 학술상을 수상한 저서인 『Teaching in America』에서, Grant와 Murray(1999)는 자기 통제를 위한 이러한 노력들을 "'느린 변혁(slow revolution)', 즉 자신들의 업무 활동에 대한 통제 권한을 확보하기 위한 교사들의 노력의 점증적 증대로 설명한다."(p. 2). 이 장에서 필자들이 기술하는 것과 같이, Grant와 Murray는 교사들은 자기 자신 및 자신들이 거의 통제권을 행사할 수 없는 정책과 규정에 의해 이원적으로 통제되고 영향을 받는다고 구조적으로 생각하고 있다. 이런 점에서 Grant & Murray(1999)는 다음과 같이 주장한다.

> 대부분의 교육 개혁은 위로부터 제시되었으며, 이들 중 대부분은 실패했다. 좋은 수업(teaching)은 설명서(매뉴얼)로 제시되거나 규정될 수 없기 때문에 두 번째 교육 혁명이 필요하다고 믿는다. 교사는 좋은 수업을 하고 평가하기 위한 적절한 권위와 자율권이 필요하다. 스스로 자신들의 업무와 관련된 문제점을 분석하고 해결책을 이끌어 내지 못할 것이라 생각되는 교사들에게 배운다면, 학생들은 창의적인 분석가나 문제 해결자가 되는 것을 배우지 못할 것이다(p. 3).

그러나 개선된 신규 채용과 양성, 보다 좋은 멘토링과 지원, 개선된 전문성 신장 프로그램이 없다면, 교사들은 전문직으로 인정받길 희망할 수 없을 것이다. 정책 결정가들은 외부 통제에 대한 이러한 내적인 투쟁을 인지하기 시작하고 있으며, 양성과 업무 실제를 개선하기 위해 노력하고 있다.

또한 교사들은 근로자들이다. 이들은 적절한 보수 및 수당, 고용 안정성 및 보다 나은 작업 조건을 요구한다. 그래서 비록 교사들은 전문직으로서 자신들의 지위를 개선하려고 노력하고 있지만, 이들은 또한 지역 단위의 노동조합을 결성하고 강력한 전국 및 주 단위의 두 기관인 American Federation of Teachers(AFL-CIO의 AFT) 또는

National Educational Association(NEA) 중 한 곳에 가입하고 있다. 대부분의 주에서 법은 교사를 위한 배타적이고 공식적인 교섭 단위로 인정하고 급여 수준 및 그 외 계약 조건에 대한 단체 협상에 참여할 수 있도록 하기 위해 교사들에게 노동조합 결성을 허용하고 있다.

비록 일련의 전국 단위 기관들, 위원회, 단체들이 주 정부의 권한을 확대하고, 합의를 구축하며, 관행을 공유하고 있지만, 교사 교육과 자격증은 주로 주 정책의 통제하에 있다.

1. National Council for Accreditation of Teacher Education(NCATE): 교육 대학의 기준을 설정하고, 이 기준을 자발적인 자율 학습 과정에 적용
2. Interstate Assessment and Support Consortium(INTASC): 신규 교사의 자격에 관한 일련의 기준을 설정하고 공통의 기준을 확립하도록 30개 주의 협력을 이끌어 냄.
3. National Board of Professional Teaching Standard(NBPTS): 50개 주 전체에 걸쳐 경험 있고 우수한 교사들에게 국가 자격증을 부여

교사의 지속적인 전문적 성장과 신규 채용 및 양성 과정을 개선하기 위한 정책을 수립하는 과정은 다음과 같다.

우수한 교사 지원자 유인. 국가는 교사가 되고자 하는 우수한 대학생들을 어디서 찾을 수 있을까? 주 정부들은 지원자들을 교직으로 유인하기 위해 학자금 대출 면제 프로그램과 장학금 등과 같은 많은 인센티브 제도를 사용하고 있다. 그러나 자료에 따르면 이들 정책들은 거의 효과를 발휘하지 못하고 있다. 연방 정부가 실시한 한 조사에 따르면, K-12 학교에서 가르치도록 교사 양성 교육을 받은 대학생의 50%는 4년 뒤 대학을 졸업할 때 교직에 지원하지 않는 것으로 나타났다. 교사가 된 사람들 중 20%는 3년 내에 이직한다. 대학 입학 성적이 우수한 대학생들은 교직을 선택할 가능성이 낮고, 만약 교사직을 선택하더라도 사임할 가능성이 더 크다.

교사 지원자 모집. 교사가 되고자 하는 학생들을 찾아내고 모집하는 적절한 방법은 무엇인가? 학부에서, 대학 졸업 후 "5년차 프로그램" 또는 대학 졸업 후 대안 프로그램 등 언제부터 양성 과정에 입문해야 하는가? 어떤 종류의 재정적 인센티브들이 있고, 우수하고 똑똑한 학생들을 교직으로 유인하는 데 사용할 수 있는가?

교직 강좌 이수 전 양성 과정. 학부와 대학원에서, 교직 과정 이수자들은 어떤 강좌를

이수해야 하는가? 본격적으로 교직 과목을 이수하기 전에 얼마나 많은 교양 과목(예술과 과학) 교육을 해야 하는가?

교직 강좌 이수. 미국 교육의 역사, 구조, 발전에 관한 강좌들 중에서 학생들이 이수해야 하는 강좌는 무엇인가? 그리고 교직 이수자들은 교육학, 교육과정 설계, 평가 이론, 시청각 및 과학적 기법 등을 어느 정도 공부해야 하는가? 학생들은 보다 일반적인 교육과정과 대비하여 영어 교수법, 수학 교수법, 생물 교수법, 독서 교수법과 같은 과목들을 어느 정도 이수해야 하는가?

실습. 개인 지도 교사, 인턴, 실습생 혹은 교생, 교사 보조자로서 교직 이수자들은 언제부터 일선 학교와 교실에서 실습을 해야 하는가? 예비교사들은 얼마나 많은 시간과 학기 그리고 심지어 몇 년 정도 실제적인 훈련을 받아야 하는가? 이들 실습생(trainee)들은 누가 관리하고 멘토를 해야 하는가? 대학의 교수와 교사, 실습 프로그램은 어떤 관계인가?

초기 자격증. 대학 과정, 전문적인 훈련, 교실에서의 실제적 경험, 시험, 멘토링을 포함한 초기 자격증 검정을 위한 요구 조건은 무엇인가? 정책 결정가들은 교사가 되고자 하는 더 많은, 우수한 학생들을 모집하려고 시도하는 가능성과 비교하여, 보다 많은 요구 조건, 양성 기간, 비용에 대한 요구를 어떻게 균형 잡을 수 있을까?

계속되는 전문 자격증. 계속적이고 평생에 걸친 전문적 성장과 발전을 가능하게 하는 최상의 프로그램, 실제 및 경험은 무엇인가? 교사 급여는 교사들의 직무 경험, 능력, 계속적인 연수와 어떤 관계가 있는가?

국가 자격증. 지역의 인센티브와 질, 교사 리더십을 개선하는 데 국가 자격증은 어떤 역할을 하는가? 교사에 대한 직업적 위상과 급여, 기회를 높이는 데 국가 자격증은 효과가 있는가? 주와 지역에서는 관련 국가 위원회에서 실시하는 선진적인 평가 방법과 자격 부여로부터 어떤 것들을 배울 수 있는가?

구성적 차원

비록 전국 교원 노조가 National Council for the Advancement of Teacher Education(NCATE)과 같은 위원회에 참여하여 예전과 비교할 수 없는 커다란 역할을 담당하고 있지만, 교사들은 자신들의 양성 과정을 통제하지 않는다. 사실, 연방 정부,

주 교육부, 대학교와 대학, 그리고 이들 노조들을 포함한 많은 기관(구성원)들은 누가 어떻게 교사가 될 것인가를 결정하는 데 참여한다.

따라서 이 장에서 논의된 모집, 양성과 자격에 영향을 미치는 주요한 교원 정책들은 교직 종사자, 전통적으로 교사를 양성해 온 대학들, 그리고 넓게는 일반 대중들에게 큰 관심의 대상이 되는 사항들이다. 연방, 주 및 지역 등 모든 정부 기관들은 보다 우수한 교사의 필요성을 강조하고 있다. National Commission on Teaching and America's Future(NCTAF)는 교사, 학교, 학교구, 지역사회, 국가를 위해 가능한 한 강하게 이 쟁점을 언급하고 있다.

> 미국의 미래는 유래 없이 교사들의 가르치는 능력에 달려 있다. 만약 모든 시민들을 주요 결과물이 지식인 민주사회를 위해 준비시키고자 한다면, 모든 교사는 학생들이 높은 수준의 지적 및 사회적 능력을 갖출 수 있도록 이들을 가르치는 방법을 알고 있어야 한다. 모든 학교는 강력한 교수-학습을 지원하기 위해 조직되어야 한다. 모든 학교구는 좋은 교사를 찾고 이들을 유지할 수 있어야 한다(p. 3).

새천년의 첫 호(2000년 1월 13일)에서 *Education Week*는 수업에 관한 특별호로 "Who Should Teach?"라는 부제로 『Quality Counts 2000』을 발간하면서, "좋은 수업은 중요하다. 교사들의 질을 향상시키기 위한 압력이 그 어느 때보다 크게 나타나고 있다. 오늘날 각종 연구들은 유능하고 지식이 풍부한 교사가 학생들의 학습에 상당한 차이를 가져올 수 있다고 하는 우리가 가지고 있는 상식이 사실임을 보여주고 있다."고 주장하였다(Olson, 2000: 12).

중세 길드(Guild)의 등장 이후 직업에 대한 접근을 관리하는 것은 큰 관심의 대상이었기 때문에 교사 양성과 자격에 관한 정책은 강한 구성적 차원의 특징을 가지고 있다. 여러 주요 이해관계자들이 정의하는 것과 같이, 교사 양성 과정 및 결과에서 몇 가지 주요한 정책적 쟁점들이 제기되고 있다. 첫째, 교사 자격을 위해 어떤 강좌와 경험을 요구할 것인가? 둘째, 누가(대학 혹은 다른 기관들) 이들 강좌를 개설할 것인가? 셋째, 교사의 질을 평가하는 방법은 무엇이고 허용 가능한 수준은 어떠한가? 넷째, 교사 교육과 연수를 위해 어떤 연구와 정보가 사용되는가?

정책사례

New York의 교사 양성 교육 개혁

1998년, New York 주 교육위원회는 학생들의 "보다 강화된 졸업 요건, 보다 엄격한 시험, 학교 평가 보고서"로 시작하는 『Commitment: Teaching to Higher Standards』를 발행하였다(1998: 3). 이 보고서는 다음과 같은 내용으로 이어진다.

> 학생들이 이러한 기준을 성취하도록 하기 위해, 우리는 가장 중요한 곳(교실)에서 교육 역량을 형성하는 데 전념해야 한다. 좋은 수업의 중요성은 아무리 과장해도 지나치지 않다. 보다 높은 학습 기준을 설정하기 위한 노력은 학생들이 기준을 충족시키는 데 도움을 줄 준비가 되어 있고 기꺼이 도와줄 수 있는 헌신적인 전문가들에 의해 수용될 때만이 효과를 볼 수 있을 것이다(p. 3).

New York 주 교사 개선 정책의 목표는 다음과 같다.

- 모든 공립학교 학생들은 엄격한 교사 교육 프로그램의 높은 기준을 충족시킨 적절한 자격증을 가진 교사에게 지도받는다.
- 모든 교사 교육 프로그램은 질이 높은 교사 후보자를 배출한다.
- 교사들은 주(州)의 다양성을 반영한다.
- 교사가 부족한 영역에 자격을 갖춘 우수한 교사들이 접근할 수 있도록 하는 프로그램을 운영한다.
- 모든 교사들은 학생들의 학습 욕구와 관련된 전문성 신장 프로그램에 정기적으로 참여한다.
- 수행 능력이 부족한 교사들은 수업을 개선하기 위한 기회와 도움을 받으며, 그럼에도 불구하고 개선이 이루어지지 않는다면, 적절한 시기에 교실에서 퇴출시킨다.
- 모든 학교는 학교 개선에 대한 도전을 충족시킬 준비가 되어 있는 교육 지도자를 가지고 있다.
- 수업과 교사 교육의 상태는 이해당사자들에 의해 지속적으로 재검토되며, 적절한 시기에 필요한 변화가 이루어진다.

이러한 목표를 달성하기 위해, 주요한 구성요소 중의 하나인 New York 주 교육부는 교사 양성과 지원 간에 좁혀야 할 세 가지 "격차(gap)"를 인지하였다.

격차 1

New York은 가장 필요한 우수 교사들을 충분히 보유하고 끌어들이지 못하고 있다. 최고 및 가장 똑똑한 학생들을 발견하고, 이들을 잘 훈련시키며, 가장 어려운 학교에서 이들의 수업을 지원하는 노력이 이루어져야 한다. New York 학생들의 45%가 소수계이지만 교사의 15%만이 소수계 집단 출신이기 때문에 보다 많은 소수계 출신의 교사들이 필요하다.

새로운 채용 정책과 프로그램은 수요와 공급을 조절하고, 교수 영역별로 비어 있는 자리를 확인하며, 다음과 같이 자격을 갖춘 교사를 유인하고 양성하기 위한 Teacher Incentive Plan을 만들어 내야 한다.

- 대학생 장학금 프로그램: 학생들은 4년 동안, 매년 $4,000의 장학금을 받고 "자격에 해당하는 학교"에서 장학금 수혜연도마다 1년씩 가르친다.
- 대학원생 장학금 프로그램: 1년에 $10,000의 장학금 수여. 학생들은 "자격에 해당하는 학교"에서 3년 동안 가르치는 것으로 상환한다.
- 자격을 가진 지원자 장학금: "아주 어려운 상황에 있는 자격에 해당하는 학교"에서 3년 동안 가르치는 조건으로 $10,000의 보너스 제공. 영구적인, 전문 자격증과 강력한 추천이 있어야 한다. 모든 보너스는 소비자 물가 지수와 연동될 것이다.
- 대학/대학교 인센티브 프로그램: 선발된 대학생들에게 2년간 장학금 제공. 교사 양성 및 신규 채용을 개선하기 위해 지역 학교와 공동으로 노력한다.
- 기업/산업체 도전 프로그램: 신규 채용에 지장을 주는 쟁점들을 다루도록 지역사회를 도와주기 위한 대응 자금을 제공한다. 지방 정부와 기금을 조성하는 민간 부문 간의 동반자 관계를 형성한다.
- 수석교사 프로그램: 영구적인, 전문 자격증을 취득하고 National Board for Professional Teaching Standards(NBPTS) 자격증을 받을 수 있도록 우수한 교사들을 지원한다.
- 그 밖의 프로그램: 교직을 선택하도록 학생들을 지원하고, 교사 양성 기간을 단축하기 위해 "공동 등록" 프로그램을 개설하며, 교사가 되는 데 불필요한 장애물을 제거하고, 우수한 자격 및 배경을 가진 학생들을 교직으로 이끌어 온다. "임시 자격증" 발행을 줄인다. 아무런 문제가 없는 Schools Under Registration Review(SURR)에게 임시 자격증을 가진 또는 임시 교사를 채용할 수 있게 한다.

주 정부는 다음과 같은 근거를 제시하며 교사 부족의 정도를 인정하였다.

교사 확보 가능성과 채용에 관한 새로운 재정적 자원에 초점을 맞출 필요성이 이

> 사실에 의해 잘 뒷받침된다. 질 높은 교사의 부족은 핵심 교과 영역에서 이미 나타나고 있다. 이러한 문제와 함께, 현 교사의 거의 절반 정도가 2010년 내에 퇴직할 것으로 예상된다. 학생수 증가, 새로운 보편적 취학 전 프로그램과 저학년의 학생 대 교사 비율의 감소와 같은 요인들은 사실상 거의 모든 학교구들에서 교사의 수를 늘려줄 것을 요구하고 있다. New York 시는 앞으로 4년 동안 매년 약 8천 명의 신규 교사들을 고용할 것으로 예상한다(1998:10).

격차 2

전체 경력을 통해 높은 기준으로 가르치는 데 필요한 지식과 기술을 유지하는 교사들은 많지 않다. 주(州) 교육감은 지원자들이 석사 학위를 받고 주에서 실시하는 모든 자격 관련 시험을 통과할 때까지 초기 교사 자격증을 발급하지 않는 방안을 추천한다. 또한 신규 교사는 임용 첫해는 멘토(선임 교사)와 함께 근무를 하고, 첫해의 멘토링 이후 성공적으로 3년간 근무한 후 초기 자격증을 발급받는다.

자격증을 위한 조건:

- 공인된 교사 교육 프로그램 이수
- 학부 또는 대학원, 또는 이들 양자에서 교과 내용 영역과 교수 방법에 관한 연구를 포함한 석사학위를 수여하는 공인된 교육기관으로부터 긍정적인 추천으로 학사와 석사 학위 취득
- Liberal Arts and Sciences Test(LSAT), Assessment of Teaching Skills(ATS)와 Content Specialty Test(CST) 등의 시험에서 합격 점수 받기
- 멘토링을 받은 첫해의 교수를 포함하여 2년 내에 석사학위 취득 요건 갖추기

2003년부터, New York 주는 영구 전문가 자격증(Permanent Professional Certificate) 취득을 위한 자격 요건과 기간을 연장하고 있다.

전문가 자격증을 위한 자격 조건:

- 멘토로 1년간 활동
- 매년 실시되는 평가를 포함하여, 멘토 기간 외에 3년간의 성공적인 교육 활동
- 5년마다 175시간에 이르는 연수를 이수하고, 우수한 성적으로 전문가 자격증 유지하기

새로운 자격 요건에 대한 순 효과는 1년간 석사학위, 1년의 멘토 교사, 멘토 기간 외 3년 등 적어도 5년(만약 대학 재학 기간이 포함되면 9년) 이상으로 영구 자격증 취득 기간이 증가한다는 것이다.

게다가, 2003년부터 시행되는 자격증 정책은 Early Childhood(출생부터 2학년), Childhood Education(1학년부터 6학년), Middle Childhood Education(5학년부터 9학년), Adolescence Education(교과별로 8학년부터 12학년) 그리고 특수교육(Early Childhood, Childhood Education, Middle Childhood Education, Adolescence Education, 청각 장애, 시각 장애와 언어 장애) 등 일련의 새롭고 전문화된 교사 자격을 포함하고 있다. 이러한 새롭고, 독특하며, 세분화된 자격 부여 정책의 근거는 다음과 같이 제시되고 있다.

> 지난 10년 동안, 저명한 각종 전국 단위 위원회들은 상이한 발전 단계에 있는 학생들의 요구 인식의 중요성 및 이에 따른 교원 양성과 교육과정 및 수업 계획을 강조하였다. 예를 들어, 『Turning Points: Preparing American Youth for the 21st Century』에서, Carnegie 위원회는 청소년을 가르치는 데 능숙하고 중학년을 담당하도록 특별히 양성된 교사들을 중학교에 배치하도록 권고하였다. 이미 19개의 주(州)에서 발달상 중요한 단계인 초기 아동기 교육을 위한 자격증을 발급하기 시작하였다. New York 주의 새로운 교사 자격 체제는 자격을 가진 교사들이 더 높은 학습 기준을 가르치는 데 준비가 되어 있다는 것을 보장하는 분석틀을 확립함으로써 새로운 연구들에 포괄적인 답을 할 것이다(New York 주 교육위원회, 1998: 21).

주(州) 정책에 따라 보다 공식화된 양성 과정이 요구될 것이기 때문에, New York 주는 규정을 강화하고 있으며, "학생들의 요구에 부합하는 지식과 기술을 가진 우수한 전문가를 만들어 내기 위해 교사 교육의 기준을 높일 것이다."(New York 주 교육위원회, 1998: 28).

새로운 기준을 충족하는 단계:

- 인가(Accreditation): National Council for the Accreditation of Teacher Education(NCATE)과 같은 전문 인가 기관이 외부 및 내부(자체) 보고서를 통해 프로그램의 질을 평가하고, 주(州) Professional Standards and Practice Board(PSPB)의 추천으로 Board of Regents는 교사 교육 프로그램을 인가한다.
- 최소 기준: 교사 교육 프로그램의 졸업생들 중 적어도 80%는 하나 또는 그 이상의 시험에 합격해야 하며, 그렇지 않으면 해당 프로그램은 "등록 취소"에 직면한다. 정기적

인 평가는 합격률을 90%까지 올릴 수 있다. 지난해의 경우, 주 내의 113개 대학 중 12개의 교사 교육 프로그램만이 90% 이상의 합격률을 보였다.

- Professional Standards and Practice Board: PSPB는 주 교육위원회와 주 교육감에게 조언을 하며, 신규 교사 멘토링 프로그램, 매년 실시되는 교사 성과 평가, 자격 요건, Teach for America와 같은 자격 취득을 위한 대안적인 과정의 인가 기준 등의 구성에 대해 추천하고, 윤리 강령을 제작하며, 교사가 부족한 학교에 교사를 유인하고 보유하는 방법을 찾는다.

또한 정책 결정가들은 초기 자격 부여 기간뿐만 아니라 교사의 경력 전체에 걸쳐 기준을 높게 유지시키는 데 관심을 가지고 있다. New York 주의 보고서에는 다음과 같이 기술되어 있다.

> 훌륭한 교사로 남아 있기 위해서, 모든 교사들은 계속해서 자신들의 지식과 기술을 확대해야 한다. 그러나 최근의 조사(National Center for Education Statistics 1993-1994)에 따르면, 소수의 교사들만이 교직의 요구에 뒤처지지 않기 위한 현직 연수를 받고 있는 것으로 나타났다. 비록 주(州) 자격 기준은 능력의 중요성을 나타내고 있으나, 주가 전체 경력에 걸쳐 계속 연수를 받도록 교사들에게 요구하는 것은 아니다. 이러한 격차를 해소하기 위해, 주 교육감은 학교구 및 지역 학생들의 학습 요구를 해결하는 것으로 인가받은 다른 기관이 실시하는 현직 연수 이수에 근거하여 자신들의 자격을 우수하게 유지하도록 모든 신규 교사들에게 요구할 것이다(New York 주 교육위원회, 1998: 29).

평생학습을 보장하는 조치로는 공동으로 개발된 각 학교의 학교 평가 보고서와 관련된 학교구의 전문성 신장 계획, 신규 교사 멘토링이나 상급 자격을 취득하기 위해 National Board of Professional Teaching Standards에의 평가 지원과 같은 다른 전문성 신장 계획, 그리고 2000학년도 이후 자격증을 받은 교사들을 대상으로 하는 175시간의 상급 과정 연수 이수 등이 있다. 각 교사의 전문성 신장에 관한 이수 또는 수료증도 발급될 것이다. Education Law Section 3020-a에 따라 해고 대상이 될 수도 있는 문제가 있는 것으로 확인된 교사들에게는 자신들이 부족한 부분을 설명하기 위한 "적법 절차"가 제공될 것이다.

또한 이와 같은 교사 능력 개선 정책(다른 구성 집단들도 포함됨)은 소속 교사들의 능력에 대한 책무성을 지도록 학교구에도 책임을 부여하고 있다. 이때 교사 능력 평가를 위한 기준, 행정가를 대상으로 한 감독자 훈련, 포트폴리오와 수업 비디오 촬영의 이용 및 엄격한 평가 기준으로 교사 평가하기 등의 방법이 사용된다. 학교 평가 보고서에는 행정가와 감독자들이 문제가 있다고 평가한 교사들의 수가 포함된다. 주(州) Professional Standards and Practice Board는 각 사례들을 재검토할 것이다. 교사 자격 지원자들은 전과 기록 확인을 위해 지문을 채취할 것이다. 주 Professional Standards and Practice Board는 교육위원회가 채택할 수 있도록 교사 윤리 강령을 추천한다.

격차 3

많은 학교 환경은 효과적인 수업 및 학습에 부정적인 영향을 미친다. 정책 결정가들은 우수한 교사를 불충분하거나 부실하게 운영되고 있는 학교에 배치하는 것은 효과가 없을 것이라는 것을 인식하고 있다. 이를 위한 해결책에는 다음과 같은 정책상의 변화가 포함한다.

- 도서관 자료, 교과서, 소프트웨어와 하드웨어 지원 확대
- 개선된 학교 건물, 유지 보수 및 수리
- 융통성을 증가시키기 위해 개별 지원(categorical aids)이 아닌 운영 지원 강조
- 위험하고 건강하지 못한 학교 폐쇄에 주목
- 새로운 기준을 충족시키기 위해 가난한 학교구에 Operating Standards Aids 지원

다른 정책들은 학급 규모를 줄이고, 학교 리더십과 풍토를 개선한다. "1999년, 주 교육부와 연계하여 Professional Standards and Practice Board는 수업 개선을 위한 목적으로 도입된 형성 평가를 실시할 것이다. Professional Standards and Practice Board는 여러 사안에 대한 추천과 함께 매년 교육감에게 보고서를 제출할 것이며, 2005년부터는 총괄 평가를 시작할 것이다. 형성 평가의 목적은 필요한 경우 계획의 일부를 조정하기 위함이다."라고 새로운 정책에 기술되어 있듯이, 이 모든 정책들은 검토되고 주의 깊게 평가될 것이다(New York 주 교육위원회, 1998: 39).

New York 주 사례는 교사 양성과 성장을 개선하기 위한 전형적인 노력을 보여준다. 교사교육에 소요되는 비용과 기간의 연장, 그리고 교사가 부족한 시기에 자격 부여를 늦추는 것이 가져올 문제점들에 대한 의문이 제기될 수도 있다. 이러한 추가적인 장벽과 요구 증가는 실질적으로 교사 지원자 수를 줄여서 교육위원회에게 "찾을 수 있는 사람이면 누구나" 고용하고 또는 주 정부에게 부족한 교사를 충원하기 위해 임시 또는

"비상" 자격증을 어쩔 수 없이 발급하게 만든다.

대부분의 다른 주에서와 같이, New York 주의 정책에서 주목할 만한 것은 정책 결정 과정에 교사들이 거의 참여하지 않고 있다는 것이다. 전문가들과 "학회"와 협회(구성 집단)가 새로운 기준의 심의, 재정, 시행에서 중심적인 역할을 수행하는 의사나 변호사의 자격 부여 과정을 생각할 수 있다. 그러나 Etzioni와 Lorti가 주장했듯이, 교사 단체가 아니라 주 정부가 자신들에 대한 정책을 결정하고 집행하는 상황에서, 교사는 진정한 의미에서 전문직이 아니다. 어떤 교육을 받고 어떤 기술과 기준을 가진 사람이 가르칠 것인가를 결정하는 데 있어 교사들은 관심을 가진 구경꾼에 불과하다. 준전문직의 규범이 New York과 다른 주의 정책 결정 과정에 생생하게 잘 나타나 있다.

기술적 차원: 교사 교육 정책의 경향

수업을 개선하고 강화시키기 위한 정책들은 네 가지 방향으로 이루어지고 있다.

집권화 및 강화. 가장 강력하고 중앙 집권적이며 요구 사항이 많은 정책은 National Commission on Teaching and America's Future(NCTAF)가 시작한 정책일 것이다. 이 기관은 자격 요건 및 인가 기준을 높이고, 교사 양성 과정을 표준화하고, 다른 방법(Peace Corps 자원봉사자, 사립 및 교구 학교 교사, 도심 및 가난한 학교에 지원자들을 배치하여 가르치는 것을 배우도록 하는 TEACH for America 프로그램과 같은 민간 기관에서 운영하는 프로그램 참여)으로 교사가 될 수 있는 지원자들이 교직에 진입하지 못하도록 하는 노력에 동참하도록 주 정부에 요청하였다.

그러나 가장 강화된 교사 자격 요건과 기준을 가진 주조차도 완전한 자격을 가진 교사들을 채용할 수 없을 때, 부족한 교사를 충원하기 위해 자격을 덜 갖춘 교사들을 허용하고 있다. Olson(2000)은 다음과 같이 주장한다.

> 누가 가르칠 것인가에 대한 최종 결정자들로서, 주 정부들은 지원자들을 신규 채용하고 교직으로 유인하는 것을 도와줄 수 있다. 또한 주 정부는 지원 제공 및 성과 평가를 통해 훌륭한 교사들을 계속 교직에 남아 있게 하고 부족한 교사들을 퇴출할 수도 있다. 그러나 이들 역할에 있어, 주 정부들은 자신들의 직무를 제대로 수행하지 못하고 있다. 수업과 관련해서, 많은 주들은 교육적으로 협잡(shell-game)을 부리고 있다. 이들은 앞으로는 교직에 입문할 사람들을 위한 기준을 높이고 있지만, 뒤로는 부족한 교사를 충원하기 위해 문을 열어 두고 있다(p. 12).

인가된 양성 기관. 또 다른 접근 방법은 자발적으로 자체 평가 과정과 National Council for the Accreditation of Teacher Education(NCATE) 등과 같은 기관의 확인 평가를 받는 형태로 대학의 교사 양성 프로그램을 인가하는 것이다. 이러한 정책의 경우, 상당수의 주들은 교육 대학들을 감독하지만, 여러 기관들은 NCATE의 인가는 추가적인 질 확인 및 잠재적인 학생의 수 증가를 보장하는 것으로 인식한다.

분권적, 규제 완화 정책. 『The Teacher We Need and How to Get More of Them』(Thomas B. Fordham Foundation, 1999)이 지지하는 또 다른 정책 접근 방법은 양성 과정에 대한 규제를 완화하는 것이다. 이는 "규제를 강화하는 것은 우수한 교사를 확보하는 데 도움이 되지 않으며, 적어도 능력 있고 잘 교육받은 사람들이 교사가 되지 못하게 하는 것과 같은 새롭고 우려스러운 문제를 만들어 낼 수 있다."라는 주장에 근거하고 있다(p. iii). 교사 양성 관련 정책 결정에 관한 분권화된 접근 방식은 각 학교에 인사 권한을 이양하고, 교사와 행정가들에게 학생들의 학습에 대한 책임을 지도록 한다.

양성 유형. Tom(1989)은 "단순히 예비교사들에게 더 많은 교양 과목을 이수하도록 요구한다면, 교양 과목의 가치는 의심스럽다."라고 주장하며 더 많은 교양 과목을 요구하는 정책에 의문을 제기한다(p. 58). 연구에서 지적하듯이 학생들(예비교사들)은 단순히 더 쉽고 부담이 덜한 과목을 선택할까?(Galambos, Cornett, & Spitler, 1985). 50개 주의 교사 양성 프로그램과 규정을 조사한 『The Quest for Better Teachers: Grading the State』에서, Finn, Kanstoroom과 Petrilli(1999)는 네 가지 범주를 통해 주 정부들의 교사 양성 정책을 분석하였고, (1) 결과에 대한 책무성, (2) 단위 학교의 인사 자율권, (3) 과목 숙달도와 (4) 신규 교사들에게 다양한 방법으로 문호를 개방하는 다양한 경로 등이 부족하다는 것을 발견하였다. 이들 네 가지의 정책 영역 중에서 과목 숙달도와 다양한 경로 등 두 가지 영역만이 양성 과정과 직접 관련되어 있다. 책무성과 자율성 등 나머지 두 영역은 양성 과정보다 더 광범위하고 모든 사람들에게 적용된다.

따라서 교사 양성과 자격에 대한 기술(technology)은 질 높고 우수한 교사들의 접근을 향상시켜야 함을 나타낸다. 일부 새로운 정책들은 과목의 내용, 실습과 시험을 더 증가시키기 위한 조치를 취하는 반면, 개방성, 다양한 경로, 폭넓은 접근을 강화하는 정책들도 있다. 주 정부들은 교사들에게 자격증을 부여하고 교사 양성 프로그램을 평가하면서 인가 프로그램을 제공하는 NCATE와 같은 전국 및 지역 단위 단체들의 평가를 받는 등 중도를 취하고 있다.

해결책이 무엇이든 간에 정책 결정가들은 전국의 학교들이 잘 양성되고 질 높은 교사 지원자들이 넘쳐날 수 있게 하는 타당한(기술적) 규칙과 규정을 계속 찾고자 노력할 것이다.

다음의 인용문에서와 같이 National Commission on Teaching and America's Future는 이를 제대로 파악하고 있다.

> 교사의 전문지식(교사들이 알고 있는 것과 할 수 있는 것)은 수업에 관련된 모든 핵심적인 과업에 영향을 미친다. 수업 내용과 학생들에 관한 교사의 이해는 교재와 수업 자료의 선택, 그리고 효과적으로 수업 시간에 이를 설명하는 것에 영향을 미친다. 또한 학생들의 발전을 평가하는 교사의 기술은 학습에 대해 얼마나 깊이 있게 이해하고 있고, 학생들의 토론 및 작문을 얼마나 잘 해석할 수 있는가에 달려 있다. 어떤 다른 조치도 지적이고 능숙한 교사가 학습 과정에서 이끌어 낼 수 있는 차이를 만들어 낼 수는 없다(Darling-Hammond, 1997: 8).

Goodlad(1990)는 다음과 같이 자격을 갖춘 교사를 늘리고자 하는 정부의 요구를 담아내고 있다.

> 특히 교육이 간접적인 영향을 미치고 학교가 전체 교육 전달 체제의 한 부분인 상황에서, 우리는 모범적인 교사 교육이 국가의 문제점들을 얼마나 많이 개선시킬지는 잘 모른다. 그럼에도 불구하고, 우리는 최상의 교육을 제공하는 초·중등학교는 장기간에 걸쳐 중요한 기여를 하고 있고 또 앞으로 할 것으로 믿고 있다. 이러한 학교 행동은 잘 교육받고 훈련받은 대규모의 교사 및 행정가 집단을 기본 전제로 한다(p. 3).

교원 노조 정책

교직의 전문직 규범에 어긋나는 것(또는 적어도 간접적이라도)은 교사의 권리(연공, 종신 재직, 전근 제한, 평가 및 감독 제한)를 보호하기 위해 노동조합을 결성하고, 단체 행동권을 확보하고, 계약을 위한 단체 협상을 하도록 하는 장려책이다. Kerchner 등은 "전문직의 노동조합"(Kerchner & Koppich, 1993) 또는 책 제목에 나타나 있듯 "단결된 정신 노동자"라고 하며 교사들은 모순적인 것을 찾고 있다고 주장한다(Kerchner, Koppich, & Weeres, 1997).

교원 노조는 단체 교섭권을 마지막으로 인정받은 근로자 집단들 중 상대적으로 새로운 조직이다. 비록 교원 단체의 결성은 1857년 National Education Association(NEA)과 1919년 American Federation of Teachers(AFT)로 거슬러 올라가지만, 국가 공공 부문 노동법하에 노조 결성권을 가질 수 있는 근로자 집단으로 인정받기 위해 교사들은 오랫동안 힘들게 투쟁해 왔다.

이러한 정책들은 교사 급여 규모, 애도나 파업(또는 파업을 금지하는) 그리고 학교구 교사와 다른 직원(예를 들어, 버스 운전사, 보조교사, 비서)들이 노조를 결성할 수 있는 권리를 결정하는 데 도움을 준다. 규범적 차원은 다른 근로자와 마찬가지로 교사들은 봉급과 복지를 협상할 권리, 자신들의 권리를 "보호"하기 위해 학교구, 주 및 연방 정부 차원에서 적극적인 정책 결정가가 될 권리를 가지고 있다는 믿음에 기반을 두고 있다. Firestone과 Bader(1992)는 다음과 같이 주장한다.

> 근로자들은 고용 보장과 일에 대한 접근성을 보호하기 위해 자신들의 일에 대한 통제권을 포기한다. 이러한 조직 모델은 모든 근로자들이 동등하게 대우받아야 한다는 가정을 근거하고 있다. 산업계의 노동조합이 교육계에는 부적절하다고 비판을 하며, 직능별 노동조합, 전문직 협회나 예술가 조직과 같은 모델로 대체되어야 한다는 주장이 제기되어 왔다. 이들 모두는 자신들이 하는 일에 대한 책임과 더 많은 통제권을 갖도록 교사들을 고무하며, 이들 중 일부는 영속적인 직무 분화와 동료 선택을 수용하는 기초를 제공한다(p. 214).

오늘날 NEA는 23만 명 이상, AFT는 95만 명 이상의 교사들이 회원으로 적극적인 활동을 하고 있다. 이 절에서는 교원 단체의 구조, 연방, 주 및 지역 정치에서 이들의 역할, 그리고 교사들이 학교구와 주에서 정책과 프로그램을 함께 결정하는 데 있어 중요한 역할을 할 때 야기되는 실제적인 문제점들을 탐색한다. 교사들은 일반적으로 근면하고 헌신적인 전문가들이지만, 경영자 층이 자신들의 요구를 잘못 이해하고 있다고 느낄 때 노동조합은 파업을 함으로써 "법을 어긴다". 교육에서 "법과 질서"의 붕괴는 작업 조건과 존중과 권한 부여를 위한 교사의 근본적인 요구에 대한 통찰력을 제시한다(Liotta, 2000).

정책사례

New York 주, Yonkers 교사들의 파업

1999년 10월 1일, 전략적으로 금요일을 택해, American Federation of Teachers(AFL-CIO)의 지부이자 New York 주에서는 네 번째로 크고, Westchester 카운티에서는 가장 큰 교사 노조인 Yonkers Federation of Teachers(YFT)는 5일 동안의 파업에 들어갔다(Mickey, 1999). 일반적으로 파업의 원인이 되는 보수나 수당이 파업의 쟁점은 아니었다. 그 대신, 교사들은 최근 Houston 공립학교에서 옮겨 온 Yonkers의 교육감인 Andre Hornsby 박사가 충분한 참여와 논의도 없이 일방적으로 블록 시간제와 수업 시간 증가를 시행했다고 주장하였다.

YFT의 위원장인 Steve Frey는 "문제는 [시간제]와 아무런 협의 없이 무엇인가를 부과하는 학교구의 철학이다. 교사들의 의견을 존중하지 않고 있다."(Halbfinger, 1999)고 주장하였다. 또한 새로운 시간제는 6월이 아닌 8월 말에 도입되었고, 이는 교사들을 "모욕"하는 것이라고 주장하였다. 계약 만료일인 10월 1일이 다가오자, 교사들은 파업을 경고하였고, 교육감은 2,100명의 교사들을 교체하고 파업을 금지하는 법원의 명령을 받기 위해 소송을 제기하는 등 학교 문을 닫지 않겠다고 천명하였다. Yonkers의 10개 중학교와 고등학교에서 시행이 예정된 블록 시간제는 다음과 유사하다.

7:20~7:41 홈룸 시간[1)]
7:52~9:18 블록 1
9:21~10:47 블록 2
10:50~11:18 점심 시간(alpha group)
11:20~12:48 블록 3
12:51~2:17 블록 4

교사들은 6일을 주기로, 블록 형태로 5 또는 6 교과를 다루기 위해 격일제로 수업을 한다. 신문의 독자 투고란에 친노조 성향의 글이 게시되었다(Foley, 1999).

> 교육감인 Andre Hornsby 박사는 블록 시간제를 실시할 것이라고 이야기했지만, 우리들 중 어느 누구도 84분 동안, 한 교실 내에서 30, 40, 50명의 아이들을 어떻게 다룰 것인가에 대해 안내를 받지 못했다. 학생들과 교사들은 아침 8시 45분부터 점심 시간

1) 역주: 학생들이 출석 확인 등을 위해 등교하면 모이는 교실. 또는 그 교실에서 보내는 시간

> 후까지 휴식 시간 없이 4~5시간을 보낸다. 우리들은 현행 블록 시간제하에서, 학생들이 교사들과 보내는 주당 수업 시간이 줄었고, 수업 시간의 질이 떨어진다는 이야기를 듣지 못했다. 블록 시간제에 관한 모든 연구들은 적절한 준비 및 계획 없이는 효과를 거두지 못할 것이라는 것을 나타내고 있다는 말을 듣지 못했다(pp. 7-8).

결과는 다음과 같다.

1. 교사당 하루에 5시간씩, 한 시간을 42분으로 하루 수업 시간이 210분에서 84분씩 3 블록 또는 하루 249분의 수업으로 변화
2. 일부 교사들은 수업 시간을 맞추기 위해 점심 시간을 8시 45분에 갖는 것에 대해 우려하였다.
3. 또 다른 교사들은 휴식, 계획 또는 심지어 화장실 가는 시간도 없이 연속적으로 3 블록의 수업을 하는 것에 대해 걱정하였다.

파업은 10월 1일에서 10월 7일까지 계속되었고, 이 기간 동안 양측은 행동을 취했다. 교사 노조는 "1,000명 이상의 교사, 학부모와 학생들이 교육위원회 청사로 몰려가서 관계자들은 사임하고 학교구는 교사들을 교실로 돌려 보내라고 요구(Liotta, 2002: 155)"하는 집회를 가졌다. (1) 임명직에서 선출직 교육위원회로 전환, (2) 교육감에 대한 개인적 악담: "Hornsby는 가라! 교사들은 남아있고!", (3) 의장, 시장, 시 의회 후보자들을 포함한 선거 출마자들의 교사 노조 지지 동참, (4) 노조가 학생의 참여를 선동하고 학교 시설을 불법 점유해서 학교가 문을 닫을 수밖에 없었다는 비판, (5) 파업이 인종 차별적이라는 주장 등 파업의 과정에서 일련의 관련된 쟁점들도 제기되었다.

파업 둘째 날, 양쪽은 외부 도움이 없다면 현재 상황이 학생들에게 커다란 해를 줄 것이라는 것에 동의하였다. 노사는 계약 합의 및 교사들을 학교로 돌아가는 것을 돕기 위해 두 명의 외부 중재자를 선출하였다. 양측이 계약에 대한 협상을 시도하는 사이, 교육위원회는 법원이 파업을 금지하고 있고, 주 노동 정책상 파업은 불법이기 때문에, 법원의 결정을 모독한 죄로 소송을 고려 중이었다.

파업 셋째 날, "양측" 모두 승리하지 못할 것은 분명하였다. 노조원들은 재정적 손실, 교도소 수감 및 지역사회로부터의 압력 증가에 직면해 있었다. 교육감은 YFT가 진지하며, 소득과 경력도 기꺼이 희생하고자 한다는 것을 알게 되었다. 중재자들은 동분서주하면서 양쪽을 하나로 만드는 합의를 이끌어 내려고 노력하였다. 모든 사람들이 행동을 취하였다. 주

(州) 정책에 따르면, 다른 대부분의 학교구가 선거를 통해 선출하고 있는 것에 비해 Yonkers의 경우 시장이 교육위원회 위원들을 임명하기 때문에, Yonkers 시장인 John Spencer는 논쟁 해결을 돕기 위해 나섰다. 언론 보도에 따르면, "어제, 잠정적인 합의안을 발표하기 위해 교육위원회 청사에서 걸어 나올 때, Spencer는 Andre Hornsby 교육감과 Steve Frey YFT 위원장 옆에 서 있었다. 양측은 파업 기간 동안 양쪽을 오가며 양쪽의 입장 차이를 줄이기 위해 노력한, 올해 가을 재선을 앞둔 초임 시장을 신뢰하였다(Liotta, 2002: 155).

누가 무엇을 얻고 무엇을 포기했는가? 교육감은 적어도 학년도(1999~2000) 동안 사측과 교사 간 논쟁의 핵심 사항이었던 블록 시간표를 잠정 보류하였다. 그 대신, 교사들은 수업 시간을 5분 늘리고 점심 시간을 줄이는 것에 동의하였다. 이는 매일 총 40분을 더 일한다는 것을 의미하였다. 그리고 교사들은 협상의 한 부분으로 하루 더 일을 하게 되고 경력에 따른 수당을 포기할 것이다. 일부 사람들은 "내 방식을 따르거나 아니면 떠나라"식의 형태에서 물러나고 교사들을 존중하며 주요한 의사 결정에 교사들을 참여시키고 이들의 목소리를 청취하는 등 Hornsby 박사가 자신의 지위를 약화시켰다고 주장하였다.

한 보고서에 따르면, 협력을 증진하고 학생들의 이익을 위해 Hornsby 교육감과 Frey YFT 위원장은 "더 많은 예산 지원을 받기 위해 New York 주의 주도인 Albany로 함께 출장을 가기로 합의하였다."(Halbfinger, 1999: 1A).

법과 정책

New York 주의 Public Employees' Fair Employment Act의 제14조는 1967년 처음 법안의 초안을 작성한 Robert Taylor 교수의 이름을 따서 Taylor Law라고도 불리는데, 이 조항을 통해 교사들은 노조를 설립하고 대표자를 선출하며, 교육위원회와 협상을 하고 협약을 체결하는 권리를 확보했지만 파업권은 허용되지 않았다. 따라서 Yonkers의 파업과 같은 교사들의 파업은 불법이다.

New York 주의 Taylor 법은 공공 부문에서 매우 전형적인 노동법이다. 첫째, 이 법은 "공공 근로자들에게 자신들이 선택한 근로자 조직을 결성 · 가입하여 참여하거나 혹은 참여하지 않을 권리를 부여한다."(Section 202). 둘째, 공공 근로자들은 "근로자 조직이 자신들을 대변하게 할 수 있는 권리, 자신들의 고용 계약 및 조건을 결정하기 위해 공공 고용주들과 단체 협상을 진행할 수 있는 권리를 갖는다."(Section 203). 셋째, 공공 고용주(예를 들어, 교육위원회)는 근로자 조직을 단체 협상의 단위로 근로자들의 "배타적 대표자"로 인정할 권한을 갖는다. 넷째, 고용주들은 "근로자 집단과 단체 교섭을 해야 한다." 다섯째, 교섭은 "합리적인 시기에 이루어져야 하며, 급여, 시간, 그리고 그 외 계약 조건에 관하여 성실하게 임해야 한다."(Section 204.3).

Taylor 법은 공공 근로자들에게 노조를 결성하고 성실하게 단체 교섭에 참여할 권리를 부여하며, 단체 교섭이 교착 상태에 빠질 경우 제3자 개입(중재와 조정)을 허용하고 있지만, 이 법은 파업을 하는 공공 근로자들에게 무거운 처벌을 부과하고 있다(Section 210). 이 법은 "어떤 공공 근로자 또는 근로자 조직도 파업을 해서는 안 되며 혹은 파업을 야기하거나 선동하고 조장하거나 파업을 용납해서는 안 된다."고 규정한다.

매 파업마다 2일간의 급여 손실. Taylor 법의 조항에 따르면, "공공 근로자[교사]가 파업을 금지하는 조항을 위반한 경우, 정부의 최고 회계 책임자[학교구]는 각 근로자의 보수에서 파업 하루당 또는 시간당 하루 지급 임금의 두 배에 해당하는 금액을 공제해야 한다"(Section 310.f).

"Agency Shop[2)]"의 일시적인 상실. 교원 단체들은 노조가 자체적으로 각 노조 회원으로부터 회비를 청구하여 징수하는 어려움을 줄이기 위해 학교구가 회비를 걷어주는 방식, 즉 교사들의 보수에서 자동적으로 회비를 징수할 수 없게 된다. 요컨대, 노조는 교육위원회가 명기한 기간 동안 고용주에 의한 "회원 회비 공제"권, 즉 Section 208(b)에 부여된 권한을 상실한다.

파업에 참여한 교사와 노조 대표에 대한 법원의 금지 명령, 벌금, 징역형. "정부의 최고 법률 책임자[교육위원회]는 이러한 법률 위반에 대한 명령을 대법원에 즉각 신청해야 한다."라는 주(州) 법 Section 211의 규정에 따라 주의 노동 정책은 또한 학교구가 파업 교사에 대한 법원 명령을 집행하는 절차를 제공하고 있다. 가처분 명령, 파업자와 노조에 대한 벌금, 노조 지도자에 대한 징역형 등이 선고될 수 있다.

위신 추락. 마지막으로 파업은 법원과 교육위원회뿐만 아니라 일반 대중에게서도 비난을 받을 수 있다. 미국에서 일어난 가장 큰 파업 중 하나로, 1968년 New York, Brooklyn의 Ocean Hilll-Brownsville에서 United Federation of Teachers(UFT)는 14명의 교사들을 복직시키기 위해 여러 차례 파업을 강행하였다. The Great School Wars(1974)에서 Ravitch는 "노조는 미래를 위한 강력한 절차상의 보호 조치와 함께 노조원들이 Ocean Hill-Brownsville의 교실로 복귀시키는 데 성공하였다. 그러나 진보적

---

2) 역주: 조합 미가입자도 조합비를 내는 노동조합의 형태(출처: Naver 사전).

인 지식 계급과 많은 흑인 지도자들 사이에서 이상적이고 사회적으로 진보적인 노조라는 이미지는 흐려졌다. 노조의 승리는 시와 주 정부에 대한 노조의 정치적 권력을 확립시켜 주었지만, 이러한 승리에 대한 대가는 컸다"고 결론을 내렸다(p. 378).

사례 연구에 나타나 있는 것과 같이, New York 주의 새로운 Taylor Law(Public Employees' Fair Employment Law)는 Yonkers Federation of Teachers(YFT)와 같은 교사 노조에게 교섭 단위로서 교육위원회의 공식적인 승인을 받고 교육위원회와 "성실한" 교섭에 참여할 수 있는 권한을 부여하였다. 그러나 교섭권과 단체 행동을 보장하는 대가로 Taylor Law는 공공 근로자들의 파업을 불법으로 규정하고, 이를 위반한 노조에게는 엄격한 처벌을 부과한다.

Kerchner와 Mitchell(1988)은 교사 노조 정책을 이해하기 위한 규범적 틀과 이들이 미국에서 교사들의 역할과 개념에 어떤 영향을 주었는지에 대해 자세하게 설명하고 있다.

> 이 새로운 아이디어는 교사의 자기 이익 추구를 합법화시키고, 의사 결정 과정에 교사들의 참여와 접근을 재정립하고, 교사들의 정치적 활동 참여의 적절성에 관한 관점을 새롭게 제시하는 등 사회적 인식 상의 변화를 나타낸다. 한 노조의 아이디어는 학교 내의 중요한 하위 집단들이 서로 관계를 맺는 의사 결정과 규범을 결정하는 조직적 차원을 가지고 있다. 마지막으로 이 새로운 아이디어는 근로자로서의 교사의 개념과 교사 업무를 정의하는 것과 관련되어 있다 (p. 3).

따라서 교사의 노동조합 가입은 보다 강한 단결 및 근로자 집단이라는 측면에 초점을 두는 방향으로의 이동이며, 조직적인 측면에서 전문직으로서 인식되는 것에는 크게 신경을 쓰고 있지 않다. 그러나 급여, 복지, 작업 조건에 대한 "기본적인 문제들"이 단체 협상을 통해 해결되었기 때문에, 보다 좋은 관행, 보다 높은 교육의 질, 그리고 높은 학업 성취 결과를 위한 목소리를 높이려 시도하면서 교원 노조는 교육 정책으로 관심을 전환하였다.

Kerchner와 Mitchell(1988)은 교원 노조가 세 가지 세대를 거쳐 갈 것이라 생각하였다. 첫째, "만남과 수여(the meet-and-confer) 세대"는 행정이 교사들을 "대표"하고 이들의 욕구를 충족시키는 비공식적 수단으로 특징지어진다. 이들 제1세대 학교구에 관한 자료는 "교사와 행정가들 간의 신뢰(trust), 의사소통, 상호 신뢰(confidence)의 가정에도 불구하고, 사실상 이러한 관계는 매우 취약하고, 배타적이며, 쉽게 손상을 받는다는 것"을 보여준다(p. 96). Kerchner와 Mitchell(1988)에 따르면, 이러한 관계는 "비공식적"이기 때문에 교사-행정가 간의 갈등이 일어날 경우 이를 관리할 수 있는 "제도적 메커니즘"이 결여되어 있다(p. 97).

단체 교섭이 이루어지는 제2세대는 "성실한 교섭"의 시대라고 불리고 주 의회 및 주 공무원 채용 관계 법령에 근거를 둔 일련의 정책들에 바탕을 두고 있다. 법적인 뒷받침이 없다면 교사들은 교육위원회가 성실한 교섭에 임하도록 할 방법이 거의 없다. 그리고 제3세대는 교육과정 기준과 프로그램 결정에 참여하는 등 교사들이 전문적 활동에 참여한다. Kerchner와 Mitchell(1988)은 다음과 같이 설명한다.

> 만약 교사들이 조직화된 전문가로 행동하고자 한다면, 조직 차원에서 자신들의 전문적 판단을 표명하고 조직적 권위를 부여하기 위한 일련의 수단이 있어야만 한다. 이들은 교육문제를 해결하기 위한 가장 적절한 전략과 타당한 목표에 관한 자신들의 의견을 표명할 수 있어야 한다. 또한 교사 조직은 학교 내에 일반적인 업무 규칙과 고충 처리 방법 그 이상을 공유하고 있는 통합된 작업 집단(공유적 의사 결정)을 형성할 필요가 있다(p. 238).

이 장의 핵심 주제는 다음 진술에 잘 나타나 있다. 즉, 전문직으로서 인정받거나 행동하고자 하는 교사들의 욕구, 업무와 프로그램을 결정하는 데 동료로서 참여하고자 하는 교사들의 바람, 그리고 단체 교섭 구조하에서 "조직화된 전문직"이 되는 것에 대한 계속적인 관심.

교사 참여 정책

교사의 협력과 협동을 위한 규범적 논쟁은, Hargreaves(1994)가 주장하듯이 "학교 개선과 교사 발달 간의 중요한 연결고리를 형성하는" 새로운 정책을 이해하는 데 중요하다(p. 186). 교사, 행정가 그리고 심지어 부모들 간의 친밀한 팀워크를 통한 학교 개선을 주창하는 사람들은 교사들이 (1) 의사 결정 과정의 한 부분이 되기를 원하고, (2) 업무의 동반자가 되기 위한 기술을 가지고 있으며, (3) 협력 과정을 이해하고 있고, (4) 학교 내의 문제 해결을 위해 공유하고 있는 자신들의 관심사를 활용할 수 있다고 강하게 믿고 있다. 공유적 의사 결정이 학교를 개선하고 학생의 학업 성취를 높인다는 구체적인 증거가 부족함에도 불구하고, 학교 개혁 정책들은 팀 경영(team management)을 요구하고 있다(Malen, Ogawa, & Krantz, 1990).

Hargreaves(1994)는 교사 참여에 대한 규범적 기대를 다음과 같이 요약한다.

> 협동과 협력은 외부로부터 학교를 재구조화하고 내부로부터 학교를 개선하기 위한 정책들의 중요한 부분이 되고 있다. 결과적으로 협동과 협력은 일반적으로 그 자체로는 연방과 주 정부가 요구하는 주제는 아니지만, 성공적인 협동과 협력은 개혁의 효과적인 실행을 위해 필수적인 것으로 간주된다(p. 187).

그러나 함께 일하는 동료로 교사들을 결합시키는 정책을 제정하는 것이 바람직한가 하는 것에 대해, Hargreaves는 진정한 팀워크는 강제하거나 명령하거나 혹은 강요할 수 있는 것이 아니며, 그렇게 할 경우 "인위적인 동료 간 협조"가 된다고 주장한다. 교사들은 단기간의 프로젝트 등에 대해 자신들의 교실 밖에서 아이디어를 기꺼이 공유하려고 하지만, 교실 문을 닫고 자신이 가장 적절하다고 생각하는 것을 가르칠 권리를 가지고 있다.

따라서 전문직으로서 교사에 관한 정책들에 대해 학계에서는 의문을 갖지만 실무자들은 그렇지 않은 어떤 가정을 만들어 낸다. 일부 주의 경우, 공유적 의사 결정 정책과 법안들은 학교 운영을 지원하기 위해 학부모와 행정가들이 함께 참여하는 교사위원회 또는 단위학교위원회[3]를 설치하도록 요구한다. 이는 산업체에서와 같이 직원들과 지역사회 간의 밀접한 협력을 통해 학교도 도움을 받을 수 있다는 일반적인 믿음에 근거하고 있다.

가르치는 것은 오랫동안 개인적인 성인 활동이었다. 사실 Lortie(1969)는 학교는 높은 교사 이직률 및 학교의 증가를 고려하여 생산 단위(교실)들 간의 상호의존을 제한하는 형태로 설계되었다고 주장한다. 개별 교사들은 복도 건너편의 교실에 아무런 영향을 주지 않으면서 오간다. 그 결과, 소외가 아닌, 독립의 문화가 나타났다. Hargreaves(1994)는 "교사들의 개별성 및 판단의 재량권을 보장하는 것은 또한 협동하라는 요구에 대해 동의하지 않고 비판적으로 그 가치를 숙고하는 권리를 보장하는 것이다."라고 주장한다(p. 191).

공유적 경영 정책을 비판하는 사람들은 흡수(co-optation)되는 것을 가장 우려한다. 이들은 이러한 정책들이 학교, 부서, 학교구의 교사들을 위한 유의미한 지원 체제를 육성하는 것이 아니라 외부 및 주에서 부과하는 규칙과 통제로 교사들을 구속할 것이라고 우려한다.

Hargreaves(1994)는 협력적 문화와 자신이 명명한 "인위적인 동료 간 협조"를 비교하고 있다. 〈표 9.1〉에는 진정한 협력과 인위적인 동료 간 협조 간의 차이점이 제시되

---

3) 역주: 우리나라의 학교 운영위원회

〈표 9.1〉 협력 대 "인위적인 동료 간 협조"

협력적 문화	인위적인 동료 간 협조
자발적	행정 규제적
필요한 경우 자발적으로 방과후 지도	강제적으로 지시된 방과후 지도
발달적이고 개인적	집행 지향적
변화하고 역동적	시간과 공간의 고정
예측할 수 없는	예측할 수 있는
동료 지원 및 배려	억압적인 감독

어 있다.

Lieberman, Darling-Hammond와 Zuckerman(1991)은 "공동의 탐구를 통해 활기를 북돋우고, 진정한 책무성을 통해 정보를 공개하고, 공유적 의사 결정을 통해 운영되는 학교 조직 내에서 이러한 학습 기회를 만들어 내는" 학교 재구조화와 같은 정책들은 중요하다고 생각한다(p. 21).

주 의회에서 통과되고 주 교육부와 지역 교육위원회에 의해 집행된 가장 최근의 정책들은 교사들의 업무에 영향을 미치며, 전문직 의식과 자율성에 관한 생각에도 영향을 준다. 이들 정책들은 주와 학교구의 의사 결정 과정에 교사들을 참여시키고자 노력한다. 수년 전 Shulman(1989)은 참여와 협동을 요구하는 이러한 운동을 다음과 같이 표현하였다.

> 학교는 권한이 분권화되고, 중요한 의사 결정이 일선 관료들이 생활하는 곳에서 이루어지는 현대적인 경영 방법을 사용하는 최고의 기업처럼 되기를 요청받고 있다. 리더십은 행정가들에 의해 독점되지 않고 교사들과 공유된다(pp. 6-7).

미국 전역에 걸쳐, 주 의회는 학교들의 "자치"를 요구하는 법을 통과시켰다. 예를 들어, New Jersey 주의 경우, 교사(과반수를 넘지 않음), 학부모, 행정가(학교장), 그리고 고등학교의 경우 학생들로 구성된 학교 경영팀(School Management Teams: SMTs)을 사용하는 "전체적 학교 개혁 모델"을 채택하도록 요구한다. 또한 New York 주의 경우에도 모든 학교에서 각 핵심 구성원들이 자신들의 대표자를 선출하는 학교 자율 경영제와 공유적 의사 결정을 실시하도록 규정하고 있다.

1991년, 『A New Compact for Learning』에서 Thomas Sobel 교육감의 말을 통해 New York 주 교육부는 교육위원회가 학교의 기획 및 의사 결정에 교사와 학부모들이 참여할 수 있도록 하는 데 영향을 미쳤다고 밝혔다. 지역의 자율권을 촉진할 목적으로, 『the Compact』는 "위원회는 모든 학교에서 교육 문제에 관한 의사 결정에 교사와 학부모의 참여를 촉진할 것이다. 교육위원회는 회의 일정에 대한 규제를 완화하고, 수업 일수 증가를 위한 예산을 확보함으로써 직원 연수, 기획 및 의사 결정에 참여하는 시간을 증대시키는 방법을 모색하고 있다."고 설명하였다(1991: 5).

즉, "개별 학교들은 공유된 목적과 지원의 맥락에서 가능한 한 자율적이어야 한다. 가능한 한 많은 운영 결정이 학교를 구성하고 있는 교장, 교사, 그 밖의 다른 직원들, 학부모들에 의해 이루어져야 한다. 학교 단위 의사 결정(학교 자율경영제)은 일시적인 유행이 아니라 타당하고 지속 가능한 조직 효과성의 원리이다."(A New Compact, 1991: 10).

이러한 공유적 의사 결정의 개념은 법으로 제정되었다. New York 주 교육법(Title8) Section 100은 "학교 단위 기획과 공유적 의사 결정의 목적은 사회 · 경제적 지위, 인종, 성별, 언어 혹은 신체 장애와 같은 요인들과 관계없이 학교 내의 모든 학생들의 성취도를 향상시키는 것이다."라고 규정하며 교사를 학교 경영 과정에 참여시키는 정책을 명시하고 있다. 또한 정책에서는 교육감, 행정가와 교사 "교섭 단체"의 구성원, 학부모들로 구성된 대의적 조직이 공유적 경영 계획을 수립해야 한다고 규정한다. 이 경영 계획에는 다음과 같은 사항들이 제시되어야 한다.

1. 단위 학교 수준에서 교사, 학부모, 행정가들에 의해 이루어지는 협력적 기획 및 공유적 의사 결정의 대상이 되는 교육 관련 쟁점들
2. 모든 당사자들에게 기대되는 참여의 방법과 정도
3. 모든 당사자들이 학생의 학업 성취 향상을 평가하는 수단과 기준
4. 모든 당사자들이 자신들이 참여하여 결정한 것에 대해 책임을 지는 방법
5. 지역 수준에서 의사 결정이 이루어지는 교육 관련 쟁점에 대한 참여 당사자들의 갈등을 해결하는 과정
6. 전반적인 계획을 통해 기획 및 의사 결정 과정에 학부모와 교사들의 참여를 요구하는 주 및 연방 정부의 요구가 조정되고 충족되는 방법

학교 운영에 교사들을 참여시키고자 하는 노력은(단체 교섭 관련 정책의 측면에서) 몇 가지 흥미로운 정책 문제들을 가져온다. 어떻게 교사들은 학교 경영팀에 참여하면서 동시에 보수 및 작업 조건과 관련된 쟁점들을 경영진과 단체 교섭을 계속할 수 있는가? Section 100은 "단위 학교의 기획과 공유적 의사 결정에 교사들의 참여를 규정하는 학교구의 방침은 교육위원회와 교사들을 대표하는 지역 교섭 조직 간의 단체 협상을

통해 마련할 수 있다."라고 규정하며 이러한 갈등을 인정하고 있다. 사실, 교사가 갖는 노동조합 관련 권리는 교사들이 특정 학교에서 동료들의 대표자로서 의사 결정에 참여하는 것보다 우선한다. 다시 말해, 상이한 정책들이 시행되면서 전문직, 민주적 대표자, 노동조합원이 되고자 하는 노력은 서로 얽히게 된다.

교원 정책 재검토

이 장에서의 세 가지 주요 정책 관심사는 교사 양성, 노동조합화, 협력적 리더십이었다. 〈표 9.2〉에 제시되어 있는 것과 같이, 이들 영역은 오랫동안 교사 자신들뿐만 아니라 교육 개혁가와 지도자들의 주된 관심사가 되어 왔다. 또한 정책 결정가들은 보다 좋은 보수와 지원 그리고 학교의 정책 수립에 보다 강력한 목소리를 낼 수 있는 우수한 교사들은 학생들에게 도움이 된다고 주장한다.

그러나 이들 세 정책 영역은 상이한 규범과 상이한 영역 및 관련 이익집단(구성요소), 상이한 정부 수준(구조)과 관련되어 있으며, 교사 관련 정책 결정에서 서로 다른 쟁점들에 관심을 두고 있다. 교사 교육 및 자격에 영향을 주는 정책들은 일반적으로 주 정부가 부과하고 대학과 기타 교육 집단 및 기관에서 실행하는 형태로 교사들로부터 상당히 멀리 떨어진 곳에서 이루어진다.

법을 어기고 동맹파업에 돌입하여 교육감에게 자신의 정책을 수정하도록 압력을 행사하려고 했던 Yonkers에서 일어난 5일간의 파업에서 살펴볼 수 있는 것과 같이 교사의 노동조합 형성은 경영진과 노동자들 간의 힘의 균형을 유지하려는 것이다.

최근에 이르러, 학교 자율경영제(학교 단위 책임경영제)의 도입과 함께, 교사들을 학교의 교육 정책 과정에 끌어들이려는 시도가 이루어지고 있다. 비록 공유적 의사 결

〈표 9.2〉 교원 인력 개발을 위한 주요 정책 영역

Ⅰ. 교사 양성과 자격증	Ⅱ. 교사의 직무권리와 급여	Ⅲ. 교사 협력과 경영 공유
신규 채용 정책	급여 수준	학교 운영위원회/팀 대표
양성단계 이전 요건	복지 혜택	공유적 의사 결정
전문직 요건	종신 재직권과 연공	단위 학교 예산과 경영
실습/교실 요건	교섭단위로써 인식	팀워크와 진실한 동료 간 협력
능력 검증	고충 처리 절차	교사 리더십
자격 절차	고용 보장	협력
자격증 발급 후와 갱신	제3자 논쟁 조정	멘터십과 지원
전문직 성장	개선된 근무 조건	비전 설정과 집행에서의 역할

정은 최근에 도입되었지만, Kerchner와 Mitchell(1988)이 "제3세대" 노동관계에서 제시한 방향인 교사들에게 권한을 부여하고 전문직과 자율성에 대한 교사들의 관심을 되살리는 수단으로서 몇 가지 가능성을 계속해서 제시하고 있다.

과제와 활동

1. 본인이 거주하는 주 그리고/또는 학교구의 교사 양성, 자격, 그리고 전문적 성장에 관한 정책을 조사해 본다. 이들 정책들은 (a) 보다 많은 교사들을 교육 현장에 들어오게 해야 할 필요성, (b) 보다 높은 기준과 보다 많은 연수시간의 필요성, (c) 교사 양성에 소요되는 비용 증가, (d) 교사 평가, 그리고 (e) 교사의 질을 평가하는 수단 간에 어떻게 균형을 맞추는가?
2. 여러분의 주에서 노동조합을 결성하거나 또는 결성하지 않을(일할 권리) 교사들의 단체권을 결정하는 정책들은 무엇인가? 만약 이들 법의 목적이 교사와 교육위원회에게 어느 정도 동등한 권한을 주는 것이라면, 이러한 균형은 얼마나 잘 이루어지고 있는가?
3. 학교 단위 공유적 의사 결정을 찬성하거나 반대하는 정책적 논거는 무엇인가? 이러한 공유적 의사 결정은 "인위적인 동료 간 협조" 형태이며 관심사를 실제 공유하는 공동체가 아니라고 주장하는 Hargreave의 의견에 동의하는가? 교사들을 빈틈없이 자신들의 독립성과 자율권을 보호하는 고립된 숙련공처럼 만들게 하는 것은 무엇인가?
4. 교사 양성, 단체 교섭권, 그리고 공유적 및 팀 의사 결정에 영향을 미치는 정책들 간의 관계 및 모순에 대해 설명할 수 있는가? 전문직처럼 대우받고 싶어 하는 교사들의 요구를 지지하면서 동시에 이들 세 가지를 개선할 수 있는가? 전문가, 실습생, 노동조합원으로서의 교사와 정치적 의사 결정자로서의 교사 사이의 단절을 부분적으로 설명하면서 이 세 가지의 정책 영역은 서로 어떤 긍정적 및 부정적인 영향을 주고받는가?

중요한 연구들

아마도 교직에 관한 최고의 연구는 Dan Lortie(1975)의 『Schoolteacher』일 것이다. 보다 최근에, Firestone과 Bader(1993)는 『Redesigning Teaching: Professionalism or Bureaucracy?』에서 교직의 변화를 탐색하였다. 다양한 학술 문헌에 대한 분석

을 통해 교직의 변화를 탐색한 연구는 교사의 업무와 문화를 자세하게 분석한 Andy Hargreaves(1994)의 『Changing Teachers, Changing Times: Teachers' Work and Culture in the Post-Modernist Age』이다. 최근에 Grant와 Murray(1999)의 『Teaching in America: the Slow Revolution』은 교육과 사회 분야의 우수한 연구물로 Harvard University Press Award를 받았다. 교직에 영향을 미친 교원노조의 역할에 관심 있는 사람들은 지금까지 이루어진 교원노조에 관한 연구 중 최고라고 할 수 있는 Charles Kerchner와 Douglas Mitchell(1988)의 『The Changing Idea of a Teachers' Union』을 읽어야 한다.

참고문헌

Carnegie Forum on Education and the Economy (May 1986). *A nation prepared: Teachers for the 21st century.* The Report of the Task Force on Teaching as a Profession. New York: Carnegie Corporation.

Cooper, M. (1989). Whose culture is it anyway? In A. Lieberman (Ed.), *Building a professional culture in schools* (pp. 36-52). New York: Teachers College Press.

Cremin, L. A. (1988). *American education: The metropolitan experience 1876-1980.* New York: Harper & Row.

Darling-Hammond, L. (November 1997). *Doing what matters most: Investing in quality teaching.* Washington, DC: National Commission on Teaching and America's Future.

Etzioni, A. (1968). *The semi-professions and their organization: Teachers, nurses, social workers.* New York: The Free Press.

Finn, C. E., Jr., Kanstoroom, M., & Petrilli, M. (1999). *Quest for better teachers: Grading the states, the teachers we need and how to get them.* Collingdale, PA: Diane Publishing.

Firestone, W. A., & Bader, B. D. (1992). *Redesigning teaching: Professionalism or bu-reaucracy?* Albany: State University of New York Press.

Foley, R. (1999, October 7). [Letter to the editor]. *Journal News*, pp. 7-8.

Galambos, L. M., Cornett, L. M., & Spitler, H. D. (1985). An analysis of transcripts of teachers and arts and science graduates. In W. D. Hawley (Ed.), *Breaking away: The risks and inadequacies of extended teacher preparation programs.* Nashville, TN: Vanderbilt University.

Goodlad, J. I. (1990). Teachers for our nation's schools. San Francisco: Jossey-Bass. Grant, G., & Murray, C. F. (1999). *Teaching in America: The slow revolution*. Cambridge, MA: Harvard University Press.

Halbfinger, C. (1999, September 8). Yonkers teachers on strike. *The Journal News*, pp. lB. 2B.

Hargreaves, A. (1994). *Changing teachers, changing times: Teachers' work and culture in the post-modernist age.* New York: Teachers College Press.

Hunt, J. (1997). *National commission on teaching and America's future.* Washington, DC: NCTAF.

Kerchner, C. T., & Koppich, J. E. (1993). *A union of professionals: Labor relations and educational reform.* New York: Teachers College Press.

Kerchner, C. T., Koppich, J. E., & Weeres, J. G. (1997). *United mind workers: Unions and teaching in the knowledge society.* San Francisco: Jossey-Bass.

Kerchner, C. T., & Mitchell, D. E. (1988). *The changing idea of a teachers' union.* New York: Falmer Press.

Lagemann, E. C. (1983). *Private power for the public good: A history of the Carnegie Foundation for the Advancement of Teaching.* Middletown, CT: Wesleyan Uni-versity Press.

Lieberman, A., Darling-Hammond. L., & Zuckerman, D. (1991). Early lessons in re-structuring education, schools, and teaching. Washington, DC: NCREST.

Liotta, M.-E. R. (2002). *The four great strikes of Yonkers teachers: An historical analysis of conflict and change in urban education.* Doctoral dissertation from Fordham University, New York.

Lortie, D. (1975). *Schoolteacher: A sociological study.* Chicago: University of Chicago Press.

Lortie, D. (1969). The balance of control and autonomy in classrooms. In A. Etzioni (Ed.), *The semi-professions and their organization: Teachers, nurses, social workers* (pp. 1-53). New York: The Free Press.

Malen, B., Ogawa, R. T., & Krantz, J. (1990). What do we know about school-based management? A case study of the literature. In W. H. Clune & J. F. Whitte (Eds.), *Choice and control in American education* (Vol. 2, pp. 284-343). Philadelphia: Falmer Press.

Mickey, K. (1999, October 2). On strike. *Journal News,* pp. 1A, 2A.

New York State Board of Regents (1998, July 16). *New York State's commitment: Teaching to higher standards.* Albany, NY: Author.

New York State Department of Education (1991). *A New Compact for Learning: Improving Public Elementary, Middle, and Secondary Education Results in the 1990s.* Albany: The University of the State of New York and New York State Education Department.

Olson, L. (2000, January 13). Finding and keeping competent teachers. *Quality Counts 2000: Who Should Teach? Education Week, 19*(18), 12-18.

Ravitch, D. (1974). *The great school wars: New York City, 1805-1973.* New York: Basic Books.

Shulman, L. (1989). *Alone, learning together: Needed agendas for the new reforms.* Conference on Restructuring Schools for Quality Education. Trinity University, San Antonio, TX.

Thomas B. Fordham Foundation. (1999). *The teachers we need and how to get more of them: A manifesto.* Washington, DC: Author.

Tom, A. R. (1989). A critique of extended teacher preparation. In L. Weiss, P. G. Altbach, G. P. Kelly, H. G. Petrie, & S. Slaughter (Eds.), *Crisis in teaching: Perspectives on current reform.* Albany: State University of New York Press.

Weiss, L., Altbach, P. G., Kelly, G. P. , Petrie, H. G., & Slaughter, S. (Eds.). (1989). *Crisis in teaching: Perspectives on current reform.* Albany: State University of New York Press.

Wilensky, H. L. (1964-1965). The professionalization of everyone. *American Journal of Sociology. LXX,* 137-145.

제10장

교육 재정과 형평성
더 좋은 정책, 더 좋은 재원의 활용

미국은 2001~2002학년도에 모든 교육 부문에 $699,700,000,000를 지출했다. 이 가운데 공·사립 초·중등학교에 $423,000,000,000가 소요되었으며, 이는 국내총생산(GDP)의 7.4%에 이르는 수치이다. 유치원에서 12학년까지의 교육에 총 $340,000,000,000이 사용되었고, 미국에서 교육은 의료 및 보건 서비스 다음으로 두 번째로 많은 액수가 투입되는 공공 서비스 사업으로 320만 명의 교사 및 학교 행정가와 5,220만 명의 학생들이 관련되어 있으며, 이를 위해 수많은 시간을 할애하고 있다. 모든 교육 정책은 사실상 재정과 연계되어 있다. 교육 프로그램 진행을 위해서는 교육자 고용을 위한 재원이 필요하다. 앞으로 전개될 복잡한 세계에서 살아갈 다음 세대를 준비하는 데 필요한 장비, 건물, 자원을 충당하기 위해서도 재원이 필요하다. 그리고 학생들의 시험 및 평가를 위해서도 재원이 필요하다.

정책은 사회가 소중하게 생각하는 교육을 위해 어떻게 자원을 형성하고, 분배하며, 사용하는지를 결정한다. 또는 유권자들이 학교를 지원하기 위해 재산, 소득, 판매 및 기타 활동(주택과 자동차 구매)에 세금을 부과하는 데 동의한 이유는 무엇인가? 이러한 돈 중에서 얼마만큼이 실제로 학생, 교실, 교사, 생활지도 담당자, 도서관 사서들에게 도달되는가? 인적·물적 영역 외에 교육 재정으로 무엇을 구매하는가? 교육 부문에서 시간의 활용과 유용성은 어떠한가? 즉, "과제 수행 시간," 면담 시간, 자습 시간, 정학 기간? 새로운 아이디어와 기술개발 등 교육을 위한 "투자 비용" 영역의 지출은 어떠한가? 학교, 건물, 컴퓨터, 설비 그리고 가장 중요한 교직원을 구성하고, 유지 및 개선하는 비용(Cibulka & Cooper, 2002)은 어떠한가? 재원(세금 분배)이 어떻게 학교 현장과 학급의 자원(교사, 연수, 설비, 컴퓨터, 교과서, 현장학습)으로 전환되는지에 대한 분명한 이해 없이는 이들 자원이 학생들의 학습 결과(시험 점수, 졸업률, 출석, 시민으로서의 자부심, 심미적 감상, 선행)에 어떠한 영향을 미치는지 판단하는 것이 어려울 것이다.

규범적 차원

Odden과 Busch(1998: 3)는 자신들의 저서 『Financing Schools for High Performance』의 서문에서 1997년 제작된 영화 'Jerry Maquire'에 등장하는 "내게 돈을 보여줘!"라는 대사를 인용하였다. 학교 재정의 규범적 측면도 이러한 관심사를 반영하고 있다. 즉, 돈이 어디에 있는가, 어떻게 지출될 것인가, 그리고 어떤 결과를 위해서인가? 이 장에서는 학교 재정 정책의 기저를 이루는 네 가지 핵심 규범을 살펴본다.

규범 1: 공공재와 사유재로서의 교육
규범 2: 학교 재정 지출의 적절성과 형평성
규범 3: 교육 재정 지출의 효율성과 생산성
규범 4: 교육 재정 지출의 선택과 책무성

규범 1: 공공재와 사유재로서의 교육

교육 역사가인 Lawrence Cremin은 식민지 시대(1607~1783) 미국 교육의 뿌리에 관한 연구를 통해 예전에는 공적 통제와 재원 조달 없이도 교육이 가능했다는 것을 발견하였다. Cremin(1970)은 다음과 같이 주장하였다.

> 연방이 형성되기 전, 다양성으로 인해 의심할 여지 없이 여러 형태의 교육 접근성은 향상되었으며, 적어도 실질적인 선택의 여지가 생겨남에 따라 다수의 일반 대중들은 자신들의 특정한 목적과 열망에 맞는 교육에 매료되었다. 이는 신앙 부흥 운동[1] 기간 동안 새로운 형태 및 내용으로 New Jersey 주의 주민들에게 관심의 대상이 되었던 교회의 경우 특히 더 그러하였다. 중소도시에서 무역과 수공예의 확산으로 인해 가능성의 범위가 증대됨에 따라, 도제 제도 역시 마

1) 역주: 주민의 종교적 자각을 고양하고, 교회의 교의나 제도에 변혁을 가져온 운동으로, 이를 통하여 교회가 발전하였고 영혼 구원을 목회의 가장 으뜸으로 삼게 되었으며 절제, 여성해방, 해외선교 등 여러 분야에서 도덕적이고 박애적인 개혁이 활발하게 일어났다. 또 많은 대학과 신학교가 세워졌으며 선교협회가 조직되었다. [출처: 네이버 지식백과]

찬가지였다(pp. 551-552).

그러나 1880년대 중반, 이민 및 학교 교육에 대한 수요 증가는 증가하는 도시 빈민층 교육을 위한 개인, 가족, 자선단체 및 교회의 지원을 받고 있던 기관들의 재정적 능력을 압도하였다. 지역사회에서는 백여 년 이상 학자들과 실무자들의 상상력을 자극했던 "무상" 또는 "보통 학교(common school)"의 재원 마련을 위해 자산 소유주들에게 세금을 부과하기 시작하였다. Tyack(1967)은 보편적이고, 공적 재원으로 충당되는 의무교육을 위한 개혁 운동을 다음과 같이 기술하고 있다.

> 그 다음 몇 십 년 동안, 교육을 존중하는 자신들의 생각을 바탕으로 초등학교라는 기관을 설립하는 등 미국인들은 이를 위한 방법을 더욱 구체화하였다. 19세기 초, 교육에서 "공립"과 "사립"을 명확히 구분하기는 어려웠다. 주 정부에서는 자유로이 "사립" 학원과 대학을 지원하였고, 각 도시에서도 "사립" 자선학교를 지원해 주었다(p. 120).

지역사회와 주 정부가 자신들의 과세권을 공교육의 확장 및 지원을 위해 사용함에 따라 미국 공교육 재정의 역사에 획기적인 돌파구가 마련되었다. 필요한 경우, 주 정부는 지역사회에 세금을 부과하였고, 그 후에 지방 학교구의 운영을 위해 주 정부 예산을 지원하였다. 이러한 공식(지역의 노력, 지역의 부동산세, 주 정부의 필수 요구사항, 그리고 그 후 주 정부의 지원)은 모든 아이들을 위한 공교육의 출현에 기여하였다. Butts(1978)는 "직접적인 과세를 통해서만 필요한 재원이 충당될 것이며, 물론 가장 일반적인 형태는 부동산 보유세이다"라고 주장하였다(p. 84).

개인적 또는 공적? 대부분의 아동들은 공립학교에 다닌다. 그러나 약 10%는 사립학교와 교구 학교를 선택한다. 이러한 비공공 부분은 흥미로운 방식으로 재정 정책에 영향을 미치며 강하고 왕성하게 유지되고 있다.

비록 학부모들은 사비를 들이거나 공립학교를 이용하는 방법 중 선택을 할 수 있으나, 사회는 교육을 (개인의 성장을 돕고, 생산적인 시민이 되도록 해주며, 생활비를 벌게 해주는) 사유재이자 동시에 모두에게 혜택을 주는 공적인 관심사로 바라본다. 정책 결정가들은 때때로 이러한 개념을 이원화해서 교육은 근본적으로 (가정과 학생이 책임져야 할) 사유재라거나 또는 (정부의) 공공 서비스라고 주장한다. 교육은 개별적이고 개인적인 필요 충족과 전체 사회의 이익 등 아주 명백히 이 두 가지 모두를 포함하고 있다. Friedman(1962)은 이를 개인의 발전이 전체에게 이익이 된다는 "근린효과(neighborhood effect)"라고 지칭하였다.

경제학자들은 개인의 교육이 국가의 생산성에 어떤 영향을 미치는지에 매료되어 왔다. 이들의 가설은 사회가 국민("인적자원")에게 "투자"하면, 이들 성인들은 더 박식하고 고용 가능하며 생산적이고 열심히 일하게 되며, 이는 곧 국가의 생산성 증대로 나타난다는 것이다. 이러한 경제학자들은 개별 아동과 이들이 다니는 학교에 큰 관심을 가지지 않을 수 있다. 그러나 교육은 풍부한 천연자원, 광산, 유전, 공장, 발전소, 항만, 교각 등과 같은 향상된 자원 개발, 철도, 고속도로, 공항, 전화, 기타 전자제품 등 더 좋은 사회 기반시설, 새로운 기술 개발과 정치적 안정의 확대 등과 함께, 경제 성장에 기여할 수 있는 또 다른 변수로 경제학자들의 분석에서 변인이 되고 있다.

"인간자본론"의 가장 대표적 연구로 Schultz(1963, 1981)를 들 수 있다. 그는 우리 아이들의 행복과 안녕에 투자하는 사회적 측면과 교육 부문에 돈을 투자함으로써 재정적 보상을 거두는 경제적 측면에서, 교육을 일종의 투자로 간주하였다. 교육 재원의 보상으로, 국가는 높은 생산성, 부강한 경제, 더 많은 일자리, 더 높은 이윤 및 변화하는 요구와 시장에 대한 적응력 향상 등과 같은 혜택을 얻는다(Langelett, 2002).

정책사례

Theodore W. Schultz

인간자본론

Chicago 대학교 경제학자인 Schultz는 1929~1957년에 이루어진 정부의 재정 증대에 관한 연구의 공로로 1961년 노벨경제학상을 수상하였다. 그는 이 연구에서 해당 기간 동안 경제 성장을 위한 모든 "투입" 요인을 설명하고자 하였다. 그런데 자본 형성 요인(예컨대 기차, 발전소, 광산과 제련소, 공업발달, 운송과 무역)을 바탕으로 예상한 수치보다 36% 더 높은 경제 성장이 이루어진 것으로 나타났으며, 이에 대한 타당한 이유를 찾을 수 없었다.

그가 적용할 수 있는 유일한 설명은 사람에 대한 투자가 경제 성장의 성과를 가져왔다는 것이었다. 즉, 전체 발전을 이끈 요인 가운데 1/5~1/4은 사회가 번창할 수 있도록 돕는 노동자와 과학자, 엔지니어, 발명가, 기술자를 교육하기 위해 투자한 자원 덕택이라는 것이다. Edward F. Denison은 Schultz의 이러한 연구 결과를 뒷받침해 주고 있다. 그는 1929~1948년도에 실제 국민소득 증가에 대한 교육의 기여도는 27.2%이고, 1948~1969년도에는 18.1%로써 전체적으로 1929년부터 1969년 사이에 학교 교육으로 인해 21.1%의 경제 성장이 이룩되었음을 보여주고 있다(Schultz, 1960, 1963, 1981 참고).

Schultz 계열의 연구가 일깨워 주는 바가 있지만, (그것은 단지 Shultz의 연구 모델 변수에 불과할 뿐) 교육 실제와는 크게 동떨어져 있어서 교육가들은 무엇을 해야 할지 쉽게 결정할 수 없다. "교육에 대한 투자"와 어떻게 학교를 조직하고 학생들을 가르칠 것인가는 상이한 문제이다.

생애 소득 흐름. 다른 계열의 연구는 교육받은 사람의 전체 생애를 걸쳐볼 때 고등학교를 졸업한 사람들은 고등학교를 중퇴한 사람들에 비해 소득이 높고, 대학을 졸업한 사람들은 그렇지 않은 사람들보다 경제적으로 부유하며, 대학원 과정을 밟으면 경제적으로 성공한다는 것을 보여 주었다. 이러한 연구를 흔히 "생애 소득 흐름(lifetime earning streams)"이라고 하며, 이는 (고등학교, 대학, 대학원 수학의) 범주에 따라 유의미한 차이를 보여준다.

현재는 정부에서 더 이상 생애 소득 관련 데이터를 수집하지 않고 있지만 데이터가 보여주는 바는 명백하다. Bureau of the Census(1974)가 실시한 1972년 연구는 대학을 졸업하고 추가적인 직업훈련을 받은 사람은 전 생애 동안의 누적 수입이 평균 823,759달러였지만, 초등학교를 졸업한 사람은 279,997달러에 불과하였다는 것을 보여준다. 그런데 이 연구의 분석에서 간과하고 있는 것은 교육받기 위해 들인 비용(투자) 부분이다. 이 문제를 분석하는 또 다른 방법은 "수익률", 즉 교육을 위한 비용과 교육으로 인한 이익을 비교하는 것이다. 이와 관련된 데이터는 극명한 차이를 나타내지는 않으며, 세계 도처에서 수행된 많은 연구들은 초등학교 교육에 대한 투자 이익률이 27%라는 것을 보여준다(Psacharopoulos, 1981: 133 참고; Hansen, 1986: 63).

인간자본론처럼, 생애소득 흐름 연구는 장기간에 걸친(전 생애) 데이터를 보고하기 때문에 대중들에 대한 교육의 어느 부분(즉, 읽기와 쓰기, 수학과 과학, 음악과 미술, A학교 혹은 B학교?)이 가장 큰 경제적 영향을 주고 있는지 정확하게 짚어내기 어렵다. 사회과학자들이 (학교 교육의) 정확한 이점을 짚어내는 데 어려움을 겪고 있음에도 불구하고 대학교육을 받아서 시장 우위를 점해야 한다는 압박감은 학교 교육 비용에 지속적으로 영향을 끼칠 것이다.

따라서 재정 정책의 핵심 규범은 학교 교육의 개인적 및 공적 성격 간의 긴장상태이다. 사회와 개인 모두가 교육에 투자함으로써 혜택을 보고 있다는 점은 분명하다. 그러나 사교육이, 또는 공교육이 어떻게 이루어져야 하는가에 대해서는 쟁점으로 남아 있다. 사립학교를 금지하고자 하는 노력은 실패했다. 이 책의 다른 부분에서 논의하고 있듯이, 공립학교를 "민영화"(Voucher나 Charter School 등)하려는 움직임도 비판을 받고 있다.

규범 2: 교육 재정의 형평성과 적절성

학교에 대한 공적·보편적 자금 지원은 평등사회를 구현하기 위한 민주주의적 장치라는 특별한 의미를 가졌다. Butts(1978)는 "무상 학교(free school)가 단순히 빈곤층을 위한 자선 학교가 아니라 모든 아이들이 등록금이나 수업료를 내지 않고 교육을 받을 수 있는 학교를 의미하게 될 때 비로소 빈부 간의 계층 격차가 사라질 것이다. 이를 위해서는 지불 능력에 비례해 징수한 세금으로 학교를 지원할 필요가 있다."고 주장하였다(p. 84). 지불 능력에 비례하여 징수한 세금이란 누진세(progressive taxation)를 뜻한다(역진세는 식품 판매세와 같이 빈곤층이 부유층에 비해 소득 대비 상대적으로 높은 비율의 세금을 감당하는 것을 말한다.).

그러나 일부 지역의 경우는, 특히 교회와 자선단체들이 학교를 위해서 민간 재원(자선)을 지원하는 경향이 있기 때문에 적절한 조치를 취하는 것을 늦추거나 교육을 지원하기 위한 세금 징수를 거부하기도 하였다. 그러나 이들 재원은 급증하는 이민자들을 위해서도 충분하지 않았다. 이와 같은 상황에서 주 의회는 학교 교육을 위한 소득세 및 재산세를 부과하도록 각 학교구에 촉구하고, 회유하고, 노력에 보상하고, 그리고 최종적으로는 강력하게 요구하였다. Butts(1978)에 따르면 "주 의회는 전체 주를 위해 '철저하고 효율적인' 교육 체제를 제공하는 헌법적 위임 사항(constitutional mandate)을 이행하기 위한 더 이상의 방안이 없게 되자, 공립학교를 지원하기 위해 지역 학교구에 세금을 징수하도록 요구하는 법안을 통과시켰다."(p. 84).

형평성은 "공정한" 재정 투입과 관련되어 있지만, 적절성(adequacy)은 학교가 정해진 학업적·사회적 결과를 달성하기 위해 필요한 만큼 충분한 자금을 지원하는 것에 집중한다. Guthrie와 Rothstein(1999)에 따르면 "'적절성'은 형평성 이상의 무엇인가가 쟁점이 된다는 것을 의미한다. '그 무엇'은 성취 목표를 달성하기 위해 충분한 학생 1인당 재정의 양, 즉 충분함의 개념이다."(p. 214). 그러므로 형평성은 어떤 규범이나 지역의 교육 재정 지출액을 기준으로 측정되는 반면, 적절성은 지출액을 교육 결과와 연결시킨다. 혹은 Porter(1993)가 설명하듯이, 적절성은 "기회의 기준(opportunity standards)"을 위한 노력과 관련되어 있다.

따라서 우리는 형평성과 적절성에 대한 주장들을 고려하지 않고서는 학교 재정 정책의 기본 규범들을 이해할 수 없다. Minorini와 Sugarman(1999)은 형평성에서 적절성으로의 이동을 다음과 같이 설명한다.

> 법원에서, 전통적인 재정 평등(fiscal equity) 관련 소송들(학교구의 학생 1인당 재산세 과세 기준의 불평등과 이로 인한 학생 1인당 교육비 지출액의 불평등에

관한)에서 모든 학생들이 목표하는 교육 결과를 성취하기 위해 충분한 교육 재원 및 기회에 접근할 수 있도록 보장하는 데 초점을 두는 논쟁으로 변화가 이루어지고 있다. 교육 정책의 맥락에서, 이러한 변화는 모든 학생들이 어떠한 교육 결과를 성취해야 하는지, 이러한 성취 결과를 얻기 위해 어떠한 자원들이 필요한지 규명하려는 노력을 이끌어 내었다(Minorini & Sugarman, 1999: 175-176; Clune, 1994; Heise, 1995; Underwood, 1995 참고).

주 혹은 학교구가 학교 재정 정책에 대한 형평성 관점을 채택하든 또는 적절성 관점을 채택하든, 일정 기준 이상의 학습을 위해 **공평하거나**(공정 및 평등) **적절한**(충분한) 재정 지원을 하기에는 재산 또는 소득 과세 기반이 빈약한 지역사회에 더 많은 지원금을 배분하는 주 정부 주도의 프로그램이 등장하게 되었다.

규범 3: 효율성과 생산성

세 번째 규범은 가장 복잡한 것이다. 자원이 어느 정도 학생들에게 도달되어야 하고(효율성), 학생들의 학습에 어느 정도 변화를 일으켜야 하는가(생산성)? 지난 세기 동안 미국은 거의 매 년 교육 분야의 재정 지출을 꾸준히 늘려 왔지만, 정책들이 이러한 예산이 효과적으로 사용되도록 했다고는 말할 수 없다. 경제학적인 관점에서, 더 많은 예산은 더 많은 아동들에게 더 많은 학습을 이끌어 내는가? 최근 "생산성 함수 분석(productivity function analysis)"이 각광받고 있는데, 여기서 통계학자들은 교육에 투자된 x만큼의 새로운 예산이 z만큼의 시간 동안 y만큼의 학습을 이끌어 낼 것이라고 증명하기 위해 노력한다.

그러나 실행 가능한 교육 "생산성 함수" 탐색은 여러 흥미로운 연구로 이어졌다. 예를 들어, Chubb와 Moe(1990)는 고등학교 재학 기간 동안 학생들의 학습(미국 정부가 수행한 High School & Beyond 연구에서 데이터를 인용함)을 분석하였다. 이들은 관료적 체제하의 교사들은 고객 중심적이지 않기 때문에, 관료적 체제는 소규모 공·사립학교들에 비해 반응 속도가 더 느리다는 것을 밝혀냈다. 아마도 우리는 학생들의 가장 가까이에 있고 학생들에게 가장 관심을 가지고 있는 사람들이 예산을 통제할 수 없다면, 자금의 많고 적음은 중요하지 않다고 주장할 수 있다. 따라서 해답은 돈의 양, 원천, 목적이 아니라, 보다 학교 및 학생 중심적이고 덜 "체제" 중심적인 사람들의 손에 더 많은 자원과 통제권을 부여하는 것이다(Chubb & Moe, 1990).

공공 지출. 〈표 10.1〉에 제시되어 있는 것과 같이, 공교육은 자료가 수집되기 시작한 이후 사실상 거의 매년 그 규모(학생수)와 재정 수준에 있어 계속 성장을 거듭해 왔다.

〈표 10.1〉 초 · 중 · 고 학생 수 및 교육비 지출, 1869~1999년 (고등교육 미포함)

학년도	전체 학생 수 (취학연령인구 비율)	총 지출액	학생당 지출액 (물가 상승률 반영)
1869~1870	6,872,000명 (64.7%)	$63,000,000 (100%)	—
1899~1900	15,504,000명 (71.9%)	$215,000,000	—
1919~1920	21,578,000명 (78.3%)	$970,121,000 (100%)	학생 1인당 $553
1939~1940	25,434,000명 (84.4%)	$2,260,000,000 (100%)	학생 1인당 $1,202
1959~1960	35,182,000명 (82.2%)	$14,747,000,000 (100%)	학생 1인당 $2,547
1979~1980	41,651,000명 (86.7%)	$96,881,000,000 (100%)	학생 1인당 $5,098
1994~1995	46,353,000명 (92.1%)	$273,138,000,000 (100%)	학생 1인당 $7,104
1996~1997	47,467,000명 (94.1%)	$349,979,000,000 (100%)	학생 1인당 $7,371
1998~1999	48,921,000명 (92.2%)	$446,126,000,000	학생 1인당 $9,212

첫째 열은 공립학교에 다니는 학생 수와 학교에 재학하고 있는 6~17세 아동의 비율을 보여준다. 남북전쟁 5년 후인 1869~1870년 사이, 공립학교에 재학하고 있는 학생 수는 거의 7백만에 달했으며 이는 취학연령인구의 약 65%에 해당하는 숫자였다. 그 해의 총 지출은 $63,000,000이었으며, 그 대부분은 초등학교에 사용되었다(전체 6,872,000명의 아동 가운데 80,000명만이 중등학교에 재학하였다). 20세기에 들어설 무렵(1899~1900년), 학교에 재학하고 있는 학생은 전체 취학연령 아동의 약 72% 또는 15,504,000명에 달하였다. 20년 후(1919~1920년), 재학생 수는 거의 2천2백만 명(78%)이었고, 1939~1940년에는 공립학교에 재학하고 있는 학생수는 2천1백6십만 명에서 2천5백4십만 명으로 거의 5백만 명이 증가하였으며, 전체 취학연령 아동의 84.4%에 달하였다.

이와 같은 성장 곡선은 미국 공립학교에 재학 가능 연령인 6~18세 아동의 65%에서 94% 이상으로, 오랜 시간에 걸쳐 학교에 재학하는 7~17세 아동의 비율이 증가하였다는 것을 의미한다. 〈표 10.1〉의 둘째와 셋째 열은 1869~1999년에 전체 및 학생 1인당 지출에서의 기록적인 성장을 나타낸다. 또한 20년마다 계산을 했을 때, 전국 공립 초·중등 학교의 지출은 1869년 $62,000,000에서 1999년 약 $446,000,000,000로 증가한 것을 확인할 수 있다. 물가상승률을 고려할 때(고정 달러[2]), 학생 1인당 지출은 1919~1920년 $533에서 1995년 $7,104, 그리고 2002년에는 $9,400 이상으로 증가하였다.

자금 출처의 변화. 학교 재정 정책에 관한 또 다른 규범적 쟁점은 자금의 출처에 관한 것이다. 〈표 10.2〉에 제시되어 있는 것과 같이, 전국적인 수준에서, 연방 정부, 주 정부, 지방 정부가 교육 부문에 지출한 금액, 구성비와 전체 액수에 대한 비율은 계속 변해 왔다. 1919년 중앙정부의 구성비는 0.3%에 불과하였고, 이는 연방 정부가 교육 부문에 있어 최소한의 역할만을 수행했다는 사실을 의미한다. 사실, 미국 헌법에는 교육에 관한 언급이 없으며 미국 건국자들의 몇몇 중요한 기록에만 교육이 등장하고 있다(예를 들어, 1796년, George Washington의 퇴임연설).

1919~1920년, 교육 재정에서 주 정부의 비중도 17% 이하로 적은 편이었으며, 이는 지역사회가 교육 비용의 상당 부분, 즉 83% 이상을 떠안고 있었다는 것을 의미한다. 1994~1995년, 보상교육과 특수교육 프로그램으로 인해, 연방 정부의 부담은 0.3%에서 약 7%, 또는 $128,000,000,000까지 증가하였다. 주 정부의 비중 또한 1919년의 16.5%에서 1995년에는 사실상 지방 정부와 동일한 수준인 47% 또는 총지출 $273,000,000,000 중 $127,000,000,000로 증가하였다. 불과 75년 사이에 공교육 지출

〈표 10.2〉 출처에 따른 공적 자금 분류: 연방·주·지방 정부, 1919~1995년

연도	연방 정부	주 정부	지방 정부
1919~1920	$2,475,000 (0.3%)	$160,085,000 (16.5%)	$807,561,000 (83.2%)
1939~1940	$39,810,000 (1.8%)	$684,354,000 (30.3%)	$1,728,000,000 (68.0%)
1959~1960	$651,639,000 (4.4%)	$5,768,000,000 (39.1%)	$8,327,000,000 (56.5%)
1979~1980	$9,504,000,000 (4.4%)	$45,349,000,000 (46.8%)	$42,029,000,000 (43.4%)
1994~1995	$18,582,000,000 (6.8%)	$127,720,000,000 (46.8%)	$126,836,000,000 (46.4%)

2) 역주: constant dollar. 인플레이션 부분을 제거한 실질 달러 가치

은 GDP의 7% 이상을 차지하게 되었다. 여기서 알 수 있는 것은, 교육은 주 및 연방 정부의 문제이고, 지역사회 혼자 비용을 부담할 수는 없으며, 현대의 유동적인 사회는 학교구와 학교 간에 형평성을 더 많이 요구한다는 인식이 증대되고 있다는 사실이다. 즉, 이는 연방 정부와 주 정부의 역할 강화를 의미한다.

오늘날의 현황. 1998년, 미국은 교육 분야에 거의 $350,000,000,000를 지출하였다. 그리고 중요한 자원으로서, 돈은 학교에서 아동들이 학습을 하기 위해 필요한 물품, 서비스, 기술과 자본을 구매하는 데 사용된다. 국가 최대 규모의 공공사업인 교육은 학교에서 사용하는 물품(예를 들어, 책상, 교과서와 컴퓨터)을 제조하고 판매하는 수많은 사람들은 말할 것도 없이, 4천6백35만 명의 공립학교 학생, 5백86만 명의 사립학교 학생(1997년, 유치원부터 고등학생까지 총 학생 수 52,217,000명), 약 3백2십만 명의 교육자(교사, 행정가, 사서, 양호교사, 코치, 상담교사, 비서, 버스 운전기사와 급식 종사자)와 관련되어 있다. 1996년 초 · 중 · 고등학교 전체 지출액 $276,000,000,000 중 전국의 3백10만 명의 교원들에게 지급되는 봉급과 수당(연금, 실직 · 장애 · 건강 보험)만 $160,000,000,000에 달한다. Jones(1985)는 이와 같이 거대한 액수의 돈은 그 자체만으로 규모를 가늠하기가 힘들기 때문에 한 가지 예를 들어 이를 비교하고 있다. 그에 따르면 물가상승률을 고려하지 않았을 때 $350,000,000,000는 "미국 식민지 시대(1774년)에서부터 한국 전쟁이 일어났던 1952년까지 공립학교에 지출된 모든 비용을 합친 것보다 많은 금액"(p. 1)이다.

규범 4: 선택과 책무성

학교 재정 정책의 기저를 이루는 마지막 규범은 한편으로는 가정의 선택, 다른 한편으로는 공적 책무성 및 사회 정의 요구에 근거한 경쟁하는 가치이다. 가장 단순하게 표현하면, 이는 학교를 선택할 수 있는 가정의 권리와 모두를 위한 교육을 보장하기 위한 사회의 책임 간의 논쟁이다.

그러나 대부분의 지역사회는 학부모를 전적으로 신뢰하지 않는 경향을 보이며 Voucher와 다른 유형의 가정의 통제 및 선택을 반대하고 있다. 그 결과는 대타협이다. 즉, 학교를 선택할 수 있는 권한을 전적으로 학부모들에게 그리고 교육과정에 관한 중요한 결정을 내릴 수 있는 권한을 교사들에게 전적으로 위임하지 않은 상태에서, 재정상의 차이를 지역 학교구(지역 재산세 가치와 수준상의 상당한 차이에 근거)로 넘기고 있다.

그 결과가 권한을 부여하지도 않고 평등하지도 않은 체제이다. 그리고 미국의 "체제”는 주에 따라(학생 1인당 비용이 $9,500 이상인 New Jersey 주와 $4,000 이하인 Utah 주 간의 차이에 주목한다) 그리고 학교구에 따라 아주 다양하기 때문에 실질적으로는 체제라고 보기도 어렵다. 가정이 자신들의 자녀를 위해 최선의 (가장 합리적인) 선택을 할 것으로 믿는 것과 모든 아동들을 위한 책무성을 체제가 갖도록 하는 것 사이에서 미래의 균형점이 형성될 것이다. 이는 사회적 정의와 개인적 권리라는 오랜 균형관계와 같은 것이다. 미국 역사상 가장 복잡한 연방 교육법인 No Child Left Behind 법은 3~8학년의 모든 학생들을 대상으로 시험을 실시하도록 주 정부에 요구함으로써 국가의 책무성을 크게 증대시킴과 동시에 학부모들에게 공립과 사립학교 중에서 선택할 수 있게 권한을 부여함으로써(비과세 예금을 통해서) 이 두 가지를 동시에 시도하고 있다.

구조적 차원

미국 역사의 전반에 걸쳐, 지역사회에서는 누가(교육의 혜택을 받는 아이들의 부모, 또는 정치적 · 경제적 이득을 얻고자 하는 연방 정부, 주 정부, 혹은 지방 정부, 아니면 공공 및 민간 기관과 이해관계자들이 함께) 아이들의 교육비를 충당해야 하는가를 두고 의문을 제기해 왔다. 그 다음, 교육은 어느 정도까지 공공의 관심사가 되어야 하며 어느 수준의 정부 소관인가? 그리고 아동들과 그 가정이 주된 수혜자인데, 그리고 더 많은 교육은 보통 더 나은 직장, 더 높은 수입, 더 광범위한 정치 접근성 및 영향력을 의미하는데, 왜 정부는 교육에 개입해야 하는가? 이에 대한 답은 더 안전하고 행복하고 건강한 사회를 이룩하고자 하는 데서부터, 보다 현명한 유권자 및 지역사회 발전에 대한 헌신에 이르기까지 다양하다.

Thomas Jefferson은 “나는 미국의 법규에서 가장 중요한 법안은 민중 사이에 지식을 확산시키는 것이라고 생각한다. 다른 어떤 사회적 초석들도 교육만큼이나 자유와 행복을 보장해 줄 수 없다”(Ford, 1904: 440)고 주장하며, 현명한 유권자 없이 민주주의가 존재할 수 있는지에 대해 의문을 제기하였다. 오늘날과 같은 거대하고 다양한 다문화 · 다언어 사회에서, 미국이 강력하고, 통일되며, 안정적이고 생산적인 나라로 남기 위해서는 교육의 역할이 더욱 중요하다고 할 수 있다.

아동과 그 가족이 주된 수혜자임에도 불구하고, 정부(그리고 납세자들)는 교육을 지원해야 한다. 그러나 대부분의 현대 사회는 모든 아동들을 위한 교육에 공공 재원을 투입해야 할 타당하고 논리적인 근거를 가지고 있다. 고도로 현대화된 오늘날에도 교육 부문에 공공 재원을 투입해야 할 타당하고 논리적인 근거를 찾아볼 수 있다. 즉, “근린효과(neighbourhood effect)"라는 개념에서 보면 교육은 모든 사람들에게 혜택을 가져다준다(Frideman, 1962). 이 이론은 특정 납세자는 평생 화재를 경험하지 않음에도 불구하고, 소방서의 활동으로 인해 모든 사람이 더 안전해지는 것과 마찬가지로, 자신의 자녀가 혜택을 받지 않더라도, 모든 시민들은 교육을 위해 세금을 내야 한다고 주장한다.

현재, 미국은 재정 및 프로그램에 관한 정치적 통제권을 단위 학교로 "이양"하기 위해 간헐적으로 노력하고 있다. 다소 온건한 행정 개혁안에는 학교 자율경영제, 단위학교 예산제와 참여적 의사 결정 등이 있다. 보다 급진적인 조치는 Milwaukee와 Cleveland의 Voucher, Kansas 시와 New York 시의 Magnet School, 그리고 2,000개 이상의 지역사회에서 실시하고 이는 Charter School 등을 통해 교육 결정권을 학부모와 학교에 이양하는 것이다. 동시에 연방 및 주 정부 정책은 전국적으로 보다 일반화되고 있는 주(州) 기준, 주(州) 교육과정과 주(州) 평가 등을 학교에 계속해서 요구하고 있다.

이러한 혼합된 통제 방식은 누가 교육 재정을 부담해야 하는가에 대한 문제와 유사하게, 누가 교육을 통치해야 하는가에 대한 상반된 견해를 표현하고 있다. 각 수준은 중요한 역할을 가지고 있다. 이들은 각각 자신들의 생각을 제시하고, 영향력과 기대를 이끌어 낸다. 지난 50년간 학교 재정에서 지방 학교구가 감당하는 부분은 감소한 반면 이에 비례하여 연방 정부와 주 정부의 몫은 증가해 왔다. 그러나 50개 주와 District of Columbia에 있는 14,500개의 학교구와 98,000개의 학교들을 일일이 살펴보면 이러한 경향은 분명하거나 정확하지도 않고, 이해하기도 쉽지 않다. 만약 자금과 통제권이 불가분의 관계에 있다면(금을 가진 자가 규칙을 만든다는 황금률에 관한 말장난처럼), 학교 정책과 재정은 혼합되고 경쟁하는 통제, 규정 및 요구와 함께, 네 수준에서 전체적으로 통합하여 분석해야 한다.

누가 통제하는가?

미국은 (1) 단위학교를 의미하는 지역, (2) 학교구, (3) 주의 재정 지원 및 감독, 그리고 (4) 연방 정부의 주도권 및 리더십 등 4 수준에 동시에 통제권을 부여하기 때문에, 구조적인 딜레마(어느 기관이 교육을 통제하는 정책을 설정해야 하는가?)는 미국의 학교 재정의 전형적인 특징이다. 이와 같은 4 수준의 접근은 통제권의 소재에 대한 혼란과 갈등을 야기한다. 만약 교육 재정에 대한 논의를 통해 이와 같은 네 가지 통제권을 차근차근 분석한다면, 교육은 누구의 책임인가에 관한 양면 가치 이면의 경향을 확인할 수 있을 것이다.

미국은 상향적(bottom-up) 접근을 통해 교육 제도를 구성해 왔다. 즉, 주 정부가 주요 주체가 되기 이전부터 지역사회에서 교사들을 고용하고 학교 건물을 세웠다. 새로 생긴 주(州)에서 학교구를 만들어도(정착민들이 도착하기 전에), 교육 재정은 기본적으로 부동산(땅, 집과 기업체)에 대한 지방세에 의해 조달되었다. 1970년, 지역의 몫은 53%, 주 정부는 39% 그리고 연방 정부는 8%였다. 시간이 지남에 따라 지역의 몫은 46%로 감소했고, 주 정부는 현재 47%를, 연방 정부는 약 7%를 분담하고 있다.

교육은 대통령부터 주지사, 주의원, 시장, 군(county)수 그리고 당연히 교육위원회에 이르기까지 모두의 관심사이다. 3 수준의 정부(연방, 주와 지역)는 아동들의 교육을 위한 재정 지원에 참여한다. 그러나 그 비율은 흥미로운 방식으로 변화해 왔다.

연방 정부의 재정 지원. 사실 연방 정부는 가장 최근에 등장한 교육 재정 조달 주체로 분담 비율은 가장 낮지만 그 영향력이 가장 약하다고는 결코 이야기할 수 없다. 역사적으로 볼 때, 연방 정부의 재정 부담 비중이 1%를 넘겼던 적은 거의 없었다. 1960년대 이후, 그 비중은 9.8%로 증가했고(1980년) 1990년대 중반에 약 7%로 하락했다.

제2차 세계대전이 지나고 나서야 연방 정부의 재정 부담 비중이 2%를 넘어섰다. 따라서 연방 정부의 교육 지원은 1920년 0.3%에서 1980년 9.8%, 그리고 1995년 5.8%로 늘어났다. 불과 70년 만에 3,000%가 넘는 증가율을 보인 것이다. 그러나 연방 정부의 몫은 10%를 넘겨본 적이 없으며 국가 전체 교육 재정 지출의 6~7%에 머물렀다. 그 사이 교육이 전적으로 지방 정부의 소관이었던 시기(1920년 교육 재정의 83%는 지방 정부에서 부담)에서 1996년에는 지방 정부와 주 정부의 비중이 각각 약 47%로 비슷하게 변하는 등 주 정부와 지방 정부의 비중 또한 급격한 변화를 보였다.

상대적으로 빈약한 연방 정부의 비중을 고려하면(Meranto, 1967 참고), 의회, 대통령, 대법원과 연방 교육부의 역할은 K-12 교육 정책에 영향을 미치는 것으로 한정되어 있다는 잘못된 생각을 가질 수도 있다. 연방 정부가 재정적으로는 가장 작은 비중을 차지함에도 불구하고 "주요한 교육 쟁점들"을 결정하고 학교에 엄청난 영향을 미친다는 사실은 아이러니가 아닐 수 없다. 예를 들어, 주 정부가 학교에 존재하던 인종 차별적 관습들을 뿌리뽑는 데 실패했을 때 인종 차별 폐지를 이끌어 나간 것은 연방 정부였다. 그 전까지 공교육의 주류에서 배제되어 있던 장애 학생을 위해 "통합" 및 "최소 제한 환경"에 관한 규제의 상당 부분을 작성한 곳도 연방 교육부였다. 그리고 이중 언어 교육, 과학과 직업 교육, 기준과 학교 시험 결과에 관한 전국 및 국제간 연구 등도 연방 정부의 주된 관심 영역이다. 따라서 비록 주 정부와 지방 정부는 교사들에게 봉급을 주고 학교 건물을 짓고 유지하며, 그 외의 운영 비용 등에 있어 중요한 역할을 담당하지만, 지역의 이해관계자들이 신속하게 대처하지 못하는 것으로 인식될 때, 장벽을 타파하고 새로운 방향을 설정하는 것이 연방 정부이다. 지금부터 미국의 유구한 역사를 돌아보고 교육을 지원하는 데 있어 연방 정부의 역할과 추진했던 정책들을 간략하게 살펴보자.

예를 들어, 지적 능력, 정서적 욕구, 신체 및 건강상 장애를 가진 모든 아동들에게 "최소 제한 환경"을 제공할 것을 요구하는 PL 94-142에서, 연방 정부의 지원금은 장애를 가지고 있는 아동들을 대상으로 하였다. 휠체어나 이동식 침대가 필요한 아동들은 Rehabilitation Act(section 504)에 의해 "장애물 없는 환경"을 보장받았다. 그리고 "영어 능력이 부족한"(LEP) 아동들은 영어를 배우면서 동시에 자신들의 모국어로 수학, 과학 및 역사를 배우는 교실, 즉 이중 언어 교육 서비스를 받을 수 있었다. 미국 원주민(인디언)들은 Citizens Act로 인해 1924년부터 연방 정부의 재정 지원을 받았으며, 이를 통해 이들을 대상으로 하는 교육은 기존의 교회 위주에서 연방 정부가 운영하는 공립학교로 전환되었다. 또한 1934년 제정된 Johnson O'Malley Act를 통해 성인을 위한 직업 훈련 프로그램 운영에 주 정부의 지원이 이루어졌다. 2차 대전 이후, 의회는 퇴역 군인들에게 고등 교육 기회를 제공하기 위한 GI Bill을 제정하였다.

따라서 연방 정부의 지원은 주 및 학교구가 부담하는 금액과 비교해 볼 때 그 규모가 작을 수는 있지만, 그 적은 양의 돈은 수많은 지역과 학교 등 전국 각지로 확산되어, 미국 교육에 있어 "중요한" 문제들을 해결하고 있다. 물론 자금 지원 외에, 연방 정부는 개혁을 촉구하고 요구하기 위해 법원과 "영향력(bully pulpit)"을 활용하고 있다. 따라서 자금 지원은 적지만, 연방 프로그램의 가시성과 범위는 매우 인상적이라고 할 수 있다.

주 정부의 개입

50개의 주는 14,500개의 지방 학교구에 대한 재정 지원 등 교육에 관한 기본적인 법적 · 재정적 책임을 지고 있다. 미국 헌법에는 명확하게 "교육"이 포함되어 있지 않기 때문에 주 정부에 이양되었다. 모든 아동들에게 무상으로 효과적인 교육을 제공하는 것은 수정 헌법 10조와 주의 헌법에 의해 주 정부에 이양되었다. 이러한 관점에서 지역 학교구는 "주(州)의 하위단위[creatures of the state]"이며 주 의회와 주지사의 결정에 따라 바뀌고, 통합되고, 예산 지원 및 통제를 받는다. Burrup, Brimley와 Garfield(1996)가 주장한 바와 같이, "각 주는 원하는 형태와 수의 지역 학교구에 통제권을 위임하는 권한을 가지며, 각자의 교육 체제에 대한 책임을 지고 있다. 결과적으로 주의 수만큼 교육 제도를 운영하는 50가지 다른 방법이 존재하고 있다. 지금까지 연방 정부는 교육에 있어 실질적인 권한을 확보하지 못했다"(p. 168).

Thurston과 Roe(1957)는 "(학교의 통제를 위한 갈등에 관한) 해결 방안은 주 정부가 법적 우위를 유지하며 학교가 주민들 가까이 있을 수 있도록 지역사회를 위해 적절한 균형을 유지하는 받침점 역할을 수행하고, 연방 정부는 국민의 보편적 복지를 보장하기 위해 노력하는 것이다."라고 주장하며 이 문제를 명확하게 제시하고 있다(p. 11). 연방 정부는 "보편적 복지를 제공"할 의무가 있다는 미국 연방 헌법의 전문에 주목한다.

역사적으로 학교 교육 그 자체는 지방 정부의 기능에서 시작해서 다음과 같은 여섯 단계를 거쳤다(Burrup, Brimley & Garfield, 1996: 211).

단계 1: 지역의 책임

식민지 시기 및 미국 건국 초기, 기본 교과에 대한 빈곤층 아동들의 교육을 위해 공적인 지원뿐만 아니라 교회와 자선 단체에도 의존하는 등 교육은 지역사회에 의해 제공되었다. 부유한 가정은 개인 교사를 고용하거나 자녀를 사립 학교에 보냈다. New England 식민지의 청교도들은 마을에 학교를 열도록 요구하는 Old Deluder Satan Act(1643) 등과 같은 법을 제정하였으나, 1800년대까지 청교도들은 소수 집단에 불과했으며, Massachusetts 주의 교육위원회 의장이었던 Horace Mann(1832~1845) 등이 새롭게 등장하는 "보통 학교(common schools)"를 위한 지역의 공적 지원을 이끌어 냈다. 학교구의 증가(1900년경 110,000개 이상) 및 학교 규모 확대와 함께, 재정상의 격차가 더욱 확대되어서 주 정부는 더 오랫동안 (고등학교까지) 더 많은 아동들에게 교육을 확대하는 주 정부의 정책적 명령을 지역사회가 수행할 수 있을지 우려하게 되었다. 지방 정부가 항상 늘어난 요구를 충족시킬 수 있는 만큼 예산을 확보할 수 있는 것은 아니었다.

단계 2: 지원금과 분배

1900년경, 주 정부는 보다 적극적인 주 정부의 역할이 없이는 지방의 교육이 쇠락하고 부적절하게 될 것이라고 인식하게 되었다. 학교구 간에 존재하는 불평등을 인지한 주도 있었으나 주 정부의 지원은 거의 이루어지지 않았다. 비록 불평등을 완화하기 위한 주 정부의 전폭적인 참여를 옹호하지는 않았지만, Ellwood P. Cubberley 교수의 주장은 이러한 상황에서 매우 중요한 역할을 하였다.

정책사례

Ellwood P. Cubberley

Ellwood P. Cubberley 박사는 교육에 대한 주(州) 정부의 역할 확대를 지지한 학자들 중 한 명이었다. 1906년, 그는 중요한 저서인 『School Funds and Their Apportionment』를 출판하였다. 이 책에서 그는 예언적으로 다음과 같이 기술하였다.

"이론적으로 보면 같은 주에 거주하는 모든 아이들은 동등하게 중요하며 동일한 교육적 혜택을 받을 권리가 있다. 그러나 실제에 있어 이는 결코 사실일 수가 없다. 여기서 주의 역할은 다음과 같다.

- 양질의 수업을 위한 최저 기준을 높게 유지하면서 모든 아이들이 최저 기준까지 내려오는 것은 막아야 한다.
- 활용 가능한 재원을 가능한 한 모든 아동들에게 동등하게 분배해야 한다.
- 지역사회가 가능한 법적으로 요구되는 최소 기준 이상을 분담하려고 하는 노력에 대한 보상을 제공한다.
- 새롭고 바람직한 활동에 자신들의 노력을 확대할 수 있도록 지역사회를 격려한다(p. 17).

Cubberley는 지역 학교구가 주 정부의 요구(재정 및 지원을 의미함)를 수행하기 위해 노력할 필요가 있다고 생각하였다. 어찌되었든 아동들은 12년간의 학교 교육, 매년 180일, 그리고 다양한 과목들이 필요하였다. 부가 축적된 도시들은 이와 같은 주 정부의 요구를 충족시킬 수 있었다. 그러나 농촌 지역은 그렇지 못하였다. 학교구 간의 불평등은 주요한 문제로 인지되었다.

Cubberley는 지방 정부의 교육비 지출에 대한 자료를 모은 최초의 연구자들 가운데 한 명이었다. 유감스럽게도, 그는 주의 재정 지원 시스템이 학교구 간 재정 불평등을 완화하기는커녕 부유한 지역에 더 많은 지원금을 분배함으로써 이를 악화시키고 있다는 것을 발견하였다. 그는 20세기 교육 재정을 위한 여섯 가지 원칙을 세웠다. (1) 주 정부는 학교에 예산을 지원할 책임이 있다. (2) 단순히 학교구에 세금 공제 혜택을 주는 것이 아니라 추가적인 예산을 지원해야 한다. (3) 주 정부의 지원금은 사실상 불평등을 심화시킬 것이다. (4) 더 많은 그리고 더 나은 교육을 위한 주 정부의 요구는 더 많은 주 정부의 재정 지원으로 뒷받침되어야 한다. (5) 수업 일수 및 수업 시수를 확대하기 위한 주 정부의 재정 지원의 기준으로, 주 정부는 "출석 일수"를 사용해야 한다. (6) 주 정부는 가난하고 인구가 적은 농촌 학교구를 지원하기 위해 학생당 교사의 비율을 바탕으로 지원금을 배부해야 한다.

비록 Cubberley가 제시한 대부분의 개념들은 주 정부가 지역의 자율권을 침해할 위험성을 간과하고 있지만, 자신들의 책임(교육을 운영하는 것이 아니라 지역의 생각, 노력과 예산을 지원하는 것, 즉 주(州)의 통제가 아닌 지역의 노력이라는 것)에 대해 주 정부에게 주의를 환기시키고 있다.

단계 3: 기초 재정 지원(Foundation Aid)

1923년, George Strayer와 Robert Haig는 New York 주 학교구들의 재정 지원 형평성에 대한 광범위한 연구를 수행하였다. 이들의 연구 결과는 이후 75년간 학교 재정 정책을 형성하는 바탕이 되었다. 이들은 연구를 통해서 New York 주는 중산층 지역의 희생을 바탕으로 빈곤 지역과 부유한 지역에 도움이 되는 교사 1인당 한도를 토대로 학교구에 예산을 지원하였다는 것을 알게 되었다.

Strayer와 Haig는 "기초(foundation)" 또는 "최소" 프로그램이라는 새로운 개념의 주 정부 재정 지원 방식을 제안하였다. 가장 부유한 학교구의 교육 지출액을 기준으로, "각 학교구는 가장 부유한 학교구에서 기초 또는 최소 프로그램을 제공하기 위해 필요한 만큼의 지방세를 징수한다. 부유한 학교구는 주 정부로부터 아무런 지원금을 받지 못하지만, 다른 학교구들은 기초 프로그램을 운영하는 데 필요한 주 정부의 지원금을 받는다."(Burrup 외, 1996: 178-179).

지역 학교구는 항상 세금을 더 징수할 수 있고, 기초 수준 이상의 프로그램을 운영할 수 있다. 가난한 학교구는 과세 노력을 확대해야 하지만, 더 많은 주 정부의 재정 지원을 통해 보상을 받는다. 또한 기초 지원금은 효율성을 증가시키기 위해 소규모 학교구들의 통합을 장려한다. 실제에 있어, Strayer와 Haig가 제시한 기초 프로그램의 개념은 "고정 교부금"의 전통, 학생 1인당 기초 또는 최소 금액 이상을 지출하고자 하는 일부 지역사회의 움직임, 그리고 지역 경비의 형평성을 확보하기 위한 주 정부 자금의 부족 등으로 약화되었다.

Henry Morrison과 같은 개혁가들은 보다 급진적인 생각을 가지고 있었다. 과세 부담과 모든 학교의 교육비 지출이 동일하며, 지방 재산세에 대한 과도한 의존에서 벗어나 주 차원의 소득세를 기반으로 재정 지원이 이루어지는 하나의 거대 학교구를 만들면 어떨까? 단일한, 주(州) 차원의 학교 체제를 가지고 있는 Hawaii 주가 Morrison이 생각했던 실제 사례이다.

단계 4: 통제권 균등화

20세기 후반, 다음 장에서 논의할 법정 판례들의 영향으로 인해 "통제권 균등화"가 학교 재정 지원의 주요 화두로 떠올랐다. 적절성(adequacy)과 통일성(uniformity)의 개념은 동일한 교육을 받을 학생의 권리와 동등한 노력(세금)으로 동등한 재정 지원을 얻어내는 납세자의 권리로까지 확대되었다. 따라서 한 학교구에서 $100,000의 가치가 있는 주택을 소유한 가족이 4%의 세금을 낸다면(연간 $4,000), 이는 그 지역에서의 학생당 교육비 지출이 $4,000라는 것을 의미하며, 이때 동일한 세율을 적용받는 또 다른 주택 소유주는 그가 납부하는 세금 또한 4,000달러만큼의 교육비로 지출되기를 기대한다. 동일한 노력(세율)은 동일한 양의 재원으로 이어져야 한다. 하지만 주택의 가치가 다르기 때문에, 주 정부는 재정적으로 중립적인(공정한) 체제를 만들어서 납세자들의 동일한 노력의 영향을 동등하게 만들도록 요구받고 있다. 교육 재정의 형평성에 대해서는 차후에 논의하고, 여기서는 주 정부가 지방 교육체제에서 발생하는 불평등을 극복할 책임을 지고 있다는 것을 인식할 필요가 있다.

그리고 Underwood와 Verstegen(1990)은 다음과 같이 주장한다.

> 2개를 제외한 모든 주에서 기초 학교 프로그램(35개 주), 학교구 통제권 균등화 접근(4개 주), 또는 이 두 가지를 결합한 방식(9개 주)을 통해 공립학교를 위한 예산(revenue)을 분배하고 있다. 한 개 주에서만 학교 지원금을 분배하기 위해 전체 주 자금을 사용하고 있으며, 다른 한 개 주에서는 1920년대 이전에 널리 활용되던 고정 교부금(flat grant) 체제를 채택하고 있다. 오늘날, 모든 주 정부는 특별 교육 프로그램(31개 주에서는 보상 교육, 24개 주에서는 이중 언어 교육, 그리고 31개 주에서는 영재 교육)을 위한 기본 경비를 보충하기 위해 추가적인 재정 지원을 하고 있다. 30개 주에서는 소규모 학교/학교구를 대상으로, 24개 주에서는 학생수 감소/증가를 조정하기 위해, 그리고 24개 주(州)에서는 학년 수준과의 학습 격차를 해결하기 위해 추가적인 예산 지원을 하고 있다(p. 180).

주 정부의 역할은 지방 체제가 가지고 있는 고유한 문제점들을 극복하는 데 크게 기여하고 있다. 그러나 지역의 통제, 주의 책임, 연방 정부의 역할 간의 갈등은 결코 쉽게 해결될 것 같지는 않다. 그리고 이는 미국 교육의 미래에 큰 영향을 미칠 것이다.

단계 5: 분권화와 민영화

주 정부 역할의 마지막 단계는(적어도 일부 주에서는) 전통적인 규제 및 기초 재정 지원 공급의 역할에서 크게 벗어나고 있다. 1990년대 일부 주의 경우, 의회, 주지사와 주 교육부는 Charter School, Voucher와 학교 자율경영제, 학교 단위 예산제 및 의사 결정을 지지하는 정책들을 만들어 냈다. 이 다섯 번째 단계는 현재 진행 중에 있다. 38개 주와 District of Columbia는 학부모들에게는 선택권 확대를 그리고 교육자들에게는 규제 완화를 허용하는 민간에 의해 운영되지만 공적 자금 지원을 받는 학교인 Charter School을 설립하는 법안을 통과시켰다.

만약 1997년 전국 평균 교육 지출이 모든 50개 주에서 학생 1인당 $5,540이었다면, 각 주는 이 규범(평균)으로부터 어느 정도 차이가 있을까? 교육은 주 정부가 47%, 지방 정부가 47%를 부담하기 때문에, 빈곤한 지역사회가 많은 가난한 주는 (높은 기업 및 개인 소득, 그리고 높은 재산 가치를 가진) 부유한 주들보다 지출이 적을 것이라고 예상할 수 있다. 그러나 그 답은 주의 부유함 그 이상과 관련되어 있다. 즉, 교육 지출은 지역사회, 지역 또는 주가 투자하려고 노력하는 정도를 반영하고 있다. 시민들은 자신들의 아동들의 이익을 위해 어느 정도의 세율을 감당하고자 하는가?

그러나 이 수치는 전국적인 평균일 뿐이다. 재정학 전문가 Charles Benson은 평균에 대해 다음과 같이 이야기하곤 했다는 것을 기억하자. "왼발은 뜨거운 물에 오른발은 차가운 물에 담그고 있는데, 평균적으로 나는 왜 편안하지 않은 것일까?" 즉, 평균은 전체 몫을 개체 수로 나눈 것에 불과하다.

사실, 주의 교육 지출에 관한 자료들은 부유한 주에 비해 가난한 주들의 교육 지출이 더 적다는 것을 보여 주지만, 이들 지출이 적은 주의 대부분은 가난한 상황에서도 더 높은 세율을 설정하는 등 "더 열심히" 노력하고 있다.

주 정부의 기여도(Contribution). 지역 및 연방 정부에 비해, 주 정부의 교육 재정 지출은 상당히 다양하다. 매우 독특한 두 개의 주가 극단적인 예이다. 지방 학교구 또는 지방 교육위원회가 없는 Hawaii 주는 주 전체가 하나의 구성 단위로 된 체제로 운영된다. 따라서 지역의 과세권이 없는 가운데, 234개 학교를 위한 교육 재정의 96%는 주 정부로부터 나온다(나머지 4%는 연방 정부에서 부담한다). New Hampshire 주의 학교 재정 분담 비율은 10%가 채 되지 않는다(이는 전국 평균인 47%와 비교해 볼 때, 지방 정부가 88%를 부담한다는 것을 의미한다). 왜 그럴까? New Hampshire 주는 사실상 주(州)세가 없기 때문이다. 주 소득세와 판매세가 없으며, New Hampshire 주에 사는 사람은 매년 $1,000,000을 벌고, Rolls Royce 차를 사도 주 정부에 아무런 세금을 내지 않는다는 것을 의미한다. 물론 연방 소득세는 징수된다. 따라서 New Hampshire 주는 학교 과세 제도를 지방 정부에 전적으로 위임하고 있으며, 지방 정부가 지방 재산세를 징수한다.

New Hampshire 주에서는 어떤 세금을 징수할까? 5가지 B, 즉 (1) 술(booze)—주에서 운영하는 주류 상점에서 구입하는 술에 부과되는 세금, (2) 도박(bet)—개 경주와 주에서 운영하는 복권에 붙는 세금, (3) 담배(butt)—담배에 붙는 세금, (4) 채권(bond)—주 안에서 거래되는 주식과 채권에 대한 세금 그리고 (5) 침대(bed)—관광 산업에서 징수하는 "숙박 및 식사"세이다. 비록 이들 5가지 B는 상대적으로 고통이 덜한 조세 형태이지만, 이들 중 대부분은 음주, 흡연과 도박 같은 유해한 행위들에 부과되는 "죄악세(sin tax)"로 간주되고 있으며, 다른 주 정부의 기능(도로 및 고속도로, 경찰, 감옥, 주 정부, 차량 및 복지 등)은 말할 것도 없이 이러한 과세원으로는 교육을 지원할 수 있는 충분한 세금을 확보할 수 없다. 물론, 전체 교육비 지출액에 대한 지방 정부의 분담액 비율로 주(州)의 순위를 매기는 방법도 있다. 이 경우, New Hampshire 주는 96%로 1등이고, 사실상 지방 정부가 부담하는 분담액이 없는 Hawaii 주가 50등이다.

학교구 간 교육 재정 격차. 평균을 살펴보는 또 다른 방법이자 잘 알려져 있지 않은 방법은 같은 주(州) 내에 있는 학교구 간의 지출상의 차이를 분석하는 것이다. Alaska, Vermont, Ohio와 Missouri 주는 학교구 간 지출 격차가 가장 크며, Iowa, Nevada와 North Carolina 주는 가장 격차가 적다. 후자의 경우, 교육 재정 지원에 있어 주 정부가 더 큰 역할을 하고 있기 때문이며, 학교구들은 비슷한 금액을 지출하고 있다는 것을 의미한다.

학교구 내 격차. 재원이 학교와 교실까지 다다르지 못한다면 지난 백 년여 이상 지속되어 온 교육비 증가는 아무런 영향을 주지 못할 것이기 때문에, 교육 재정에서의 가장 큰 격차는 학교 수준에서 일어난다. 문제는 교육 재정에 대한 연구가 주로 학교구 수준까지만을 대상으로 하고 학교 수준까지 분석하는 경우는 상당히 드물다는 것이다. 1990년대 초, 우리는 교육 미시 재정 모델(education micro-financial model)이라 불리는 학교를 분석 대상으로 하는 모델의 개발을 이끌었고, 이는 In$ite라 불리는 소프트웨어 패키지로 만들어졌다. 우리는 주(州) 내의 학교구들 간보다는 학교구 내의 학교 간에 더 큰 격차가 있음을 발견하였다(Cooper & Speakman, 1997).

구성적 차원

다양한 구성 집단들은 어떤 역할을 하고 질과 형평성에 어떤 영향을 미치는가? 미국의 학교 재정에 있어서 재정 지원의 형평성은 가장 지속적이고 강력한 주제로, 모든 아동들이 동등한 교육 기회를 보장받을 수 있도록 하는 것에 헌신해 온 사람들에게는 아주 중요한 관심사이다. New York 시의 경우에서와 같이, 학부모들의 재력과 막대한 기업체 및 부동산은 불평등의 주된 원인이다. 만약 모든 가정이 중산층에 속하고 값비싼 주택을 가지고 있다면 불평등의 근원은 사라질 것이고 모든 아이들은 보다 평등한 위치에서 교육을 받게 될 것이다.

하지만 현실은 그렇지 않다. 지역사회가 그러한 것처럼, 주는 교육 예산을 확보할 수 있는 능력이 상당히 다양하다. 아이러니하게도, 모든 아동들을 위한 평등한 교육기회를 보장하기 위해 고안된 도구인 공립학교 자체가 불균등한 부의 분배로부터 영향을 받는다는 사실이다. 부유한 가정에서는 가장 우수하고 고급스러운 학교에 자녀들을 보내고 가난한 이웃에 둘러싸인 저소득층 가정은 준비도가 낮은 교사, 노후 건물들로 이루어진 질이 아주 낮은 학교에서 고통을 받고 있기 때문에, 교육은 아동들 간의 계층 격차를 완화시키는 것이 아니라 오히려 내재된 장점과 단점을 강화시키고 있다고 주장하는 사람들도 있다.

따라서 미국 학교 재정 지원에 관한 세 번째 쟁점은 미국 학교 체제를 괴롭혀 온 불평등, 즉 주, 학교구, 지역사회, 학교, 심지어 교실 사이에까지 존재하는 불평등이다. 미국은 "모두를 위한 평등한 교육 기회"를 주장하고 있지만, 학교 재정 지원 시스템은 재산세 과세 표준이 높은 부유한 지역사회와 저소득층, 궁핍한 아동의 수가 많고 교육을 지원하기 위한 과세 표준이 적은 가난한 학교구 간에 존재하는 극명한 불평등"을 강화하고 있다(Kozol, 1996). 불평등을 없앤다는 것은 미국 전체 교육 재정의 45%를 차지하고 있는 지방 재산세에 의존하는 것을 제한하거나 포기하고, 식민지 시대부터 이어져 온 미국 교육의 중요 가치인 지방 통제권의 약화를 나타내는 주(州)의 교육 재정 전담을 의미한다고 볼 수 있다.

냉정하게 이야기하면, 우리는 교육 평등에 헌신해 왔고, "모든 사람들을 위한 균등한 교육 기회"는 자주 들어온 표현이었다. 그러나 우리는 주에 따라 아주 큰 차이를 보이고(1997년 Utah 주의 학생 1인당 평균은 $3,600인 데 반해 New Jersey 주는 $9,321이었음), 주 내의 학교구의 지출상에도 상당한 차이가 존재하며, 학교구 내의 학교들 간에도 상당한 격차가 존재하는 매우 다양한 교육 재정 체제를 유지하고 있다. 주 전체가 하나의 학교구이며 따라서 주 내의 절대적인 평등을 유지할 수 있는 Hawaii 주조차도 학교 및 학급 간에 상당한 격차를 찾아볼 수 있다.

지역사회에 따라, 학교구에 따라, 그리고 주에 따라 매우 상이한 지방 주민세, 판매세 및 재산세를 기반으로 교육 재정을 뒷받침하고 있기 때문에, 이러한 불평등은 미국 교육 체제의 핵심적인 부분이다. 이러한 불평등에도 불구하고, 미국은 지방의 통제(local control)를 중요하게 생각하고 있기 때문에 전액 주교부금 제도(full-state funding)를 위한 지방 재산세의 폐지 운동은 저항을 받고 있다. 그래서 우리는 권력과 자원을 지역 및 이웃과 우리 자신의 통제하에 두기를 고수하기 때문에 평등한 기회에 대한 믿음을 주장하면서도 불평등한 재정 지원 체제를 유지하고 있다.

형평성(공정함)이란 무엇을 의미할까? "동등한"이라는 말과 동의어일까? 만약 그렇지 않다면, 그 차이는 무엇인가? 왜 주마다, 학교구마다, 학교마다 교육 재정에 차이가 있는 것인가?(Cooper, Speakman, and Bloomfield, 1996). 그리고 학교 재정 지원을 평등하게 하기 위해 입법부, 학교구와 (최근에는) 법원은 어떠한 조치들을 취하고 있는가?

형평성의 정의

어느 한 수준에서, 매년 미국의 모든 아동들에게 지방, 주 및 연방이 함께 징수한 판매, 수입, 재산, 사치품 등에 대한 세금으로 조성된 교육비용 수표를 지급한다면, 이것은 공평할까? 모든 아동들이 필요와 능력에 있어서 완전하게 동일하지 않는 한 그렇지 않다. 그러나 예를 들어, 영어 말하기 기술 부족, 신체적 장애, 학습 준비 및 재능이나 다른 여건상의 결핍 등과 같은 다양한 문제들로 인해 일부 아동들은 학교 교육에서 더 많은 자원을 필요로 하기 때문에, **불평등한 것을 평등하게 대하는 것은 공정하지도, 평등하지도 않다.**

재정 지원의 평등에 관한 책에서, Berne과 Stiefel(1984)은 자신들이 명명한 수평적 평등(horizontal equity)과 수직적 평등(vertical equity)을 구분하고 있다. 수평적 평등은 모든 학생, 학교 또는 학교구가 거의 평등한 상황에 있을 때, 즉 동등한 것을 동등하게 대하는 것이다. 수직적 평등은 불평등한 것에 대한 불평등한 대우, 즉 아동들은 상이한 요구를 가지고 있고, 따라서 각 상황에 대한 평가에 근거하여 총액이 다양해야 한다는 가정에서부터 시작한다.

수평적 평등. 가정 환경, 요구, 문제점, 강점과 약점 등이 비슷한 100명의 학생들이 있다고 상상해 보자. Berne과 Stiefel(1984)에 따르면, 수평적 관점은 "비슷한 학생들은 동등한 대우를 받아야 한다. 아동들이 이렇게 대우받을 때, 이 원리는 학생 1인당 동일한 지출 또는 수익, 기초 프로그램을 위한 동일한 교육 자원, 동일한 학생-교사 비율, 동일한 수준의 기초 학력 도달 또는 소득이나 삶의 지위 등과 같은 장기적인 결과를 위한 학교 교육의 동일한 기여를 필요로 한다."(p. 13).

주와 주 사이의 평등. 1970년대 초 이후, 정책 결정가, 분석가 및 심지어 판사들조차 수평적 평등을 당연시해왔다. 대부분의 상황에서, 수평적 평등은 특정 주(州) 내 학교구들의 지출 비교를 통해 결정된다. 그러나 주 간의 교육 지출상의 격차 또한 상당하다. 〈표 10.3〉은 비록 각 주의 물가 상승률상의 차이를 반영하지는 않았지만, 소비자 물가지수를 바탕으로 35년 전(1959~1960)과 1994~1995년, 지출이 가장 많은 5개 주와 가장 적은 5개 주를 비교한 결과를 제시하고 있다.

미국에서 지출이 가장 높은 주 중의 하나인 New Jersey 주는 1994~1995년, 전국 평균인 $5,988과 비교했을 때 학생 1인당 $9,774로 가장 높았다. 그 다음인 New York 주는 $9,623이었고 1959~1960년에는 현재 가치로 $2,875로 가장 높았으나 New Jersey 주는 35년 전에는 상위권에 들지 못했었다.

District of Columbia($9,355), Alaska($8,963), Connecticut($8,817)과 Rhode Island($7,469)가 그 뒤를 이었다. 1959~1960년의 경우 Alaska 주는 지출이 두 번째로 높았으나 주들 중에서는 세 번째, District of Columbia를 포함했을 때는 네 번째로 순위가 떨어졌다. Alaska 주를 제외한 이들 모든 주는 북동부에 위치하고 있다.

〈표 10.3〉 1959~1960년과 1994~1995년의 학생 1인당 지출액이 높은 주와 낮은 주(현재 가치)

10개 주와 워싱턴 D.C.	1994~1995	1959~1960
전국 평균	$ 5,988	$ 1,920
상위 5개 주		
New Jersey	$ 9,774	$ 1,984
New York	$ 9,623	$ 2,875
D.C. District of Columbia	$ 9,335	$ 2,207
Alaska	$ 8,963	$ 2,797
Connecticut	$ 8,817	$ 2,232
Rhode Island	$ 7,469	$ 2,116
하위 5개 주		
Arkansas	$4,459	$1,153
Alabama	$4,405	$1,234
Idaho	$4,210	$1,483
Mississippi	$4,080	$1,054
Utah	$3,656	$1,651

지출이 가장 적었던 주 중에서, Utah 주는 SAT 고득점 및 AP 수업을 수강하는 학생의 비율이 가장 높고 중퇴자 비율이 가장 낮은 것으로 나타나는 등 전국에서 가장 높은 학업 성취를 보였지만, 1994~1995년 학생 1인당 $3,656로 미국에서 가장 낮았다. 주(州)의 동질성과 함께, 몰몬교의 영향(가정과 아동의 더 많은 투자)이 낮은 지출과 높은 성과를 설명하는 원인으로 사용된다(이에 대해서는 이 장의 끝부분에 제시된 생산성 분석에서 더 자세하게 다룬다).

Utah 주 다음이자 미국에서 가장 가난한 주는 Mississippi 주로, 1959~1960년에는 $1,054로 50위였으며, 1995년에는 $4,080로 49위를 기록하였다. Idaho 주는 학생 1인당 $4,210로 미국에서 48위, Alabama 주는 $4,405로 47위, 그리고 Arkansas 주는 $4,459로 46위를 차지하였다. 가장 가난한 주 중 3개 주는 남동부에 위치하고 있으며, 몰몬교의 영향이 큰 Idaho와 Utah 주는 Rocky 산맥 서쪽에 위치해 있다.

따라서 Utah 주와 New Jersey 주의 학생 1인당 지출은 $3,656과 $9,779로 $6,123의 차이를 보이며, Utah 주와 비교할 때 New Jersey 주가 2.67배 높다. Utah 주에서 가장 지출액이 낮은 학교구(학생 1인당 $2,100)와 New Jersey 주에서 가장 지출액이 높은 학교구(학생 1인당 $17,000)를 비교할 때, 수평적 불평등은 8 대 1 이상이다. Utah 주에서 지출이 가장 낮은 학교와 New Jersey 주에서 가장 높은 학교를 비교하면, 수평적 불평등은 더욱 커진다.

불평등의 근원인 지역사회의 부. 공교육을 위한 재정의 약 46%가 지방 재산세에서 나오기 때문에, 불평등은 "극명한 불평등"을 만들어 내는 엄청나게 상이한 주택, 산업, 공공 시설 및 토지 가치를 가진 지역사회로부터 기인한다. Kozol(1991)은 부유한 근교 지역과 도심의 공립학교들을 비교하여, 미국의 재정 지원이 얼마나 불공정한지를 극명하게 제시하고 있다. New York 시의 학교들을 예로 들어, Kozol은 이들 학교의 지출을 분석하고 그 결과를 다음과 같이 제시하였다.

> 1987년, New York 시의 평균 지출은 약 $5,500였다(지금은 학생 1인당 $9,600 이상이다). 예를 들어, New York 시에서 지출이 가장 높은 교외 지역(Great Neck이나 Manhasset)의 경우, 재정 지원 수준은 $11,000(지금은 $19,000)까지 증가하였다. New York 주에서 가장 높은 학교구는 $15,000(지금은 $23,000)였다. New York 시의 교육위원회는 "왜" 우리 학생들이 단지 거주 지역이 다르다는 이유만으로 다른 "비슷한" 학생들보다 "적은 지원을 받아야 하는가?"라는 의문을 제기한다. "이것은 명백한 불평등이다."(p. 84)

사실 자원이나 재산이 빈약한 지역은 더 높은 과세율을 적용하는 등 더 힘든 노력을 하고 있다. 그러나 주택과 사업체의 가치가 더 낮기 때문에, 그리고 자녀를 더 많이 가지고 있는 경우가 많기 때문에, 학생 1인당 지출은 상당히 더 낮다. 주의 정책 결정가들은 오래전부터 이와 같은 주 내의 불평등을 인지하고 있으며, 어느 정도 동등한 또는 적어도 "적정" 수준으로 끌어올리기 위한 목적으로 더 가난한 학교구에 주의 재정 지원을 확대하는 법안을 통과시켜 왔다.

법원의 개입

수평적 평등. 학교구들이 지역 교육에 매우 상이한 금액을 지출하고 있는 동안 법원은 두 손 놓고 바라보고 있지만은 않았다. 실제로 50개 가운데 31개 주에서 빈곤 지역의 학부모들이 교육 재정 평등의 확대를 요구하며 소송을 제기했고 그 중 상당수가 승소했다. 학교 재정 지원의 평등에 관한 최초의 주요 법원 판결은 1971년 California 대법원의 "Serrano v. Priest" 판결이었다. 이 판결에서 대법원은 California 주의 학교 재정 지원 시스템 전체가 "법에 의해 동등한 보호를" 보장하는 주 및 연방법(개정헌법 14조)을 위반하고 있다고 결론지었다.

Texas 주의 경우, 법원은 "Rodriquez v. San Antonio"(1973) 소송에서 California 주를 따라 해당 지역사회의 아동들은 권리를 침해당했다는 판결을 내렸다. 그러나 판결을 수용했던 California 주와는 달리, Texas 주는 미국 연방 대법원에 항소를 제기하였고, 연방 대법원은 Rodriquez v. San Antonio 판결을 뒤집었다. 상급 법원은 문제의 심각성은 인정했지만(부유한 지역사회는 더 많은 금액을 지출하는 데 반해, 일부 학교구의 지출이 낮기 때문에 아동들은 동등한 기회를 상실하고 있었다), 판사들은 "어느 범주의" 아동들이 헌법적 권리를 침해당하고 있는지 정확히 규정할 수 없었다.

San Antonio 통합 학교구에는 백인, 흑인과 남미계 아동, 부유하고 가난한 아동, 다양한 연령의 아동, 가톨릭, 개신교와 유대교도 아동 등 다양한 아동들이 재학하고 있다. 권리를 침해당하고 있다고 인정되는 집단(의심되는 범주)이 없었기 때문에, 연방 대법원은 사건을 종료하고, 주 법원으로 사건을 환송하였다(주 헌법에는 교육의 평등성을 보장한다고 규정되어 있으나, 미국 연방 헌법에는 교육에 대한 언급이 전혀 없다). Texas의 뒤를 이어, 31개의 다른 주에서 Serrano 소송과 비슷한 송송이 제기되었고, 22개 주의 주 법원에서는 주의 교육 재정 지원은 불법적이며 수평적 평등을 확대하기 위한 재정 지원의 재구조화를 진행하도록 판결을 내렸다. 그러나 불평등의 근원이 되는 지방 재산세를 직접적으로 폐지한 주는 거의 없으며, 평등한 교육재정 지원을 위한 어떠한 원칙도 제시되지 않았다.

이와 같은 법원의 소송으로부터, "(1) 교육은 주 정부의 주요한 관심사이다; (2) 그러나 주 정부가 평등한 교육 재정 지출을 의무화할 필요는 없다; (3) 지방 재산세가 빈곤층에 불리하게 작용하기는 하지만, 주 정부는 교육 재정 지원금의 원천에서 이를 배제시킬 필요는 없다; (4) 학교는 특별한 대우를 받을 필요가 있는 학생들을 위한 추가적인(불평등한) 재정 지원을 할 수 있다; (5) 학교 재정 산정 방식에서 형평성을 요구하는 구체적인 방안은 없다." 등 5가지 원칙이 도출되었다(Burrup 외, 1999: 228). 즉, 평등을 위한 노력으로 체제 전반에 걸친 평등한 재정 지원을 추구하지만, 특별한 추가적인 재정 지원도 어려움에 처한 아동들을 돕기 위해서는 아주 중요하다.

수직적 평등. 상이한 배경, 다양한 요구, 문제점, 강점과 단점을 가진 아동들로 가득 찬 교실을 상상해 보자. 시각 또는 청각 장애를 가진 아동은 일반 아동과 다른 종류의 어려움을 겪고 있기 때문에, 이들 모든 아동들의 교육을 위해 동일하게 재정 지원을 하는 것은 전혀 공평하지 않다. 특수 교사, 더 적은 학급 규모, 개인지도, 상담 및 그 외 다른 도움들이 필요하다는 것은 비용이 더 많이 든다는 것을 의미한다. 전문가들은 다른 아동들에 비해 일부 아동들은 더 비싼 "대우(treatment)"가 필요하다는 점에 대해서는 동의하지만, 특별한 상황을 충족시키기 위해 각 범주의 학생들이 얼마나 더 많은 지출을 필요로 하는지에 대해서는 논란이 있다.

Alexander와 Salmon(1995)은 "장애 아동과 같이 불평등하게 또는 비정상적으로 경비가 소요되는 것으로 보편적으로 인정되는 프로그램들에서조차, 적절한 교육 서비스 또는 각각의 비용이 어떻게 구성되는지에 관한 합의는 거의 이루어지지 않고 있다. 50개의 주는 다양한 집단의 학생들에게 교육 서비스를 제공하고 재정 지원을 하기 위한 독특한 체제를 구축하고 있다."(p. 234)고 설명한다. 정서적 장애를 가진 아동에 비해 시각 장애를 가진 아동에게 얼마나 더 많은 돈을 지출해야 하는지에 대한 합의에 도달할 수는 없지만, 학교 체제가 "일반" 아동에 비해 어느 정도 지출하고 있는지는 알고 있다. 만약 모든 학생들이 동일한 요구를 가지고 있고 비슷한 재정 지원을 받는다면, 그 비율은 1:1이 될 것이다.

Berne과 Steifel(1984)은 단도직입적으로 "추가 지원을 받아야 하는 대상을 선정하는 것은 수직적 평등을 측정하는 방법과 별개로 이루어져야 하는 가치 판단이다. 또한 만약 수직적 평등이 가중치가 부여된 분산 측정(dispersion measure)을 통해 평가된다면, 추가 지원을 받아야 하는 아동들을 불평등하게 대우하기 위한 적절한 방법이(보통 학생 가중치 부여의 형태로) 명시되어야 한다."고 주장한다(p. 223). 〈표 10.4〉에는 1980년대 초, 비록 오늘날에는 시대에 뒤떨어진 것 같지만, "상태 명칭(title of

〈표 10.4〉 다양한 장애 학생들을 위한 수직적 재정 형평성 가중치

상태 명칭	수직적 가중치(1.0=일반 교육)
1. 교육 가능한 정신 장애	1.50
2. 훈련 가능한 정신 장애	2.00
3. 심각한 정신 장애	2.00
4. 정서 장애	2.70
5. 학습 장애	1.50
6. 청각 장애	1.50
7. 시각 장애	5.01
8. 신체 및 건강 장애	3.00
9. 심각한 다중 장애	1.29
10. 재택 및 입원	1.60

출처: Berne & Stiefel (1984), p. 224.

condition)"이라는 용어를 사용한 장애 학생 집단이 제시되어 있다. 〈표 10.4〉의 둘째 범주인 "훈련 가능한 정신 장애(Trainable Mentally Impaired)"를 예로 들어보자. 이 범주는 2.00을 받았는데, 이는 이 수직적 범주가 "일반" 학생들이 받는 학생 1인당 지원금보다 2배 더 받는다는 것을 의미한다.

여러 학교구를 대상으로 한 최근의 한 연구(Speakman, Bloomfield, Cooper, May, Sampieri와 Holsomback 외, 1997)는 특수 교육을 받는 학생들의 교육비에 대한 일반 학생 교육비의 비율을 보여준다. 이러한 자료는 학생당 실질적인 교육비의 차이이며 수직적 평등의 이상적인 또는 완전한 수준은 아니다. 실질적인 가중치를 계산하기 위해, 1994~1995년의 Westerville 학교구를 살펴보자. 먼저, 우리는 학교구가 모든 아동들을 위한 교육에 지출한 금액을 산정할 필요가 있다. 〈표 10.5〉(첫째 세로열)는 전체적으로 학교구가 일반 교육 학생(우리는 이들을 '일반 교육 표시자(General Education Marker)'라고 부른다)들을 위해 학생 1인당 $3,040를 지출하였고, 이러한 일반적인 아동들은 아무런 추가 지원을 받지 못했으며 가중치는 1.00 또는 기준면(base level)이라는 것을 나타낸다.

둘째 세로열은 기본 수업을 받지 않고 별도의 프로그램(학생 1인당 $9,064로 기본 프로그램의 $3,040의 2.99배)에 참여하는 전일제 특수 교육 대상 아동을 보여준다. 셋째 세로열, 즉 시간제 특수 교육 학생은 일반 교실에서 수업을 듣기 때문에 "기본"을 받고, 특수 학급에서의 수업을 위한 학생 1인당 $1,919을 더해 총 $4,959, 1.63의 가중치를 받는다. 이중 언어는 가중치가 1.52이고 Title Ⅰ(Chapter Ⅰ) 학생들은 가중치가

〈표 10.5〉 "Westerville 학교구" 프로그램에 나타난 수직적 불평등

비용	일반 교육	특수 교육 (전일제)	특수 교육 (시간제)	이중 언어 교육	Title I, II
기본 수업 비용	$ 3,040	$ 0	$ 3,040	$ 3,040	$ 3,040
프로그램 비용	$ 0	$ 9.064	$ 1,919	$ 1,579	$ 1.540
전체 프로그램 비용	$ 3,040	$ 9,064	$ 4,959	$ 4,619	$ 4,580
수직적 평등 가중치(VEW)	1.00	2.98	1.63	1.52	1.51

1.51이다. 가중치가 얼마이든, 이 표는 수직적 평등이 얼마나 복잡할 수 있는지를 보여준다. 사실, 조직 단위(주, 학교구와 학교)는 수평적으로 다루면서 개인 및 여러 범주의 학생들에게는 수직적인 서비스를 제공하려고 하고 있다.

수직적 평등과 수평적 평등의 조화

1993~1994년에 이루어진 New York 시 학교 재정에 관한 연구는 수직적 평등과 수평적 평등에 관한 유용한 자료를 제공하고, 두 가지 평등 모두가 재정 정책에 반영되어야 한다는 주장에 힘을 실어주고 있다. New York 시 학교들의 평균 지출은 교육청과 단위 학교의 경비를 포함해 학생 1인당 $7,918였다. 일반 교육 표시자, 즉 일반 학생들에게 사용된 비용은 학생 1인당 $5,149였다.

- 전일제 특수 교육은 학생 1인당 $23,598 또는 학교구의 학생 1인당 전체 평균 $7,918의 298.0%이자 일반 교육 비용인 학생 1인당 $5,149의 458.2%에 달하였다. 이와 같은 전일제 특수 교육 대상 학생들은 별도의 학교 및 프로그램에 참여하기 때문에, 이들의 교육비 또한 분리가 가능하다. 그러나 나머지 수직적 평등 집단(시간제 특수 교육, 이중 언어와 Chapter I 등)은 "정규 교육" 학생들의 평균 비용, 즉 학생 1인당 $5,149와 비교된다. 모든 일반 학생들은 기준치에 해당하는 금액을 받고 기타 특수 프로그램들이 이에 더해 추가 지원금을 받는 형식이기 때문에 수평적 평등 범주는 수직적 차이를 계산하는 기준이 된다.
- New York 시 공립학교의 시간제 특수 교육 대상 학생들은 다른 일반 학생들처럼 $5,149를 받고, 거기에 학생 1인당 $5,059를 추가하여 학생 1인당 총 $10,208 또는 학생 1인당 학교구 평균인 $7,918의 128.9%이자 학생 1인당 일반 교육 지원 평균 $5,149의 198.25%를 받는다.
- 이중 언어 교육을 받는 학생들은 $5,149에 추가적인 $2,140를 더해 $7,289를 받았으며, 이는 학생 1인당 학교구 총지출의 92.1%이자 일반 교육 경비($5,149)의

141.56%에 해당한다.

- Chapter Ⅰ(Title Ⅰ)을 포함한 다른 범주는 기본 경비 외에 $2,252를 추가하여 학생 1인당 총 $7,401를 지출했으며, 이는 학교구 전체($7,918)의 93.5%이자 일반 교육 비용의 143.74%에 달한다.

따라서 이러한 예를 통해 학교구가 수평적 평등(동등한 학생들에 대한 동등한 대우)을 고려하는 기준으로 생각할 수 있는 일반 또는 정규 교육 비용을 1.00으로 가중치를 부여하는 방법을 살펴볼 수 있다. 추가적인 경비는 이 기준과 비교된다. 전일제 특수 교육은 이 기준의 458.3%에 달하며, 시간제 특수 교육은 거의 두 배(198.23%)이며, 이중 언어는 141.56%, 그리고 그 외 범주는 거의 비슷한 143.74%였고, 일반 교육은 기준선으로서 1.00이다. 범주 간의 차이(수직적 평등)를 검증하기 위해 범주 내의 수평적 평등을 사용하여, 시간제 특수 교육 대상 학생들은 198.25%에 가깝게 받는다는 것을 확인할 수 있다.

그 방법이 어떠하든, 미국의 학교들은 법적 및 정책적 원칙으로서 공정함을 내세우고 있다(실제에 있어서는 그렇지 않을지는 몰라도). 문제는 이를 정의하고, 측정하고, 형평성을 이끌어 내기 위한 법적인 수단을 발견하는 것이다. 따라서 이 절에서 제시한 것과 같이, 형평성, 적절성, 효율성에 관한 관점들은 개인의 요구와 이러한 관점을 대표하는 유권자 집단에 의해 많은 영향을 받는다.

기술적 차원: 돈이 중요한가?

"돈이 중요한가?"에 관한 실제적, 기술적 논쟁이 계속되고 있다. 공교육에 더 많은 예산을 지원하는 것은 학교 프로그램과 학생의 성취도상에 차이를 가져오는가? 아니면, 새로운 예산 지원은 "오래된 쥐구멍에 돈을 쏟아 붓는" 것인가? 무엇보다도, 학교의 생산성에 관한 논쟁은 대화에 참여하는 사람들이 투입의 수준, 즉 미국 연방 정부가 더 많이, 더 적게 또는 비슷하게 지출하고 있는지, 그리고 예산이 그 대상인 학생들에게 제대로 지원되고 있는가 하는 것에 동의하는가에 달려 있다. 공교육 반대론자들은 "글쎄. 우리는 점점 더 많은 돈을 교육 체제에 쏟아 붓고 있다. 교육 체제는 무엇을 만들어 놓았는가?"라고 주장한다. 더 많은 돈을 지출하고 있지만, 이를 가장 필요로 하는 사람들에게는 절대 도달할 수 없다고 주장하는 사람들도 있다. 그리고 돈이 어디로 가는지 알지 못하며, 안다고 하더라도 이를 통제할 수 없을 것이라고 인정하는 사람들도 있다.

이러한 논쟁의 이면에는 공적 자금이 어떻게 사용되고, 이러한 공적 자금 사용이 아동의 교육 개선을 의미하는지에 관한 네 가지 사고 방식이 존재한다.

우리는 너무 적게 지출하고 있다 — 요구도 상당하고, 더 많은 예산이 필요하다

교육은 충분한 예산 지원을 받지 못하고 있으며, 자원은 중산층에게 지원되고 대부분의 경우 유색인종인 가난한 아동은 황폐화되고, 부적절하게 관리되며, 자원이 부족하고, 질이 낮은 학교에 재학하게 만드는 체제로 인해 수많은 아동들은 제대로 된 교육을 받지 못하고 있다. 이러한 입장의 비판론자들에 따르면, 학교는 충분한 예산 지원을 받지 못할 뿐만 아니라, 이러한 부족한 예산은 부유층에게 유리하도록 가난한 아동들에게 영향을 미친다. 그리고 지금까지 살펴본 것처럼, 학교구는 지역 교육에 엄청나게 차이 나는 금액을 투자하고 있지만, 법원은 이를 수수방관하고 있지는 않고 있다. 사실, 31개 주에서 가난한 학교구들은 보다 높은 재정적 평등을 위해 주 정부를 상대로 소송을 제기하고 있고, 상당수가 이 소송에서 승리하고 있다.

우리는 점점 더 많이 지출하고 있다. 그러나 얻는 것은 점점 더 줄고 있다

반대 입장을 가진 사람들은 계속 증가하는 비용과 떨어지는 또는 정체 상태에 있는 결과를 잔뜩 노려보며, 미국은 우리 아동들이 실제 학습하고 혜택을 보는 것에 비해 충분한 또는 지나치게 많은 돈을 학교에 지출하고 있다고 결론을 내린다. 전국적으로 유명한 교육 경제학자들인 Hanushek, Benson, Freeman, Jamison, Levin과 Levin 등(1994)은 전문가 패널의 의장을 맡았고, 다음과 같은 결론을 내리고 있다.

> 계속 상승하는 학교 예산에도 불구하고, 학생들의 성취도는 그 자리에 머물러 있다. 실망스러운 학생들의 성취도는 실망스러운 경제 성장, 정체된 생활 여건 및 사회 및 인종 집단들 간의 소득 격차 확대를 가져온다. … 우리 패널은 자원의 효율적인 사용, 성취도에 따른 인센티브 제공 및 계속적인 학습과 적응 등 세 가지 원칙이 중심이 된 개혁 프로그램을 통해 지출을 늘리지 않고서도 학교의 성취도를 향상시킬 수 있다고 결론을 내린다(p. xv).

우리는 더 많은 돈을 사용하고 있지만 올바른 곳에 쓰지 못하고 있다

일부 유명 학자들(Cooper, 1994; Rothstein, 1998)은 비록 지난 20여 년 동안 지출이 증가하였지만, 일반적인 교실의 일반적인 아동들에게는 거의 도달하지 않고 있다고 주장한다. 따라서 새로운, 추가적인 자원은 분실되거나 부적절하게 사용되고 있기 때문에, 이러한 돈이 교육에 어떤 영향을 미치고 있는지 살펴보기는 상당히 어렵다. 자원이 학생들에게 이르는 과정을 추적한 Cooper의 연구는 학교구의 지출 증가는 새로운 예산이 항상 그 목적하는 대상(교실, 도서관, 매체와 컴퓨터실, 그리고 상담 센터 등과 같은 학생들이 배우고 성장하는 장소)에 도달하는 것을 보장하지 않는다는 것을 보여준다.

Rothstein(1998)은 지난 30년 동안의 지출 경향을 분석한 후 다음과 같이 결론을 내렸다.

> 지출은 상당히 증가해 왔지만, 이러한 증가는 대부분의 사람들이 생각하는 것보다는 적고, 보다 복잡하다. 1967년에서 1991년까지 실질적인 학교 지출은 61% 증가하였는데, 이는 그 동안 생각해 왔던 증가분의 절반을 조금 넘는 수준이다. 그리고 증가분의 경우 1/4만이 시험 점수, 졸업률 등으로 결과를 측정할 수 있는 전통적인 학교 활동인 "일반 교육"에 사용되었다(p. 22).

특수 교육이 크게 성장한 1967년에서 1991년 사이의 24년 동안, 특수 교육이 예산 증가의 대부분을 차지하는 가운데, 일반 또는 정규 교육에 대한 지출이 감소한 9개 학교구를 분석한 Rothstein의 결과는 〈표 10.6〉에 제시되어 있다. 예를 들어, 특수 교육 지출은 1967년, 학교구 비용의 3.7%에서 1991년에는 17%(359% 증가)로 학교구 전체 경비의 13.3%를 차지하였다. 상당 부분, 이러한 증가는 38%에 달하는 "새로운 예산"

〈표 10.6〉 1967~1991, 9개 학교구의 프로그램 변화 및 "새로운 예산" 지분 분석

프로그램	1967년 비율	1991년 학생 1인당 지출	1967~1991년 차이	새로운 예산에서 차지하는 비율
특수 교육	3.7%	17.0%	+13.3%	38.0%
일반 교육	79.6%	58.8%	–20.9%	25.9%
급식	2.0%	4.1%	+2.1%	7.5%
출석/생활지도	2.1%	4.1%	+2.0%	7.4%
직업 교육	1.4%	3.0%	+1.6%	5.2%
인종 차별 폐지	0.0%	1.6%	+1.6%	4.1%
이중 언어 교육	0.3%	1.8%	+1.5%	3.9%
보상 교육(Title Ⅰ, Chap. 1)	5.4%	4.3%	–1.1%	2.9%
일반 교육 통학	3.9%	3.3%	–0.5%	2.8%
방과후 체육	0.4%	0.7%	+0.3%	1.1%
보안	0.1%	0.4%	+0.3%	0.9%
일반 교육 보건	1.3%	0.9%	–0.3%	0.5%
모든 프로그램	100.0%	100.0%		100.0%
일반 행정 간접비 배분	9.4%	9.7%	+0.2%	9.8%
운영 및 유지	15.7%	14.2%	–1.4%	12.3%

때문이며, 이에 반해 일반 교육은 거의 80%를 차지하던 상태에서 59%로 줄어들었으며, 이 기간 동안 새로운 예산에서의 점유율은 26%에 불과하였다. 일반 학생들을 위한 프로그램(일반 교육 통학, 보건과 Chapter Ⅰ 등과 같은)의 대부분은 감소하였다. 이러한 정보는 증가된 모든 예산이 지출되었다는 것에 근거하여(이러한 새로운 예산의 대부분은 일반 교육을 받는 학생, 즉 시험을 보는 학생들에게 도달하지도 않았다) 미국 교육을 낭비적이고 비생산적이라고 공격하는 것은 명백히 부당하다는 Rothstein의 주장을 뒷받침한다.

지출 추적. 따라서 학교의 생산성에 관한 정책 논쟁의 핵심적인 요소는 얼마나 정확하게 자원이 목적(수업을 받고 시험을 치르는 아동들)에 이르는가를 추적하는가 하는 것이다. 주와 지역 정부는 일반적으로 학교와 교실이 아닌 학교구에 초점을 두기 때문에, 우리는 실제로 비용이 지출되는 곳에서 비용을 분석하는 새로운 체제가 필요하다. 만약 General Moters가 Buick 차를 생산하는 데 실제 소요되는 비용을 결정할 수 없다면, 어떻게 노동에 대한 가격을 설정하고, 각 공장(심지어는 각 조립 라인)에서 제품의 질에 대한 책임을 지고, 설계와 구조를 개선하기 위해 얼마나 비용이 들어가는지를 이야기할 수 있을까? 가격은 모든 생산성 형태에 있어 가장 기본이 되는 것이나, 교육 분야는 비용 투입(예산, 설비, 직원, 시설과 버스 등)과 프로그램 및 학생 산출(학습, 시험 점수, 출석, 진급과 졸업률)을 관련시키기 위한 수단인 수용 가능한 "생산 기능"을 만드는 것을 지체해 왔다. 이러한 지체는 전형적으로 정부 및 거의 독점 상태에 있는 대규모 관료제에서 찾아볼 수 있다. 믿기 힘들겠지만, 전화기 독점 회사였던 "Ma Bell[3)]"이 해체되기 전까지, 이 회사는 전화를 한 번 거는 데 비용이 얼마나 드는지조차 알지 못하고 있었다.

그러나 생산성은 지식으로부터 시작한다. 교육에 대한 재정적 투입과 고등학교 졸업률, 학업 성취도와 성적 향상과 같은 체제의 산출을 관련시키는 체제 이론 및 용어의 사용에 주목하길 바란다. 그러나 "전환"(암흑 상자 내에서 이루어지는 활동)이 중요하지만(자금을 측정 가능하고 분석 가능한 교육 활동과 서비스로 전환하는 방법), 학교 재정 연구에 적용된 투입-산출 모델에서는 거의 언급되지 않고 있다.

학교 국외자(Outlier). 정책 결정에 있어서 또 다른 쟁점은 학교구 또는 체제 내의 모든 학교를 동일한 기준으로 평가할 때, 학교구 또는 주 내의 학교 간 비용상에 어느 정도

---

3) 역주: 미국 최대의 유무선 통신회사인 AT & T의 애칭으로, 1956년 이후 독점금지법 위반 소송의 대상이 되었으며, 이를 해결하기 위해 1984년 기업 분할이 이루어졌다.

정책사례

서부 학교구

미국 서부의 전형적인, 중간 규모의 도시 학교구를 통해, 우리는 이와 같은 실제 체제에서 비용이 어떻게 구성되는지 살펴본다. 즉 자원이 학생들에게 전달되는 과정을 분석한다. 먼저, 학생을 위해 교실에서 사용되기 전에 학교에 도달해야 하기 때문에, 경비 분석은 "교육청"과 "단위 학교"를 분리하였다. 〈표 10.7〉에 제시되어 있는 것과 같이, 서부 학교구의 경우, 교육청은 8.73%를 사용하였고, 79.72% 또는 학교구 학생 1인당 총비용인 $7,159에서 학생 1인당 $5,707가 학교에 지급되었다.

〈표 10.7〉 1998~1999학년도, 서부 학교구의 교육청, 그 외 항목 및 단위 학교 지출(75,306명)

	I. 총액	II. 비율	III. 학생 1인당
1. 교육청	$47,078,146	8.74%	$626
2. 그 외 항목	$62,203,458	11.54%	$826
3. 단위 학교	$429,759,384	79.72%	$5,706
총계	$539,040,988	100.00%	$7,158

〈표 10.8〉 1998~1999학년도 서부 공립학교의 기능별 단위 학교 지출

기능	총비용	학생 1인당	학교 지출 비율	학교구 지출 비율
전체 수업	$286,046,122	$3,798	66.5%	53.1%
면대면 수업	$278,850,950	$3,702	64.9%	51.7%
학급 자료	$7,195,172	$96	1.6%	1.4%
전체 수업 지원	$31,726,474	$421	7.5%	5.9%
학생 지원	$24,327,312	$322	5.6%	4.5%
교사 지원	$7,399,162	$98	1.8%	1.4%
학교 운영	$85,179,766	$1,131	19.8%	15.8%
학교 리더십	$26,807,024	$356	6.2%	5.0%
단위 학교 총계	$429,759,386	$5,707	100.0%	79.7%
학교구 지출 총액	$539,040,988	$7,159	NA	100.0%

단위 학교의 지출

다음 단계는 학교에서 지출된 돈은 어떻게 사용되는지를 분석하는 것이다. 〈표 10.8〉의 넷째 열은 학교 전체로 봤을 때 약 80%, 그리고 학급에서 약 53%가 사용되었다는 것을 보여준

다(면대면 수업에 51.7%, 자료와 용품에 1.4%). 그 외 기능적 비용에는 수업 지원 5.9%, 학교 운영(난방, 조명, 유지, 교통과 관리인) 15.8%와 단위 학교 리더십(학교장과 교감) 5.0%가 포함된다. 다시 한 번 말하지만, 이들은 기능에 따른 학교구의 평균지출이다.

따라서 1998~1999학년도. 서부 학교구의 학생 1인당 지출 $7,159 중에서, 학생 1인당 $5,707가 학교로 지급되었고, 학생 1인당 $3,798가 학급에 도달하였다. 〈표 10.8〉의 셋째 열에 제시되어 있는 것과 같이, 예산의 약 2/3(66.5%)가 학급에 도달하였다. 즉 학생 1인당 단위 학교 총 지출인 $5,707 중에서 학생 1인당 $3,798가 수업에 사용되었다.

수업 경비

서부 학교구에서 모든 학생에게 사용된 평균 금액을 자세하게 분석하면, 학교 수준에서, 교사, 기간제 교사, 보조 교사(학급 도우미), 자료와 컴퓨터 등의 경비를 포함한 수업 지출을 살펴볼 수 있다. 수업에 사용된 66.5% 중, 예상한 바와 같이, 이들 중 대부분은 교사의 봉급과 수당으로 지출되었는데, 이는 학생 1인당 학교 지출 총액인 $5,707 또는 60.9%에서 학생 1인당 $3,474에 이른다. 이는 서부 학교구의 학생 1인당 지출액의 48.5%에 해당한다.

차이가 존재하는가 하는 것이다. 지역 학교구(법원에서 예산 평등과 관련된 사건을 심리할 때 전통적으로 비교의 단위가 되어 왔다)가 없는 유일한 주로 더 평등하다고 간주되고 있기 때문에, Hawaii는 학교들을 비교하기에 최상의 장소이다. 따라서 우리는 Hawaii는 주는 Hawaii 학교구처럼 주 내의 모든 학교들을 서로 비교할 수 있게 해주는 주라고 생각한다.

〈표 10.9〉에 제시되어 있는 것과 같이, 우리는 예산이 학교 및 교실 수업에 전달되는 과정을 추적하는 미시 재정 지원 모델(micro-financial model)을 사용한다. Honolulu 내 및 인근 지역에 위치한 지출이 많은 학교와 적은 학교는 서로 간에, 그리고 주 전체의 초등학교 평균과 상당한 차이를 보인다. 1995~1996학년도, 전체 교육 평균 지출은 Hawaii 주 총 교육예산 $1,187,000,000를 공립학교에 재학하고 있는 학생수인 186,581명으로 나눈 학생 1인당 $6,360였다. 이 금액 중 약 85%인 학생 1인당 $5,413는 학교에 사용되었고, 나머지 금액은 중앙 행정 및 학교 외의 다른 경비로 사용되었다. 평균적으로 약 51%(학생 1인당 $3,237)가 직접적인 수업을 위해 교실 수준에서 사용되었다(미시 재정 지원 모델을 사용해서 분석한 전국 학교구의 평균). 그러나

〈표 10.9〉 1995~1996학년도 Hawaii 학교구 내의 학생 당 학교 및 "학급" 경비에 대한 국외자 분석

	학생 1인당 전체 비율($6,360)	학생 1인당 경비	금액
학교당 주 평균	85.11	$5,413	$1,009,983,835
수업에 사용된 총 금액	50.89	$3,237	$603,875,872
지출이 높은 곳(272명)			
Linapuni 초등학교	109.72	$6,978	$1,583,923
Linapuni 수업	70.60	$4,490	$1,019,158
지출이 낮은 곳(173명)			
Wailupe Valley 초등학교	90.60	$5,762	$996,900
Wailupe Valley 수업	39.20	$2,493	$431,241

학교별로 분석을 해보면, 주의 전체 평균은 교실 수업에 대한 지출이 높고 낮은 학교들로 다양하게 나타난다. Linapuni 초등학교는 수업 경비 지출 순위에서 최상위에 있지만, Wailupe Valley 초등학교는 예산 분배에 있어 최하위에 위치하고 있다(〈표 10.9〉 참고).

- **지출이 높은 곳.** Linapuni 초등학교는 학생 1인당 $6,978를 지출하였으며, 이는 주 전체의 평균인 $6,360의 110%에 해당하였다. 이 중 71%($4,490)는 직접적인 교실 수업에 사용되었고, 이는 주 전체 평균인 51%보다 20% 포인트가 더 높은 수치이다.
- **지출이 낮은 곳.** 1995~1996학년도, Wailupe Valley 초등학교는 상황이 전혀 다르다. 학생 1인당 지출의 90%, 즉 학생 1인당 $5,762가 학교에 지급되었으나, 학생 1인당 겨우 $2,493 또는 주 전체 평균 $6,360의 39.2%만이 교실 경비(교사의 보수, 대체 교사, 교과서와 교재, 수업용 기자재와 컴퓨터)로 지출되었다.

따라서 1995~1996학년도, Hawaii 주는 학생 1인당 거의 $6,400에 이르는 돈을 지출하였지만, 가장 지출이 낮은 학교인 Wailupe Valley 초등학교는 수업 관련 경비가 상당히 낮은, 학생 1인당 $2,493 또는 주 전체 평균의 39.2%에 불과하였다. 단일 학교구인 Hawaii 주의 교실 수업을 위한 경비의 범위는 Linapuni 초등학교의 71%($4,490)에서 Wailupe Valley 초등학교의 39%($2,493)에 이르며, 그 차이는 40% 이상이다. 초등학교와 중등학교의 수업 경비를 비교하면 그 범위는 더욱 커진다.

우리는 더 많은 돈을 사용하고 있지만, 이는 학습과는 관련이 없다

네 번째 집단은 교육에 사용되는 돈이 학생들의 학습에 어떠한 차이를 만들어 내는지, 그리고 더 많은 지출이 학습과 시험 결과 향상에 어느 정도 기여하였는지 아무 것도 알지 못한다는 것을 인정한다. 더 많은 지출과 관련된 논쟁에 대한 불가지론적 입장을 가진 이 집단은 더 많은 돈이 더 많은 학습을 이끌어 낸다는 것을 증명할 수 없고, 학습이 더 활발한 경제 활동과 더 높은 생산성을 이끌어 내는가 그렇지 않은가에 별다른 관심을 가지지 않는다. 예를 들어, 학교에 $500 이상을 더 지출하는 것이 학생의 성취도상에 소규모의, 긍정적인, 그러나 측정 가능한 향상을 가져오는지 증명하는 것은 쉽지 않다.

실제적 쟁점: 학교의 생산성 향상

교육 정책 연구에서 많이 연구되는 것은 돈과 결과 간의 관계(즉, 더 많은 자원, 더 좋은 수업, 향상된 학습)이다. 다수의 연구들은 이러한 관계를 입증하려고 노력하였다. 상당수의 연구들은 학교 생산성의 개념을 지지하고 있지만, 이들 연구들은 오래되었고, 반론이 제기되며, 돈이 중요하고, 얼마나 중요한가에 관한 오늘날의 논쟁을 위해서는 부적절하다.

지출과 결과

연구들은 학교에 돈을 지출하는(프로그램의 변화, 새로운 직원을 고용, 새로운 문화의 창조를 돕기 위해) 체제는 더 나은 결과를 얻는다는 것을 증명하려고 노력하고 있다. 학교 변화, 개혁과 재구조화(학부모들을 위한 선택권 증대)에 관한 급증하는 연구들은 많은 요구들을 제기하고 있지만, 이를 입증하는 데는 실질적인 문제들을 가지고 있다. 비록 더 많은 돈이 Magnet School, 대안 학교, Charter School, 위성 학교(satellite school)와 심지어는 가정의 선택을 위한 Voucher 확대에 사용되고 있지만, 연구자들은 급진적인 새로운 개혁 정책에 더 많은 예산을 지원하는 것이 더 좋은 결과를 낳는다는 것을 입증하는 데 애를 먹고 있다.

이상적인 세계에서, 공공 정책은 모든 아동들의 요구를 충족시키는 질 높은 학교에 재학할 수 있도록 하기 위해 공적 및 사적 자원으로부터 예산을 쉽게 사용할 수 있도록 한다. 예산은 만족 및 적당한 수익을 가져다주는 직업과 함께, 아동들에게 그리고 이들의 능력을 최대한 발휘할 수 있도록 교육시키고, 이들을 생산적인 사회의 생산적인 구성원으로 만드는 데 현명하게 지출된다.

그러나 우리는 이상적이지 않은 세계에 살고 있다. 교육에 대한 예산 지원은 전 세계에서 가장 크고, 가장 비싸며, 가장 복잡한 교육 체제를 만들어 내는 다양한 이해관계와 가치들 간의 타협 체제이다. 그리고 예산을 확보하고, 배정하고 지출하는 방식은 이러한 타협과 복잡성을 반영하고 있으며, 특별한 관심의 대상이 될 가치가 있다. 어떤 의미에서 타협인가? 거의 모든 사람들 사이에서의 타협이다. 다음의 간단한 예를 살펴보자.

교육 예산의 재원에 대한 타협. 비록 학생 5,860,000명의 학부모들은 다른 아동들의 학교 교육을 위해 세금을 납부하는 것 외에 자신들의 주머니에서 사비로 교육비를 지불하고 있지만, 교육은 주로 세금을 통해 지원이 이루어진다. 일부 형태의 과세 제도는 다른 형태들보다 효율적이고 수익성이 높다. 귀중한 땅, 양과 염소를 가진다는 것은 화폐나 동전이 거의 사용되지 않았던 사회에서도 부(富)를 나타내었기 때문에, 재산세는 시민 생활 그 자체만큼이나 오래된 것이다. 그러나 일부 지역사회는 수많은 토지, 공장, 쇼핑몰과 고가의 주택들을 가지고 있는 반면 이를 거의 가지고 있지 않은 지역이 있는 등 재산상의 부는 불평등하게 분배되어 있다. 대부분의 지역사회에서 그러하듯 만약 교육세가 재산세에 근거하고 있다면, 부유한 도시는 부유한 학교를, 가난한 지역은 가난한 학교를 가지게 될 것이다.

그러나 재산세를 폐지하는 것은 쉬운 해결책은 아니다. 여기서 타협이 이루어진다. 지방 재산세로부터의 세금 수입이 없다면, 지역사회는 미국 학교 재정에 있어 가장 가치롭게 여겨지는 특성인 지역의 통제권 상실을 우려한다. 가난한 학교구를 위한 지출의 평등화를 위한 시도로 다섯 가지 상이한 타협이 이루어진다.

1. **재산이 가장 적은 지역사회는 가장 많은 지원을, 그리고 가장 부유한 지역사회에는 거의 지원을 하지 않는 등 주 정부의 학교 평등화 지원을 통해 불평등한 지방세 역량을 보충한다.** 비록 불공평한 구조 그 자체를 제거하는 것이 아니라, 불평등하게 분배된 자원, 부동산에 대한 세금 징수로 불평등이라는 기본적인 이면의 문제점을 "임시로 땜질 처방하고 있지만", 대부분의 주는 이와 같은 타협안을 수용하고 있다.
2. **지역사회에 주민세 부과를 허용하지만, 공익 사업(수도와 전기 등)과 기업/상업에 관한 소득세를 지방 분권화한다.** 이러한 타협안은 지역사회 내의 재산에 대한 세금 수입을 보유하게 하지만 인접한 부유한 학교구와 가난한 학교구 간의 지출 균등화를 돕기 위해 광역 세금 단위(즉, Maryland 주에서처럼 County 단위로)를 만

들어 냄으로써, 자신들의 몫을 자신들이 사용하게 허용한다. 그러나 많은 상점과 공장을 가진 시(市)들은 가난한 지역사회를 위해 자신들의 소득을 빼앗기는 것을 싫어한다. 이들은 자신들은 대기오염, 과밀화, 교통체증과 상업 및 공장으로 인한 불편함을 참고 있으며, 이러한 자산에 부과된 세금으로 인한 혜택을 누려야 한다고 주장한다.

3. **소득 수준이 혼합된 지역사회를 결합시킨 더 큰 학교구를 만든다.** 더 큰 학교구는 소득을 균등화할 수는 있지만, 운영 비용의 증가를 가져올 수 있다. 한 가지 해결책(소득 균등화)에 이르기 위한 타협안이 또 다른 문제를 만들어 낼 수 있다. 더 큰 학교구는 더 큰 관료제를 만들어 낸다.
4. **가난한 학교구에 대한 주 정부의 지원을 증가시키면서, 부유한 학교구가 계속해서 교육에 대한 지출을 늘리는 것을 막기 위한 "한도를 설정한다."** 그러나 일부 가정에서는 자기 자녀들의 교육을 위해 더 많은 지출을 하는 것에 주 정부가 관여하지 말아야 한다고 주장한다. 하나의 타협안으로서 한도를 설정하는 것은 또 다른 문제를 초래할 수 있다. 즉, 부모들은 공립학교에서 전학시켜 지역의 사립 또는 교구 학교에 수업료를 낼 수 있다. 아니면 부모들은 공립학교 내에 사립 재단(foundation or trusts)을 만들어 한도 설정을 교묘하게 피하면서 아동 교육에 더 많은 돈을 투자할 수 있다.
5. **Robin Hood 역할을 맡아 지출을 증가시키기 위한 필수 조건으로서 부유한 학교구에게 가난한 학교구를 보충해 주도록 요구한다.** 즉, 부유한 학교구가 학생 1인당 지출을 증가시키기 위해서, 학교구는 인근의 가난한 학교구에 25%를 지원해야만 한다. 이러한 재분배 정책은 Texas 등과 같은 몇몇 주에서 시도되었으나, 한 학교구가 다른 학교구에게 보조금을 주어야 하기 때문에 저항이 나타나고 있다.

이러한 타협안들은 교육 재정 및 관리의 기본 구조(지역의 재정과 지역의 통제)의 변화를 가져오지 않으면서도 교육을 위한 자원의 불평등한 분배가 가져오는 영향을 완화시키려고 시도하기 때문에 공정하다고 할 수 있다.

재원에 관한 통제 타협. 우리는 학교가 자신들의 예산을 통제하고 학생들에게 있어 가장 도움이 필요한 곳에 돈을 사용할 필요가 있다는 것을 알고 있다. 그러나 우리는 또한 연방, 주 및 지역의 재원에서 예산이 지원되기 때문에, 통제는 여러 수준들 간에 공유된다는 것도 인식하고 있다. 따라서 다양한 재원은 다양한 정책과 뒤섞인 또는 공유된 통제를 의미한다. 타협은 하위 수준 위의 상위 수준에 의한(지역 및 주 정부 위의 연방 정부, 지역 정부 위의 주 정부, 그리고 학교 위의 학교구) 매우 복잡한 통제 모델이다.

각 수준의 정부(연방, 주 및 지역)는 각자의 법, 정책 및 요구 조건을 가지고 있다. 예를 들어, 성취도가 낮은 아동들을 지원하기 위한 프로그램을 위해 연방 정부의 예산 지원을 받기 위해서, 학교구는 특정한 방식으로 예산을 집행해야 하며, 어떻게 사용하였는지 보고도 해야 한다. 이러한 규칙은 교사와 행정가들의 재량권과 자율성을 훼손하며, 이는 학생들에게 가장 좋은 방식으로 항상 예산이 사용되는 것은 아니라는 것을 의미한다.

선택 증대를 위한 평등 타협. 지나치게 많은 법적 관할 구역과 예산 조성 방법, 그리고 매우 다양한 지역 재산 가치를 토대로 하는 지역 재산세에 지나치게 의존하는 등 그 구조상 미국의 학교들은 불평등하다. 전국의 각 학교구가 동일하게 예산 지원을 받는다 하더라도, Hawaii 등에서 알 수 있는 것과 같이, 각 학교들이 받는 자금은 매우 상이하고, 학급 규모도 다양하며, 학생들에게 주어지는 예산의 수준도 상이하다.

기준과 생산성에 대한 타협. 끝으로, 미국은 모든 학생들을 위한 질에 전념한 적이 한 번도 없다. 연방(정부의) 기준은 말할 것도 없고 전국 차원의 정책 결정들은 거부되고 있다. 그리고 재정 지원은 매우 다양하고 상이하기 때문에 입법가들은 자신들이 제정한 명령(예를 들어, 특수 교육)을 지역 정부가 따를 수 있는지 확신하지 못한다. 따라서 미국은 지역주의 체제를 선호한다. 즉, 모든 사람을 곤경에서 벗어나게 만든다. 학교 교육은 주 정부의 기능이기 때문에 연방 정부는 관심을 늦출 수 있다. 수년간에 걸친 소송과 노력에도 불구하고 주 정부는 대부분의 책임을 학교구에게 위임하고 있으며, 학교구는 개별 학교에 통제권을 부여할 수도 있고 그렇지 않을 수도 있다.

교육 재원 정책의 미래

학교 재정 정책의 미래는 교육의 역할, 그 구조, 통제 및 결과에 대한 사회의 시각에 달려있다. 더 강력한 주 및 연방 정부의 역할에 의지하는 일부 지역에서의 더 엄격한 기준, 더 표준화된 교육과정과 기준, 그리고 학생들의 결과에 대한 보다 체계화된 평가(지식과 숙달 정도를 증명하지 않는 한 다음 학년으로 진급하지 못하게 하는 "출구" 프로그램) 등 우리는 갑자기 여러 반대 방향으로 움직이는 것 같다. 또한 우리는 (Hawaii가 현재 하고 있는 것과 같이) 주 정부가 모든 예산을 지원하는 것에 대한 관심이 증대되고 지역의 차이는 덜 강조될 것이라고 예상한다.

그러나 이러한 흐름에 반대되는 학교의 자기 결정, Charter School, Magnet School과 가정의 선택권 확대 등에 대한 관심도 증가하고 있다. 그래서 Voucher를 승인하고 그 외 가정-통제적 장치들을 확대하는 방향으로 예산 지원이 이루어지고 있지만, 이와 동시에 연방 및 주 정부의 묶은 부모의 통제를 감소시킬 수 있다. Hawaii 주와 같이 주가 모든 예산을 지원하는 주는 불평등을 완화시키고 책무성을 증대시키는 효과를 가져올 수 있지만, 지역 학교와 가정에게는 자율성과 선택이 줄어들게 만든다.

이 둘을 동시에 실행하는 방법을 생각해 보자. 만약 주 정부가 모든 돈을 걷어서, Thomas Jones가 "아동 중심적 예산지원(child based funding)" 또는 CBF라고 부른 방법을 사용하여, 주 내의 모든 학생들에게 평등하고 동등하게 재분배하는 방법은 어떨까? 이러한 방법을 통해, 예산 조성과 분배가 평등화되고, 교육에 대한 지출은 각자에게 맡겨지거나 적어도 사용자 주도적 및 사용자 친화적이 될 것이다. 몇 가지 시나리오를 생각해 보자.

시나리오 1: 주(州)의 Voucher

지역의 재산 가치 및 평가를 토대로 주 정부가 모든 재산 및 소득세를 징수한다면 어떨까? 그렇게 된다면, 가중치가 부여된 학생 교육 장학금(WeSES)를 사용하여, 주 정부는 보조금, 장학금이나 Voucher의 형태로 가정에 재원을 분배한다. 가정은 인가를 받은 학교들 중 선택한 학교에서, 균등 가치 및 특수한 학생들의 요구(학습 부진, 영어 능력 부족 등)에 근거한 장학금을 현금으로 바꿀 수 있다. 이 안은 진보주의자들에게는 평등을, 보수주의자들에게는 선택과 기획력을 제공하는 등 모든 사람에게 이익이 돌아가는 방법이다.

시나리오 2: 개방형 등록제—학생에 따라 예산 지원

WeSES를 약간 수정한 개념으로 가정이 아닌 가정의 선택에 예산을 제공하는 것이다. 큰 학교들은 연방, 주 및 지역으로부터 더 많은 예산 지원을 받는 등 이미 등록 학생수에 따라 재원이 할당된다. 가정의 선택과 결합된 다양한 지역 학교, 무료 교통 수단 제공 및 학교구 간 전학 등을 통해, 우리는 평등과 선택을 모두 추구할 수 있다. 지역의 부에 관계없이, 모든 지역사회의 아동들이 학교를 선택할 수 있고, Voucher가 등록 및 요구에 근거하여 주 및 연방 수준에서 해당 학교로 직접 제공되는 등 수업료는 선택한 학교에 지원되기 때문에 공평한 과세 및 재정적 중립성을 지킬 수 있다.

Edmonton, Alberta, Seattle, Houston과 같은 학교구는 각 학생의 요구와 상황에 근거하여 각 학교에 예산을 배정하는 "가중치가 부여된 학생 공식(weighted student formula: WSF)" 모델을 실험적으로 적용하고 있으며, 이는 각 학교에 독자적인 프로그램을 허용하는 차별화된 내부 Voucher이다. 우리는 WSF 학교들이 더 큰 통제력을 가지고 있고, 자신들의 학생들에게 맞게끔 프로그램을 조정할 수 있으며, 실제 보다 좋은 결과를 낳고 있다는 여러 증거들을 가지고 있다(Ouchi, Cooper, Segal & DeRoche, 2002 참고).

시나리오 3: 주가 전액을 지원하는 Charter School

또한 공적 자금은 민간 단체에 의해 운영되지만 지역 학교구나 주 교육부에 보고할 책임이 있는 Charter School에도 지원된다. 만약 이들 학교들이 학생 1인당 지역 평균 금액을 지원받는다면, 고등학교(고등학교는 학생 1인당 지역 평균 금액보다 더 많이 지출을 한다)라면 적게 지원을 받는 것이고, 초등학교(초등학교는 보통 학교구 평균보다 지출이 더 적다)라면 더 많이 지원을 받는 것이다. 비록 부모들은 Charter School을 더 선호하지만, 만약 이중 언어 및 Charter Ⅰ 예산이 이들 Charter School에 지원되지 않는다면, 특별 프로그램에 예산 지원을 많이 하지 않는다.

의사 결정가가 동일한 오래된 해결책(더 많은 예산 지원, 더 큰 평등, 더 많은 통제)을 시도하는 데 실증을 느낀다면, 학교 예산상의 변화는 한꺼번에 이루어질 수 있다. 흑인 공동체가 백인 중산층이 교육 분야에서 향유하는 것과 동일한 선택권을 요구하였던 Milwaukee와 Cleveland와 같은 지역에서 이미 살펴볼 수 있다. 하원 의원인 Polly Williams는 Wisconsin 의회에 입성하여 소규모 실험 집단을 위한 Voucher를 이끌어 냈고, 다른 도시들도 이에 동참하였다. 또는 지난 세기의 경향과 같이, 학교 예산상의 변화는 비용이 증가하고, 지출 형태가 변경되며, 학교구와 학교가 예산에 대한 더 많은 통제권을 확보하는 등 거의 인지하지 못할 정도로 서서히 이루어질 수 있다. Jones(1985)는 "학교 재정 개혁의 역사는 점진주의로 특징지어진다. 몇몇 주에서 소규모의 예산으로 개혁이 시작되어, 시간이 지남에 따라 확산되고 확대된다."고 주장한다(p. 262).

(1) 공립 및 사립 학교를 위해 한정된 Voucher 또는 세금 공제 활용, (2) 가난하고 장애를 가진 학생들을 위한 보충 교육 서비스에 한정하여 활용하고, 점점 차상위 집단으로 개념을 확대하는 방법, (3) 다양한 개인들에게 소규모의 Voucher 또는 공제를 제공하고, 더 많은, 보다 의미 있는 액수와 결합하여 사용하도록 하는 방법 등 Jones가 제시한 것과 같이 세 가지 가능한 대안이 제기된다.

Jones가 이러한 가능성을 제시한 1985년 이후, 이들 세 가지는 여러 곳에서 실행되었다. Minnesota 주는 공립 및 사립 학교 가정에게 세금 공제를 해준다. New York 시, Cleveland, Milwaukee 등의 지역의 저소득층은 자신들을 대상으로 하는 Voucher(1년에 1,000~1,400명의 학생)를 받고 있다. 그리고 Charter School은 일부 가정에게 전통적인 공립학교에서 아동을 전학시키고, 자신들의 돈을 합쳐서 학교에 다닐 수 있게 허용한다.

어떤 새로운 학교 재정 관련 정책이 제시되든, 쟁점은 동일하다. 즉, 어떻게 하면 예산 지원을 보다 더 평등하게 할 수 있을까? 요구와 능력이 유사한 아동들을 위한 평등, 보다 많은 도움을 필요로 하는 아동들을 위한 불평등? 사립학교와 공립학교에 예산을 지원해야 하는가? 그리고 연방 정부는 연간 지출되는 $345,000,000,000가 학생들에게 도달하도록, 즉 학생들의 학습을 도와주고 측정 가능한 결과를 이끌어 낼 수 있도록 어떻게 감독할 것인가?

지금까지 우리는 추가적인 재원을 통해 학생들이 어떤 혜택을 받는지 확인할 수 있었지만(더 많은 예산이 어떻게 더 많은 학습을 의미하는지), 지난 30여 년 동안과 같은 비율로 학교 경비를 증가시키는 정책을 통과시키기는 점점 더 어려워지게 될 것이다. 더 많은 예산 투자가 일관된 이익을 가져오지 않는다는 것을 보여주는 연구, 즉 소위 "생산 기능" 연구들에서, Hanushek(1991)은 "학교 경비와 학생 성취도 간에는 체계적인 관계가 존재하지 않는다. 이러한 발견은 학교 운영상에 상당한 비효율이 존재한다는 것을 의미하며, 학교 재정 지원 방식의 변화에 관한 논의가 필요하다는 것을 분명하게 의미한다."고 주장한다(p. 425; 또한 Hanushek & Jorgenson, 1996 참고).

이 장에서는 대부분의 학교구와 주는 얼마나 많은 돈이 서비스와 교재로 학생들에게 도달하는지에 대해 알지 못한다는 것을 보여주고 있다. 그 대신, 정책 결정가들은 연방, 주 및 지역 평균을 다루고 학교와 교실은 분석의 주된 단위로 여겨지지 않고 있다. 지역사회와 납세자들이 자신들의 재원이 어디로 가는지, 누가 혜택을 보는지 알려고 하고, 법원이 모든 아동들의 교육에 대한 지출의 평등성 강화를 요구함에 따라, 이러한 취약점이 나타나고 있다. 예산에 대한 지식과 이해는 효과적인 교육 재정 정책을 위한 첫 번째 단계이다.

과제와 활동

1. 당신이 살고 있는 주와 학교구의 학생 1인당 지출은 전국 및 학교구의 평균과 비교해 어떠한가? 이에 대한 결과를 토대로 기준을 어떻게 설정할 것인가?
2. 다음과 같은 항목에 대한 학교구의 지출 비율을 어떻게 정하고 싶은가?
   a. 교사, 학교 행정가 및 기타 교직원들의 봉급과 수당?
   b. 장애아, 이중 언어 사용자 혹은 저소득층 학생을 포함해 특별한 지원이 필요한 학생들은?

c. 교직원 연수는?

d. 각 학교에는?

3. 지난 2~3년 동안 학생 1인당 수업 및 학교 전체의 지출상의 금액과 비율의 변화는 어떠한가?
4. 미국 학교 조직, 운영 구조와 재정 지원 방식을 (완전히) 재구조화하지 않고서는 교육 재정 지원에 있어서의 평등을 달성하기 어려운(불가능한 것은 아니지만) 이유가 무엇인가?
5. 수직적 및 수평적 평등과 이들의 핵심 정책을 비교한다. 학교구는 어떻게 불평등의 범주(상이한 요구 및 문제를 가진 학생들) 내에서 수평적(비슷한 여건) 평등을 이끌어 낼 수 있는가?

중요한 연구들

Theodore Schultz(1963)가 저술한 『The Economic Value of Education』은 교육받은 대중으로 인한 경제적 혜택을 뛰어나게 개관하고 있다. 학교 재정에 관한 뛰어난 입문서에 관심이 있는 학생들은 Burrup, Brimley와 Garfield(1996)가 저술한 『Financing Education in a Climate of Change』(6th ed.)를 살펴봐야 한다. Julie Underwood와 Deborah Verstegen(1990)이 편집한 책인 『The Impact of Litigation and Legislation on Public School Finance』는 학교 재정의 법적 및 입법적 측면을 분석하고 있다. 끝으로, Erick Hanushek과 그 동료들(1994)이 저술한 『Making Schools Work: Improving Performance and Controlling Costs』는 미국 교육에서 비용과 성취도 간의 복잡한 관계를 거의 완벽하게 다루고 있다.

참고문헌

Alexander, K., & Salmon, R. G. (1995). *Public school finance.* Boston: Allyn & Bacon.

Berne, R., & Stiefel, L. (1984). *The measurement of equity in school finance.* Baltimore: Johns Hopkins University Press.

Burrup, P. E., Brimley, V., Jr., & Garfield, R. R. (1996). *Financing education in a climate of change* (6th ed.). Boston: Allyn & Bacon.

Butts, R. F. (1978). *Public education in the United States: From revolution to reform.* New York: Holt, Rinehart and Winston.

Chubb. J., & Moe, T. (1990). *Politics, markets and America's schools.* Washington, DC: The Brookings Institution.

Cibulka, J., & Cooper, B. S. (2002). Capital needs and spending in urban public school systems: Policies, problems and promises. In F. E. Crampton & D. C. Thompson (Eds.), *Saving America's school infrastructure*. New York: Information Age Publishing.

Clune, W. H. (1994). The shift from equity to adequacy in school finance. *Educational Policy, 8*(4), 376-394.

Cooper, B. S., & Doyle, D. P. (Eds.). (1989). *Federal aid to education: What future Chapter I?* New York: Palmer Press.

Cooper, B. S., & Speakman, S. T. (1997). The three R's of education finance reform: Re-thinking. re-tooling, and re-evaluating school-site information. *Journal of Education Finance, 22*(4), 337-367.

Cooper, B. S., Speakman, S. T., & Bloomfield, D. G. (I996). New model, new technology lor improved school-site information. *School Business Affairs, 62*(2), 35-43.

Cremin, L. A. (1970). *American education: The colonial experience, 1607-1783.* New York: Harper & Row.

Cubberley, E. P. (1906). *School funds and their apportionment.* New York: Teachers

Denison, E. F. (1962). *The source of economic growth in the United States and the alternatives we have before us.* New York: Committee on Economic Development, Supplementary Paper No. 13.

Ford, P. L. (Ed.). *The works of Thomas Jefferson.* New York: G. P. Putnam.

Friedman, M. (1962). *Capitalism and freedom.* Chicago, NJ: University of Chicago Press.

Guthrie, J. W., & Rothstein, R. (1999). Enabling "adequacy" to achieve reality: Translating adequacy into state school finance distribution arrangements. In H. F. Ladd, R. Chalk, & J. S. Hansen (Eds.), *Equity and adequacy in education finance: Issues and perspectives* (pp. 209-259). Washington, DC: National Academy Press.

Hansen, D. A. (1986). Family-school articulations: The effects of interaction rule mismatch. *American Education Research Journal, 2*(4), 643-659.

Hanushek, E. A. (1991). When school finance 'reform' may not be a good policy. *Harvard Journal of Legislation, 28*(2), 425-442.

Hanushek, E. A., Benson, C. S., Freeman, R. B., Jamison, D. T., Levin, H. M., Levin, R. A., et al. (1994). *Making schools work: Improving performance and controlling costs.* Washington, DC: The Brookings Institution.

Hanushek, E. A.., & Jorgenson, D. W. (1996). *Improving America's schools: The role of incentives.* Washington, DC: National Academy Press.

Heise, M. (1995). State constitutions, school finance litigation, and the "third wave": From equity to adequacy. *Temple Law Review, 68*, 1151-1176.

Jones, T. H. (1985). *Introduction to school finance: Techniques and social policy.* New York: Macmillan.

Kozol, J. (1991). *Savage inequalities: Children in America's schools.* New York: Crown.

Langelett, G. (2002). Human capital: A summary of the 20th century research. *Journal of School Finance, 28*(1), 1-24.

Minorini, P. A., & Sugarman, S. D. (1999). Educational adequacy and the courts: The promise and problems of moving to a new paradigm. In H.F. Ladd (Ed.). *Equity and adequacy in education finance: Issues and perspectives* (pp. 175-208). Washington, DC: National Academy Press.

Meranto, P. (1967). *The politics of federal aid to education in 1965: A study in political innovation.* Syracuse, NY: Syracuse University Press.

Odden, A., & Busch, C. (1998). *Financing schools for high performance: Strategies for improving the use of educational resources.* San Francisco: Jossey-Bass.

Ouchi, W. G., Cooper, B., & Segal, L. G. (2003). The impact of organization on the performance of nine school systems: Lessons for California. *California Policy Options 2003* (in press).

Porter, A. C. (1993). Defining and measuring opportunity to learn. In S. I. Traiman (Ed.), *The debate an opportunity to learn standards: Supporting works* (pp. 33-72). Washington, DC: National Governors Association.

Psacharopoulos, G. (1981). Returns to education: An updated international comparison. *Comparative Education Review, 17*(1), 321-341.

Rothstein, R., & Miles, K. H. (1995). *Where's the money gone? Changes in the level and composition of education spending.* Washington, DC: Economic Policy Institute.

Rothstein, R. (1998). *A race to the top? How states have hustled to spend more on schools: Some new ways of looking at data on school spending, 1970-1995.* Paper presented to the American Education Finance Association, Mobile, AL: March 1995.

Schultz, T. W. (1960). Capital formation by education. *Journal of Political Economy, 68*(2), 571-583.

Schultz, T. W. (1963). *The economic value of education.* New York: Columbia University Press.

Schultz, T. W. (1981). *Investing in people: The economics of population quality.* Berkeley: University of California Press.

Speakman, S. T., Bloomfield, D. C., Cooper, B. S., May, J. F., Sampieri, R. M., Holsomback, H. C., et al. (1996). Tracing school-site expenditures: Equity, policy and legal implications. In H. Walberg (Series Ed.), B. S. Cooper & S. T. Speakman (Eds.), *Optimizing Education Resources* (pp. 149-196). Greenwich, CT: JAI Press.

Thurston, L. M., & Roe, W. H. (1957). *State school administration.* New York: Harper & Row.

Tyack, D. B. (1967). *Turning points in American educational history.* Waltham, MA: Blaisdale.

Underwood, J. K. (1995). School finance adequacy as vertical equity. *University of Michigan Journal of Law Reform, 28*(3), 493-519.

Underwood, J. K., & Verstegen, D. (1990). School finance challenges in federal courts: Changing equal projection analysis. In J. K. Underwood & D. Verstegen (Eds.), *The impacts of litigation and legislation on public school finance* (pp. 177-192). San Francisco, CA: Harper & Row.

Webster, N. (1790). *A collection of essays and fugitive writings. On moral, historical, political and literary subjects* (pp. 1-19). Boston, MA: I. Thomas & E. E. Andrews.

제11장

Charter School 정책

거듭된 교육 개혁에도 불구하고 가장 가난한 취약 아동들이 밀집해 있는 도심 빈민 지역의 교육환경은 여전히 위태로운 상황이다. 많은 대도시 지역 학생들의 읽기와 수학 성적은 형편없이 낮다(Ayres, 1994). 1980년부터 1990년까지 Chicago 지역 고등학교에 입학한 학생들의 절반가량이 학업을 중단했으며(Ayres, 1994), 그 이후로도 상황이 호전되었음을 보여주는 증거는 찾아보기 어렵다. Chicago와 New York의 공립학교 가운데 1/5은 보호관찰 대상이거나 즉각적인 개입이 요구되는 실정이다("Saving Public Education," 1997). 학생들의 학업 성취도상에는 광범위하면서도 지속적인 격차가 나타나고 있다. Texas 주의 경우, 1997~1998학년도 Texas 주 학업 성취도검사(Texas Assessment of Academic Skills)에서 나타난 백인과 흑인 학생 간 성취도 격차는 36점에 이르고 있다(Judson, n.d.).

학습 위기상황에 처해 있는 아이들에게 더 많은 교육기회를 제공하기 위한 대책이 요구된다는 점은 분명하다. 거듭된 교육 개혁의 실패에 대한 불만족으로 인해 공교육을 "완전히 없애 버리거나 포기하지 않고" 개혁할 수 있는 방안이 무엇인지 강구하는 "소수민족 부모와 보수주의 이념, 주 의회 의원들로 구성된 특이한 연합체"가 탄생되었다(Fusarelli, 1999: 215). 대중적으로 널리 알려진 개혁안 중 하나가 Charter School 운동이다. 점점 많은 수의 교육 개혁가들이 Charter School 정책을 통해 공교육 체제에서 제대로 교육받지 못한 학생들, 특히 도심 지역의 학생들에게 양질의 교육을 제공해 줄 수 있을 것으로 보고 있다(Fusarelli, 1999). Charter School 지지자들은 광범위한 집합체로 구성되어 있다. 이들 가운데는 세금으로 재원을 충당하는 Voucher 제도를 옹호하는 보수주의자도 있고, 즉각적인 반응이 없음으로 인해 확신을 잃은 기업가들, 관료주의 시스템하의 공립학교들, 흑인과 히스패닉 시민단체, 지역사회 지도자들, 그리고 Charter School을 도시 빈민지역 문제 해결의 기회로 여기는 학부모들이 포함되어 있다(Hartocollis, 1998a). New York의 경우, Banana Kelly Community Improvement Association, El Puente, The Neighborhood Association for Intercultural Affairs, the Allen A.M.E., Neighborhood Preservation and Development Corporation, the East Harlem Council for Community Improvement 등이 Charter School을 지지하고 있다. 현재 39개 주와 Washington D.C.에 2,400여 개의 Charter School이 운영 중이며, 대략 60만 명의 학생들이 등록하고 있다. Washington D.C.의 경우는 학령기 아동의 1/10에 이르는 학생들이 Charter School에 다니고 있으며(Finn, Manno, and Vanourek, 2000), 이는 모든 주에 걸쳐 지속적으로 증가하는 추세이다.

규범적 차원

Charter School 개혁 운동은 이 정책을 통해 학생들, 특히 학업 위기상황에 있는 아이들이 대다수를 이루고 있는 도시 빈민 지역 학생들의 학업 성취를 향상시킬 수 있는지에 대한 열띤 논쟁을 불러일으켰다. 옹호론자들은 학교가 형식적이고 관료적인 규제로부터 벗어나게 되면 학교 행정가와 교사들이 학생들에게 효과적인 교육 프로그램을 창안하는 융통성을 발휘할 것이라고 주장한다. 더불어 Charter School은 목표로 설정한 성과지표에 도달하지 못할 경우, 학교 운영 관련 협약서가 무효화되기 때문에 전반적으로 학부모, 학생, 그리고 일반 국민들에 대한 책임감이 강할 수밖에 없고, 이로 인해 더욱 효과적일 것이라고 주장한다. (학생을 두고 Charter School과 전통적인 공립학교가 서로 경쟁한다는 측면에서) 공교육 시장에 경쟁이라는 요소를 주입함으로써, Charter School은 변화에 대한 저항이 강하기로 명성이 높은 공교육 체제 내에 개혁을 이끄는 원동력이 될 것이다(Nathan, 1996).

Charter School 운영자와 설립자들을 대상으로 한 설문조사 결과에 의하면, Charter School을 설립한 주요 이유로 (1) 교육 프로그램의 자율적 운영, (2) 특정 학생 집단을 대상으로 교육하고 싶은 열망, (3) 교육 비전의 실현, (4) 더 나은 교수-학습 환경을 제공하고 싶은 열망, (5) 교수 방법의 혁신, (6) 학부모를 참여시키고자 하는 열망, (7) 기존과 다른 유형의 지역사회 관계를 발전시킬 수 있는 자율성을 들 수 있다(Kane, 1998; Medler, 1996). 이러한 응답은 Charter School 내에서 학교 조직 핵심 주체들의 근본적인 역할과 책무가 변경 또는 변화될 가능성을 보여주며, 따라서 대도시 학교 시스템에서 흔히 나타나는 전통적 공장 모형(traditional factory model)을 타파할 수 있다(Fusarelli, 1999).

Charter School과 학교 선택권 반대론자들은 학교는 시장이 움직이는 방식과 다르게 작동하기 때문에 경쟁 도입을 통한 공교육 향상은 가능하지 않다고 주장한다. 그렇지 않아도 부족한 공립학교 재원을 빼돌리는 행위라는 것이다. the State University of New York at New Paltz의 총장 Roger Bowen은 *New York Times*에 게재한 논평에서 New York 주의 Charter School 법 통과로 교육 민영화가 건잡을 수 없이 진행될 것이며, Charter School에 지원되는 재원은 공립학교를 위한 것이 아니라고 언급했다(Bowen, 1999: A19). 타 학교로 옮겨갈 형편이 되는 학생들은 경쟁을 통해 혜택을 보겠지만, 남아 있을 수밖에 없는 학생들은 열악한 재원과 허름한 설비로 어려움을 겪을 것이라고 많은 사람들이 우려한다. 이들의 주장은 좋은 학교들이 최고의 교사진과 학생들을 차지함으로써 사회적 계층화 및 차별을 더욱 심화시킨다는 것이다(Wells, Lopez, Scott, & Holme, 1999).

구조적 차원: 주의 Charter School 법에 나타난 정책 차이 분석

Vegari(2002)에 의하면, 설립 가능한 학교 수, Charter School 인가 유형, 주 정부 규정에 대한 예외적용 수준(자치권 수준), 책무 및 협약 갱신 조건 등 Charter School 관계 법령은 주에 따라 판이하게 다르다(U.S.D.O.E., 1998). 대략 미국의 절반 정도의 주에서 Charter School 수 혹은 Charter School에 등록할 수 있는 학생 수에 제한을 두고 있다.

대부분의 주에서 Charter School은 공공단체, 민간단체 혹은 대학의 독립기관, 박물관이나 도서관 등의 비영리기관, 공기업 등이 운영할 수 있다. 교사, 학교 행정가, 학부모 혹은 지역사회 단체도 지방 교육 행정 기관의 통제에서 벗어나 자신들만의 Charter School 운영이 가능하다. Texas와 New York 등 몇몇 주의 경우에는 영리단체가 Charter School 경영이나 운영에 참여할 수 있지만 이들 영리단체를 직접적인 협약 체결 당사자로 인정하지는 않는다(Center for Education Reform, 1998a). 대부분 주의 Charter School 법에 의거하면, 현행 공립학교는 Charter School로 전환할 수 있으며, 5개 주에서는 사립학교도 전환하는 것이 가능하다. 통상적으로 공립학교가 다른 형태로 전환하기 위해서는 지역 교육위원회의 승인이 필요하다. 11개 주에서는 Charter School 승인이 지역 교육위원회를 통해서만 이루어진다. 어떤 주에서는 지역 교육위원회와 주 교육위원회의 승인이 필요하며, 어떤 주에서는 지역 교육위원회 심사과정을 전부 건너뛸 수도 있다. 그러나 홈스쿨링 형태는 Charter School로 전환될 수 없다.

Charter School은 비종교계, 공립학교 시스템의 일부분으로 간주되기 때문에 거주지에 따른 차별 없이 지원한 학생들을 수용해야 한다. Charter School은 개방형 등록제로 운영되며, 지원한 학생이 비행을 저질러 유죄판결을 받았거나, 이전 학교에서 품행이 단정하지 않아 퇴학당했을 경우에만 입학을 거부할 수 있다. 입학 신청자가 모집정원을 초과했을 경우에는 추첨방식을 통해 선발한다. 학업중단 후 다시 복귀하는 학생이거나 형제 · 자매가 등록 중이거나 지역 거주자 자녀의 경우에는 우선선발도 가능하다. 기본 협약 체결 기간과 갱신 주기는 주에 따라 천차만별인데 Utah 주의 경우는 3년, Missouri 주의 경우는 10년이다(Weber, 1998).

어느 곳에 Charter School 설립 신청을 하는지, 어느 기관 혹은 기구에서 Charter School 승인권을 갖고 있는지에 대해서도 주마다 차이를 보이고 있다. 예를 들어, New York 주의 경우 세 개의 Charter School 주무 기관, 즉 학교구의 교육위원회(New York 시의 경우 교육위원회 의장), State University of New York의 이사회, 주 교육위원회 중에서 어느 한 곳을 택해 신청서를 제출할 수 있다. 이 가운데 주 교육위원회는 Charter School 인가서 발급과 관련해 법적인 권한을 갖고 있는 유일한 기구이다. 따라서 학교구 교육위원회나 State University of New York의 이사회 심사를 통과했다 할지라도 주 교육위원회의 승인과정을 한 번 더 거쳐야 한다. 주 교육위원회는 현행 공립학교의 설립 유형 전환을 무한정으로 승인할 수 있다. 공립학교가 Charter School로 전환하고자 할 경우, 지역 교육위원회 승인뿐만 아니라 해당 학교 다수의 학부모들로부터 지지를 받아야 한다. 그러나 사립학교나 비공립학교가 Charter School로 전환하는 것은 법령으로 금지하고 있다. Texas 주의 경우는 주 교육위원회(Sate Board of Education)가 최종 승인권을 갖고 있는데 그 전에 주 교육부(Texas Education Agency)의 심의를 거치도록 하고 있다.

몇몇 주에서는 Charter School 신청자가 학업 위기상황으로 분류된 학생들에게 통합교육을 제공할 수 있음을 입증할 경우 승인과정에서 특혜를 주기도 한다. 최근 Center for Education Reform에서 Charter School을 대상으로 실시한 조사에 따르면 학생의 60% 이상이 소수민족으로 구성된 경우가 Charter School의 43%에 이르는 것으로 나타났다(Center for Education Reform, 2002). Texas 주의 경우는 Charter School의 재학생 중 75% 이상이 중도 학업 포기 위험군으로 분류될 경우 최대 120개교로 제한하고 있는 주의 Charter School 인가 규정을 초과해 얼마든지 추가적으로 인가할 수 있도록 제한 규정을 신축성 있게 운영하고 있다.

개방형 등록 형태의 Charter School은 주에서 시행하고 있는 여러 가지 제한 규정을 면제받기는 하지만 일반적으로 학급 규모, 졸업과 책무성 요건, 이중 언어 사용자 교육과 특수교육, 재정, 건강, 안전, 인권 등에 관한 규정은 준수해야 한다. 많은 주에서는 정년보장법과 주 교육과정 준수의무에서 예외를 인정해 주고 있다. Charter School은 학교 일과시간을 자유롭게 설정할 수 있고, 교복을 입을 수도 있고, 핵심 교과 영역을 중심으로 혹은 특정한 주제를 바탕으로 해당 학교만의 교육과정을 편성할 수도 있으며, 남녀공학이 아닌 단성학교로 운영할 수도 있다. New York 주의 Charter School 법에 의하면 학생 수가 250명 미만일 경우에는 노조 단체 교섭 협약도 적용받지 않는다. 학생 수가 늘어감에 따라 교사들이 투표를 통해 노조를 설립하기로 결정할 수도 있겠지만 그렇다고 꼭 교사들이 노조 설립을 요구할 수 있는 것은 아니다. 최초 등록 학생 수가 250명 이상인 Charter School은 단체 협약을 준수해야 한다. 그렇지만 학생 수에 관계없이 10개 학교는 완전한 단체 교섭 예외 적용을 받을 수 있다.

이와 같은 Charter School 법의 반노조 관련 조항이 드문 것은 아니다. Fusarelli(2003)에 의하면, "교원 노조 활동이 활발한 주를 포함한 여러 주는 Center for Education Reform에서 주장하는 '강력한' Charter School 법(Charter School을 신축성 있게 개교하고 운영할 수 있도록 하는 법안)을 채택했는데 여기에는 단체 협약 및 자격 교사 임용 규정도 포함되어 있다"(p. 221). Fusarelli는 "기본적으로 '강력한' Charter School 법일수록 반노조 관련 조항이 포함되는 경우가 많다."고 결론을 내리고 있는데, 이는 여러 주에서 교원 노조가 Charter School을 반대하는 이유의 상당 부분을 설명해 주는 연구 결과이기도 하다.

정책 이행의 형평성

미국에서 Charter School에 대한 인기가 높아지고 있음에도 불구하고 전국적으로 볼 때 Charter School 등록 학생 수는 전체 공립학교 학생 수의 1%에도 미치지 못한다. 이와 유사하게 1995년 이후 Texas 주에서 인가를 받은 192개 Charter School을 Texas 주 전체 공립학교(약 6,000개)의 3% 수준에도 미치지 못하는 수치이다.

대다수의 Charter School은 도심 지역에 위치해 있으며, 이 가운데 상당수(절반 내지 2/3)의 학교들은 학업 위험군에 속하는 학생들을 위해 설립되었다. 전 Texas 교육부 Charter School 수석국장인 Brooks Flemister에 의하면, Texas 주의 Charter School은 "대개 도시 지역에서 일어나는 현상으로 대규모 학교구에 집중되는 경향이 있다."(Waters, 1999: 19). Houston 지역에는 약 40여 개의 Charter School이 운영 중인데, 235,000명에 이르는 Houston 학교구 학생들에게 학교를 선택할 수 있는 대안을 제공하고 있다(Waters, 1999).

Charter School의 등록 학생은 평균 300명 수준으로 일반 공립학교보다 규모면에서 훨씬 적다. 그러나 이 수치는 개별 학교 간 등록 학생 수에 큰 편차가 있다는 사실을 감추고 있는데, (New York 주 법상 학교당 학생 수가 최소 50명 이상이어야 하지만) 10명 이하인 곳이 있는가 하면 1,000명 이상인 곳도 있다. 1996년 Charter School 법이 통과된 New Jersey 주의 경우는 Charter School당 평균 등록 학생 수는 103명에 불과하다(Kane, 1998). 미연방 교육부(1997)는 다음과 같이 주장한다.

> Charter School의 60%가 학생 수가 200명 이하인 것에 비해 공립학교는 겨우 16% 수준에 불과하다. 학년에 관계없이 Charter School의 규모는 공립학교에 비해 훨씬 작다. 특히 중등학교의 경우 편차가 더욱 심한데, Charter School의 4/5 정도가 200명 이하인 반면 공립 중고등학교는 1/4 정도에 불과하다(pp. 3-4).

Charter School은 형식이나 규모에 있어 다양한데, 학년이 승급되고 등록 학생 수가 증가함에 따라 거의 매년 그 모습이 바뀐다. Texas 주의 Charter School을 살펴보면 규모와 학년 수준에 있어 놀라울 정도로 다양하다는 사실을 알 수 있다. Charter School의 규모는 평균적으로 200명 정도의 학생이 등록해 있지만 23명에 불과한 학교도 있는가 하면 2,070명인 학교도 있다(Texas Education Agency, 1999). 그러나 평균 등록 학생 수만 계상할 경우 오해할 수 있다. Texas 주의 Charter School 중에 단지 6개 학교만 등록 학생 수가 400명 이상이며, 3/4에 이르는 학교들은 등록 학생 수가 205명 미만이다. 이는 Texas 주의 일반 공립학교의 등록 학생 수(638명)에 비해 상당히 작은 규모이다(Charter School Resource Center, 1999). Texas 주 Charter School 등록 학생들의 학년 구성에 따라 학교를 분류해 보면 그 유형은 40개 이상이며, 이 가운데 9~12학년으로 이루어진 학교가 1/4을 약간 상회한다. 이러한 특성은 미연방 교육부에서 실시한 전국 단위 조사 결과와도 맥을 같이하는 것이다. 보고서에 의하면 "많은 수의 Charter School은 기존의 학년 구성과 상이한 양상을 보이며, 공립학교에 비해 유치원부터 12학년까지 전부 아우르거나, 유치원부터 8학년까지, 또는 무학년제로 운영하는 경우가 높다"(미연방 교육부, 1998: 9). 이러한 학년 구성은 Charter School이 증가함에 따라 해가 거듭될수록 변화하고 있다.

학교의 규모와 마찬가지로 Charter School은 학생 대 교사 비율에 있어서도 일반 공립학교보다 낮다. 예를 들어, New Jersey 주 Charter School의 학생 대 교사 비율은 9:1이며, 학급당 학생 수는 8~20명이다(Kane, 1998). Texas 주 Charter School의 1/3 이상은 학생-교사 비율이 15:1 이하이지만 전체적으로 볼 때는 학급당 학생 수가 평균 21.6명으로 일반 공립학교의 15.5명에 비해 약간 높은 수준이다(Texas Education Agency, 2000b).

학생, 교직원, 행정가와 교육위원회 구성원들의 인구학적 구성상의 변화와 함께, 규모, 구조, 학교 위치 등의 측면에서 Charter School이 갖는 다양성은 미국의 도시 교육을 "재구조화, 재설계, 재발견"하고자 하는 시도를 반영하는 것이다(Fusarelli, 1999: 214). 많은 Charter School은 학업 일수를 늘려서 격주 토요일에 수업을 하고, 개별 학습지도, 문제중심 학습, 그리고 몇몇 일반 공립학교에서 운영 중인 국제학위 과정(International Baccalaureate curriculum)을 도입하고 있다. 소수이긴 하지만 원격교육(distance education)을 실시하는 Charter School도 있다.

정책사례

Charter School는 인종 분리를 심화시키는가?

다양화는 공립학교 지도자들과 Charter School이 공립학교 체제 내에서 인종 분리를 심화시킬 것이라고 걱정하는 비판론자들이 관심을 갖는 영역이다. Charter School 정책이 인종 분리를 심화시킬 것인가, 아니면 인종 분리가 심화되어 있는 공립학교 시스템을 다시 통합하는 도구로 작용할 것인가? 예비조사 결과를 통해 볼 때, 많은 경우 Charter School은 일반 공립학교에 비해 더욱 다양한 인종의 학생들을 대상으로 운영되고 있다. Hudson Institute의 연구 결과에 의하면, 전국의 Charter School 등록 학생의 절반정도의 학생들이 소수인종 집단(일반 공립학교의 경우는 1/3 수준)으로 분류된다(Manno, Finn, Bierlein, & Vanourek, 1998). University of Minnesota의 Joe Nathan과 공동으로 Education Commission of the States가 100개 Charter School을 대상으로 실시한 연구 결과, Charter School에 등록한 학생들의 주요 인종 분포는 백인이 대략 60%, 히스패닉이 19%, 흑인이 10%로 나타났다(Medler, 1996). 물론 이러한 인구학적 분포는 주에 따라, 학교에 따라 상당히 다양한 양상을 보인다. 예를 들어, New Jersey 지역의 경우 Charter School 등록 학생의 46%가 흑인이며, 히스패닉이 22%, 백인은 단지 28%에 불과하다(Kane, 1998). 미국 연방 교육부에서 전국의 Charter School을 대상으로 한 연구에 의하면 "주변의 타 학교에 등록한 백인 학생들보다 상대적으로 백인 학생의 등록 비율이 높은 Charter School은 단지 전체의 5% 정도에 불과하며, 백인 학생이 높은 수준도 기껏해야 20%이다"(미국 연방 교육부, 1998: 11).

Texas 주의 공립학교에 등록한 학생들의 전반적인 분포와 비교할 때, Charter School의 백인 학생 비율은 과소한 데 비해 흑인과 히스패닉 학생 비율은 과대한 수준이다(〈표 11.1〉 참조).

〈표 11.1〉 학생들의 인구학적 특성: Texas(2002)

	Charter School	공립학교
흑인	40%	14%
히스패닉	38%	42%
백인	21%	41%
기타	2%	3%
학업위험군	66%	37%
특수교육	7%	12%
LEP	3%	13%
남자	56%	51%
여자	44%	49%
사립학교 및 홈스쿨링 출신	7%	해당 정보 없음
등록 직전연도 무학적 (유아 및 유치원, 또는 학업중단 후 복학자)	8%	해당 정보 없음

자료: 텍사스 교육부, 2000a

Texas 주의 Charter School에 등록한 학생들 가운데 히스패닉이 대략 38%이고 흑인이 40%인 데 비해 공립학교는 42%가 히스패닉이고 흑인이 14%인이다(2002년 기준). Charter School에 등록한 백인 학생들의 비율(21%)은 Texas 주 전체 공립학교 등록 학생 중 백인 학생의 비율(41%)을 고려할 때 절반정도를 약간 상회하는 수준이다. Charter School 등록 학생의 66% 정도가 학업중단 위험군에 속하는 학생들인 데 비해 공립학교의 경우 이 위험군에 속하는 학생은 37% 정도에 불과하다(Charter School Resource Center, 1999). 반면에 영재아로 분류되는 학생들은 Charter School이 대략 3.4%로 주 전체 공립학교의 8% 수준에 비해 오히려 낮다(Waters, 1999.08.01).

Taebel 등(1997)은 Texas 주의 Charter School 관련 연구에서 "Magnet School을 비롯한 대안교육 프로그램들은 대개 능력이 뛰어난 상위그룹 학생들만 거둬가는 경향을 보이지만 초창기에 개교한 Texas 지역 Charter School들은 학업 측면에서 어려움을 겪고 있는 학생들을 주 대상으로 하는 경향을 보이고 있다"고 지적한다(p. 24). 이러한 연구 결과는 미연방 교육부에서 실시한 전국단위 조사연구 결과와 일치하는 것으로 Charter School은 Texas 주 전체 인종별 구성비와 비슷한 수준의 "인종적 · 경제적으로 다양한 학생들을 대상으로 교육함으로써 공립학교가 감당해야 할 부분을 보완해 주고 있다"는 결론을 제시한 바 있다(미국 연방 교육부, 1997: 1).

정책사례

Charter School은 특수교육 및 영어 능력 부족 학생을 대상으로 하고 있는가?

Charter School이 장점으로 내세우는 것은 일반 공립학교에서 흔히 나타나는 관료적 문화와 판에 박힌 복제식 교육을 탈피할 수 있다는 것이다. Charter School 옹호론자들의 주장 가운데 하나는 Charter School 운영자들이 자신들에게 주어진 융통성을 바탕으로 무수한 특수교육 대상자나 영어 능력이 부족한 학생 등 학업 위기군에 속한 학생들의 요구에 부합하는 교육을 제공할 것이라는 점이다. 반대론자들은 특수교육 대상자와 영어 능력이 부족한 학생들이 Charter School에서 제대로 교육받지 못할 것으로 여기는데, 이러한 이유로 Charter School 설립자들은 그 학생들을 교육할 만큼 충분히 준비되어 있지 않으며 심지어 이들에게 필요한 교육을 제공하길 꺼려할 수도 있다는 것이다. Texas 주의 Charter School 등록 학생의 특징 및 학생 분류를 바탕으로 이 문제에 관한 사례 분석을 실시하였다.

Texas 주의 Charter School들은 공립학교에 비해 특수교육 및 영어 능력이 부족한 학생들의 등록 비율이 낮은 것으로 나타났다. Charter School 등록 학생 가운데 단지 7%가 "특수교육" 대상자로 분류되는 데 비해 주 전체 평균은 12%에 이르며, Charter School 등록 학생 중 영어 능력이 부족한 학생은 단지 3%에 불과하나 주 전체적으로는 13%의 영어 능력이 부족한 학생들이 있다(Texas Education Agency, 2000a). Texas 주의 Charter School에는 일반 공립학교의 2배에 이르는 학업 위기군 학생들이 등록해 있다는 점을 감안할 때 특수교육이나 영어 능력이 부족한 학생의 등록 비율이 전체 주 평균에 비해 당연히 높아야 한다. 미국 연방 교육부(1998)의 조사에 의하면, Washington D.C.를 비롯한 15개 주의 경우 Charter School에 등록한 영어 능력이 부족한 학생 비율이 공립학교와 비슷한 수준이지만 학습장애아는 전체 비율을 반영하고 있지 못하다. 이러한 데이터는 형평성과 사회정의 차원에서 심각한 문제가 있음을 보여주는 것이며, 특히 많은 교육자들이 가르치기 가장 힘들어하는 대상이 특수교육 혹은 영어 능력이 부족한 학생으로 분류되는 아동들이라는 점을 고려할 때 더욱 그러하다(Fusarelli, 2002).

정책사례

교사 자격, 교직 경력, 교사 임용

또 다른 형평성 관련 쟁점이 제기되는 영역은 Charter School의 교사 임용 및 거버넌스다. 교사 임용에 관련해서는 몇몇 주의 Charter School 법상으로 볼 때, 관점에 따라 장점 중 하나로 분류되기도 하는데, Charter School 교사들은 주 정부로부터 공인받은 자격증이 없어도 임용이 가능하다. 예를 들어, Texas 주의 Charter School에 등록한 학생들은 자격증을 소지하지 않은 교사로부터 배울 가능성이 훨씬 높은데, 일반 공립학교 교사는 4%만 자격증을 소지하지 않은 데 비해 Charter School은 54%에 이른다(Fusarelli, 2002). 또한, Texas 주 Charter School 교사들의 경우 교직 경력(대략 6년)에 있어서도 일반 공립학교 교사들의 평균 12년에 비해 낮은 실정이다(Mabin, 2000).

Texas 주 Charter School은 일반 공립학교에 비해 교원, 학교 행정가, 이사회 구성원들의 소수민족 구성 비율이 높다(Fusarelli, 2002). Texas 교육부가 제시한 1999년 자료에 의하면, 교원의 33%가 흑인이며, 21%가 히스패닉이다. 주 전체의 일반 공립학교 교원 가운데 흑인은 단지 8%이며, 히스패닉은 16%이다. 이러한 경향은 학교 행정가와 이사회 구성에 있어서도 마찬가지이다. 1999년 봄 학기 자료를 보면, Charter School 행정가의 31%가 흑인이고 히스패닉은 23%이다. 그리고 Charter School 이사회의 28%가 흑인이고, 23%는 히스패닉이다(Fusarelli, 2002).

감독과 책무성

Charter School이 태동한 지 거의 10여 년 되어가는 시점에서, 최근의 논쟁은 학생들의 학업 성취도가 Charter School의 성공 여부를 나타내는 유일한 지표여야 하는가와 같은 Charter School과 관련된 상이한 유형의 책무성에 초점을 두고 있다(Garn & Cobb, 2001). 예를 들어, 도심 지역의 몇몇 Charter School들은 학업 중단 복귀 혹은 “두 번째 기회” 프로그램의 성격으로 운영되고 있다. 이러한 경우 시험 성적 등의 전통적 책무성 척도를 통해서 효과성을 측정하는 것은 적절하지 않을 수 있다. 시장경제를 책무성의 유일한 기준으로 삼아야 한다고 주장하는 사람들이 있다. 비록 최근의 연구에서는 반대되는 결과가 제시되기는 하였지만, 만약 유권자(아이와 학부모)가 교육의 결과에 만족하지 않는다면, 이들은 반대 의사를 표명할 것이다(Wells, Lopez, Scott, & Holme,

1999).

전문적 책무성을 Charter School의 성공 여부를 측정하는 기제로 삼자는 사람들도 있다. 교사와 교육자들은 전문가로서 학생의 성공에 대해 책무를 져야 한다. 결국은 기준이 적용되기 시작했다. American Federation of Teachers(AFT)는 표준화 검사라는 교육적 잣대를 Charter School을 평가하는 측정도구로 사용하자고 주장한다. Charter School이 누구에 대해 책무를 져야 하고, 책무성 모델을 결정하는 주체가 누가 되어야 하는지에 관해 의견이 불일치함으로써 이에 대한 논쟁이 벌어지고 있으며, 이러한 논쟁은 Charter School 운동의 성공 또는 실패에 대한 중요한 시사점을 제공한다.

일반 공립학교와 마찬가지로 Charter School은 각 주의 책무성 제도에 따라 평가받는다. Charter School은 평가 및 책무성 프로그램의 적용뿐만 아니라 일반 공립학교보다 뛰어난지 여부를 입증할 수 있는 자체평가 프로그램을 고안해야 한다. 이 가운데에는 성취도 향상, 전통적 방식을 탈피한 성취도 평가 절차, 학생들의 성과물, 학부모 및 학생 만족도 지수 등이 포함된다. 협약서에는 자체평가를 위한 자료를 어떻게 수집할 것인지 구체적으로 작성해서 주 교육부 및 주 교육위원회에 제출해야 한다(Charter School Resource Center, 1998). 일반 공립학교와 마찬가지로 New York 주의 Charter School은 교육목표 달성 수준 지수, 재무 보고서, 학부모 · 학생 만족도 지수가 포함된 연차 보고서를 제출해야 한다. 일반 공립학교에 적용되는 주의 표준 및 교육위원회 규정도 적용받는다. Charter School은 교육위원회가 채택한 성취 기준에 부합하거나 능가해야만 한다. 일반적으로, 협약서는 3~5년마다 갱신할 수 있다.

구성적 차원

Charter School이 성공적으로 운영되지 않을 경우 그 협약을 철회할 수 있다. 전국적으로 보면, 비록 그 사례가 매우 드물기는 하지만 학생 성취도 목표를 충족시키지 못했기 때문에 대략 3~5%의 협약이 철회되었다(Hartocollis, 1999a; U.S.D.O.E., 1998). Texas 주의 경우 7개 Charter School의 협약이 취소되었는데 이 가운데 한 곳은 개교하지 않은 상태에서 취소당했다. "협약의 철회 원인은 학생들의 학업 성취도가 낮거나 책무성 수준에 도달하지 못했기 때문이 아니라 예산 적자 누적과 같은 부적절한 재정적 책무성" 및 공개 회의, 정보 공개, 부정확한 학생 출석부 관리, 연방 정부의 아동 영양 기준 미준수 등 법규 위반과 관련되었기 때문이다(Fikac, 1999; Fusarelli, 2001; Fusarelli, 2002: 181; Hess, 2001).

어떤 주에서는 학교의 협약을 철회하기 전에 도움을 제공하거나 혹은 선택적 개입을 한다. 예를 들어, Texas 주에서는 교육위원회가 학교의 협약을 철회하기로 결정하기 전에, "협약기간 동안 보호관찰하에 두거나, 일방적으로 현행 협약을 변경하거나, (일종의 모욕을 주는 조치로서) 그 학교의 책무성 등급을 하향조정하는 등의 선택이 가능하며", 교육감은 Charter School 운영을 감독하기 위해 재정 또는 프로그램 감독자, 혹은 특수전문가를 임명할 수도 있다(Fusarelli, 2002: 181-182).

주에서 시행 중인 책무성 정책 외에도, Charter School은 궁극적인 책무성 기준(자녀를 Charter School에 등록한 학부모들)을 충족해야 한다. Texas Justice Foundation의 이사장인 Allan Parker에 의하면, "공립학교 시스템 내에 있는 나쁜 학교들이 해마다 학생들을 학교 밖으로 내몰고 있다. 이들 (협약)학교들은 즉각적인 책무성 기제를 갖추고 있다. 학부모가 그 학교가 마음에 들지 않는다면, 바로 다음날 자녀를 학교에서 데리고 나올 수 있는 것이다"(Goins, n.d., p. A6). Manno, Finn과 Vanourek(2000)은 이 절차를 투명성(transparency)을 통한 책무성이라 언급한다. 그러나 고도로 양식화되고, 합리적이며, 외견상 가치 중립적인 Charter School 책무성의 전제들에 대해 의문을 제기하는 학자들도 있다. 비판 이론적 관점에서 Charter School 폐쇄를 분석한 Fusarelli(2001)는 Charter School 책무성은 학업 성취 결과보다는 정치적 고려에 의한 부분에 더 큰 영향을 받는다고 주장한다. 이와 유사하게 Opfer(2001)는 Charter School 책무성에 대한 후현대주의적 분석을 통해 성취도에 대한 지나친 압력은 Charter School의 자유와 융통성을 제한하고 있으며, 이는 결과적으로 전통적인 공립학교와 똑같은 학교로 만들고 있다는 결과를 제시하고 있다. 결과적으로 자유와 융통성이라는 Charter School 운동의 약속은 "책무성이라는 감시체계 효과"로 한낱 상징적인 수준으로 떨어졌다(Opfer, 2001: 209). Charter School에 대한 책무성 조항의 억제 효과, 특히 수업과 관련된 효과에 대해서는 여러 학자들이 언급한 바 있다(Crawford, 2001 참조).

기술적 차원: Charter School 성과 평가

아직은 Charter School이 학생들의 학업 성취도에 미치는 영향에 대한 정보가 거의 없지만 Vergari(2002)와 다른 연구자들이 제시한 바처럼 예비연구에서 나타난 결과는 혼재되어 있다. Michigan Association of Public School Academies(MAPSA)에 의하면, Michigan 주 전체에 걸쳐 실시된 평가시험에서 전체 공립학교의 4학년 수학점수가 13점 향상된 데 비해 Charter School 4학년 학생들의 수학점수는 24점 향상되는 등 Charter School의 절반 정도가 한 개 이상의 교과목에서 만족스러운 점수를 받은 학생 수가 2~3배 더 많았다(MAPSA, 1998). Manno, Finn, Bierlein과 Vanourek(1998)은

Massachusetts 주에서 시험을 치른 Charter School 8곳 가운데 6곳에서 "일반 공립학교에서 일반적으로 나타나는 수준보다 훨씬 더 높은 학업 성취도 향상이 나타났다"는 것을 발견하였다(p. 540). 특히 엄격한 조사가 이루어진다는 점을 고려할 때, 대부분(거의 모든) Charter School이 협약을 갱신했다는 사실은 그 자체로 효과성을 입증하고 있다.

Charter School의 이점을 거의 찾지 못하는 연구들도 있다. California 주에 있는 17개 Charter School을 대상으로 UCLA가 수행한 대규모 연구인 『Beyond the Rhetoric of Charter School Reform』은 Charter School은 지지자들이 주장하는 것처럼 그렇게 "특효약"이 아니라고 결론짓고 있다. 이 연구의 주요 결과들을 보면, (1) (동일한 학교구 내에 위치함에도) 자율성과 공적 재정 지원에 있어서 큰 편차가 있으며, (2) 교사들이 근무하기 어려운 환경이고, (3) California 주 공립학교에 비해 뛰어나지 못한 책무성 수준을 나타내며, (4) Charter School이 "적은 것으로 더 많은 것"을 한다는 증거가 없으며(효율성 논쟁), (5) 공교육 시스템의 개혁을 이끈다는 증거도 없다는 것이다(Wells, 1999).

Texas 주 교육위원회로부터 위탁받아 수행된 연구에서는 특별히 학업적 위기상황에 있는 학생들을 위해 설립된 Charter School에 다니고 있는 거의 3/4에 가까운 학생들은 자신들이 재학하고 있는 Charter School은 학급 규모가 작고, 학생들을 잘 돌보는 교사들로 충원되어 있으며, 학생 개개인에 관심을 가져주고, 전체적인 질도 높다고 생각하고 있다는 것을 발견하였다(Texas Center for Educational Research, 1998).

Texas 주 Charter School의 성취도 자료 확인이 가능해진 첫 해인 1998년, 17개 Charter School 중에서 단지 한 곳만 학력검사, 학업 중단율, 출석을 바탕으로 한 주(州)의 책무성 척도에서 두 번째인 "인정된(recognized)" 등급으로 평가받았고, 9곳은 "괜찮은" 등급, 나머지 7곳은 "저조한 수행(low performing)" 수준을 나타냈다(Fikac, 1999). 1999년에는 12개교가 평가를 받았는데, 3곳은 "인정된" 등급, 12곳은 "괜찮은(acceptable)" 등급, 그리고 3곳만 "저조한 수행" 등급을 받았다. 1999년에는 "모범(exemplary)" 등급을 받은 Charter School이 2곳 있었으나 1998년에는 하나도 없었다(Texas Education Agency, 2000).

1997~1998학년도의 Texas 주의 책무성 등급을 보면 Charter School의 59%(17개)가 "괜찮은" 또는 그 이상의 등급을 받았는데, Texas 주의 공립학교는 이러한 등급이 91%에 이른다(Texas Education Agency, 1998). 17개 Charter School 가운데 9개교는 학업적 위기군으로 분류되는 학생들이 주축을 이루고 있다. 1999년에는 평가에 참여한 20개 Charter School 가운데 "괜찮은" 또는 상위 등급으로 평가된 경우가 85%로 향상되

었다. 그러나 모든 학년 및 모든 교과로 확대해 볼 때, 텍사스 학업 성취도평가(TAAS)를 통과한 학생 비율은 Charter School 학생들(56%)이 일반 공립학교에 등록한 학생들(82%)에 비해 상당히 낮게 나타나고 있다(Texas Education Agency, 2002).

Texas 주의 책무성 체제에서, "저조한 수행(low performing)" 등급으로 평가된 Charter School들은 상세한 학교 발전 방안을 작성해야만 하며, (현장방문을 비롯한) 주 교육부의 중점 관리대상으로 지정된다. Texas 주 교육부의 Debbie Graves Ratcliffe는 "우리는 프로그램상에서 나타난 약점을 그들이 어떻게 대처할 것인지 알길 원하는 것입니다."라고 말한다(Stutz, 1998: 1). 주 책무성 체제하에서 Charter School들의 성과가 형편없는 것으로 나타나자 주에서 SB 1 법안에 의거해 본래 20개 학교를 인가해 주었는데 이것을 초과해 너무 성급하게 Charter School을 확대시켰다는 비판이 불 붙듯이 일고 있다("Charter Schools Worse on TAAS," 1999).

비록 Charter School에 관한 성과 자료를 보면 성취도 수준이 혼재되어 있는 것으로 나타나지만, 이 데이터 자체가 우리를 잘못된 판단으로 이끌 수도 있다. 전국적으로 볼 때 전체 공립학교 재학생의 1%만이 Charter School에 등록해 있다는 사실을 상기하기 바란다. 학생들의 성취도를 비교하는 데 있어서 시험을 치른 전체집단의 크기가 너무나 큰 편차가 있다는 점을 간과하고 있다. 주 평가시험을 치른 Charter School에 재학하고 있는 각 학생은 그 수가 소수에 불과하기 때문에 각 학년의 통과율에 굉장히 큰 영향을 끼치게 되며, 타당한 비교를 하는 것을 어렵게 만든다.

따라서 Charter School 학생들의 성취도 수준이 혼재되어 있는 것은 그 학교들이 열등하다는 것을 의미하는 것이 아닐 수 있다. Charter School은 아직까지 새로운 시도에 불과하기 때문에 견고하고 신뢰할 만한 수준으로 학생들의 성취도를 반영해 효과성을 따지려면 시간이 좀 더 필요하다. Vergari(1999)가 언급한 바와 같이 학생들의 성취도에 대한 예비 결과는 "Charter School 그 자체의 성취도라기보다는 그 학생들의 선수학습 경험을 반영한 측면이 훨씬 높을 것이다."(p. 400).

Charter School 학생들의 모든 성취도 지수가 형편없는 것은 아니며, 어떤 Charter School은 주 평가시험에서 유의한 수준으로 향상된 것으로 나타났다. Texas 주 교육부의 전임 Charter School 수석과정인 Brooks Flemister는 "Charter School은 아주 뛰어난 곳도 있고 그렇지 못한 곳도 있다."고 언급했다(Waters, 1999: 19). Texas 주 교육위원회 의장인 Chase Untermeyer는 "Texas 주의 Charter School은 … 아주 훌륭한 학교에서부터 당혹스럽고 폐교해야 할 수준의 학교에 이르기까지 폭넓게 분포되어 있다."고 결론을 내렸다(Fikac, 1999: E4).

학부모와 학생 만족도 지수를 보면 Charter School에 등록한 학부모와 학생들이 그 학교에 만족하는 경향이 높음을 보여준다(Weiss, 1997). 학부모들이 자신들의 자녀를 Charter School에 보내는 이유로 자주 언급되는 것에는 교육의 질, 자녀의 안전에 대한 걱정, 소규모 학교, 혁신적 교수법, 엄격한 학업 분위기, 개별 학생에 대한 관심도, 학급 규모, 더 많은 학부모 참여기회 등이 있다(Kane, 1998; Manno, Finn, Bierlein, & Vanourek, 1998; Taebel, Barrett, Brenner, Kemerer, Ausbrooks, Clark 외, 1997). 전국의 Charter School을 대상으로 한 Hudson Institute의 연구에서도 Charter School에 대한 학부모와 학생들의 만족도가 매우 높았다(Manno, Finn, Bierlein & Vanourek, 1998).

Massachusetts 주의 Charter School을 대상으로 한 평가에서 Institute for Responsive Education도 이와 유사한 결론에 도달했다(Weiss, 1997). 2/3 이상의 학부모들이 자녀가 이전에 다녔던 학교에 비해 현재 Charter School이 학급 규모, 학교 규모, 개별 학생에 대한 교사의 관심 부문에서 더 낫다고 응답했다. 3/5 이상의 학부모들은 수업의 질, 학부모 참여, 교육과정, 학생들을 위한 부가적 혜택, 학업기준, 접근성과 개방성, 학생 훈육에 있어 더 좋다고 말한다(Manno, Finn, Bierlein, & Vanourek, 1998: 546). New Jersey 주의 경우, 학부모의 90%가 자신들의 자녀가 다니고 있는 Charter School에 만족하는 것으로 나타났다(Kane, 1998). Texas 주에서는 대략 85%의 (학업적 위기군와 비위기군) 학부모 및 80%의 학생들이 A등급 또는 B등급에 응답함으로써 Charter School에 대한 높은 만족도를 나타냈다(Taebel 외, 1997; Texas Education Agency, 1998). Texas 주의 학업 위기군 학생들을 위한 Charter School의 학부모들은 75% 정도가 다른 공립학교에 다니는 것보다 현재의 학교가 더 좋다고 응답하였다(Taebel 외, 1997; Texas Education Agency, 1998). 학업적 위기군 학생들의 2/3 이상은 자신들이 현재 다니고 있는 학업적 위기군 학생을 위한 Charter School이 이전에 다녔던 학교에 비해 학급 규모가 작고, 개인적인 관심을 더 받으며, 교사의 질도 좋고, 교사들이 학생들을 더 잘 돌본다고 응답했다(Texas Education Agency, 1998).

New Jersey 주의 Charter School에 대한 연구에서, 인터뷰에 참여했던 17명의 학생 중 12명은 자신들이 다니고 있는 Charter School이 이전에 다녔던 공립학교에 비해 더 좋다고 생각하는 것으로 나타났다(Kane, 1998). 학생들은 이전의 공립학교에 비해 Charter School이 자신들에게 더 많은 관심을 가져 준다고 응답했다(Kane, 1998). 전국적으로 65%의 Charter School에 입학 대기자들이 있다는 결과를 볼 때 Charter School은 높은 인기를 구가하고 있는 것으로 보인다(Center for Education Reform, 1998b). Texas 주의 경우, Charter School 담당자의 3/4 이상이 현재 입학 대기자가 있다고 응답했다(Taebel 외, 1997; Texas Education Agency, 1998).

확대를 저해하는 장애물

Charter School을 설립하는 데 있어 가장 큰 장애물은 재정이다 Charter School은 아주 과소출자하는 사업이다. Loveless와 Jasin(1998)에 의하면, “어떤 주에서는 착수금을 제공하지만, 대부분의 주에서는 그렇지 않다”(p. 11). 착수자금의 부족은 새로 Charter School을 설립할 때 가장 빈번하게 언급되는 문제이다(U.S.D.O.E, 1997). New York 주에서는 Charter School 법이 통과되었음에도 불구하고 여러 가지 장애 요인들이 그대로 남아 있다. New York 주의 Charter School 법은 대출, 건물 보수 공사, 장비 구입을 돕기 위해 “부양금(stimulus fund)”을 제공하도록 규정하고 있지만, 현재 이를 충당할 수 있는 재원이 전혀 마련되어 있지 않다.

Charter School 설립 및 확대를 저해하는 장애 요인으로 가장 많이 언급되는 것들은 착수금 부족, 불충분한 시설, 불충분한 운영비이다. 이는 Hill, Pierce와 Guthrie(1997)에 의해 수행된 연구 결과에도 그대로 나타나고 있는데, 이들은 Charter School 설립의 장애 요인은 개교하는 데 소요되는 비용과 과정의 복잡성, 적절한 공간과 시설 확보의 어려움, 보험 및 신용한도 설정의 어려움, 계약과정에서 법률 고문의 필요성, 예산 수립 및 비영리조직 운영 경험의 부족이라고 밝히고 있다. Manno, Finn, Bierlein과 Vanourek(1998)은 “자금 조달, 마케팅, 회계, 물품 조달, 인사 관리, 복잡한 수송 계획, 그리고 잡다한 지방 및 주 정부의 규정 준수 등이 좋은 교육과정과 훌륭한 교사진을 갖추고 있는 학교의 발목을 잡을 수 있으며”, 이러한 문제를 잘 처리할 수 있는 직원을 찾는 데도 어려움을 겪고 있다고 주장한다(p. 548).

Charter School에 대한 열의를 꺾는 기타 요인들도 믿겨지지 않는 장애 요인으로 작용하며, 이 운동을 지속하기 어렵게 만들고 있다. 겉으로는 광범위하게 양 진영으로부터 지지를 받고 있는 것 같으나 (학교 선택권 반대론자들이 많은 시간과 자원을 투입하여 더 문제가 되는 Voucher 제도를 반대하고 있기 때문에 반대가 줄어들고는 있지만) Charter School을 반대하는 목소리가 증대하고 있다(Fusarelli, 근간). Fusarelli(2002)에 의하면, “여러 지역에서 교사노동조합 지부, 공립학교 행정가, 학교구들이 Charter School에 대해 공개적으로 반감을 표출하고 있으며, 교육 개혁 노력의 가도에 여러 장애물을 세우고 Charter School 법을 확대하고 강화해 나가고자 하는 노력을 가로막고 있다.”(p. 190). 전통적인 교육 주체들의 이러한 저항은 Charter School 개혁 운동의 가장 크고 장기적인 위협 요인이 될 수 있다.

전국적으로 보면 어떤 Charter School은 학교구의 저항에 부딪쳐 재정 지원이 끊겼으며, 몇몇 소수의 경우에는 지역 Charter School의 개교 및 확대에 따라 교직원을 해고

하기도 했다. Loveless와 Jasin(1998)의 주장처럼, 교육계가 강력하게 맞서고 있다. 여러 주에서는 Charter School 신청서에 Charter School 설립이 인근 학교구의 재정에 어떤 영향을 미칠 것인지를 분석한 보고서를 첨부하도록 하고 있다. 많은 지방 및 교외 지역의 경우, Charter School은 지역 공립학교에 직접적인 위협이 된다. 비록 부동산값으로 인해 학교를 설립하는 데 소요되는 비용은 훨씬 더 많이 들지만, 도시 지역에서의 Charter School 등록 학생은 전체 학생 수의 아주 적은 부분에 불과하기 때문에 Charter School이 미치는 재정적 영향은 극히 적다(Loveless & Jasin, 1998).

위에 제시한 Charter School의 주요 장애 요인 외에, 여러 주의 Charter School 관계자들은 자율권 제약, 관료적 구속을 통한 침해, 특히 특수교육 영역 등에서 사소한 부분까지 직접 관리하는 정부의 통제로 운영이 어렵다고 토로한다(Loveless & Jasin, 1998; Medler, 1999). Manno, Finn, Bierlein과 Vanourek(1998)에 따르면, 어느 주 교육부에서는 Charter School에 적용되는 규제 사항이 담긴 100쪽이 넘는 분량의 문서를 만들었다. Charter School은 일반 공립학교와 동일한 법적 및 책무성 관련 요건을 준수해야 하기 때문에 이러한 주 및 연방 정부의 개입을 피할 수 없다.

끝으로, Charter School이 직면하고 있는 가장 중요하면서 이 개혁이 지속될지 여부를 가름할 문제는 통제(control)와 관련된 쟁점이다. Charter School은 과거 지역사회 학교가 유행하던 시절을 떠올리게 한다. 대규모의 도시 학교구에서, Charter School 운동은 교육감, 교육위원회 의장, 또는 (그 수가 점점 증가하고 있는) 시장에게 기존보다 훨씬 더 강력한 중앙집권적 통제권을 부여하는 정반대 되는 흐름과 힘겨루기를 하고 있다. 전임 New York 시 교육위원회 의장이었던 Rudy Crew의 대변인인 Chiara Coletti는 실패한 학교를 교정하는 것은 분권화가 아니라 (교육감에 의한) 강력한 중앙집권적 통제를 통해 가능하다고 말한다(Hartocollis, 1998b). 이러한 "교정"은 Charter School 운동이 표방하는 것과 정반대의 것이다.

상이한 정책적 관점으로 책무성 바라보기

규범적 차원

특히 도시 지역의 교육 개선을 목적으로 고안된 개혁 방안인 Charter School은 Voucher나 등록금 세금 공제 등 다른 형태의 학교 선택안에 비하면 논쟁이 훨씬 덜하다. Charter School이 양 진영에서 널리 지지를 받고 있다는 사실에서 볼 수 있듯이, Charter School은 점점 옹호하기 어려워지는 현재의 학교 체제와 긍정적이든 부정적이든 미국의 공교육 체제에 근본적인 변화를 가져올 수 있는 Voucher 제도 사이의 정치적으로 안전한 "중간지대"를 점하고 있다.

Charter School 정책이 논란의 여지가 없다거나 가치 중립적인 개혁이라 말하는 것은 아니다. 사실 Charter School의 여러 측면들은 중요한 규범적 질문들을 던져주고 있다. 예를 들어, 그렇지 않아도 빠듯한 상태의 일반 공립학교 예산을 빼내어 실험적 단계의 Charter School 개혁 부분에 재원을 조달하는 것이 공정한 것인가? 어떤 목적을 갖고 제정했던 규칙과 규제를 풀어 준다는 것은 무엇을 함축하는 것인가? 예컨대, 우리는 정말 우리 자녀들이 자격증이 없는 교사들에게 교육받길 원하는가? 또는 자격증이 없는 학교 행정가들의 감독하에 있길 원하는가? 이러한 질문들은 Charter School 정책의 규범적 차원과 관련된 질문들 중 빙산의 일각에 불과하다. 규범적 차원에서 Charter School이 함축하고 있는 바를 제대로 평가하기 위해서 더 많은 연구와 조사가 수행될 필요가 있다는 점은 분명하다.

구조적 차원

Charter School은 공교육 체제를 상당부분 바꾸어 놓을 잠재력을 갖고 있다. Charter School 정책을 통해 거버넌스 구조가 얼마나 바뀔 것인가? 이전의 증거들은 Charter School이 일반 공립학교에 비해 상당히 작은 규모로 운영되고 있음을 시사해 준다. 작은 규모의 학교가 학생과 교직원들에게 의미하는 바는 무엇인가? 이로 인해 교사와 학교 행정가들이 맡고 있는 역할의 범위가 확대될까? 학교가 다른 방식으로 구조화 · 조직화될까? 공교육에 대한 접근 방법과 조직에 다양화를 가져올까? 학교 내의 교수-학습 과정에 어떤 영향을 줄 것인가?

반대로, Charter School은 1960년대의 지역사회 학교 운동, 1980년대의 학교 자율경영제, 1990년대의 총체적 학교 개혁 운동 등과 같이 크게 화제가 되었던 개혁안들이 밟았던 전철을 그대로 답습할 수도 있다. Charter School 정책이 교육의 구조적 차원에 의미 있는 영향을 전혀 끼치지 못할 가능성도 있다. 만약 이러한 경우가 발생한다면 학교교육의 "냉엄한 현실"(Tye, 2000)인 심층구조를 살펴볼 필요가 있다. 이 개혁안이 실패한다면 다음은 어떤 것이 나올까?

구성적 차원

학교 교육의 현행 구조와 거버넌스, 교육 방법상에 변화를 가져올 수 있는 가능성을 가지고 있는 개혁안은(그 영향력이 의미 있느냐 여부는 중요하지 않으며 단순히 위협이 되는 수준만으로도 족함) 중요한 구성적 차원을 가지고 있으며, 분석해 볼 필요가 있다. 비록 Charter School이 양 진영의 지지를 받고 있지만(이 개혁안은 엄밀하게 자유주의적이거나 보수주의적인 것으로 구분되지 않음) 교원 노조를 포함한 여러 집단들이 이 운동을 완전히 지지하는 것은 아니다. 여러 주(州)의 교원 노조는 "강력한" Charter School 법을 개정하기 위해 활발한 로비활동을 펼치고 있다. 예를 들어, New York 주의 American Federation of Teachers는 New York 시의 지부 조직인 United Federation of Teachers과 함께 전국에서 가장 강력한 Charter School 법 중의 하나로 여겨지고 있는 주 법령을 상당부분 약화시키기 위해 강한 압력을 행사하고 있다. 노조 소식지의 쟁점 부분에는 Charter School의 사악함(어떠한 방식으로 노조가 추진해 왔던 모든 것을 파괴하고 모두를 교육적 재앙으로 이끄는지)을 매도하는 기사들이 항상 실리고 있다.

이러한 주장에는 몇 가지 근거가 있다. 강력한 Charter School 법을 제정한 주의 법령에 대부분 반노조 조항이 포함되어 있다는 사실은 우연의 일치라 할 수 없다. Charter School이 관료주의로부터 학교를 자유롭게 한다는 장점을 내세울 때, 여기서의 관료주의는 보통 단체 교섭의 협약과 관련되어 있다. 예컨대, 앞서 기술했듯이 여러 주의 Charter School 법령은 연방 시민권과 건강 및 안전 관련 규제를 전면적으로 면제해 주지 않으며, 어떤 주는 특정한 책무성 관련 조항조차도 유보해 주지 않는다. 그럼 어떤 것이 남았는가? 바로 단체 교섭 협약이다. 그러므로 전국에 있는 교원 노조가 적극적으로 반대하고 여러 주의 Charter School 법령에서 발견되는 반노조 관련 조항 개정을 촉구하는 것은 놀랄 만한 일이 아니다.

기술적 차원

Charter School 정책의 기술적 차원은 구조적 차원과 밀접하게 연관되어 있다. 예를 들어, Charter School을 어떻게 평가할 것인가? 학생들의 학업 성취도 부분에 어느 정도 비중을 둘 것인가? 학업 성취도는 학력검사에 기초해 평가해야 하는가 아니면 평가 과정에 대안적인 평가방법을 가미해야 하는가? 학부모 및 학생들의 만족도 지수도 함께 고려해야 하는가? 평가의 논리가 수사적으로 제시하는 바와 같이 그렇게 명확한가? Charter School 평가는 겉보기와 다르게 훨씬 복잡하다. Charter School 정책이 명백하게 책무성(accountability)과 반응성(responsiveness)이라는 두 가지 전제에 근거하고 있기 때문에 Charter School 정책의 기술적 차원은 대단히 중요하다.

결론

Charter School 정책은 여러 차원을 가진 복잡한 개혁안이다. 이 장에서 제시한 바와 같이, 이 정책은 교육 개혁 노력의 구조에 관한 질문뿐만 아니라 평등 및 사회적 정의와 관련된 몇 가지 질문들을 제기한다. Charter School을 통한 개혁은 아직까지 새로운 시도이기 때문에 공교육 체제에 미치는 효과와 영향력을 정확하게 평가하기에는 너무 이르다. 현재까지 Charter School 운동은 어떤 해답을 안겨 주기보다는 더 많은 정책적 질문들을 제기하고 있다. 설상가상으로 여러 주의 Charter School 법이 치열한 쟁점 국면에 있으며, 세간의 이목을 끄는 수정안이자 개혁안이 되고 있다. 사실상 몇몇 주에서는 개혁에 대한 개혁이 진행 중이다. 이 운동의 미래가 어떻게 될는지는 아직 확실치 않다. 그러나 분명한 것은 개혁안으로서의 학교 선택은 전국적인 교육 의제의 중심에 위치하고 있으며, 앞으로 몇 년에 걸쳐서도 이 위치는 변함없을 것으로 보인다.

과제와 활동

현장 조사

당신이 살고 있는 지역의 Charter School을 방문해서 기관장과 설립자, 몇몇 교사들을 면담한다. 이들은 왜 Charter School을 시작하게 되었으며 그곳에서 근무하게 되었는가? 이들은 어느 정도의 자유와 자율권을 갖고 있는가? 어떤 규칙과 규정의 적용을 면제받고 있는가? 새로운 학교를 시작하면서 직면했던 도전과 시련은 무엇이었는가? 이들의 경험으로부터 얻을 수 있는 교훈은 무엇인가?

정책 분석

당신이 살고 있는 주의 Charter School 법령을 인터넷에서 검색해 다운로드한다. 그 법령의 장 · 단점은 무엇인가? 법령상에 나타난 Charter School과 전통적인 공립학교 간의 차이점은 무엇인가? 만약 당신이 Charter School 법령 초안을 마련한다면, 어떤 면에서 현행 법령과 다르게 기술할 것인가?

중요한 연구들

Charter School 관련 지침서라 할 수 있는 몇몇 흥미로운 책들이 있다. Joe Nathan(1996)의 『Charter Schools: Creating Hope and Opportunity for American Education』과 Bryan Hassel(1991)의 『The Charter Challenge』는 Charter School이 무엇이고, 어떻게 운영되며, 도시 교육 개혁을 위한 Charter School의 도전과 약속은 무엇인지 다면적 차원에서

상세하게 분석하고 있다. Hassel의 연구는 Charter School 프로그램의 정치학에 대해서도 분석하고 있다. Finn, Manno와 Vanourek(2000)의 『Charter Schools in Action』은 Charter School 정책이 실제로 작동하고 있는지, 전통 방식의 공립학교에 비해 더 나은 교육 서비스를 제공하겠다던 약속을 지키고 있는지에 대해 분석하고 있다.

Seymour Sarason(1998)의 『Charter Schools: Another Flawed Educational Reform?』과 Sandra Vergari의 『The Charter School Landscape』는 균형 잡힌 관점에서 Charter School이 공교육을 실질적으로 증진할 가능성이 있는지에 대해 분석한다. Sarason은 Charter School을 그동안 수행된 여러 새로운 시도들, 예컨대 의무교육, 보건소 건립, 병원 합병, Manhattan Project 등과 비교하면서 새로운 환경 조성이라는 맥락에서 논하고 있다. Sarason은 밑바닥에서부터 새로운 조직을 창조하여 세워 나간다는 것이 얼마나 어려운 일인지 분석함으로써 외견상 이질적인 이들 프로젝트들을 함께 묶어 제시한다. Vergari(2002)는 11개 주 및 Canada, Alberta의 Charter School에 관한 상세한 안내와 함께 현재까지의 Charter School 성과에 대한 경험적 분석 결과를 가장 포괄적으로 다루고 있다. 전통적인 공립학교와 비교해 볼 때, Charter School 학생들의 학업 성취도는 뛰어난 경우와 그렇지 않은 경우가 혼재되어 있다.

참고문헌

Ayres, W. (1994). Navigating a restless sea: The continuing struggle to achieve a decent education for African-American youngsters in Chicago. *Journal of Negro Education, 63*(1), 5-18.

Bowen, R. W. (1999, January 13). "Charter Schools. then what?" *New York Times*, p. A19.

Center for Education Reform. (1998a). Charter School legislation: Profile of Texas' Charter School law. [On-line]. Available: www.edreform.com

Center for Education Reform. (1998b). Charter School survey 1996-1997. [On-line]. Available: www.edreform.com

Center for Education Reform. (2002). *Charter Schools 2002: Results from CER's annual survey of America's Charter Schools.* [On-line]. Available: www.edreform.com

Charter School Resource Center. (1998). Accountability. [On-line]. Available: www.edreform.com

Charter School Resource Center. (1999). *Organizational plan.* San Antonio, TX: Author.

"Charter Schools Worse on TAAS." (1999, December 19). *Austin American-Statesman*, pp. 1-2.

Crawford, J. R. (2001). Teacher autonomy and accountability in Charter Schools. *Education and Urban Society, 33*(2), 186-200.

Fikac, P. (1999, July 4). "State's Charter Schools plagued by financial problems," *Houston Chronicle*, p. E4.

Finn, C. E., Jr., Manno, B. V., & Vanourek, G. (2000). *Charter Schools in action*. Princeton, NJ: Princeton University Press.

Fusarelli, L. D. (1999). Reinventing urban education in Texas: Charter Schools, smaller schools and the new institutionalism. *Education and Urban Society, 31*(2), 214-224.

Fusarelli, L. D. (2001). The political construction of accountability. *Education and Urban Society, 33*(2), 157-169.

Fusarelli, L. D. (2002). Texas: Charter Schools and the struggle for equity. In S. Vegari (Ed.), *The Charter School landscape* (pp. 175-191). Pittsburgh, PA: University of Pittsburgh Press.

Fusarelli, L. D. (in press). *The political dynamics of school choice.* New York: Palgrave Press.

Garn, G., & Cobb, C. D. (2001). A framework for understanding Charter School accountability. *Education and Urban Society, 33*(2), 113-128.

Goins, K. (n.d.). Pros, cons of Charter Schools in Texas still being debated. *North Central Sun*, p. A6.

Good, T. L., & Branden, J. S. (2000). *The great school debate.* Mahwah, NJ: Lawrence Erlbaum.

Hartocollis, A. (1999a, January 29). "Crew plans Charter Schools, his way." *New York Times.*

Hartocollis, A. (1998a, December 15). "Charter plan for schools makes gains." *New York Times.*

Hartocollis, A. (1998b, December 29). "Religious leaders plan schools with public funds in New York." *New York Times.*

Hassel, B. C. (1999). *The Charter School challenge: Avoiding the pitfalls, fulfilling the promise.* Washington, DC: Brookings Institution Press.

Hess, F. M. (2001). Whaddya mean you want to close my school? *Education and Urban Society, 33*(2), 141-156.

Hill, P. T., Pierce, L. C., & Guthrie, J. W. (1997). *Reinventing public education.* Chicago: University of Chicago Press.

Judson, J. (n.d.). *The true state of Texas education.* San Antonio: Texas Public Policy Foundation.

Kane, P. R. (1998). *New Jersey Charter Schools: The first year 1997-1998.* New York: Teachers College.

Loveless, T., & Jasin, C. (1998). Starting from scratch: Political and organizational challenges facing Charter Schools. *Educational Administration Quarterly, 34*(1), 9-30.

Mabin, C. (2000, March 17). "Texas Charter Schools serve more minorities, study finds." *Austin American-Statesman*, p. 1.

Manno, B. V., Finn, C. E., Jr., Bierlein, L. A., & Vanourek, G. (1998). Charter Schools: Accomplishments and dilemmas. *Teachers College Record, 99*(3), 537-558.

Manno, B. V., Finn, C. E., Jr., & Vanourek, G. (2000). Charter School accountability: Problems and prospects. *Educational Policy, 14*(4), 473-493.

Markeley, M. (1997, May 16). "HISD board trustees approve 13 charters." *Houston Chronicle*, p. A29.

Medler, A. (1996). Promise and progress. *American School Board Journal, 183*(3), 26-28.

Michigan Association of Public School Academies. (1998). "Press release." [On-line]. Available: http://www.charterschools.org/whatsnew/pro/meap98.html

Nathan, J. (1996). *Charter Schools: Creating hope and opportunity for American education.* San

Francisco: Jossey-Bass.

Nazareno, A. (1997, September 3). "Charter School ends shaky freshmen year." *San Antonio Express-News*.

Opfer, V. D. (2001). Charter Schools and the panoptic effect of accountability. *Education and Urban Society, 33*(2), 201-215.

Peters, B. G. (1999). *Institutional theory in political science: The 'new institutionalism.'* London: Pinter.

Sarason, S. (1998). *Charter Schools: Another flawed educational reform?* New York: Teachers College Press.

"Saving Public Education." (1997, February 17). *The Nation*, pp. 17, 18, 20-25.

Scott, W. R. (1995). *Institutions and organizations.* Thousand Oaks, CA: Sage.

Sibley, K. (1998, July 8). "NB Charter School adds alternative." *San Antonio Express-News,* pp. H1, H9.

Stutz, T. (1998. September 4). "Low state ratings stir concerns about Charter Schools." *Dallas Morning News*, pp. 1-4.

Taebel, D., Barrett, E. J., Brenner, C. T., Kemerer, F., Ausbrooks, C., Clark, C., Thomas, K., Briggs, K. L., Parker, A., Weiher, G., Matland, R., Tedin, K., Cookson, C., & Nielsen, L. (1997). *Texas open-enrollment Charter Schools: Year one evaluation.* Austin, TX: State Board of Education.

Texas Center for Education Research. (1998). *Open-enrollment Charter School evaluation*, News Release.

Texas Education Agency. (1998). *Texas open-enrollment Charter Schools: Second year evaluation, 1997-98*. Austin: Author.

Texas Education Agency. (2000). Charter School accountability ratings for 1999. [On-line]. Available: www-tea.state.tx.us/perfreport/account/99/index.html

Texas Education Agency. (2000a). Snapshot 2000. [On-line]. Available: www.tea.stat.tx.us/perfreport/snapshot/2000.

Texas Education Agency. (2000b). *Texas open-enrollment Charter Schools: Third year evaluation, 1998-99*. Austin: Author.

Texas Education Agency. (2002). *Texas Charter Schools, summary information.* [On-line] Available: www.tea.state.tx/us/charter/states.html

Tye, B. B. (2000). *Hard truths: Uncovering the deep structure of schooling.* New York: Teachers College Press.

U.S. Department of Education. (1997). *A study of Charter Schools: First-year report, executive summary, 1997*. Washington, DC: U.S. Government Printing Office.

U.S. Department of Education. (1998). *A national study of Charter Schools: Executive summary.* Washington, DC: U.S. Government Printing Office.

Vergari, S. (1999). Charter Schools: A primer on the issues. *Education and Urban Society, 31*(4), 389-405.

Vergari, S. Ed.).(2002). *The Charter School landscape.* Pittsburgh, PA: University of Pittsburgh Press.

Walt, K. (1998, September 5). "Charter Schools called 'mixed bag' of success." *Houston Chronicle*, pp. A37, A38.

Waters, B. (1999, August 1). "Charter Schools crop up across East Texas." *Tyler Morning Telegraph*, p. 19.

Weber, P. (1998). *Charter Schools: A state legislative update.* Washington, DC: U.S. Department of Education.

Weiss, A. R. (1997). *Going it alone: A study of Massachusetts Charter Schools.* Boston: Institute for Responsive Education.

Wells, A. S. (1999). California's Charter Schools: Promises vs. performance. *American Educator, 23*(1), 18-21, 24, 52.

Wells, A. S., Lopez, A., Scott, J., & Holme, J. J. (1999). Charter Schools as post-modern paradox: Rethinking social stratification in an age of deregulated school choice. *Harvard Educational Review, 69*(2), 172-204.

제12장

미래의 정책, 더 좋은 학교

학교 정책의 미래는 흥미로운 만큼이나 도전적이다. 사회가 변화하고, 과학기술이 급속도로 발전함에 따라, 그리고 세계 경제 경쟁이 격화됨에 따라, 교육은 계속 중요해질 것이다—심지어 가장 중요해질 것이다. 그러나 어떤 측면에서, 미래는 바로 눈 앞에 있다. 즉, 일부 학부모들은 이미 대중 통제의 헤게모니에 의문을 제기하며, Charter School이나 심지어 Voucher를 선택하고 있다. 학교 정책 형성에서 잠자는 거인이기를 염원했던 연방 정부는 역사상 가장 복잡하고 포괄적인(그리고 일부 사람들은 강제적이라고 말하는) 법률인 No Child Left Behind를 제정하였다. 의회 및 주 입법부는 기준의 제정뿐만 아니라 이러한 기대를 충족시키지 못한 학교에 엄중한 결과를 부과하는 정책을 제정하고 있다. 모순되게도, 정책은 더 강한 국가주의와 책무성, 분절화된 집권화 체제로 나아가는(Fusarelli, 근간; Meyer, 1983) 동시에, 가정에 권한을 부여하고 공립학교 통제의 틀을 깨뜨리고 있다.

각 수준의 정부 및 교육 체제 내에서 정책 결정자들이 종합적인, 고부담의 시험을 통한 더 높은 성취기준에 대한 압력에 응하면서, 학교의 성취기준 경쟁이 진행되고 있다. 확실히, 교육 정책의 미래는 성취기준을 중요하게 고려해야 한다—성취기준이 무엇이고 이것이 국가와 주의 성취기준과 어떻게 연계되고, 결과물을 어떻게 평가하고 사용할 것인가? 과학기술 그리고 이와 병행하는 모든 교육 · 기업 · 경영 "체제"는 교육에 대한 접근, 사생활, 교육 방법 및 학교 재건축과 현대화에 관한 핵심적인 정책들을 변화시킬 뿐만 아니라, 정책을 실행하고 평가하는 방식에도 영향을 미친다. 요컨대, 자녀들이 다니는 학교가 예산을 얼마나 지원받고 지출하는지에 관한 재정 자료는 말할 것도 없이, 인터넷을 통해 자녀들의 시험 결과, 숙제, 수업, 점심 식단, 축구 일정에 학부모들이 바로 접근할 수 있도록 하는 것(instant access)은 학교구내 그리고 학교구들과 이들의 주요 이해관계자들 간에 존재하는 권력관계를 위협할 것이다. 게다가, 더 나아진 기술은 정보의 질과 서비스의 효과성을 증진시킬 것이다.

이러한 정책 발전 과정에는 교육에 대한 집권화된 통제와 학교 및 교실에 가까이 있는 사람들에게(학부모들에게는 더 많은 선택을, 교사들에게는 의사 결정 참여 증가, 보다 정교화된 과학기술, 더 우수한 교구 및 최신의 교육 방법) 권한 부여 및 분권화 간에 전통적인 갈등이 존재한다. 교육과정, 수업시간, 재정 및 단위학교 예산에 관한 주요 정책을 결정할 권한이 교사들과 행정가들에게 부여된다. 학부모들은 학교 수준의 교육 정책에 영향을 미치고 학교를 변화시키기 위해 더 우수한 정보를 사용한다.

한편, 정부가 보다 유용한 정보를 지닌 거대 데이터베이스(연방, 주와 지역의 시험 점수, 출석률 및 졸업률 자료)를 형성함에 따라, 과학기술은 교육에 관심을 가진 사실상 모든 사람들에게 이러한 기준 및 결과에 접근할 수 있도록 한다. 대중들이 더 많이 접근함에 따라, 공립학교 교직원들은 이전에는 결코 상상하지 못했던 여러 측면에서 책무성을 지니게 되었다.

예를 들면, 1988년 New York 시의 학교들은 수업에 교육 예산의 33%만을 사용하였다. 그러나 과학기술을 통해 대중이 접근할 수 있게 되고 학생들에게 사용된 예산을 추적하는 모델들이 개발되자, 학교구는 자원을 늘리도록 압력을 받게 되었고, 그래서 오늘날에는 예산의 54%가 학생에게 사용되고 있다(Cooper, Speakman, & May, 1998). 게다가 과학기술은 정책을 결정하고 평가하는 과정과 학교를 운영하고 학생을 가르치는 방법에도 영향을 미칠 것이다. 교육자들은 대개 경영 기술 및 교육공학 기술을 심각하게 여기지 않았다. 그러나 미래에는 교육과정과 프로그램을 온라인으로 전달하고, 학생들은 분산된 장소에서 공부할 수 있고, 그리고 지리적 경계와 시간대를 초월해서 자원을 즉각적으로 이용할 수 있는 "가상 학교"를 포함해서 한계가 없게 될 것이다. 학생과 교사들은 어느 한 곳에서 질문을 하고 어딘가 다른 곳에서 즉각적으로 수백 개의 답변을 받을 수 있게 된다. 교수-학습에 대한 대중의 헤게모니가 감소하고 학습이 컴퓨터나 텔레비전만큼 가까이 있게 됨에 따라, 학교는 더 이상 유일한, 가장 중요한 정보 공급자가 아니다.

새로운 자원과 학습에 대한 새로운 접근권은 평등과 사회 정의와 관련된 문제를 더 악화시킨다. 소위 "정보 격차"는 중산층 가정의 아이들에게 도움을 줄 수 있지만, 집에 컴퓨터가 없는 학생들을 불리하게 만들 수 있다. 즉, 컴퓨터, 인터넷, 웹, 그리고 다른 공학기술들을 사용할 수 없는 것이 읽고, 쓰고, 계산하는 방법을 알지 못하는 것을 더 악화시킬 뿐이다. 연방 정부와 일부 주들은 학교를 "전자화하고(wire)", 컴퓨터를 이용할 수 있게 하고, 교사가 수업에서 컴퓨터를 사용하는 것을 돕고 있지만, 빈부 간 그리고 정상인과 장애인 간의 확대된 격차는 최근 교육 정책의 공통 주제 즉, 교육 정책에서의 급격한 변화를 요구하고 있다.

물론 최근 이루어진 ESEA 재승인은 어느 정도 사회정의에 대한 초기의 관심을 토대로 이루어졌다. 가난한 학생과 부유한 학생, 흑인과 백인 학생 간의 차이를 좁히기 위해 인권 운동에 뒤이어 1965년에 최초로 제정된 후(Meranto, 1967; Bailey & Mosher, 1968; Murphy, 1971), 연방법은 "투입"(재정, 직원, 프로그램, 과제 수행 시간)의 공정성으로부터 "산출"(시험결과, 진급률, 졸업률과 대학 입학률)의 평등에 더 큰 관심을 갖는 평등관의 변화에 적응해 왔다. 또한 정치적으로는 ESEA가 자원을 보급하고 있다. 이는 가난한 소수계 학생이 적은 학교구조차도 Title I 교사를 채용하고, 더 좋은 장비, 더 많은 훈련과 더 많은 직원을 채용하기 위해 연방의 예산 지원을 받는다는 것을 의미한다. 따라서 중산층과 가난한 학교구들이 혜택을 받았고, 여러 차례의 재승인을 통해 ESEA를 지지하였다. 이는 이익집단 행동의 대표적인 사례이다.

이러한 연합은 가난한 학생들이 필요로 하는 예산을 중심으로 형성되었으며, Nixon 대통령이 이 법을 계속해서 폐지하려고 했을 때 무슨 일이 일어났는지 그리고 Reagan 대통령이 Chapter 1 Voucher를 통해 사립학교와 교구 학교에 다니는 해당 학생들을 위해 그 법을 네 번이나 "민영화"하려고 추진했을 때 일어난 일들의 상당 부분을 설명해 주고 있다(Doyle & Cooper, 1988). 두 대통령은 ESEA Title I (Chapter I) 프로그램을 급격히 변화시키거나 폐지시키는 데 실패했다. 이 사건은 ESEA를 지지하는 광범위한 연합체를 설명하는 이익집단 이론과 가난한 학생들을 위해 설계된 프로그램을 활용하는 중산층의 능력을 보여주는 비판적, 후현대주의적 접근 등 두 이론을 통해 가장 잘 이해할 수 있다.

ESEA를 재승인하고 George, W. Bush 대통령이 서명한 최근의 일괄 교육법인 No Child Left Behind 법의 궁극적인 결과 및 가능한 영향을 분석하면서, 미래를 살펴보자. 이 책의 다른 장과 같이, 이 장에서도 이러한 연방의 "미래법"을 네 개의 분석 관점 즉, 규범적, 구조적, 구성적, 기술적 차원에서 검토할 것이다. 이 지대한 영향을 미치는 법 조항들의 토대가 되는 가치는 무엇인가? 교육에서 연방 정부의 증가하는 역할에 영향을 줄 뿐만 아니라, 주와 학교구들이 모든 아이들을 가르치고 평가하는 방식에도 영향을 미치는 이 법의 구조적 요소와 구성적 요소는 무엇인가? 주나 학교구들이 교육의 연방화가 요구하는 조건에 순응해서 운영될 때, 이 법에 포함된 기술적 구성요소들은 무엇인가?

정책사례

2002년에 제정된 NCLB 법

2002년 1월 8일, 2001 Eelmentary and Secondary Education Act가 법제화되었는데, 이는 Johnson 대통령이 1965년에 처음 제정했던 ESEA의 8번째 재승인이었다(Eisenberg & Morey, 1969; Murphy, 1971). 다음 6년 동안 적용될 2002년의 재승인은 Bush 행정부가 통과시킨 첫 주요 교육법안이었고, 이는 빈곤한 아동들이 다른 아동들과 같이 동일하게 높은 성취 기준을 달성할 수 있도록 도와주기 위해 주와 지역 교육 당국에 연방 정부의 재정 지원을 제공한다. No Child Left Behind(NCLB) ACT(공법 107-110)라는 부제를 가진 이 법은 많은 새로운 정책과 프로그램을 규정하고 있고(일종의 일괄법안), 미국 정부가 교육을 위해 $28,400,000,000(이 중 $22,300,000,000는 사용처가 책정되어 있음)를 지출할 것을 승인하고 있다.

NCLB법은 미국 교육 정책의 미래에 무슨 의미를 지니는가? 이 법은 본 저서의 틀에 어떻게 적합한가? 그리고 교육 정책 결정 과정과 교육 정책의 집행에 관해서 이 법으로부터 무엇을 배울 수 있는가? Brown(2002)은 NCLB의 목적을 분석한 후 그 잠재적인 효과를 다음과 같이 요약하고 있다.

- 주(州)가 더 높은 성취기준을 수립하고 학교구에 더 많은 기술적 지원을 하는 데 중점을 두도록 하는 것, 그리고 연구 계획 및 이행 행위를 확대하는 것(Brown, 2002; Fege, 2002)
- 연방 규정을 따르지 않는 주에게 연방자금을 회수할 것을 위협함으로써 연방법의 실효성을 높이는 것. 그리고 연방의 지원이 철회된 그런 주의 경우에는 "시민권 소송"을 당할 가능성이 높다(Brown, 2002: 3).
- 학생 성취와 교사 자격에 관한 데이터를 개선하고 이를 통해 학교 개혁 수단을 제공하고 주 책무성 체제를 개선하는 근거를 제공하는 것
- 하위집단별(이민자, 저소득층, 방치된 그리고 비행을 저지른 아동, 중퇴 예방) 그리고 학교별로 각 주의 학교 성과를 분류한 평가보고서를 2002~2003년까지 작성하도록 의무화하는 것
- 학교 지원과 참여적 의사 결정을 증진시키기 위하여 학부모 참여를 늘리는 것
- 유치원에서 초등학교로의 원활한 진급을 돕기 위한 조기 개입을 목적으로 가족 문해 프로그램에 $900,000,000를 지원하는 "Reading First"와 "Even Start" 프로그램을 통해

가족 문해 능력 증진

- Eisenhower Professional Development 사업에 기초한 교사 훈련과 채용 프로그램 개선($2,850,000,000). 여기에는 군 전역자를 위한 "Troop-to-Teachers" 프로그램과 그 외 "Transition-to-Teacher programs"이 포함된다.
- National Writing Projects($14,000,000), Civil Education($30,000,000), History Teaching, Math and Science Partnerships($12,500,000), Technology($700,000,000), 그리고 English Acquisition($665,000,000) 프로그램의 확대
- 전문성 신장, 종신 재직권 개혁, 교사 성과급, 그리고 LEA 개선 등을 위해 지방 교육당국(Local Educational Agency: LEA)에 보조금 지원(지역의 활동을 위해 LEA로 지원되는 95%의 경유 자금)
- 교사 채용, 학교 리더십, 상위 자격 취득, 특수교육과 유아기 준비 등의 국가사업을 통한 수업 개선
- 학부모와 지역사회의 참여 증진, 폭력 예방과 인성 교육에 초점을 둔 Safe and Drug-Free Schools and Communities Initiative($746,800,000)를 통해 학교 폭력을 감소시키려는 학교구 지원
- 학업 증진을 위한 21st Century Community Learning Centers($1,000,000,000)를 통해 학교와 도서관에 대한 지역사회의 접근성 향상
- 부모의 인식과 참여를 증진시키기 위한 Informed Parent Choice and Innovation($385,000,000) 홍보
- 경쟁적 보조금을 사용하는 Rural Education Initiatives($162,500,000)를 통해 농촌 학교구의 특별한 요구를 다루는 것
- American Indian and Alaskan Education Programs($102,400,000)을 통해 인디언, 하와이 원주민 및 Alaska 원주민 학생들을 위한 학교 개선 지원
- 사립학교와 종교계 학교들에 대한 서비스 확대 및 보장, 그리고 홈스쿨에 대한 연방 정부의 어떤한 통제도 금지하면서, Charter School($200,000,000)과 Magnet School($110,000,000)을 지원

규범적 차원

성취기준과 미래. NCLB의 Title Ⅰ인 '불리한 아동들의 교육을 개선하기(Improving the Education of the Disadvantaged)'는 $12,384,000,000가 책정되어 있으며, 이 법의 Title 10개 중 가장 내용이 많고 중요한 부분이다. Title Ⅰ은 모든 학생들의 성취 수준을 높이기 위한 방안으로서 모든 학생들을 대상으로 즉시 읽기와 쓰기 시험을 실시하고, 5년 내에 과학 시험을 실시하도록 주 정부에 요구하고 있다.

성취기준을 세우는 것과 그러한 기준을 강제하고 달성하게 하는 것은 완전히 별개의 일이다. 그리고 이러한 장래 동향들은 흥미로운 방식으로 만나고 있다. 연방 정부가 주 정부에 독자적인 성취기준을 설정하고 이를 달성하도록 요구하는 것은—전국적으로 학교 교육을 개선하기 위해서—반대의 결과를 가져올 수도 있다. 즉, 주 정부는 "연간 성취 기준(adequate yearly progress)"을 쉽게 달성하기 위해, 초기에는 성취 기준을 낮출 수도 있다. 연방 정권(행정부)은 바뀐다. NCLB 법의 12년간 추진일정은 12년 후 법 집행이 종결되기 전에 Bush가 대통령직에서 물러난 지 한참이 지나게 될 것임을 확실하게 나타낸다. 이 시차는 새로운 행정부가 법을 개정하거나 심지어 폐지할 수 있는 충분한 시간을 허용하고 있으며, 이는 만약 법이 바뀌고 이번 시기의 실패에 따른 결과 조치가 폐지된다면, 법이 집행된 12년은 중요하지 않은 것으로 된다는 것을 의미한다.

불리한 아이들에 대한 관심. 현재 NCLB로 바뀐 ESEA는 가난한 학생들, 외딴 시골 학생들, 그리고 Alaska 원주민과 인디언 집단 같은 특수 집단 출신 아동들의 요구를 충족시키기 위한 것이었다. 이러한 목적은 여전히 유지되고 있으며, 보다 공정하고 보다 사회적으로 평등한 체제를 만든다는 가치는 지속되고 계속 확대되어 왔다. 이 새로운 법에 대한 반응은 엇갈리고 있다. 전 New York 시의 교육위원회 의장인 Harold O. Levy는 읽기, 쓰기 그리고 수학 결과를 개선하지 못한 학교에 대한 제재 증대와 함께, 더 많고 더 우수한 평가를 요구하는 것에 초점을 두었다. Levy는 한 인터뷰에서 "좋은 소식은 학교가 더 이상 백인, 중산층 학생들의 성취 뒤에 숨지 못할 것이다."라고 설명하였다. 그는 인종별로 성취 결과를 제시하기 전까지 Connecticut 주가 시험 점수가 전국 최상위였지만, Connecticut 주의 흑인 학생들은 New York 시의 비슷한 아동들보다 시험 결과가 더 낮았다고 주장한다.

가난한 학생들과 유색인종 학생들의 환경이나 학교를 개선하기 위해 일하기보다는 오히려 이들을 악마로 취급하는 "희생자에게 책임 전가" 사례가 많이 나타나지 않을까 일부 비평가들은 우려하고 있다. 강한 압력을 받음에 따라, 교사들은 교양교육 과정을 줄이고 시험 대비를 위한 과목과 기능에 집중할 것이며, 이는 학교를 재미없고 매력적이지 않은 곳으로 만들 것이다. 운동, 음악, 예술, 외국어 그리고 대부분의 과학 과목이 경시되는 반면, 지루한 암기와 반복 응답은 표준화된 시험 점수를 높이는 데 유용한 것으로 더 중시될 것이다. 이러한 쟁점들은 공교육의 대중화에 관한 논쟁만큼이나 오래되었으며, 장래에도 전혀 달라지지 않을 것이다.

더 강화된 연방 통제. NCLB는 이전과는 비교가 안 될 정도로 연방 정부를 교육에 관여시키고 있다. 이에 따라 중요한 가치(지역과 주의 통제)가 도전받고 있다. Hanushek과 동료들은 "미국인들은 학교 개혁의 필요성에 동의지만, 이러한 합의가 최상의 개혁 방식에 대한 합의로 연결되지는 못하고 있다."고 설명한다(p. 1). 의견 불일치가 가장 심한 영역은 주 정부의 성취기준 설정과 집행에 연방 정부가 얼마나 적극적으로 관여하고 통제해야 하는가이다.

연방 정부는 (a) 학생들을 적절하게 평가하지 못하고, (b) 성취 격차를 줄이는 12년 동안 거의 또는 전혀 향상을 보이지 않으며, (c) 법 준수를 거부하는 주(州)로부터 연방 자금을 회수할 의지를 의지를 가지고 있는가? 이미 일부 주들은 국가 평가사업에 동참하지 않고, 기꺼이 연방의 재정 지원 대상에서 배제되고 있다(예를 들면, Vermont 주).

더 높은 성취기준, 더 많은 통제. 또 다른 일련의 가치들은 연방 통제의 영향력 및 전국적으로 성취기준을 높이는 것이 가능한가와 관련되어 있다. NCLB 법은 교사와 공학기술(Title II), 안전한 마약 없는 학교(Title IV), 그리고 혁신 프로그램 포괄보조금(Title V) 등의 주(州) 단위 프로그램에 예산의 50%까지 전용할 수 있도록 주 정부에게 예산 운영상의 융통성을 증가시키고 있지만, 이는 여전히 연방 자금의 사용에는 조건이 붙어있다는 것을 의미한다. 그리고 만약 주 정부가 3학년에서 8학년까지의 아동들을 평가하지 않고 법이 요구하는 대로 학교를 개선하는 데 예산을 사용하지 않는다면, 주 정부는 연방 정부의 예산 지원 중단을 각오해야 한다.

구조적 차원과 구성적 차원

NCLB법에는 미국 정부가 교육에 대한 통제 및 재정 지원상의 더 강력한 행위자가 되고, 교육 과정에서 정부와 다른 구성원들의 역할을 변화시킨다는 것이 내포되어 있다. 만일 주 정부와 지역 교육청이 성취기준의 설정 및 평가, 그리고 프로그램 및 교사 자격과 연수상의 책무성 증진을 거부하면, 학교구는 연방 정부의 예산 지원을 받지 못할 수도 있게 된다. 성취기준은 미달, 보통(proficient) 및 우수(advanced) 등 최소한 세 단계의 성취 수준으로 제시되어야 한다. 이 책에 제시되어 있는 것과 같이, 정부와 주요 이해관계자(예를 들어, 교사, 노조, 학부모와 지역사회)의 역할은 빠르게 변화하고 있다.

이 법은 미국에서 교육을 운영하고 지원하는 데에 있어 연방, 주와 지역 정부의 적절한 역할이 무엇인지에 관한 의문을 제기한다. David(1990)는 다음과 같이 설명하고 있다.

> 한가운데 학생과 교사들이 있고, 이들을 지방, 주 및 연방 기관의 요구를 나타내는 맞물려 있는 조각들이 둘러싸고 있는 원형 직소 퍼즐(jigsaw puzzle)을 상상해 보자. 인접한 조각들의 모양을 변화시키는 것을 허용할 정도로 다른 조각들이 신축적일 경우가 아니면 서로 맞물린 한 세트의 조각들 중 어느 한 조각을 변화시키는 것은 불가능하다. 계속해서 직소 퍼즐에 비유해 보면, 이전의 개혁 노력들은 퍼즐에 또 다른 조각을 첨가하거나 또는 맞물려 있는 조각들을 변화시켜야 한다는 필요성을 인식하지 못한 채 한 조각을 바꾸려고 시도하였다.

따라서 우리는 학생, 교사, 행정가, 지역사회가 법, 시험, 프로그램과 추측만 할 수 있는 역할에 적응해야만 하는 불확실성으로 가득한 미래를 예상한다. 우리는 정부가 학부모의 선택권을 확대하고 Charter School, 소규모의 Voucher 프로그램과 다른 형태의 민영화(예를 들면, Philadelphia의 경우처럼 전체 학교구와 학교들을 외부에 위탁하는)를 확대하는 동시에 연방 및 주 정부가 성취기준, 시험 및 프로그램을 지시하고, 구성원들은 외부의 통제와 싸우는 시대를 예상한다. 정책 결정가는 이처럼 서로 모순되는 개혁이 일어나는 환경에 어떻게 대응할 것인가?

기술적 차원

따라서 우리는 더 강한 책무성 요구와 더 많은 선택 및 기회 사이에 교육자들이 끼어 있는 통제와 요구가 교차하는 미래를 예상한다. 연방 대법원이 Voucher에 관한 사건(Zelman v., Simmons-Harris)에서 Cleveland와 Milwaukee 주와 같이(Howell & Peterson, 2002 참고) 사립의 종교 학교를 선택한 부모들도 공적 세금을 사용할 수 있다고 판시함에 따라, 우리는 독과점적인 위치를 가지고 있는 공립학교의 변화 및 부모의 선택과 공교육의 경쟁 강화라는 새로운 시대를 목격할 수 있을 것이다.

사립학교에 대한 재정 지원 및 통제와 관련한 정부의 역할은 무엇일까? 50개 주와 Washington D.C.가 새로운 정책들을 집행함에 따라 이들 교육 개혁 방안들은 어떤 결과를 가져올 것인가? 학교 예산의 약 10%를 통제하는 연방 정부와 새로운 주 및 연방 정부의 성취 기준에 대한 책무성과 함께 "지역 통제"를 유지하려고 하는 주 정부 및 학교구 사이에 실질적인 갈등이 나타나게 될 것이라 예상한다.

이 새로운 법하에서, 주 정부는 다른 학년들을 대상으로 하는 기존의 시험과 함께 3학년부터 8학년 학생을 대상으로 매년 읽기와 수학 시험을 실시해야 한다. 주 정부는 매년 기준을 충족시키지 못하는 교사, 학교와 학교구를 제재하기 위해 시험 점수를 계산하려고 할까? 이 과정의 세부 사항들은 어떻게 작용할까? 목표를 달성하지 못한 학교를 지원하기 위해 어떤 자원을 사용할 수 있는가? Florida 주는 저성취 학교에서 자녀들을 전학시킬 수 있도록 학부모들에게 이미 Voucher를 지급하였다(두 곳의 학교에서 이미 학부모들이 아이들을 전학시킨 것으로 보인다). 특히 Zelman 판결에서 종교계 학교에 대한 Voucher까지 합법적이라고 판시함에 따라 다른 주들도 이를 따를 것으로 예상된다.

새로운 교육 정책의 기술적 차원에 대한 많은 연구와 분석이 필요하다. Voucher가 학생 성취에 미치는 영향을 분석한 Howell과 Peterson(2002)의 책은 교육에서 민영화의 효과를 분석한 일련의 새로운 연구들 중 그 시초에 해당한다. Philadelphia 주의 경우, 주지사는 상당수의 실패한 학교들을 사설 및 영리 법인(예를 들어, Edison Schools은 20곳의 Philadelphia 공립학교를 운영하도록 계약을 맺었다.)에 위탁하면서 학교구에게 학교를 재구조화하도록 요구하고 있다.

다른 정책 분야들은 장래에 대단히 중요하다. 학교를 더 오래 열어놓는 것(연중 무휴 교육 혹은 방과 후 교육), 학교를 안전하고 안심할 수 있게 즉, 마약이나 술, 폭력이 없게 만드는 것, 고도로 훈련된 교직원을 충분하게 공급하는 것, (무엇보다도) 교육과정을 개선하는 것은 모두 미래에 있어서 중요한 관심사이다. 그러나 만약 학교의 거버넌스, 재정, 경영의 문제들이 해결되지 않고, 부분적으로는 더 좋은 정책 형성, 정책 집행, 정책 평가가 이루어지지 않는다면, 그러한 개선사항들을 담보할 수 없다. 더 좋은 정책, 더 좋은 학교는 의사 결정을 하고 실행하는 데 활용되는 더 좋은 모형들과 관련되어 있다. 그것은 국가, 주, 학교구, 학교들(공립학교, Charter School과 사립학교) 전체에 걸친 참여적인 활동이다. 더 좋은 교육은 정말로 모두를 위한, 국가적 우선사항이다.

결론

교육 정책 결정과 정책 분석의 미래는 이미 시작되었다. 계속되는 변화, 개선, 그리고 정책 분석의 필요성은 그 어느 때보다도 오늘날 더 중요하다. Elmore(1990)는 학교 재구조화의 효과를 논하면서, 이러한 긴장과 흥분의 대부분을 예견했다. 그는 교사와 교육 지도자들을 위한 권한 부여, 책무성과 학습(academic learning)에 대한 관여 등 교육에서 우리 미래의 세 가지 주제를 논하였다.

권한 부여는 "기술적 및 전문적 모델은 학교에서 합법적인 권력의 근원으로서 전문화된 지식을 강조한다."는 현실을 나타낸다(p. 21). **책무성**은 연방, 주 또는 학교구 수준이 아닌 학교 수준에 초점을 두면서 어떤 개혁이 실행되고 어떻게 실행되는지에 관한 합법화의 근원과 관련되어 있다. 그는 학교 정책 개혁은 "외부의 관계 당국(연방과 주 정부)이 부과하는 지표가 아니라 교사와 행정가가 달성하려고 하는 것을 반영한 개인 및 학교 수준의 성취 지표를 만들어 내는 것으로 이루어져야 한다."고 주장한다(p. 23)

끝으로, Elmore(1990)는 교육 정책의 종결이자 본질로서 **학습에 대한 관여**를 강조한다. 최근의 연방 법률과 매우 유사하게, 그는 성공적인 학교의 핵심적인 지표로서 학업 성취도를 꼽고 있다. 그는 다음과 같이 설명한다.

> 재구조화된 학교에서 계속 학습에 초점을 두는 것은 전문가, 교육자와 고객들이 학습의 의미를 논의하고 구조화하는 대화의 상황과 분위기를 만들어 내는 것에 달려있다. 이런 대화가 부재할 경우, 각각의 이익집단[구성원]이 다른 집단들을(학습 전문가가 교사를, 교사가 학부모를, 학부모가 교사를 등) 통제하려고 시도함으로써 학습은 정치적 쟁점이 될 것이다(p. 24).

따라서 궁극적으로 교육 정책의 미래는 학생, 교사, 행정가들이 있는 학교에 달려있다. 각 수준의 정부들 간에, 그리고 정책을 결정하는 사람들과 정책을 집행하는 사람들 간에 대화가 없다면, 학교와 아동들은 어디서 제정된 것이든 새로운 법률과 규정으로부터 이득을 보지 못할 것이다. 이 책은 모든 아동들에게 알맞고, 공정하며, 유의미한 교육이 무엇인지 정의하려고 노력하는 지역 및 연방 정부 수준에서 일어나는 여러 가지 크고 작은 모습들을 제시하고 있다. 교육이란 궁극적으로 다음 세대에게 시민문화에 자리를 차지하고, 사회 개선에 매우 중요한, 사회적 삶, 경제적 삶, 정치적 삶에 기꺼이 참여할 수 있는 수단을 제공하는 것이다.

Dionne(1991)는 민주주의의 미래에 관해 우려하는 자신의 도발적인 책인『Why Americans Hate Politics』에서 다음과 같이 결론을 내리고 있다.

> 세계에서의 역할을 위해 우리의 길을 찾으려는 노력에서, 우리는 우리가 세계의 주도적인 군사적 및 경제적 강대국이 되기 오래 전에, 우리를 특별한 나라로 만든 요인, 즉 자치(self-government)의 기쁨과 책임을 기꺼이 수용하는 자유

> 시민을 양성하는 우리의 공화주의적 전통을 되살리는 것이 나을 것이다. 미국 밖으로 민주주의가 보급됨에 따라, 우리의 우선적인 책임은 미국이 공적 삶에 관심을 잃었을 때 자유국가들에서 무슨 일이 일어날 것인가를 보여주는 사례가 아니라, 자치가 어떤 것인지를 보여주는 모델이 되도록 하는 것이다. 정치를 혐오하는 국가는 민주국가로서 더 이상 존속하지 못할 것이다(p. 355).

활발하고, 적극적인 정치적 생활(민주 정부와 사회정의에 지속적으로 헌신하는)에 가장 중요한 것은 모든 시민을 위한 유의미하고, 효과적인 교육이다(이는 좋은 교육 정책의 필요성을 강화시키고 있다). 우리가 미래를 주시하고 Dionne가 말한 우리의 "공화주의적 전통"을 추구할 때, 다양한 관점에서 정책을 검토하는 것의 중요성은 계속된다. 공공 생활에 영향을 끼치는 정책이 사회 그 자체만큼 오래되었음에도 불구하고, 공공정책 분석은 비교적 새로운 학문 분야이다. 그리고 교육 정책에 관한 연구는 더 새로운 분야이다.

기원전 431년, Peloponnesian War에서 전사한 아테네 국민을 추모하는 유명한 연설에서, Pericles는 "비록 자신들의 직업 때문에 바쁘기는 하지만, 우리의 일반 시민들은 여전히 공적인 일들의 판단자이다. 그리고 토론을 행위를 방해하는 것으로 보지 않고, 모든 현명한 행동을 위해 필수불가결한 예비행위라고 생각한다."고 주장하였다(Hansen, 1991: 33; Dahl, 1998). 학교 정책을 형성하는 데 부모와 지역사회 지도자가 공적으로 참여하는 것은 교육 개선의 장애물이 아니라, 더 좋은 정책으로써 더 좋은 학교를 만드는 데 헌신하고 합의를 이끌어 내기 위한, Pericles의 말을 빌면, "필수불가결한 예비행위"이다.

교육에 영향을 미치는 정책의 중요성에도 불구하고(의사 결정에 이르는 과정뿐만 아니라 행동을 실행하고 형성하는 지침으로서), 사회의 주요 공공 관심사 중 하나 즉, 시민 교육에 관한 중요한 정책에 체계적이고 비판적으로 정책 결정 모형을 적용한 책은 거의 없다.

그래서 이 책을 집필하게 되었다. 4개의 주요 정책 관점(우리는 그것을 "차원"이라고 부른다)을 취해서, 저자들은 거버넌스, 교육과정, 책무성, 교사와 노동관계, 재정과 Charter School 등 여섯 개의 현 정책 쟁점에 이러한 각각 다른 관점을 적용하였다. 관점의 변화는 광범위한 질문, 이론과 분석을 만들어 내기 때문에, 교육 정책 형성, 집행과 평가에 관한 분석은 이전의 관점보다 더 복잡해진다. 각 관점은 상이한 일련의 쟁점과 관심사를 가지고 있으며, 이로 인해 교육 정책 과정을 각각 다른 시야에서 이해할 수 있게 된다.

미래를 주시하면서, 우리는 2002년 1월 8일에 제정된 중요한 새로운 법률을 검토했다. 이 법률은 미국 교육 정책의 발전에 어떻게 적용될까? 대단히 복잡하고, 다양하고, 중요한 이 교육법의 가치, 구조, 구성요소와 세부사항은 무엇인가? 그리고 NCLB 법은 미국 교육의 현 상황을 어떻게 포착하고, 미래를 위한 방향을 어떻게 제시하고 있는가?

수년전, Klein(1991)은 수준(연방, 주, 지역)과 주요 집단(교사, 행정가, 부모, 정책 결정가)과 제도들의 균형 잡힌, 조정된 역할이 없다면 교육 개선은 불가능하다고 주장하였다. 그는 다음과 같이 설명하였다.

> 학교 교육은 무엇보다도 주(州), 지역사회와 교육자 및 학생들의 관심사이다. 주 정부는 모든 학생들이 효과적이고, 적절하고, 균형잡힌, 현재 통용되는(current) 교육과정을 이수하도록 보장해야 한다. 학교구는 학생들이 공평하고, 교육의 과정에서 중요하다고 여겨지는 모든 것이 포함된 교육과정을 이수하도록 지역 공동체에 책무성을 가져야 한다. 학교 교직원과 학생들을 담당하는 교사들은 교육과정을 개발하고, 아니면 적어도 교육과정을 수정할 수 있는 자유를 지녀야만 한다. 이러한 기본적이고 상호작용적인 모든 책임들은 조정되고 화합되어야하며, 그렇지 않으면 문제점들이 발생한다. 어느 한 집단이 나머지 집단들의 권리를 뺏으려 한다면, 결과로 초래된 교육과정은 훨씬 덜 효과적이게 될 것이다(pp. 223-224).

학교와 이에 영향을 미치는 정책에 관한 우리의 관심이 기하급수적으로 증가하고 있음을 우리는 명확히 목격하고 있다. Lewis가 예견한 것처럼, 더 많은 관심, 더 활발한 활동과 더 많은 참여는 "교육 정책 형성은 미래에도 전혀 덜 복잡해지지 않을 것이다."라는 것을 의미한다(1998: 530). 사실, 학교 정책 형성의 과정과 의미는 국가적 관심사가 되고 있으며, 이 책은 정책 형성의 주요 부분들을 소개하고 21세기의 더 좋은 정책과 학교를 위한 시사점을 제시하며, 여러 주장들의 틀을 잡으려고 노력하였다.

참고문헌

Bailey, S. K., & Mosher, E. K. (1968). *ESEA: The Office of Education administers a law.* Syracuse, NY: Syracuse University Press.

Brown, C. G. (2002). *Opportunities and accountability to Leave No Child Behind in middle grades: An examination of the No Child Left Behind Act of 2001.* Washington, DC: Edna McConnell Clark Foundation.

Dahl, R. A. (1998). *On democracy.* New Haven, CT: Yale University Press.

David, J. L. (1990). Restructuring in progress: Lessons from pioneering districts. In R. F. Elmore and associates (Eds.), *Restructuring schools: The next generation of educational reform* (pp. 209-250). San Francisco: Jossey-Bass.

Dionne, E. J., Jr. (1991). *Why Americans hate politics.* New York: Simon & Schuster.

Doyle, D. P. , & Cooper, B. S. (1988). *Federal aid to the disadvantaged: What future Chapter I*? New York: Falmer Press.

Eisenberg, E., & Morey, R. D. (1969). *An act of Congress.* New York: Norton.

Elmore, R. F. (1990). Introduction. In R. F. Elmore and associates (Eds.), *Restructuring schools: The next generation of educational reform* (pp. 1-28). San Francisco: Jossey-Bass.

Fege, A. F. (2002). Overview of the Elementary and Secondary Education Act, entitled "No Child Left Behind Act of 2001" (NCLB), Public Law 107-110. Washington, DC: Public Advocacy for Kids.

Fusarelli, L. D. (in press). Tightly coupled policy for loosely coupled systems: Educational capacity and organizational change. *Journal of Educational Administration.*

Hansen, D. A. (1986). Family-school articulations: The effects of interaction rule mismatch. *American Education Research Journal, 2*(4), 643-659.

Hanushek, E. A., Benson, C. S., Freeman, R. B., Jamison, D. T., Levin, H. M., Levin, R. A., et al. (1994). *Making schools work: Improving performance and controlling costs.* Washington, DC: The Brookings Institute.

Howell, W. G., & Peterson, P. E. (2002). *The education gap: Vouchers and urban schools.* Washington, DC: The Brookings Institute.

Klein, M. F. (1991). Issues from curriculum theory in the centralization of the curriculum. In M. F. Klein (Ed.), *The politics of curriculum decision-making* (pp. 210-225). Albany: State University of New York Press.

Lewis, A. C. (1998). Policy making that made a difference. In G. J. Cizek (Ed.), *Handbook of educational policy* (pp. 523-532). San Diego, CA: Academic Press.

Meranto, P. (1967). *The politics of frderal aid to education in 1965: A study in political innovation.* Syracuse, NY: Syracuse University Press.

Meyer, J. W. (1983). Centralization of funding and control in educational governance. In J. W. Meyer & W. R. Scott (Eds.), *Organizational environments: Ritual and rationality* (pp. 179-1 97). Beverly Hills, CA: Sage.

Murphy, J. 1. (1971). Title I of ESEA: The politics of implementing federal education reform. *Harvard Educational Review, 41*, 35-63.

찾아보기

ㄱ
가족 국가 170, 172
가족의 국가 170, 171, 172
개인의 국가 170, 172
거버넌스 160, 161
공유적 의사 결정 265, 267
교사 참여 정책 262
교원 노조 255, 261
교원 단체 255
구성적 범주 95
구성적 차원 63, 114, 128, 140, 152, 180, 201, 231, 245, 291, 327, 334
구조적 범주 94
구조적 차원 63, 113, 128, 137, 139, 151, 178, 197, 230, 242, 281, 319, 334
규범적 정당화 112
규범적 차원 63, 112, 128, 130, 135, 151, 177, 189, 229, 240, 272, 318, 333, 346
근린효과 273, 281
기술적 범주 94
기술적 차원 64, 115, 129, 143, 152, 181, 205, 231, 253, 328, 335, 348
기업적 자유주의 166
기초 재정 지원 287

ㄴ
내부자 144
내장 분석 143
누출 효과 85
느린 혁명 240

ㄷ
단기적 144
단일한 최상의 체제 169
대중 매체 86

ㅁ
메타 분석 145
문제 정의 81, 83, 84, 88, 89, 93, 94, 97
민주적 교육 국가 173
민주적 지방주의 165, 168

ㅂ
비판 64, 73
비판 이론 29, 58, 59, 60, 134

ㅅ
사례 방법 145
사회 정의 66, 69
산출 분석 145
상징의 권력 89
생애 소득 흐름 275
수직적 평등 292, 296
수평적 평등 292, 295
신다원주의 옹호 연합 28, 64
신다원주의 옹호 연합 이론 57

신제도 이론 28
신제도주의 이론 54, 55, 56, 57, 63, 73
실증적/과학적 방법 143

ㅇ
아동 중심적 예산지원 310
언어 게임 91
여권주의 241
여권주의 이론 29, 58, 59, 64, 73
연방주의 175
온정적 자유주의 164
옹호 연합 96, 195
외부자 평가 144
유사 의제 설정 85
윤리 65, 66, 69, 70
윤리적 차원 67, 68
의제 설정 81, 83, 84, 86, 93, 94, 95, 97
이데올로기 이론 30
이데올로기적 관점 58, 61, 62, 63
이완 구조 108, 109, 113, 116
이완 조직 107
이익집단 이론 73
인간자본론 274
인위적인 동료 간 협조 263

ㅈ
자연적 방법 143
장기적 접근 144
적절성 276
전체 학교 개혁 190
정책 공식화 81
정책 담론 92
정책 분석 125
정책 연구 68
정책 집행 103, 105, 109, 110, 115, 116
정책 평가 122, 123, 126, 147, 149
제도적 분절화 55, 95
제한된 접근성 146
종단적 기법 143
준전문직 241

ㅊ
책무성 219
체제 모형 121
체제 이론 28, 73
초기 관료제 167, 169
초점 사건 86, 87
촉발 사건 86, 87, 88
추가 143

ㅍ
파급 효과 115

ㅎ
학교 선택 운동 56
학교 운영권 인수 227
학교의 규모 181
학교 평가 보고서 232
합리적 정책 평가 모델 136
해석적 관점 57
해석적 접근 58
해석학적 이론 62
협력적 문화 263
형식주의 112
형평성 276, 292
홈스쿨링 194, 195
횡단적 143
후현대주의 29, 58, 59, 60, 61, 62, 63, 73, 84, 132
후현대주의 관점 70, 134

기타

1차 분석 145
A Nation at Risk 61, 89, 197
Brown 판결 82, 105
Charter School 60, 71, 85, 94, 179, 180, 220, 228, 229, 282, 289, 306, 317, 318, 319, 320, 321, 323, 326, 327, 328, 332, 333
Elementary and Secondary Education Act(ESEA) 56, 62, 65, 106, 111, 131, 176
Experimental Education Project 109
Ferguson 75
General Accounting Office(GAO) 148
Head Start 130
National Academy of Education(NAE) 148
National Research Council(NRC) 149
No Child Left Behind 223, 281, 344
No Child Left Behind Act 103
OERI 148

| 역자 약력 |

가신현 Uni. of Texas at Austin, 교육행정학과 Ph.d.
현재 고려대학교 연구교수
e-mail: edinfo@gmail.com

김병모 고려대학교 대학원 교육학과, 교육학박사
고려대학교 겸임교수 역임
현재 남대전 고등학교 교사
e-mail: mo6503@hanmail.com

박종필 Uni. of Texas at Austin, 교육행정학과 Ph.d.
현재 전주교육대학교 교수
e-mail: parkjp@jnue.kr

양성관 Uni. of Texas at Austin, 교육행정학과 Ph.d.
현재 건국대학교 교수
e-mail: just4kid@konkuk.ac.kr

엄준용 고려대학교 대학원 교육학과, 교육학박사
현재 중부대학교 교수
e-mail: jyum94@joonbu.ac.kr

이준희 고려대학교 대학원 교육학과, 교육학박사
현재 영동대학교 교수
e-mail: babaudu@hanmail.net

좋은 정책 좋은 학교: 이론과 적용

발행일 | 2014년 8월 5일 초판 발행
저 자 | Bruce S. Cooper, Lance D. Fusarelli, E. Vance Randall
역 자 | 가신현, 김병모, 박종필, 양성관, 엄준용, 이준희
발행인 | 홍진기
발행처 | 아카데미프레스
주 소 | 413-756 경기도 파주시 문발동 출판정보산업단지 507-9
전 화 | 031-947-7389
팩 스 | 031-947-7698
웹사이트 | www.academypress.co.kr
이메일 | info@academypress.co.kr
등록일 | 2003. 6. 18. 제406-2011-000131호
ISBN | 978-89-97544-48-6 93370

값 20,000원